本书为湖北省教育厅哲学社会科学研究重大项目
"利用大别山红色口述文化资源加强大学生思想政治教育研究"
（项目号17ZD022）的研究成果

国家社会科学基金一般项目"大别山红色文化传承与发展研究"
（项目号19KBS112）的基础性研究成果

利用**大别山**红色口述文化资源
加强大学生思想政治教育研究

江 峰◎著

人民出版社

目 录

绪　论

当今，各类红色文化资源的整合利用研究，具有宏阔的学术背景。国内红色文化传播近年形成热潮，"红色基因"堪称热词。诸多相关研究机构的成立，大量相关研究成果的涌现，各种红色文化精神的凝练和弘扬，释放出巨大的价值观引导正能量。红色旅游产业作为国家发展战略得以不断推进，VR（虚拟现实）、多媒体等现代教育技术、信息技术的运用，使得红色文化资源强烈的多重影响效应辐射到国内外更大场域；而一些专门的红色学术栏目的开辟，如《红色文化学刊》《红色文化资源研究》等红色学术期刊的创刊，各类红色文化研究中心和研究院所的创建等，更是为红色文化研究搭建起良好的学术交流平台；《亮剑》《激情燃烧的岁月》等系列红色影视作品的推出、各类红色网站的创立、各种主题红色场馆的建成，以多种形式向国内外敞亮红色文化资源的本体内蕴，使得利用红色文化资源的多层次、多维度、多学科领域研究，视界更为开阔。

一、推动红色文化演进的动力系统

红色文化的时代潮涌，与学术界的积极探索、社会主义意识形态的"守土"要求、经济社会生活的客观需要以及文化存在系统的自我衍扩等诸系统影响因子紧密相关，可以说，这一方兴未艾的文化涌动现象，正是新时期红色文化诸系统影响因子形成的合力充分发挥作用的必然结果。而构成新时代推动红色文化演进的动力系统，有其系统的动力因子，主要如下：

（一）核心引导力：社会主义意识形态"守土"要求

"能否做好意识形态工作，事关党的前途命运，事关国家长治久安，事关民族凝聚力和向心力。"①而如何进一步推动中华民族传统文化、中国革命文化和社会主义先进文化建设，增强中国文化自信，这是做好意识形态工作的关键环节。红色文化作为中国革命文化的重要组成部分，其传承与发展极为重要。在提高国家文化软实力的时代语境下，社会主义意识形态这一"守土"要求合乎逻辑地引导着红色文化的前进方向，也不断地凝聚成为传承和发展红色文化的核心引导力。这一核心引导力对红色文化的正向作用，从传承和发展红色文化的诸多要求中显示出来。

坚守社会主义意识形态阵地，要求在中国社会转型期，从红色文化这一精神富矿中，摄取红色精神元素，以弘扬中国精神，凝聚中国力量。红色文化蕴含有红船精神、井冈山精神、大别山精神、苏区精神、遵义精神、长征精神、延安精神、西柏坡精神、沂蒙精神等大量不同区域、不同时段的红色精神遗产，是孕育中国精神的宝贵富矿。只有通过传承和发展红色文化，重温历史，追寻中国人民伟大实践的轨迹，吸纳其精华，发掘出有利于高扬社会主义核心价值观的大量红色精神元素，传递乐观向上、抑恶扬善的价值观，彰显崇高的理想信仰和生命之美，传播真善美的文化主旋律，才能更好地"弘扬中国精神、凝聚中国力量，鼓舞全国各族人民朝气蓬勃迈向未来"②。由此从精神创塑方面显示出，社会主义意识形态的"守土"要求，是传承和发展红色文化的核心引导力。

坚守社会主义意识形态阵地，要求在中华民族的神奇沃土上，更深地根植红色文化特有的红色基因，以增加当代人的精神钙质，健全当代人的人格品质。红色文化作为一种中国主流价值文化的存在系统，蕴含着丰富的爱国

---

① 中共中央宣传部编：《习近平总书记系列重要讲话读本》（2016年版），学习出版社、人民出版社2016年版，第209页。

② 中共中央宣传部编：《习近平总书记系列重要讲话读本》（2016年版），学习出版社、人民出版社2016年版，第200页。

主义、集体主义等教育资源，可以从中提取优秀的红色基因。而通过多种方式，把这些宝贵的红色基因渗透于当今的爱国主义、集体主义教育之中，尤其是根植于青年学生的思想灵魂深处，就可以更好地引导他们树立和坚持正确的民族观、国家观、历史观、文化观、价值观，完善其作为中国人的骨气和底气，培养其优秀品质和健全人格。由此从基因传承方面显示出，社会主义意识形态的"守土"要求，是传承和发展红色文化的核心引导力。

坚守社会主义意识形态阵地，要求对红色文化予以创造性转化、创新性发展，强化其影响力和感召力，以净化文化生存空间，增强"四个自信"。红色文化与社会主义市场经济、现代社会治理、文化生态环境等还存在需要协调适应之处。要使红色文化在坚守社会主义意识形态阵地中发挥出独特的作用，就要按照新时期坚守社会主义意识形态阵地的时代特点和要求，发掘、转换红色文化那些具有个性特色、富有价值意义的内容，改造其中陈旧的表现形式，赋予其新的时代内涵，采用当代人易于接受的表达形式，激活其生命力；就要按照时代的新进步新进展，对红色文化的内涵加以衍扩、拓展、丰富和完善，使之更加充满生机与活力，能够适应新时代，增加正面文化的压倒性强势，消解网络传媒等文化空间中存在的各种负面能量。由此也就从文化创新和文化软实力的提升方面显示出，社会主义意识形态的"守土"要求，是传承和发展红色文化的核心引导力。

（二）学术推动力：学界对红色文化的积极探索

毋庸置疑，学界积极的理论与实践探索，已逐步衍生成为推动红色文化时代潮涌的最具开拓性的学术研发力。尤其是近年来，一些红色研究机构的建立、红色影视作品的传播、红色网站的运行、红色遗产资源的发掘等，为学者的研究提供了良好的学术背景和环境条件，许多学者从内涵属性、人物史实、生态语境、价值功能、保护应用、传承发展诸方面对红色文化展开了积极的探索与研究，并由此产生了大批研究成果，有力地推动了红色文化的时代热潮。这些研究成果主要集中在如下方面：

关于红色文化的内涵和属性研究。比较典型的如，周宿峰将红色文化诠释为："中国人民在中国共产党领导的长期革命实践过程中，不断选择、融化、整合中外优秀文化思想基础上所形成的反对帝国主义、王权专制官僚政治、民族的、理性的、人民的精神纯粹。"[①]朱伟分析了红色文化本体形态及其演化，认为它是指"1840年鸦片战争爆发之后延伸至今，中华民族争取民族独立、实现民族复兴的伟大革命历程中形成和发展的文化形式和精神样态，这是一个连续性、开放式、系统化的过程"[②]。魏本权探讨了从革命文化到红色文化的概念转换，并透析了这一概念转换的社会语境，力图构建起适应红色文化研究的概念逻辑。他认为，革命文化与红色文化都是以革命为主导理念的文化形态，但是红色文化是当前特别值得关注的文化现象，它"凸显了当前社会对革命文化的资源属性的高度重视，体现了后革命时代境遇下革命话语的转型"[③]。拙作亦有对红色文化内涵的解析，认为它是"在近代以来的中国革命过程中，以马克思主义先进文化为导向，融合中国特定区域内的多元文化，由此形成的一种独特文化形态"[④]。

诸种对红色文化内涵的界定，尽管各有千秋，但在几个主要界定要素上，大致是相通的，即：红色文化有广义和狭义的分层；引领者是中国共产党；创造者主体是人民；以马克思主义科学理论为指导；其文化基因呈现的色调是象征着令人激越昂扬、奋斗向上的革命、改革、开放、创新等精神特质的"红色"；文化本体形态即呈现为中国共产党领导中国人民在争取民族解放与自由、建设中国特色社会主义过程中，逐步凝结而成的观念意识形

---

① 周宿峰：《红色文化基本问题研究》，博士学位论文，吉林大学马克思主义学院，2014年，摘要。

② 朱伟：《红色文化传播现状、问题与对策研究——基于济青枣三地的调查与思考》，博士学位论文，山东大学历史文化学院，2014年，摘要。

③ 魏本权：《从革命文化到红色文化：一项概念史的研究与分析》，《井冈山大学学报》（社会科学版）2012年1月15日。

④ 江峰、汪颖子：《红色文化生成的系统要素透析——以大别山红色文化为例》，《北京师范大学学报》（社会科学版）2010年第6期。

式；在当代中国文化系统中的地位重要，是中国特色社会主义主流价值文化的有机组成部分；文化结构系统是由马克思主义先进文化与其他多元文化融合生成；在文化理想目标上，是以社会主义和共产主义为指向的；在文化空间分布上，以各个革命老区为重点，形成了不同层域的文化互动和交织辐射，并面向世界而绵延扩展；在文化时间跨度上，是从中国近代延伸至今，并朝向未来而脉动，诸如此类。

学者也从不同的维度对红色文化的基本属性进行了分析，比较典型的如，王军、谭献民认为"在民主革命时期，毛泽东开创出'工农武装割据'的中国革命新道路，提出'全心全意为人民服务'是党的唯一宗旨，以及'从群众中来到群众中去'的思想方法和工作方法，这'三位一体'构成红色文化发展的灵魂、脊梁和路径"[①]。王二路强调了红色文化体现出"革命性和先进性相统一、科学性与实践性相统一、本土化与创新性相统一以及兼收并蓄和与时俱进相统一"[②]诸特征。总体上看，学术界对于红色文化的基本属性，主要是从这一文化的科学性、革命性、先进性、时代性、民族性、大众性、开放性、创新性等诸方面予以探讨和论证的。

关于红色文化的系统元素及其生态研究。许多学者注重考察体现红色文化的各种红色标识、红色场馆、红色主题公园、红色陈列室、红色数据库、红色网站乃至各类红色话语符号、红色概念范式等红色元素，透析由这些红色元素形成的红色文化生态。例如，杨孟昀 2016 年 5 月 10 日在《中国文物报》上专门报道了在绵阳召开的红色场馆社会教育理论与实践座谈会；2016 年 5 月 14 日的《光明日报》以"发挥红色场馆的社会教育功能""红色场馆是中华民族的精神标识""红色场馆的崭新实践"为题，对红色场馆的社会教育功能、精神标识特点及其红色场馆的实践予以阐述，并通过红

---

① 王军、谭献民：《毛泽东"三位一体"红色文化理论体系浅析——红色文化发展的奠基》，《湖湘论坛》2016 年第 1 期。

② 王二路：《漫谈红色文化》，2012 年 1 月 11 日，见 http://www.crt.com.cn/news2007/News/tgjx/1211119143GEDG28D2IH4H7F2DFA5_2.html。

色场馆问题的一系列研究，呈现了红色文化作为一种独特文化存在系统的良好生态。

关于红色文化的价值功能研究。例如，杨建辉认为，红色文化与社会主义核心价值体系一脉相承，是"进行社会主义核心价值体系教育的天然平台和载体"，是"消除思想障碍、推动社会主义核心价值体系建设的重要动力"[①]。因而，对社会主义核心价值体系的建设具有重要的现实意义。肖灵对红色文化在当代大学生中的思想政治教育功能予以分析，认为红色文化有利于丰富其教育内容、完善其理论体系、改进其工作方法，有利于"维护中国共产党的执政安全、培育大学生的社会主义核心价值观和提升大学生个体道德素质"[②]。

关于红色文化的人物史实研究。学者们对红色人物、红色历史事件、红色历史疑难问题予以了积极的研究。例如，窦鹏研究红色人物群体，并界定红色人物概念，认为红色人物主要是指以马克思主义为人生信仰，参与过中国共产党领导的第二次国内革命战争、抗日战争、解放战争，为中国的解放事业做出贡献的人士。[③] 徐晓宗撰文对川东这一特定地区的红色人物群体予以描述，并指出："在川东这块红色的土地上，诞生了无数共和国赫赫有名的将军和革命前辈"，"这些革命先辈和英杰，已成为加强青少年思想道德教育的生动教材。"[④] 还有专家学者专门研究一些重大红色历史事件。例如，饶道良等人指出朱德、毛泽东井冈山会师的历史贡献有五个方面，即：开辟了一条具有中国特色的革命道路，创建了一支共产党领导下的正式红军，造就了一代革命与建设事业的伟人，形成了一种改革历史进程的新格局，培育了

[①] 杨建辉：《试论红色文化在建设社会主义核心价值体系中的价值及其实现途径》，《思想理论教育导刊》2010 年第 11 期。

[②] 肖灵：《当代大学生红色文化教育研究》，博士学位论文，南京师范大学公共管理学院，2014 年，摘要。

[③] 窦鹏：《红色人物数据库建设实践与启示——以〈陕甘宁边区红色记忆人物库〉为例》，《图书馆学刊》2015 年第 12 期。

[④] 徐晓宗：《川东地区红色人物概述》，《经济师》2011 年第 5 期。

一种伟大的革命精神。① 姜廷玉指出"八一"南昌起义体现了中国共产党不畏强暴、敢于斗争、独立自主、勇于创新的革命精神，团结合作、共同对敌的统一战线思想，以及坚定不移的革命理想信念和不屈不挠的斗争精神。② 对一些重要红色革命历史问题的厘清，更是许多学者研究的重点。例如，吴殿尧指出，朱德作为红军总司令，在红军摆脱"左"倾军事错误，重新确立毛泽东正确领导、克服张国焘分裂主义，维护党和红军团结统一、激励红军在极其恶劣的自然环境里求得生存，展开长征中的军事统战工作，以及推动红军三大主力西北大会师、宣告长征胜利等方面，贡献巨大。③ 又如，毛立红从东方军入闽作战的角度，释疑中央苏区第五次反"围剿"失败的原因，认为东方军二次入闽，博古等人秉承共产国际的旨意，未给予 19 路军以应有的支持和帮助，不能变被动为主动，结果坐失良机，因此，第五次反"围剿"失败渐成定局。④

关于红色文化的传承和发展研究。例如，王二尧等人认为，推动红色文化创新发展，必须加大红色文化的内涵建设，以提供理论指导；必须充分发掘红色文化对提高党的执政能力水平、建设社会主义核心价值体系、推动社会主义和谐社会建设的功能优势，以赢得动力支撑；必须积极探索红色文化的发展趋向，以获得科学路径。⑤ 黄三生提出，要通过实现红色文化生活化、促进红色文化信息化、提升红色文化影响力，充分利用红色文化资源，积极发展红色文化，推进马克思主义大众化。⑥ 刘润为指出：弘扬红色文化应立足现实、保卫历史、创造未来。具体做法则是要善于运用红色文化遗产，保

① 饶道良、吴娟娟：《论朱毛井冈山会师的历史贡献》，《党史文苑》2013 年第 20 期。

② 姜廷玉：《论八一南昌起义精神的内涵和历史价值》，《军事历史研究》2012 年第 2 期。

③ 吴殿尧：《朱德在红军长征中的重大贡献》，《党的文献》2005 年第 1 期。

④ 毛立红：《东方军入闽作战与中央苏区第五次反"围剿"》，《军事历史研究》2014 年第 2 期。

⑤ 王二尧、郭志普、王辉：《推动红色文化建设创新发展的对策思考》，《西安政治学院学报》2011 年第 12 期。

⑥ 黄三生：《发展红色文化：推进马克思主义大众化的重要路径》，《求实》2012 年第 3 期。

持红色文化的雍容大度，在践行上下功夫。① 谢凯指出："促进红色文化在网络文化中的传承与发展，对于提升国家文化软实力、解决当前网络文化发展中存在的问题，以及丰富红色文化现代化路径的选择等都具有非常重要的意义。"② 因此，他主张积极拓展多种渠道与途径以促进红色文化在网络文化中的传承与发展。

关于红色文化的资源保护和应用研究。刘红梅对红色文化与红色旅游的内在逻辑关系予以探讨，认为"红色文化是红色旅游发展的前提和基础，也是红色旅游的核心和灵魂"③，并提出了通过红色旅游规划开发、红色旅游景区建设、红色旅游展馆建设、红色旅游市场营销、红色旅游导游讲解，加强传承红色文化的一些对策。许艳红认为，地方红色文化是红色文化的重要组成部分，是中国先进文化的重要内容，以其地域特色、真实、生动、感召力强的优势，成为教学中的优质资源，可以将其转化为"中国近现代史纲要"教学的优质教学素材，用以提升课程的教学实效、增强学生的理想信念、实现课程的教学目标。④ 李霞认为，红色资源在思想政治教育中的应用，是创新思想政治教育内容、方法、载体、环境，增强思想政治教育针对性、实效性与吸引力的重要举措，也是继承革命传统、弘扬革命精神、传播红色文化的历史任务，是维护党的执政长治久安、做好党的意识形态工作的现实需要。⑤ 李康平等人指出："当前，要创新红色资源开发运用的思路，并采取有效的实践策略加以实施，才能推动社会主义核心价值体系教育不断走向深入。"⑥

---

① 刘润为：《红色文化：中国人的精神脊梁》，《红旗文稿》2013 年第 9 期。

② 谢凯：《促进红色文化在网络文化中的传承与发展》，《文化学刊》2015 年第 6 期。

③ 刘红梅：《红色旅游与红色文化传承研究》，博士学位论文，湘潭大学哲学与历史文化学院，2012 年，摘要。

④ 许艳红：《地方红色文化融入"中国近现代史纲要"教学的思考》，《长春理工大学学报》（社会科学版）2014 年第 5 期。

⑤ 李霞：《论红色资源在思想政治教育中的应用》，博士学位论文，中南大学马克思主义学院，2013 年，摘要。

⑥ 李康平：《论红色资源在思想政治理论课运用的价值与路径》，《思想理论教育导刊》2010 年第 4 期。

学界诸如此类对于红色文化的探索与研究，以一种强大的学术研发力，全面、深入地推动着这一文化在当今的系统流转和价值衍扩，并使其朝更深的文化层域和更大的时间空间延伸、演进。

（三）内在驱动力：经济社会发展的客观需要

当代中国人的生活观念和生存方式都发生了深刻的变化，在新的时代际遇下，人们的物质文化生活日益丰富，精神风貌焕然一新。"中国梦"的追寻、美丽中国的创建、"一带一路"的战略推进、精准扶贫的实施等，都承载着当代中国人提高自身经济社会生活品质的理想与期盼，而这些离不开多元文化的发展和繁荣，同样，客观上需要通过传承和发展红色文化来助力。事实上，这种客观需要已从多个方面不断汇聚，成为一种传承和发展红色文化的内在驱动力。

"中国梦"的追寻，客观上需要传承和发展红色文化，以坚定人们在经济社会生活中的理想信念，汇聚梦想成真的内在驱动力。在物质文化和精神生活之中拥有美好的梦想，可以催生出激励人们奋发向上的内在驱动力。而红色文化是马克思主义中国化所生成的一种特色文化形态，是对作为中国共产党"真经"的马克思主义生动的特色文化彰显。在红色文化中，内含有红色人物群体坚执理想信念、追求人类解放和幸福生存梦想的诸多案例，寄寓了近代以来一代又一代中国人的美好夙愿，鲜活地呈现了中国人民寻梦、追梦、圆梦的历史进程，具体地展示了中华民族的历史命运，充分体现了中国共产党高度的历史担当和使命追求，能够为构筑"中国梦"提供原生态的精神文化质料。可以说，红色文化与"中国梦"息息相关。在经济社会生活中，传承和发展红色文化，明确当代中国的发展走向，及时跟进当代中国的发展步伐，完全可以为"中国梦"的梦想成真提供强大内生助力。

美丽中国的建设，客观上需要通过传承和发展红色文化，打造红色文化区域的文化景观和靓丽名片，以丰富人们的物质文化生活，焕发人们的时代精神风貌，汇聚经济社会发展的内在驱动力。红色文化生成于许多特定区域，如大别山区、井冈山区、沂蒙山区等，广布于城乡山水之间，融化于人文历史深处，渗透于习俗风情之中，它总是以撼人心魄的红色人物和红色史迹，独特的红色文化标识和符号象征等，展现出巨大的文化魅力。将红色文化纳入美丽中国建设的内容体系中，形成富含红色文化元素的红色旅游、红色影像、红色曲艺等文化产业和社会生活链条，可以谱写出美丽中国建设的时代华章，创造基于红色文化的良好经济和社会效益，适应、把握、引领经济社会生活发展的新常态，促进经济社会生活的持续健康发展。

"一带一路"的战略推进，客观上也需要传承与发展红色文化，以红色文化元素整体优化中华民族的文化生态系统，汇聚中国文化向世界和未来纵深延展的内在驱动力。"一带一路"是中华民族构筑人类命运共同体、融入世界体系的国家战略，它要求海纳中华民族的文化脉流，凝聚中华民族的精神灵魂，以便向开放的世界释放一个东方大国的巨大文化正能量。而红色文化根植于中华民族传统文化的沃土，聚集了马克思主义先进文化的精髓，属于中华民族文化系统中的主流价值文化之一。如果将其各种内在的红色元素，如红色政治元素、红色经济元素、红色伦理元素、红色教育元素等充分发掘出来，渗透于"一带一路"战略体系之中，既可以有力地推动"一带一路"的战略推进，整体提升中国文化的世界影响力，又可以全面带动红色文化向世界范围的演进。由此从"一带一路"的战略推进方面显示出，经济社会生活的客观需要，是传承和发展红色文化的一种内在驱动力。

（四）系统内生力：文化存在系统的自我衍扩

任何文化作为一种系统存在，都有其一定的时空界域，都会内在地生成突破有限时空，实现自我衍扩的系统需要。而这种自我衍扩的系统需要，又总是动态地生成自我绵延、自我拓展和自我扩张的系统内生力。红色文化作为一个富有特色的文化存在系统，要在更大范围内得以伸张和绵延，同样客观上需要打破狭隘的时空界域的限约，实现自我扩张，因而也必定会形成强大系统内生力。实际上，在互联网时代，红色文化自我衍扩的强大系统内生力，已经从多个方面得以彰显：

借助各种交流平台，红色文化集结文化存在系统中大量的信息和能量，促成强烈的时空辐射。例如，红色文化论坛、红色在线网站、红色主题走廊、红色博物馆、红色陈列室、红色教育课堂、红色文化培训机构、红色文化研究中心等，都是红色文化存在系统借以实现自我衍扩、形成强大时空张力的交流拓展平台。以开放的红色在线网络平台为例，相对于传统的传播方式，通过这类在线网络平台，红色文化可以更为方便、快捷、高效地拓展其系统存在的时空界域，既能向红色文化生成的历史深处回溯，也能展现红色文化建设的现实，透亮其发展的未来；既能在国内尤其是在红色文化的中心区域传承、创新和发展，也能向世界更大范围绵延、演进和扩张。因此，借助开放的红色在线网络平台，红色文化打破其存在系统的时空界域，实现自我衍扩的这种时空张力，在新时代背景下，自然就得到了一定程度的诱发和催生。

借助高科技网络技术，红色文化获得良好的生态环境，产生出强大的系统放大效应。通过高科技含量的网络技术，红色文化相关数据库的建设和完善、大数据的综合运用、系统存在要素的归集以及各种系统信息和能量的传递等，都能得到有效的施展。在这种新技术环境条件支持下，红色文化打破其存在系统的时空界域，实现自我衍扩，已经并且不断地产生出惊人的系统放大效应。

借助各种艺术形式，红色文化面向生活世界，不断地向社会人群的现实生活空间透入。它影响人们社会生活的深层，并以某些强烈的意象、特殊的情节以及生动的具象形态，不断累积而成为社会人群牢固的集体文化记忆。各种影视作品，种类繁多的红色歌曲、红色民谣、红色诗词、红色摄影等，都从不同的艺术维度，不断地使红色文化向国内外更深层域和更大范围的时空展现。

二、现实存在的红色文化视界困限

不过，在现实中，有些人对于红色文化，仍然存在某些比较突出的视界困限。这种红色文化的视界困限，通过对这一文化形态的去形上化、去真实化、去正向化、去情感化等错误或不当的思想观念、态度看法、心理接受以及一些具体行为呈现出来。主要表现在以下几个方面：

（一）去形上化：在红色文化深度贯通上的视界阻隔

对待红色文化，有的人或者客观上缺乏形上思维，或者主观上排斥形上思维，形成了一种平庸粗浅的思维惯性，其思想的触角难以伸入红色文化的存在境域，不能对红色文化予以深层文化的追问、自觉的视域融合、相关主题的系统探索，因而也就不能理解、反思其作为文化存在系统的本质与精髓，在具体的知识观念、价值评估、实践行为等诸多方面，都表现出对红色文化短视、粗浅、片面的认知、理解和把握，由此在红色文化的深层贯通上，呈现出一种去形上化的视界阻隔。例如，在有些人的观念里，似乎唱唱红歌、吃吃红米饭、走走红军路、挑挑红军担，甚至搞一些不伦不类的花样形式，就算是传承和弘扬红色文化的全部了，殊不知，这些都只不过是对红色文化外在形态的粗疏理解或浅层把握而已。而对于红色文化中所蕴含的坚定不移的理想信念、纯洁高尚的人格风范、感人至深的传奇史实、催人泪下的生命叙事、英勇壮烈的革命精神等，他们却没有进行主动、自觉的体认、考量、诠释，没有进行形上的现象反思，由此严重影响对于红色文化的深刻认知，也妨碍了红色文化在更高层次、更大范围的可持续性延拓、发展。

（二）去真实化：在红色文化本体认知上的视界遮蔽

囿于某些主观的陈见、偏见，有的人怀疑甚至否定红色文化的真实性，极力抹杀支撑红色文化的人物史实、思想观念、内在精神等系统元素，对红色文化在历史与现实中真实存在的诸多优秀文化因子，采取了明显的历史虚无主义态度，由此在红色文化本体认知上，呈现出一种去真实化的视界遮蔽。例如，有的人在这种去真实化的视界遮蔽之下，不尊重历史事实，对红色文化中革命的艰苦、英雄的事迹等熟视无睹，却对"另类文化"乐此不疲，为了哗众取宠，胡诌一些道听途说的野史、艳史、丑化、抹黑红色革命史实和英雄人物；有的人在这种去真实化的视界遮蔽之下，把战争年代的红色思想和理想信念从具体的历史语境中抽离出来，予以简单化、虚无化的诠释、解读，否定其作为革命的、进步的红色观念形态存在的客观真实性；有的人在这种去真实化的视界遮蔽之下，无视红色文化所蕴含的红色革命精神及其客观存在，不能从本真意义上对之予以认知、理解和把握，把中国近现代革命史中各个地域、各种方式所呈现的红色革命精神，仅仅看作政治意义上随意拼构的虚无的观念形态，不屑一顾，甚至肆意嘲弄、刻意否定，严重妨碍了红色革命精神的传承与弘扬。又如，在这种去真实化的视界遮蔽之下，一些电视剧的编导，不研究红色文化的历史本体，而是抛开其历史真实和艺术品位，想当然地"攒故事"，胡乱发挥，流水作业，在短时间内批量炮制披着"红色"外衣、艺术格调低级的庸俗作品。这些对红色文化传承、创新与发展，都有极大的危害。

（三）去正向化：在红色文化价值呈现上的视界污染

有的人或基于错误的立场，或为某种利益所驱使，对红色文化不是从正面意义上把握，而是从负面意义上曲解，由此在红色文化价值呈现上，形成了一种去正向化的视界污染，以致在不同维度和层面上，消减了这一文化中红色人物史实、红色理想信念、红色精神情感等价值正能量，妨碍了人们对红色文化的价值认同、接受和发掘。例如，在这种去正向化的视界污染之下，有些商家为物质利益所驱使，歪曲地利用宝贵的红色文化资源，把传承和弘扬红色文化作为其商业炒作的噱头，使用种种低俗的话语，采取一些恶劣的做法，借红色旅游之名，对红色文化的宝贵资源进行过度开发，粗制滥造红色文化用品，开设矮化、俗化红色文化的饭店、旅馆，甚至为了迎合某些人的低级趣味和畸形心理需求，专门调侃爱党、爱国、爱民的英雄行为，在网络、影视作品中恶搞革命人物，破坏红色文化所具有的崇高性、严肃性、革命性，损害红色文化的宝贵资源和美好形象，污染红色文化的原生态系统，挤压红色文化未来价值衍生的空间。又如，在这种去正向化的视界污染之下，有些地方的人们甚至党员干部，不敢从正面肯定红色文化，似乎肯定红色文化就是俗气的政治浅薄；有些学校的教师在教学过程中，不敢宣讲红色文化，似乎宣讲红色文化就是教学没有思想深度、理念落后、能力低下的表现。在有些地方、学校、人群之中，对红色文化的解构、歪曲，已经达到了相当严重的程度，致使红色资源被涂上另色，被贬值以至负值，这些不能不引起各方面的高度重视。

（四）去情感化：在红色文化情愫渗透上的视界偏离

由于思想政治教育不到位，红色文化宣传偏弱，加之受到各种西方社会思潮的冲击，一些人尤其是年轻人，未能很好地传承红色基因，他们对优秀的红色文化丧失了必要的文化自信，对其中那些具体、生动、丰富的人物史实，缺乏必要的文化亲近感、心理认同感以及深切的情感体认意向，更是毫无热情和兴趣主动对之予以探索和研究，由此形成了对红色文化的漠视，在红色文化情愫渗透上，呈现出一种去情感化的视界偏离。他们的生活世界与红色文化有着明显的隔膜，对红色文化，只是从表层上粗浅地感受，较少了解其中丰富而深刻的内容；对红色文化的生成根因、历史流转、核心理念、人格映射以及其中许多革命人物对理念信仰的执着追求和生命践履等，既茫然又漠然，缺乏深刻的本体反思、本真的文化溯源以及审美的情感体验；他们过于轻信一些恶意否定、歪曲和攻击红色文化的谬论，不能过滤各种染污红色文化的思想情感、杂陈观念和胡言乱语，因之对红色文化产生带有偏见的厌弃反感和抵触情绪……这种去情感化的视界偏离，更为严重地妨碍了红色文化的薪火相传及其多维价值的转化和实现。

凡此种种，均不利于红色文化研究、传承与弘扬，必须予以有效的根除，进行正确的引导。

三、需要拓展的红色文化多维视界

要深化红色文化的探索研究，突破红色文化的视界困限，必须拓展红色文化的多维视界，全面、深度地消除人们对红色文化的错误或不当的思想观念、态度看法、心理接受以及各种具体行为，彰显红色文化真实的本体存在、强烈的生命关切、巨大的价值能量和丰富的亲和情愫，尤其是要拓展红色文化的马克思主义哲学视界。

（一）基于马克思主义生存论的发掘

拓展红色文化的马克思主义生存论视界，就是要追寻英雄人物史迹，聚拢生命亲和情愫，弘扬红色革命精神，从马克思主义生存论的维度把握红色文化的本质和精髓。马克思主义哲学"在本体论层面上的变革应被理解为'生存论路向'对'知识论路向'的超越"①。立足于马克思主义生存论，可以最为直接、最为深切地达到文化存在的本质和精髓。而红色文化的马克思主义生存论视界，是指运用马克思主义生存论，从现实的人的存在出发，观照红色文化存在系统中人的生命存在、生命叙事、生命情感以及生存方式、生存处境、生存价值等，从而对红色文化存在系统及其价值意义予以透视的一种哲学视界。

在这一生存论视界下，就要注重观照红色文化中个体的"人"。只有从马克思主义生存论视界出发，感悟红色文化中一个个"人"的生命存在，反思其中"人"的崇高理想信仰追求，理解其中"人"的生存处境，追溯其中"人"的生存轨迹，探究其中"人"的人格生成，感受其中"人"的生命情愫和精

---

① 吴宏政：《生存论路向对知识论路向的超越——马克思历史生存论在本体论层面实现的变革》，《理论探讨》2003年第5期。

神辐射等，才能从个别到一般，真正领略到他们生命的精彩、壮烈、悲美；从现象到本质，深刻地认识、把握红色文化中革命人物这个令人崇敬的特殊群体及其巨大的价值正能量，从红色文化的"人"的生命存在中，透视和诠释其优秀的红色基因。

在这一生存论视界下，就要注重观照红色文化撼人心魄的"事"。要在马克思主义生存论视界之下，反思红色生命叙事背后的深层根因：他们缘何而聚，缘何而战，又缘何而逝？只有通过红色文化中一件件生动、具体、典型的"事"，才能更为强烈地感受到其历史镜像中那些激越、壮烈、悲美的生命场景；只有由这些伟大的红色事件的深层，窥见红色革命群体共同的理想信仰、世界观、人生观、价值观等，并从一般到个别，透视红色人物群体中每一个具体的人物英勇、崇高的生命存在及其优秀的红色基因，才能深刻地感受到红色文化本真的生命存在及其内在的生命精神。

（二）基于马克思主义认识论的反思

拓展红色文化的马克思主义认识论视界，就是要反思历史现象存在，敞亮文化深层内蕴，透视优秀红色基因，从而不断提高对于红色文化的认识水平。马克思主义认识论具有现代认识论的突出特点，它注重从交往实践中，把握主体间的认识交往关系，因为"思想、观念、意识的生产最初是直接与人们的物质活动，与人们的物质交往，与现实生活的语言交织在一起的。人们的想象、思维、精神交往在这里还是人们物质行动的直接产物"[1]。而红色文化的马克思主义认识论视界，是指运用马克思主义认识论，通过考察红色文化的交往实践，从红色文化诸主体的物质和精神的交往活动、交往关系、交往场域、交往形态等之中，揭示红色文化的本质和精髓，透视红色文化的优秀基因，从而传承、阐扬、发展这一特殊文化形态的一种哲学视界。

在这一认识论视界下，就要以积极反思的精神，探讨红色文化的品性、

---

① 《马克思恩格斯选集》第 1 卷，人民出版社 1995 年版，第 72 页。

特质以及生成、存续、衍扩的各种主客观条件和实践交往关系。例如，在马克思主义认识论视界之下，深度反思红色文化生成的系统要素，就可以由自然生态，认识到红色文化生成的特殊地理生态环境及其人格润化作用；由社会生态，认识到红色文化生成的特殊社会经济根源、社会内生因素、前期文化诱因以及先进主导元素等诸多主客观条件和实践交往关系。又如，在马克思主义认识论视界之下，深度反思红色文化的基本特质，就可以将它拓展到不同的维度和层面，认识到它存在的时间空间范围，即：可以将它延展到共产主义诞生更远的过去和存续发展更远的未来，延展到国际化的更为广阔的红色层域；它的特殊结构形态，即：它应由马克思主义先进文化、中国传统文化和中国特定的地域文化等诸多文化元素融合构成；它的主体价值衍化分期，即：在二十世纪初到新中国成立之间，属于它的价值生成期，新中国成立以来，属于它延续及其新的价值衍生期；基本禀赋和特质，即：它具有革命性、先进性、地域性、融通性等特质；它的地域分布特点，即：它由不同地域的多个红色文化相互联结、以革命老区为依托不断衍生广布而成；它的文化结构形态，即：它是以马克思主义先进文化为主导，对民间儒、释、道及具有鲜明地方特色的民间传统文化予以有机融通，由此生成并且仍在不断生成的优秀文化，等等。

在这一认识论视界下，就要以积极反思的精神，剖析红色文化中某些突出的文化存在现象。例如，大别山红色将军群体为什么会"扎堆生成"？在马克思主义认识论视界之下，对这一奇异的社会历史现象进行考察，就有必要由共生共成的生存境域，去把握这一社会历史现象生成的地缘交往要素；由趋近趋同的道德素质，去把握它生成的伦理交往要素；由主流主导的文化脉流，去把握它生成的文化交往要素；由交心交命的战友情谊，去把握它生成的战争交往要素，诸如此类。这样，就可以从个别到一般，廓清生存境域的优越条件、理想信仰的主导、核心价值观的凝聚、道德素质的提升和正向情感的培植等系统要素与大别山红色将军群体"扎堆生成"之间的内在关联，由此揭示出中国红色革命群体生成与培育的一般规律。

（三）基于马克思主义方法论的运用

拓展红色文化的马克思主义方法论视界，就是要运用辩证的哲学思维，确立发展的基本原则，创构实践的方法模式，从而创新红色文化传承与发展的路径和模式。马克思主义的科学实践观不仅在世界观上终结了一切旧的哲学形态，在方法论上，也超越了一切非马克思主义的技巧谋略。而红色文化的马克思主义方法论视界，是指运用辩证唯物主义和历史唯物主义科学方法，将红色文化置于整个人类社会历史文化境域予以考察、研究，体现马克思主义方法论的基本原则、根本立场、思想精髓，突出马克思主义方法论的实践基础、辩证思维、主体活动、世界视野诸特点的一种哲学视界。

在这一方法论视界下，就要善于以马克思主义科学方法论为指导，尤其要善于运用其矛盾分析法，确立起一系列相关红色文化传承、创新和发展的基本原则方法，以研究促进传播，以传播引发研究，提高红色文化资源保护、应用与开发的功效。善于以马克思主义科学方法论为指导，突出马克思主义方法论的实践指向，创构一系列红色文化的实践方法模式。例如，运用马克思主义方法论，建立起一系列红色文化在思想政治理论课教学中的价值转化和实现模式：认知深化的多维透视模式。积极引导受教育主体，选择不同的思维视角和观照点面，对红色文化予以透析、审视，深化受教育主体对红色文化的认知。契合互动的主体参与模式。以红色文化资源利用为主线，在思想政治理论课教学中，组织安排实践教学活动，引导受教育主体积极参与，交流互动，激活受教育主体的潜在心智，使受教育主体树立起对待红色文化的正确观念和态度，吸收红色文化精华，体认和传扬红色革命精神。直觉感悟的具象体验模式。在思想政治理论课教学中，克服教学思维上的路径依赖，打破常规，通过营造浓郁的红色文化氛围，创设红色文化意境，引导受教育主体对红色文化进行直觉感悟，使他们在较短时间内，最大化地接受具体、形象、生动的红色文化陶冶。渠道畅通的信息传输模式。通过畅通图书资料的信息整合、调查走访的信息采集、交流平台的信息沟通、现代网络的信息检索等多种信息渠道，把红色文化的大量信息，有效地传输给受教育主体，使之深刻认知红色文化的原生态和衍生态资源及其独特功能，增加思想政治理论课的教学信息容量，提升教学教育效益，由此在思想政治理论课教学中实现红色文化价值转化。主题突出的文化创新模式。通过引导受教育主体寻找一些富有探索研究空间和潜在价值的红色文化主题，增强他们的问题意识、学习兴趣和研究精神，使之带着问题去学习、探索、调查、分析、比较、实证，进行不同层面的思想碰撞，更多地发现红色文化的潜在价值，创造红色文化的新价值。资源整合的文本建构模式。组织、动员各个方面的人力、物力，结合红色文化区域特点，以收集、整理健在老一辈革命人物的活性资源为重点，在保证红色文化原生态特质的基础上，结合公共教材，进行文本建构，编制富有个性特色的校本教材，丰富、优化思想政治理论课教学内容，也为各类研究提供富有价值的现实文本。

（四）基于马克思主义价值论的阐扬

拓展红色文化的马克思主义价值论视界，就是要阐扬红色文化的多维价值，揭示价值本质和规律，建构价值观念体系，以释放出红色文化巨大的价值正能量。马克思主义价值论，就是辩证唯物主义和历史唯物主义关于价值及意识的本质和规律的学说。李德顺指出："马克思主义价值论以各门特殊的具体的人文学科中共同性的，即一般的价值问题为对象，从世界观和方法论的高度加以研究。它是马克思主义价值学的最一般基础部分。"[1]李红珍、曹元宏认为，马克思主义意识形态理论的价值论，"强调正当的意识形态理论应是能够代表先进阶级，也就是无产阶级利益和要求的'价值观念体系'"[2]。而红色文化的马克思主义价值论视界，即指运用马克思主义价值论，建构红色文化的价值观念体系，探讨红色文化的一般价值问题，研究其各种物质和精神现象所固有的属性及其对于社会、阶级和个人的一定的积极意

---

[1]　李德顺：《马克思主义价值论》，《江汉论坛》1992年第5期。

[2]　李红珍、曹元宏：《认识论、价值论与存在论：马克思主义意识形态理论的三维度》，《东南学术》2012年第5期。

义，揭示红色文化的价值及意识的本质和规律的一种哲学视界。

在这一价值论视界下，就要从马克思主义价值观出发，发掘、弘扬红色文化传统资源的内在价值。尤其要善于运用当今中国化的马克思主义价值观，即社会主义核心价值观，从不同维度和层面，考察、阐释、揭示红色文化传统资源中的各种物质、精神现象所固有的属性，探讨其价值性质、价值构成、价值标准和价值评价等。例如，在马克思主义价值论视界下，考察大别山革命歌谣，就会发现，这些歌谣流传于民间，有近三千首，它们正是近代以来大别山人民在残酷的生存境遇中英勇奋斗的真实写照，极具音乐艺术审美价值和精神教育意义。它们或激越，或深沉；或欢愉，或悲戚；或直言，或隐喻；或颂扬，或抨击，通过革命族群和个体而绵延，穿越宇宙时空而流迁，以音乐艺术的形式，承载着大别山人民的革命信念，注解着他们在残酷的社会现实生活中积极向上的革命情怀，集中地表现了他们本真纯净的美好精神境界。它们在内容与形式上不断生成与嬗变，积聚了巨大的红色精神能量，其"革命歌谣中以集体主义、国家救亡、民族解放、牺牲个人等为标志的理想、信念和价值观念，成为当今的一种红色情怀、一种精神力量，仍然给人以导引、振奋和鼓舞"①。无疑，当今中国，在马克思主义价值论视界之下，传扬这些充满活性价值元素的革命歌谣，深入挖掘其中的艺术审美旨趣和精神价值，既有利于满足人们的艺术审美享受，丰富人们的精神生活世界，又有利于引导人们传承红色基因，拒斥庸俗价值观，坚持正确的价值取向，培育和践行社会主义核心价值观。

在这一价值论视界下，就要运用马克思主义价值观，创造或重构红色文化的时代新价值。"当代中国价值观念，就是中国特色社会主义价值观念，代表了中国先进文化的前进方向。"② 它需要大量吸收红色文化的养分而得到不断的传播和衍生。例如，一封简单的红色家信，其文本内在的各种价值信息，

---

① 桑俊：《红安革命歌谣研究》，华中师范大学出版社1998年版，第165页。

② 中共中央宣传部编：《习近平总书记系列重要讲话读本》（2016年版），学习出版社、人民出版社2016年版，第208页。

就需要在马克思主义价值论视界之下，运用马克思主义价值观，去研读、去诠释。只有让思想通过文本，穿越激情燃烧的历史时空，才能呈现出其中丰富的伦理蕴含，追溯到其中革命者的家国情怀，涌动出其中流淌的生命之爱，揭示出其中宝贵的红色基因，真正实现其价值的时代转换、重构和开新。一副革命烈士戴过的镣铐，其冰冷遗物所弥漫的浓烈血色和英气、所映现的视死如归精神，就需要在马克思主义价值论视界之下，运用马克思主义价值观，去体认、去阐扬。只有让史实通过遗物诉说，还原出革命岁月残酷激烈的斗争场景，流转出催人泪下的生命故事，传达出革命烈士心灵深处的声音，才能使这类遗物及其映现的崇高精神，成为一代代国人的集体记忆，在新时代语境下，通过各种现代化平台，真正获得新的价值衍化、延扩。一个专门的红色陈列室，其陈列主题，就需要在马克思主义价值论视界之下，运用马克思主义价值观，去整合、去凝练。只有围绕一个具有主流价值意蕴的中心主线，按红色文化资源自身的内在逻辑建构陈列室的主题框架，从宏观到微细，展开系统的主题陈列，才能使红色主题陈列室真正成为铸造民族灵魂、传承红色基因的精神基地。一部现代性的红色影视作品，其艺术旨趣，就需要在马克思主义价值论视界之下，运用马克思主义价值观，去阐释，去升华。只有整合红色文化资源，按照影视艺术的基本规律，就红色史实的人物、事件而展开艺术的再构、重塑和创作，才能防止以表层化的红色文化形式，淡化其实际内容，以变异的关于红色文化的认知，矮化其崇高精神，以迷失的对于红色文化的盲崇，降低其高尚旨意，以低俗的红色艺术旨趣，庸俗化其审美情趣。总之，在红色文化的马克思主义价值论视界之下，红色文化的建设，可以获得更多的学理支撑；红色文化的脉流，可以更为泉涌和畅通；红色文化在新时代的巨大正能量，也可以得到更为全面的释放。

四、值得重视的红色文化研究维度

拓展马克思主义哲学视界，突破红色文化的多种视界困限，需要解放思想，不断探索，从不同层面、不同视角、不同领域展开红色文化研究，以寻求超越红色文化视界困限的有效路径。而其中一个值得高度关注和重视的研究维度，即如何利用大别山红色口述文化资源加强大学生思想政治教育研究。

（一）大别山红色口述文化资源作为红色文化资源的重要组成部分

中国红色文化是在近代以来的中国革命过程中，以马克思主义先进文化为主导，融合中国多元文化形成的一种独特文化形态。红色文化资源极为丰富，从历史时期来考察，中国共产党领导人民群众进行艰苦卓绝的革命斗争，其每一个历史时期都孕育生成有各具特色的红色资源；从分布地域来考察，红色文化资源以革命老区为重点，以不同的资源存在形态，遍布全国各地。而大别山区作为中国革命的发源地之一，是红色文化资源宝库。大别山红色文化作为中国红色文化的一个重要组成部分，实际上，就是指在近代以来的中国革命过程中，在大别山这一特定区域，以马克思主义先进文化为导向，融合中国传统儒、释、道等主流文化，区域内中原文化、吴楚文化、宗族文化等多种文化元素而生成的一种具有明显地域特征的特色文化。相对而言，大别山红色文化资源较全国其他地方的红色文化资源，具有这一区域资源的独特性和唯一性。其中一个突出的特色，就是在大别山红色文化资源的存在系统中，大别山红色口述文化资源居于极为重要的地位。可以说，大别山红色口述文化资源是大别山红色文化资源宝库乃至整个中国红色文化资源宝库中极具生机活力和价值含量的有机组成部分。

关于大别山红色口述文化资源的本体形态及其特质，本书将在第一章中作详细的论述。在这里，首先有必要从宏观层面反思一些关于大别山红色口述文化资源的比较典型的认识问题。

第一，关于以民间口头表达的随意性否认大别山红色口述文化资源的系统真实可用性的问题。有的人认为，在大别山及其周边区域，人们谈及当年的革命斗争，很多时候是天马行空的闲聊、编造和传说，口头表达显示出信口开河的随意性，缺少必要的规范和限约，有些传说的内容可谓无迹无痕，无依无据，褒贬扬抑，甚至明显失真，难以确证或没有必要确证，因而总体上不能构成一种真实可用的资源系统。要消除这一误区，就必须认识到，口头表达的随意性并不能合乎逻辑地完全否定其中话语背后存在某些真实性的内容。在民间群众正话反说、反话正说、深话浅说、浅话深说、无话乱说等各种随意的口头样态的话语表达中，可以坚信的是，必定会有许多撼人心魄的革命历史原生性人物、原生性事件，凭借其真实动人的原生性态，经过风风雨雨的冲刷洗涤，变得更为清晰、深刻，以其真实的正向面貌，稳定地留存于广大民间群众的话语之流中，隐含有独特的价值意义。如果对之加以吹糠见米的甄别，并进行集腋成裘的整理，就一定能够使之以一种独特的文化资源系统样态呈现于世，释放出其潜在的巨大价值正能量。

第二，关于以资源的非自发集成性否认大别山红色口述文化资源的系统集成可能性的问题。有的人也不否认，大别山及其周边区域，确实存在很多关于中国共产党在大别山区领导人民群众进行艰苦卓绝的革命斗争的民间传说、民间歌谣，但认为这些民间传说、民间歌谣等大多鱼目混珠，零散杂碎，并未实际地构成一个清晰的文化资源存在系统，正是由于这种非自发集成性，大别山红色口述文化资源难以集结成为一个具有应用价值的完形的资源系统。对此必须认识到，实际上，一方面，任何一种口述文化资源的系统存在，都只有经过年长日久的自然沉积，才能在世人面前逐步展现更为完整、更为真实的资源形态。大别山红色口述文化资源作为一种口述文化资源的系统存在，以资源系统的真实、完整的面貌呈现于世，同样也需要一个长期的历史沉积过程。另一方面，任何一种口述文化资源的系统存在，要更充分、更清晰、更完整地呈现于世，也需要人们积极主动地对其构成元素予以系统的发掘、整理。因为构成这些文化资源的丰富元素，即使不能自发地集成，也不能逻辑地否定人们有意识地对之予以发掘、整理的自觉集成。只要通过积极艰苦的发掘整理，就能够促成这一口述文化资源以一定规模的资源形态而系统存在。大别山红色口述文化资源的诸多构成元素大都散落在民间社会，同样不可能自发地集结成为系统的红色口述文化资源，加之口述文化大多以口头形式表现，专门整理成文本的形式存在下来的较少，因而更需要有心者打破这一文化资源的非自发集成的困局，采取多种技术手段和形式，使大别山红色口述文化资源能够作为独特而真实的口述文化系统资源完整地呈现于世，实现其应有的多维价值功能。

第三，关于以资源的原生性否认大别山红色口述文化资源的系统衍生性的问题。有的人认为，大别山红色口述文化资源是中国共产党在大别山革命的不同历史时期领导这里的人民群众创造的具有口述特点的原生文化资源。它是原生的，是不可重构或再创的文化资源，因而也就不可能系统集结成衍生态的大别山红色口述文化资源。对此也必须认识到，实际上，大别山红色口述文化资源的存在系统，是开放的动态的存在系统，它以原生文化资源为基础，以红色基因为内核，在不同时期大别山地区民间社会一代代不同的创造主体传承、增补、整合和重构之下，已经形成了原生态文化资源之外更为丰富的衍生态文化资源。因此，不仅要肯定大别山红色口述文化资源作为原生态文化资源的系统存在，也要肯定大别山红色口述文化资源作为衍生态文化资源的系统存在；不仅要在大别山革命史的特定历史文化生成语境下，从红色文化资源生成的环境条件出发，静态地把握大别山红色口述文化资源的系统存在，也要在新时代现实的文化生成语境下，从红色文化资源衍生的时代特征出发，动态地把握大别山红色口述文化资源的系统存在。

（二）本书选题的研究现状、研究价值、研究方法、研究目标

作为大别山红色资源乃至中国红色文化资源的有机组成部分，大别山红色口述文化资源融入大学生思想政治教育的相关研究现状、研究价值、研究方法和研究目标，需要置于整个红色文化资源整合运用研究的宏阔背景下加以考察。

第一，利用大别山红色口述文化资源加强大学生思想政治教育的研究现状。

从整个红色文化资源来看，有些学者已经展开了对红色文化资源与大学生思想政治教育相结合的研究，相关的研究成果在党的十八大前后红色文化热潮下陆续呈现出来，而近年红色文化资源与大学生思想政治教育相结合的研究也逐渐成为聚焦点，促成了一些有益的研究结论，形成了一些颇有见地的研究观点。这些研究以"大学生思想政治教育"为大的选题范围予以细分，主要包括：

关于红色文化资源与大学生核心价值观的关联性研究。早期关于红色文化资源与大学生思想政治教育结合的研究，多聚焦于大学生价值观教育。比较典型的如，李康平探讨了红色资源在国防生军人核心价值观教育方面的价值，强调："当代军人核心价值观教育，是培养合格国防生，打牢其思想政治基础的首要问题。优质红色资源在当代国防生军人核心价值观教育中具有重要功用，要开发与统筹红色资源，建构红色资源有效运用的体制机制和保障条件，将其融入、渗透到当代国防生的教育教学、军营文化熏陶、日常生活和军政训练中去。"① 张吉雄研究认为："对红色文化资源进行统筹开发、再生提炼，建立相应的实践教育基地，并把它贯通到国民教育和先进文化建设的全过程，有利于增强社会主义核心价值体系教育的实际效果。"② 肖灵探讨了红色文化资源对大学生群体社会主义核心价值观教育的作用，认为："优秀红色文化资源在大学生核心价值观教育中具有重要的作用，要加强红色文化资源的开发，主动将红色文化资源融入大学生的教学实践、文化教育实践和社会实践之中。"③ 而后，研究者中也陆续有大批此类研究成果涌现。例如，罗雄研究认为："将红色文化融入高校社会主义核心价值观教育，应贯彻问题导向原则、协同创新原则和知行合一原

---

① 李康平：《论红色资源在国防生军人核心价值观教育的运用》，《教育研究》2010 年第 2 期。

② 张吉雄：《论红色文化资源在社会主义核心价值体系教育中的运用》，《南昌航空大学学报》（社会科学版）2010 年第 4 期。

③ 肖灵：《红色文化与大学生核心价值观教育》，《江苏高教》2013 年第 1 期。

则，在具体举措上应坚持思政课程教学与课程思政教育的统一，坚持校园文化建设与创新网络平台的统一，坚持学生社团建设与社会实践活动的统一。"① 等等。

关于红色文化资源与大学生思想政治理论课教学的关联性研究。例如，陈始发、李立娥研究认为："开发利用红色文化资源与加强高校思政课教学针对性有效性之间存在着高度的一致性与契合性。"② 又如，刘建民提出了"在'中国近现代史纲要'课程中设置'红色文化生成与选择'专题，通过对红色文化发展历程与现实选择的梳理与分析，加强大学生对红色文化认同的思想政治教育，加深其对'三个选择'的感性认识和理性认同"③ 的有益建议；刘雨思强调要"将讲好'红色故事'融入高校思想政治理论课，大力推进红色基因进校园、进课堂，引导广大青年学习红色文化、弘扬红色精神、厚植红色基因，充分发挥'红色故事'的强大育人功能"④。

关于红色文化资源与大学生思想政治教育的关联性研究。例如，徐永健、李盼研究认为："红色文化资源对思想政治教育的关联表现在不仅是完善大学生思想政治教育的重要手段，更是塑造大学生世界观、人生观和价值观的重要方式。"⑤ 又如，王春霞研究认为："新的时代境遇下，充分发挥红色文化资源在优化认知、固化信念、活化行为等方面的育人功能，必须结合其特质，将红色文化资源有机融入大学生思想政治理论课'主渠道'、实践活动'主阵地'和网络媒体'新课堂'，不断增强大学生思想政治教育的针

---

① 罗雄：《红色文化融入高校社会主义核心价值观教育的前提、原则和路径》，《红色文化学刊》2020 年第 2 期。

② 陈始发、李立娥：《红色文化资源在高校思想政治理论课教学中运用的思考》，《思想理论教育导刊》2014 年第 11 期。

③ 刘建民：《红色文化资源与加强大学生思想政治教育——以"中国近现代史纲要"教学为例》，《红色文化资源研究》2018 年第 1 期。

④ 刘雨思：《论讲好"红色故事"在高校思想政治理论课中的有效融合》，《红色文化资源研究》2019 年第 2 期。

⑤ 徐永健、李盼：《试论红色文化资源与大学生思想政治教育的内在关联》，《思想教育研究》2016 年第 12 期。

对性和实效性。"① 再如，王玲、陈昱霖研究认为："将红色文化有效地运用到高校思想政治教育中来，有利于明确大学生思想政治教育的发展方向，丰富大学生思想政治教育的教学资源，实现高校思想政治教育的价值目标，增强高校思想政治教育的实效性。"②

关于不同区域独特红色文化资源与大学生思想政治教育的关联性研究。近年学界在这方面的研究及成果不断增加。例如，岳本勇、彭泽航的研究认为："陕西红色文化资源具有革命完整性、地域文化性、事件鲜明性和历史生动性等特点，积极探索陕西红色文化融入大学生思想政治教育的途径，可以进一步提升思想政治理论课教学质量，促进思想政治教育模式多样化，增强高校大学生民族自豪感和坚定大学生的'四个自信'。"③ 又如，李丽研究认为："贵州拥有以遵义会议会址和长征精神为代表的丰富的红色文化资源，新时代的背景下，将贵州红色文化资源有机融入高校思想政治教育，可有效发挥贵州红色文化资源在高校思想政治教育中的育人功能。"④ 再如，李康平、张吉雄研究认为："红色航空文化作为中国共产党红色文化的重要形态，是中国共产党领导人民空军和革命人民，在抗日战争、解放战争、抗美援朝战争革命斗争实践中创造生成的红色文化形态。它具有优秀的文化品格、优质的红色基因，为新时代航空院校思想政治教育提供了本源性优质资源，对于航空院校创新思想政治教育实践，增强思想政治教育的感染力、吸引力、教育力具有重要的价值。"⑤

① 王春霞：《论红色文化资源在大学生思想政治教育中的功能定位及实现路径》，《思想理论教育导刊》2018 年第 5 期。

② 王玲、陈昱霖：《红色文化资源在高校思想政治教育中的价值和实现》，《学校党建与思想教育》2018 年第 6 期。

③ 岳本勇、彭泽航：《陕西红色文化资源融入大学生思想政治教育研究》，《陕西教育（高教）》2019 年第 4 期。

④ 李丽：《论贵州红色文化资源在新时代高校思想政治教育中的功能定位及实现路径》，《黔南民族师范学院学报》2020 年第 2 期。

⑤ 李康平、张吉雄：《论红色航空文化在航空院校思想政治教育中的运用》，《思想理论教育导刊》2020 年第 4 期。

上述研究都着力探索了红色文化资源在大学生思想政治教育中的有效利用，丰富了大学生思想政治教育的内容。尤其是地方性独特红色文化资源在大学生思想政治教育中的利用研究的趋热，表明红色文化领域的研究已逐渐走向深化、细化。不过，在已有研究成果中，红色文化资源与大学生思想政治教育结合研究的成果所占比例并不大，一些区域的独特红色文化资源在大学生思想政治教育中的利用研究，甚至仍未实质性展开，因此，红色文化资源与大学生思想政治教育的结合研究，仍然是一个值得高度关注的红色文化研究维度。

从大别山红色文化资源来看，这一资源的大范围的选题研究，相对整个红色文化领域的研究而言比较薄弱。国内的相关研究呈现阶段性特点：自 20 世纪末开始以开创性研究为主，学者侧重发掘、整理大别山区地方革命史的史料和文献，例如《红安革命歌谣选》（1985）、《红安文史资料》（1991）等；自 21 世纪初开始以扩展性研究为主，学者侧重传播、宣传大别山杰出红色人物、革命史迹等独特元素，例如《红安两百将领传》（2001）、《黄麻起义全记录》（2007）等；近年来以应用性研究为主，学者侧重相关资源的开发利用、相关主题的综合整理研究，例如，李爽的《当下大别山红色文化资源的开发与应用》①研究；鄂、豫、皖三省一些相关研究中心、机构已相继创建，研究力量的整合与协同有所强化。国外相关研究则呈现空白。董必武等杰出大别山红色人物，大别山红军、开国将军等红色革命群体，黄麻起义等重大历史事件，虽已震撼世界，但国外学术界尚缺乏大别山红色口述文化资源及其整合利用的专门、系统研究。

总体而言，伴随红色文化热潮兴起，加之国家对大别山革命老区经济社会发展试验区建设的提速，对包括大别山红色口述文化资源在内的大别山红色文化资源的研究，潜机尽显。然而，事实上，大别山红色文化资源与大学生思想政治教育的结合研究明显滞后，而利用大别山红色口述文化资源加强

---

① 李爽：《当下大别山红色文化资源的开发与应用》，《智库时代》2020 年第 8 期。

大学生思想政治教育，也亟待破题。截止到 2020 年 6 月 20 日，以"大别山红色文化资源"为关键词在中国学术期刊网的检索结果仅有 45 项，且多停留在史料整理、浅层发掘上，深层认知和反思的成果不多，更鲜见利用大别山红色口述文化资源开展不同层次思想政治教育的系统研究。这与经济社会发展的现实需要、与新时期大学生思想政治教育的更高要求明显不相称，因而，亟待从少数学者的零散研究向专门化的团队研究转变；从少数地方学校的单一学科研究向更多学校的多学科交叉、综合研究转变；由地方研究机构的拓展性研究向更高级别科研平台的协同创新研究转变。此外，面向世界和未来，把非物质性的大别山红色口述文化活性资源，置于世界文化遗产资源研究的宽广学术视野之下，探索、比较中西方大学生教育的资源利用和文化底蕴，在更大范围内实现这一优质资源在大学生思想政治教育中的价值转化，也是一个因应时代命题的潜在学术增长点。

第二，利用大别山红色口述文化资源加强大学生思想政治教育的研究价值。

本书所指称的大别山红色口述文化资源，即以大别山红色革命史为内容，以大别山人民群众为主体，以口头表述、口耳相传为精彩呈现形式的一种特殊文化资源形态。关于这个概念，笔者将在第一章专门加以阐析。习近平总书记强调要"把红色资源利用好、把红色传统发扬好、把红色基因传承好"[1]。利用大别山红色口述文化资源加强大学生思想政治教育研究，正是对新时期大学生思想政治教育更高要求的积极回应，其意义极其重大。主要包括：

一是利用大别山红色口述文化资源，丰富大学生思想政治教育的特色内容，这一研究具有学术原创性、开拓性。目前，学界关于大别山红色文化资源的研究成果不多，且学术价值实现的层次有待提高。关于大别山红色口述文化资源的研究更少，利用大别山红色口述文化资源加强大学生思想政治教

---

[1] 习近平：《贯彻全军政治工作会议精神　扎实推进依法治军从严治军》，《人民日报》2014 年 12 月 16 日。

育的专门、系统研究，尚未见到，因而就研究成果而言，本书的研究应属于具有原创性、开拓性的研究；大别山红色口述文化资源极为丰富，以大别山红色诗词歌谣、大别山红色场馆解说、大别山民间红色故事等为主体，资源利用研究的空间极大，许多内容尚未发掘出来，更不用说如何予以整合运用以加强大学生思想政治教育，因而就研究对象而言，本书的研究应属于具有原创性、开拓性的研究。

二是通过大别山红色口述文化资源的整合利用研究，反思马克思主义中国化在大别山区的历史发展理路，探索其中的价值观培育经验，有助于揭示红色基因传承和红色文化演进的基本规律，拓宽当前大学生思想政治教育新视域、新思路。在大别山红色口述文化资源中，有诸多不同时期马克思主义者在大别山区进行马克思主义先进文化传播的活动资源，这些具有地方性口述特色的传播活动，对大别山区革命人民群众的价值观建立发挥了非常有力的促进作用，同时也积累了丰富的马克思主义宣传教育的历史经验。发掘、整理这些大别山红色口述文化资源，总结其中的马克思主义中国化发展规律和宣传教育经验，对提高当前大学生思想政治教育的实际效果具有重要的价值启示。

三是以大别山红色口述文化资源传播和利用为主题，以大别山革命史为区域特色，借鉴多学科的先进理论和方法，可以为大学生思想政治教育提供多学科支撑，夯实其学理基础。利用大别山红色口述文化资源加强大学生思想政治教育，不仅需要聚集丰富的大别山红色口述文化资源，从而为大学生思想政治教育寻求到优质文化资源支撑，还需要借鉴哲学、伦理学、历史学、文化发生学、现象学、教育与技术学等不同学科的先进理论、先进技术和先进方法，开展多学科交叉研究，从而为大学生思想政治教育寻求到多学科的学理支撑。

四是研究大别山红色口述文化资源的整合利用与大学生思想政治教育的内在关联和逻辑演进，可以强化思想政治教育在大学生中的心理认同和情感渗透，提高其实践运作成效。尤其是如果能够使那些大别山红色口述文化资源中包含的诸多震撼人心的人物史实案例成为关联性元素，合乎逻辑地活化运用到大学生思想政治教育各项实践活动之中，就可以有力地推动大学生思想政治教育实践中常见的空洞说教、干瘪无趣、苍白无力等突出难题的破解，从而提高大学生思想政治教育的有效性，增强大学生对思想政治教育的心理认同和情感渗透，提高实践落地的综合成效。

五是探索利用大别山红色口述文化资源加强大学生思想政治教育的长效机制、有效模式和实施方案等，有助于破解大学生社会主义意识形态教育所面临的重大现实问题，提升中国文化软实力。大学生是从不成熟走向成熟，从学校走向社会，实现社会化角色转换的特殊成长阶段，也是中西方意识形态之争所涉及的主要对象。因而，大学生思想政治教育也就成为社会主义意识形态建设的主渠道，是抵御西方意识形态入侵的"守土"主阵地。在当今经济全球化、政治多极化、文化多元化的"百年未有之大变局"下，如何加强大学生思想政治教育，提升中国文化软实力，无疑是一个重中之重的时代命题。而利用大别山红色口述文化资源的优势和特色，将这一资源的优质元素渗透到大学生思想政治教育的各个环节，有利于健全大学生思想政治教育的长效机制，优化大学生思想政治教育模式，创新大学生思想政治教育的方案设计，提高大学生思想政治教育的效益达成度。

六是研究如何面向世界呈现大别山红色口述文化资源，使之成为大学生价值观培育的精彩元素，可以提升大学生思想政治教育理论创新和实践探索的境界，增添大学生对中国文化的自觉、自信和自强，坚定大学生的"四个自信"。大学生思想政治教育不能自说自话，而是要面向世界，在世界大舞台上展现其教育理论的智慧和实践魅力，在世界文化比较中增添其教育的存在元素和说服力。唯其如此，才能不断拓展大学生思想政治教育理论和实践的新境界。而研究如何提高大别山红色口述文化资源融入大学生思想政治教育的科学性、独特性和实证性等，使之成为大学生价值观培育的精彩元素，将有利于强化大学生思想政治教育的世界面向，在更大的世界视域下真正实现大别山红色口述文化资源在大学生思想政治教育中活化利用的价值目标。

　　第三，利用大别山红色口述文化资源加强大学生思想政治教育的研究方法。

　　本书将采取多种方法展开研究。一是社会调查与资源分析相结合的方法。运用调查与资源分析的方法对大别山红色口述文化资源进行全面梳理与多层透析，以揭示其生成、衍扩及多元价值转化的内在规律，分析解决大别山红色口述文化资源与大学生思想政治教育的一系列问题。二是历史逻辑与经济社会现实相统一的方法。将大别山红色口述文化资源置于现实经济社会的宏阔背景下，分析这一资源的本体特质及其与大学生思想政治教育的内在关系，研究其对于大学生思想政治教育的价值功能。三是语言镜像法和认知透视法相结合的方法。通过考察大别山红色口述文化资源的结构、功能、表达模式及其迁移，显示中国红色人物内在的认知心路与民族心理，透视大别山红色口述文化资源的思想底蕴、品质特征、精神内核，考察其伦理、政治、经济、教育、艺术等多元价值，重点揭示其中与大学生思想政治教育相关的优质文化元素，发掘这些元素在新时期独特的价值功能。四是契合互动的文化研究方法。重视当前我国学术界共同关心的多元传统文化与思想政治教育相衔接的问题，对大别山红色口述文化遗产资源的现代价值进行阐释，为探索大别山红色口述文化资源与大学生思想政治教育的理论与实践互动演进提供参照系。五是多向度的比较研究方法。通过大别山红色口述文化资源与不同区域的红色口述文化资源比较、大别山红色口述文化资源与其他形式的红色文化资源比较、大别山红色口述文化资源与世界范围内的特色文化资源比较，研究大别山红色口述文化资源对加强大学生思想政治教育的独特价值功能和资源优势。

　　第四，利用大别山红色口述文化资源加强大学生思想政治教育的研究目标。

　　本书的主要研究目标即：探讨大别山红色口述文化资源与大学生思想政治教育的逻辑关联，力求对大别山红色口述文化资源与加强大学生思想政治教育的内在关系予以厘清，使之更为明确；对利用大别山红色口述文化资源加强大学生思想政治教育的正负向系统影响因素予以反思，使之得以应扬则扬，应抑则抑。研究在新时期利用大别山红色口述文化资源加强当代大学生思想政治教育的相关专题，包括利用大别山红色口述文化资源加强当代大学生理想信念教育、马克思主义教育、精神教育、社会主义核心价值观教育、廉洁教育、美育等，探讨大别山红色口述文化资源融入当代大学生思想政治教育的基本原则、实施方案、特色模式、优化机制，努力破解"利用大别山红色口述文化资源加强大学生思想政治教育"的重大时代命题，从学理基础、逻辑关联和技术路线，确定相应的内容体系，搭建合理的研究架构，形成完整的逻辑链条。重视研究对象的多维性、关联性和系统性，确保研究的客观性。期望能够通过艰辛的研究探索过程，有所创获。

第一章　大别山红色口述文化资源及其系统生成要素

利用大别山红色口述文化资源加强大学生思想政治教育，首要的前提是必须认知、理解和把握这一特殊文化资源的本体形态及其生成要素。只有从不同学科、不同维度对大别山红色口述文化资源予以观照、反思，才能对其为何融入当代大学生思想政治教育之中、何以融入当代大学生思想政治教育之中，又如何融入当代大学生思想政治教育之中，有一个更为全面系统的认知、更为充分的理解和客观正确的对待；也只有明了大别山红色口述文化资源的本质内涵、话语模式、时空迁移、多元价值以及生成要素、主体特点、地域分布等，才能有针对性地寻求到这一优质文化资源在当代大学生思想政治教育中实现价值转换的有效路径、方法和模式，发挥其独特的价值作用。

第一节　大别山红色口述文化及其资源的特点

考察大别山红色口述文化的本体形态，需要将其置于具体的文化发生语境和社会历史背景下，深入这一文化及其资源系统存在的内层，揭示其文化深根，透视其文化精神，直达其文化精髓，以便更好地把握这一文化的本质内涵、话语模式、时空迁移、多元价值等，了解这一口述文化资源的系统生成要素、主体特点和地域分布等基本情况。

一、口述文化资源及其"口述"特点

（一）口述文化内涵及其资源形态

一般认为，口述文化即通过口头语言而非正式书面表达予以传承的一种特殊文化形态。以口述文化为承载内容的资源形态即构成了一类特殊的口述文化资源形态。这类文化资源在表现形式上注重口头叙述、评述，口耳相传；大多在民间社会的宏大场域之中发生、存在，并不断地衍生和扩展；资源类型主要包括民间神话传说、史诗、故事、叙事、歌谣及访谈、说词等。例如，凯尔特人在罗马人占有英国前，有自己的语言，但没有发明文字，就是通过口耳相传来传承其宗教信仰、民间故事和自身历史的。口述文化资源广泛留痕于世界各地，尤其是渗透进各个地方、各个民族的民间社会生活深层，融合于民间习俗文化资源之中。很多世界著名的史诗故事都是以口头讲述的，如荷马的《奥德赛》和《伊利亚特》，就是由希腊人一代又一代地口头传承下来，直到后来才被付诸文字的。事实上，中西方历史上，一些哲学家、思想家也都有述而不作的口头表达思想、观点、看法的习惯。苏格拉底述而不作，后由其弟子柏拉图整理辑成《对话录》；孔子述而不作，后由其弟子整理辑成《论语》。这种述而不作的习惯，应该说在很大程度上促成了中西方以口头表达方式创造和传承文化道脉的独特文化传承模式，因而对催生各种口述文化资源也产生了一定的作用。口述文化往往以口述史的形式展现出来。口述史是一种搜集史料的途径，由历史学家、学者、记者、学生等，访问曾经亲历现场的见证人，将其口述记忆以文字笔录、有声录音、影像录影等形式存留下来。而后从这些原始记录中抽取有关的史料，再与其他历史文献进行比对，使历史得到更加全面的补充，以还原具体历史事件的真相。在某种意义上，口述史实际上是口述文化资源的展开和绵延。

总体上看，在对于口述文化资源的看法和态度方面，各家之中，既有认可、支持者，亦有持保留意见者。

认可、支持者的理由是，口述文化资源补充了正史的缺失，并且更加生动活泼。翦伯赞曾说："政府的文告是最不可靠的史料，因为历代的统治者都是满口的仁义道德，一肚子男盗女娼，好话说尽，坏事做完。但是有了琐言一类的杂史则民间言语，亦获记录，而此种民间言语，则最为可信。"① 此言虽有些绝对，但也充分说明了口述资料的价值。杨雁斌认为："口述凭证和口述史料的最大特点是翔实、完整和生动，因而具有较强的资料互补性和灵活性。通过这些史料，历史学家们不仅能够'看'到历史，而且能够'听'到'活生生的历史'。"② 夏莺认为："以往大部分历史资料，均查之于图书馆、档案馆，所谓'无一字无来历'，实际上是无一字不是来自文献。文献资料之与口述资料，一个死，一个活。文献资料不能再生，口述历史则有源头活水。一个是'读'历史，一个是'听'历史。读者与文献的关系，只能是读与被读的单向关系，文献不会说话，作何理解都是读者的事。口述资料不同，不光受访对象有声音，可以与同一对象反复对话，而且还可以就同一主题与不同对象重复对话，反复验证结论，不断地去伪存真，去芜存菁，其结果，可以使得研究结论越来越接近历史的真实。口述史的开展，为历史研究特别是当代史的研究，开辟了可以自由驰骋的天地。史学工作者可以从与世隔绝的深院，走向鲜活生动的民间。"③ 赵乃林认为："文献史料和实物史料固然重要，但如果缺少口述史料，仍不能如实地反映历史，尤其是重大的历史事件。""由于政治的原因，以及战乱、自然灾害、社会变革，造成文献史料和实物史料的缺失和断档，但是这些历史断档时期仍然有亲临历史者存在。那么，这些人的口述史料无疑是最好的补充。另外，文献史料对一些重大历史事件和重要文件政策出台不可能详细记载……而一些当事人的口述史料则可以对这些历史事件、政策发生和出台的前前后后进行详细的阐述和描写，这使我们对文献史料能有更深的理解和认识。"④ 郑引等认为："真正的

---

① 翦伯赞：《史料与史学》，北京大学出版社 2004 年版，第 46 页。
② 杨雁斌：《口述史学百年透视》（上），《国外社会科学》1998 年第 2 期。
③ 夏莺：《口述史学及其对史学发展的作用》，《黑龙江史志》2012 年第 9 期。
④ 赵乃林：《让口述史料留下鲜活的历史记忆》，《辽宁日报》2008 年 6 月 27 日。

历史并不仅仅存在于传统的文本中，还存在于更真实、更具体、更生动的历史场景中，存在于每个经历者心中。把历史恢复成普通人的历史，将历史研究的视角从上层精英转向底层民众，去重新寻访那些被人们遗忘的历史，保存那些即将逝去的过去的'声音'，这是口述史的价值与意义所在。""口述史作为一种口头的、有声音的历史，它是对个体或某个特殊群体的回忆和生活经历的记录。通过提供种种研究历史的素材，口述史以自己独有的方式对历史进行阐释。""口述史是对传统历史研究中学术精英式垄断的挑战，它使得普通大众也成为重要历史事件的见证者，在历史学研究中占有一席之地。口述史也在一定程度上引起了历史研究重心的转移，使得历史研究的范围变得广阔和丰富起来，并开始聚焦于历史学的边缘学科和交叉学科。"①

持保留意见者亦有自己的理由。张注洪认为："近些年口述回忆史料开始大量问世……报刊书籍中俯拾皆是，使用时需要加以分析。口述回忆材料所见不少，个别质量不高，利用时要注意鉴别并与文献史料相印证。"②胡晓菁认为："要印证某一个学术观点或者历史史实时，是以书面材料为主还是相信被访者的口述，则需要仔细甄别。口述者的口述和公开出版物不符合时，应转而去查阅相关档案……档案记录的真实性较高。如果现存已解密的档案解决不了，口述工作者也不应单方面以被访者的口述来印证观点，如实列出书面材料和被访者的口述即可。"③"当口述人的叙述掺杂了口述人自身的旗帜鲜明的立场、态度，或是口述时情绪偏激，这时，口述资料可能会和真实的历史有所区别，在没有做进一步调查研究时，不应直接作为还原历史的依据。"④

---

① 郑引、刘正伟：《口述史：在"活着"的历史中探寻价值》，《上海教育科研》2009 年第 4 期。

② 张注洪：《当代中国史研究中的文献史料问题》，《当代中国史研究》2006 年第 5 期。

③ 胡晓菁：《做口述史工作的几点体会》，《经济发展方式转变与自主创新——第十二届中国科学技术协会年会第四卷》（论文集）2010 年，第 1180 页。

④ 胡晓菁：《做口述史工作的几点体会》，《经济发展方式转变与自主创新——第十二届中国科学技术协会年会第四卷》（论文集）2010 年，第 1180 页。

由于口述史一般是对当事人或知情人的口头表达记录而成，因此难免有出入。主要原因有历史时间过长，无法准确回忆起当时情形，或者各位口述者表达不甚统一等主观因素。因此我们需要多角度切入，并加以证实、对照，使口述史成为真实内容的补充和辅助。只有相互印证才能够还原历史真相，而不应该单独偏重于一面。尤其需要重视的是，由于口述史承载着口述文化资源的丰富信息内容，因而，完全可以从其中透视它所生成的不同区域、不同时段、不同社会个体和群体的生存样态。

（二）口述文化资源的"口述"特点

口述文化资源是中西方历史文化中的一抹奇异风景。之所以这样说，是因为：

第一，口述文化资源多以形象生动见长。口述文化资源这种样态的文化话语表达方式，往往通过鲜明的语言色彩、动态的叙事情节、快意的情感融入等来刻画、展现口述对象的形象和口述内容的活性，使人们能够在情感深度投入的体验状态之下，通过直觉感受，印象深刻地把握口述对象和内容的本质特点。因此，较之正式文本资源的表现方式，它更有可能引发人们对于口述对象和内容的兴趣，吸引人、感染人、掌握人，促成一定范围和程度的聚拢效应，能够召集更多人群尤其是民间社会人群涉入其中，达到家喻户晓的程度。

第二，口述文化资源多以简单明了论理。口述表达对于口述对象和内容的阐释一般比较简明而又深刻。相对正式的文本表达，它说理讲究简捷深刻，直截了当，较少拐弯抹角，因此，往往具有较强的文化穿透力，能够更为方便简捷地点化人，促使人们领悟到口述对象和内容中所蕴含的深刻道理；能够更为方便简捷地说服人，促使人们因弄清其中的道理而达到对口述对象和内容的心理认同；能够更为方便简捷地感染人，促使人们因感受到其中的道理而达到对口述对象和内容的情感贴近。正是以简单明了、直截了当的口述方式论理，口述文化资源才能将其文化生长的根系深扎于群众之中，将其源源不断的文化脉流渗透、融入人类文明演进的历史与现实的深层。

第三，口述文化资源多以神秘奇异开新。口述文化资源的表达方式，或剑走偏锋，以其资源的"口述"模式，彰显口述对象和内容的冷门绝学特质；或推陈出新，从意外之处重新发现、重新解读口述对象和内容；或奇思妙想，基于口述对象和内容开拓出一片文化新境。因此，相对正式的文本表达方式，口述文化资源可以更为有效地激活人们的创造性思维，在传播效果上往往能够形成某种神秘奇异的开新效应。

第四，口述文化资源多以真情实感近人。口述文化资源由于其"口述"这种较少规范约束的独特表达形式和文化资源特性，没有了许多正式文本表达的顾忌，比较自由不拘，这样更有利于拉近口述主体与口述受众之间的心理距离，实现主体间的情感融入和心灵沟通，因此较之正式的文本表达方式，它更能为普通群众所接受而贴近普通群众的日常生活，从而使得这一文化资源所承载的内容，可以在更大的社会生活范围、更深的社会生活层次上得到传播和显扬。

第五，口述文化资源多以不拘一格流迁。口述文化资源在历史与现实之间的流转迁移，往往表现出一种不拘一格的口述文化演进样态。正是因为较之正式的文本表达方式，这类文化资源少了许多限约的因素和规范，因而无论从形式上还是内容上来看，它作为一种非正式文本资源的系统存在，都拥有相对于正式文本资源更为自由宽松的生态环境条件，能够跨越历史和现实的时空，在更加广泛的社会群众之间实现流转迁移。

二、大别山红色口述文化及其相关资源

（一）关于大别山红色口述文化

如何界定"大别山红色口述文化"？此前学界尚未见有学者就此予以探讨过。不过，大别山红色口述文化作为一类文化现象的真实存在，是毋庸置疑的。依据一般口述文化资源的特点及大别山红色文化资源的整体存在情

况，可以对大别山红色口述文化作一个具有开拓性的学术界定，即所谓大别山红色口述文化，就是指以大别山革命史中的红色人物、故事及其他各种史实、遗存等为口述内容，以中国共产党领导下的大别山革命群众为创造主体，以口头表述、口耳相传为呈现形式的一种特殊文化形态。对于大别山红色口述文化，应该特别注意把握以下几个关键之点：第一，大别山红色口述文化是以一种特殊文化类型流转迁移而存在的。自中国革命时期至今，大别山红色口述文化实实在在地充盈于大别山的崇山峻岭和幽曲碧水之间，渗透于大别山老区人民的社会交往和精神生活之中，沉积于中国革命、建设和改革岁月涌流的长河。这一文化随着时代的变迁和空间的拓展，以原生态的"红色""口述"文化元素为基础，已经生成并还会不断地衍生出新的"红色""口述"文化元素，从而向更大的时空场域流转迁移，因此，作为一种特殊文化类型，这一文化的影响是极为深远的。第二，大别山红色口述文化是以"红色"作为其文化品牌形象而存在的。也就是说，大别山红色口述文化拥有"红色"这一象征性极强的文化品牌标识，彰显了中国共产党领导大别山革命群众为人民解放和民族复兴的理想信念而奋斗的精神本质和伟大历程。因此，作为一类口述文化，大别山红色口述文化并非以一般性的口述文化现象而存在，而有其自身基于"红色"底色的明显的价值取向、政治禀赋和文化品性，实质上，"红色"从根本上决定了这一口述文化的品牌特征和本质属性。第三，大别山红色口述文化是以不确定的"众多人"为创造主体而存在的。大别山红色口述文化是中国共产党领导下的大别山革命群众在革命斗争中创造的，其中诸多传奇故事、战争叙事、红色歌谣、访谈记录、博物解说等，大都是大别山革命群众中无法确定或者无须确定的"众人"创造的。"无法"确定，是说有些"口述"不是出自某一可以确定的个人，创造者作为主体无法确证、核定而模糊不清；"无须"确定，是说大多数"口述"可以看作"众多人"的创造而没有必要去确证、核定为某个确定的个人。例如，作为大别山红色口述文化的一部分，大别山红色革命歌谣中的大多数歌谣就是没有明确的原创者的，它们不是出自某个人，而是由大别山革命群众中的"众多人"创作形成并经由岁月的筛选、洗礼而流转迁移的，创造者、传唱者、记录者也都是大别山革命群众中的"众多人"。第四，大别山红色口述文化是以"大别山""红色""口述"为个性而存在的。大别山红色口述文化从"大别山""红色""口述"三个方面体现其自身的独特性、唯一性：大别山红色口述文化与其他中西方口述文化不同，即它是一种大别山特有的具有"红色"底色的文化；大别山红色口述文化与其他中国红色文化不同，即大别山红色口述文化是一种中国红色文化中特有的具有"口述"形式特点的文化。

（二）关于大别山红色口述文化资源

对于文化资源，学者刘陶甚至称之为文化的"万能刀"："操起这把万能刀，可以解剖历史，解剖社会生态，厘清历史的前进脉络。"① 而任何一种文化资源，都是以其自身的文化为承载内容而积累形成的，都是人们从事某种文化生活和生产所必需的前在的基础。就宽泛的意义而言，文化资源总是以精神形态为主要存在形式的，表现为人们从事一切与文化活动相关的生活和生产内容；就狭义而言，文化资源总是与人们的精神生活和物质生活紧密关联，因而表现为能够对人们产生直接或间接利益的精神文化内容。事实上，大别山红色口述文化也无例外地形成了一类内容极为丰富、形式比较独特的文化资源，它们广布于鄂豫皖三省交界的大别山区，构成了中国文化中一种优质资源的宝库。梳理大别山红色口述文化资源，把握大别山红色口述文化资源的本质特点，有利于深刻理解大别山革命史，明了大别山革命历程、解剖大别山社会生态、彰显大别山精神，从而正确理解这一资源的价值功能。

研究大别山红色口述文化资源，应特别注意把握如下几个关键之点：第一，大别山红色口述文化资源为深刻理解大别山革命史提供了丰富的文化质

---

① 刘陶：《序》，载李敏、陈建宪主编：《麻城革命歌谣》，华中师范大学出版社2015年版，第2页。

料。如果说大别山革命史是一幅波澜壮阔的历史画卷的话，那么大别山红色口述文化资源就是这一历史画卷的迷人质料。正是在中国共产党领导下，借助马克思主义先进文化、优秀传统文化、民间通俗文化等在大别山区交互融合的深层影响，大别山革命群众将这一方神奇土地上众多优秀儿女的英雄传奇和革命斗争史实，不断集成并承载于大别山红色口述文化资源的宝库之中，以口述文化的原生或衍生的形式，展现出这幅大别山革命历史巨卷的本真面貌。因此，可以说，丰富的大别山红色口述文化资源，是深刻理解大别山革命史的历史底蕴、厘清大别山革命史演进脉络的重要文化质料。第二，大别山红色口述文化资源为深度解剖大别山社会生态提供了良好的文化切口。大别山区域的社会生态是形成大别山红色口述文化资源，促成大别山革命历史发展的红色沃土。从丰富的大别山红色口述文化资源切入，可以深度解剖不同时期大别山革命史演进的社会生态，充分了解到大别山革命史演进过程中的社会人群结构、人物性格特征、社会经济生活、阶级分层结构、区域人口分布、主流价值文化、宗教信仰状况以及各类艺术创造等社会生态环境条件，探寻这一片红色沃土上各种社会生态环境条件和系统元素对大别山革命史演进的影响作用，揭示大别山区域社会生态与大别山红色口述文化发生、演进之间的内在逻辑，认知和把握大别山红色口述文化现象的生成规律。因此，可以说，大别山红色口述文化资源是深度解剖大别山社会生态的良好文化切口。第三，大别山红色口述文化资源为传承和弘扬大别山精神提供了天然的文化载体。一个区域独具特色的优秀人文精神，总是要通过其特定的文化载体，在具体的历史语境下，随着时空迁移而演绎、延展，使自身文化资源的精髓和光华呈现于世界，以灵动的生气实现代际浸润和传递，以达于永恒。大别山精神是中国共产党领导大别山革命群众在争取人民解放胜利、中华民族独立和伟大复兴的革命历程中创造的一种崇高革命精神，它作为一种精神现象的本体存在，以斗争、奋斗、奉献、坚守为鲜明特征，以"朴诚勇毅，不胜不休"为精神内质，与红船精神、井冈山精神、长征精神、遵义精神、延安精神、西柏坡精神、临沂精神等，共同构成了中国红色精神宝库。而大别山精神的一个天然载体就是大别山红色口述文化资源。通过这一资源宝库，可以从沉积于大别山社会生活深层的"红色""口述"文化元素中，解读出大别山精神的遗传基因密码，达于大别山精神的本质和精髓，从而促成大别山精神在新时代的价值转换和意义重构，从新时代的红色基因演进、思想政治教育、党风廉政建设等多重维度，揭示出大别山精神的价值意义。

三、大别山红色口述文化资源的主要特点

从多种文化交融契合的文化发生学原理出发，考察大别山红色口述文化资源，即可发现，这一文化资源是由马克思主义先进文化、中国革命文化等各种文化元素在大别山区延展、传播、流迁而形成并演进的，除了具有一般口述文化资源的特点外，它还具有自身鲜明的资源特点，其独特之处主要表现在如下方面：

（一）大别山红色口述文化资源的反映对象特点

就文化反映对象而言，大别山红色口述文化资源是对大别山革命史中可歌可泣的典型革命人物和革命事件所进行的生动、具体、真实的传扬，是以大众普适、通俗易懂、贴近生活的口头表述、口耳相传的非正式文本方式，对中国共产党领导大别山人民为争取民族解放、建立社会主义新中国、实现中华民族伟大复兴的长期艰苦的革命斗争历程的历史文化呈现。具体地说，大别山红色口述文化资源是从两个方面呈现大别山革命史的：

一方面，大别山红色口述文化资源是对这一区域革命人物群体的人格映射。在大别山革命时期，涌现出大批革命英雄人物，他们为了革命的理想信仰，进行艰苦卓绝的革命斗争，牺牲奉献，紧跟党走，创立了大别山革命胜利的光辉业绩。这些人物经过人民群众口耳相传的流播，形成了宝贵而丰富的大别山红色口述文化资源，例如，"救命天使"董昌能、"神枪射手"程再

当、"盲人书生"周汝金、"小气大王"易文洮、"货郎部长"谢启卿、"抠门科长"杨思明等，以至"扎堆生成"三百多名共和国将军，由此铸造出大别山红色人物群体形象，映射出他们浩气长存的崇高英雄人格，为人民群众所景仰、敬拜。

另一方面，大别山红色口述文化资源也是对这一区域革命历史事件的真相还原。大别山现代革命史是中国现代革命史的重要组成部分，从五四运动时大别山区党组织的初创和各地发展、北伐战争时农民运动的蓬勃发展、"八七"会议后大别山区的秋收暴动及武装起义、鄂豫皖苏区的建立和鄂东苏区的发展巩固、第四次反"围剿"的悲情及大别山人民艰苦卓绝的游击斗争、鄂豫边根据地的开辟、大别山抗日根据地的创建与发展，一直到刘邓大军千里跃进大别山、大别山人民迎来解放，每一个历史时期都流传下来诸多革命传奇。尽管这些革命传奇经过民间口耳相传，或被传播演变，或被夸张和神秘化，可能在一定程度上模糊了其历史存在的真实样态，但它们经久流播，深深扎根于人民群众心中，不断地释放出强大的文化正能量。如果对大别山红色口述文化资源的众多原型加以全面梳理和整体考察，即可还原出这一区域波澜壮阔的革命历史真相，带来良好的红色教育效应。

（二）大别山红色口述文化资源的传播形式特点

就文化传播形式而言，大别山红色口述文化资源所包含的"口述"形式，应作广义的把握和界定。不能仅仅限于狭义的"口述"，其主要口述文化资源形式包括流传于民间的红色革命故事，红色革命歌谣、诗歌、顺口溜，红色口述实录、访谈录、回忆录以及红色场馆的解说等。例如，大别山红色革命歌谣，不仅是大别山红色口述文化资源的组成部分，而且是不可或缺的组成部分。刘陶谈到其价值时说："在中国社会 20 世纪上半叶的社会演进过程中，'黄麻'两个字，已经凝固成历史符号，大别山也成为红色旅游的一块圣地。大别山革命歌谣，更是一笔极为珍贵的非物质文化遗产。它是人民群众在革命战争年代生活、奋斗的真实记录，是研究中国共产党历史、中国 20 世纪上半期社会演变不可或缺的重要史料，也是中国社会主义核心价值体系的重要组成部分。"①在大别山红色口述文化资源中，红色革命歌谣居于极其重要的价值地位。它们有如下特点：第一，承载信息量大。数千首歌谣，记录、叙述、诉说大别山革命历史文化与现实生活方方面面的丰富信息，展现着整个大别山革命斗争的血染风采。第二，传播能量大。它以独特的传播形式，"立地顶天唱大风"②，透过历史与现实的帷幕，将大别山革命时期我党和人民群众追求革命理想信仰，坚持正确的核心价值取向，不断走向胜利的浩然正气和革命豪情，源源不断地传输给广大的人民群众，形成了一股股战胜各种艰难困苦的巨大文化精神正能量。第三，宣传功效高。由于这些红色革命歌谣内容生动活泼，曲调优美明快，简单易学，老少皆宜，因而具有强大的生活穿透力和丰富多样的审美旨趣，能够走进人民群众的心灵深处，唤起人民群众攻坚克难的斗争志气，在不同的生态环境条件下，在人民群众之中，都能产生极高的宣传功效。在中国共产党领导的大别山革命战争中，不仅有枪声炮声，还有革命的歌声，"'男将打仗，女将送饭'，是我们大别山人的传统"，"这歌声的效力，超过了现代社会中那些经过周密研制的任何一种兴奋剂，是大别山革命斗争最重要的精神武器"。③第四，掌握民众广。由于大别山红色革命歌谣的独特魅力能够激发广大人民群众传唱的兴趣和热情，唤起广大人民群众的审美愉悦和心灵共振，因而这些歌谣也就能够不断地走进人民群众的现实生活之中，尤其在过去物质条件差、精神生活单调贫乏的年代，这些歌谣在大别山区更容易达到潜移默化、家喻户晓地深入民众的程度。李敏在《红色基因　红色旋律　红色传承——从对麻城革命歌谣的搜集整理看大别山革命歌谣之魅力》一文中谈到 1929 年春天湖

① 刘陶：《序》，载李敏、陈建宪主编：《麻城革命歌谣》，华中师范大学出版社 2015 年版，第 2 页。

② 刘陶：《序》，载李敏、陈建宪主编：《麻城革命歌谣》，华中师范大学出版社 2015 年版，第 1 页。

③ 刘陶：《序》，载李敏、陈建宪主编：《麻城革命歌谣》，华中师范大学出版社 2015 年版，第 2 页。

北省委巡视员何玉林对大别山革命歌谣宣传效力的赞叹，当时何玉林向中央报告说："从经验中，歌谣的宣传效力最大，因为这种文字宣传识字者最少，意义又深，又少味。农民最喜欢唱歌，现在赤色区域所有农民都尽唱革命歌，妇女、小孩没有一个不记得一两首来唱的。所编的歌甚多，大都是由农民自己或区委、支部等下级同志编成，他们来得自然，或者中间意义词句稍有错误，经上级同志修改过，但是上级同志（尤其宣传负责同志）没有编出来一个。歌中最著名的、收效最大、普遍传布在黄安（今红安，以下同）、麻城、光山、黄陂的是《十二月穷人歌》《枪会革命歌》《兵变歌》，随时随地都听见这革命的歌声，甚至白色区域里的妇女小孩也自然无顾忌地歌(唱)出来。"①他的这一报告，很客观地描述了作为大别山红色口述文化资源的革命歌谣在当时为人民群众所掌握传唱的盛况。第五，价值导向强。一首首大别山红色革命歌谣，形成了强大的革命精神价值导向。它们不仅是大别山革命斗争最重要的精神武器，也是后辈战胜任何艰难困苦绵延不绝的力量源泉。正如王树声大将的夫人、八路军老战士杨炬2014年10月20日在给《麻城革命歌谣》一书题词时所说："革命歌谣是群众的呼声，战斗的号角，是一份珍贵的非物质文化遗产。"②

（三）大别山红色口述文化资源的大众普适特点

大别山红色口述文化资源的普适化特点，是说这一文化资源是面向广大的大别山革命群众，传播马克思主义先进文化，集结优秀的传统文化和区域的民俗文化等文化元素，从而孕育生成的大别山区的中国革命文化资源，因而能获得并已经获得广泛的大别山革命群众的心理接受和情感认同。当然，它也能跨越更长的时间和更大的空间范围，普适于更为广大的人民群众，获得更多的人民群众的心理接受和情感认同。例如，史瑞林老人的一个心愿是

---

① 李敏、陈建宪主编：《麻城革命歌谣》，华中师范大学出版社2015年版，第267页。
② 李敏、陈建宪主编：《麻城革命歌谣》，华中师范大学出版社2015年版，杨炬题词。

走访所有战争年代生存下来的麻城革命战士，为采访方便，甚至把许多访谈内容顺手记录在烟盒纸上。据他记录，冯仁恩将军曾口述过从麻城到黄安的革命故事。冯仁恩将军是湖北省麻城县顺河区冯家寨人。1929 年参加中国工农红军。参加了长征、抗日战争、解放战争。中华人民共和国成立后，历任昌潍军分区司令员、青岛守备区司令员、烟台军分区司令员、山东省军区副司令员。1961 年晋升少将军衔。2017 年，本课题组采访史瑞林老人时，老人回忆起当年采访冯仁恩将军时将军"口述"的情景，仍是那样激情澎湃，情不自禁。老人吟唱道："麻城到黄安，到处山连山；晚上出去打，白天树林钻；东边打一铳，西边放块鞭；土匪不敢来，地方吓得弹。"①（"吓得弹"，方言吓得发抖的意思）这种革命战争情节的"口述"，非常适合人民群众的传扬，让人仿佛亲临到那个峥嵘的战争岁月，真可谓撼人心魄。

（四）大别山红色口述文化资源的民俗融入特点

大别山红色口述文化资源的民俗融入特点，是说这一文化资源是以大别山区域的民间而非官方的、以注重通俗易懂而非一味追求文雅的表达形式长期存在的文化资源。其流迁和嬗变大都在民间群众中自为自发地展开，而不是正规、刻意地传播。尤其值得注意的是，大别山红色口述文化资源并非完全排斥文雅的文化资源，实际上，其可谓雅俗共赏：有格调清新文雅的存在形式，诸如"八月桂花遍地开"之类优雅的红色民谣，老少皆宜，流唱经久不息；也有更多混杂入俗的存在形式，诸如那些动员群众开展革命斗争的"顺口溜"等。例如，由许世友将军口述、史瑞林老人记录的"黄麻两县真能干"："黄麻两县真能干，男女老幼齐奋战；土豪劣绅都打跑，地主恶霸全完蛋。锣鼓喧天庆胜利，百万人民笑开颜。"②又如，由王宏坤将军口述、史瑞林老人记录的"老子就是不信邪"："老子就是不信邪，敢把恶霸当肉切；

---

① 李敏、陈建宪主编：《麻城革命歌谣》，华中师范大学出版社 2015 年版，第 19 页。
② 李敏、陈建宪主编：《麻城革命歌谣》，华中师范大学出版社 2015 年版，第 145 页。

欺压我们几百年，老子今天也做爹。"① 这些宣传鼓动革命人民群众的顺口溜，简单易懂，混杂入俗，契合了大别山人"朴诚勇毅，不胜不休"的独特群体性格特征，具有极大的革命鼓舞作用，也充分体现出大别山红色口述文化资源的民俗化风味。

（五）大别山红色口述文化资源的生活面向特点

大别山红色口述文化资源的生活化，是说这一文化资源深入到了现实的生活世界，从大别山革命人民群众的炎凉冷暖、酸甜苦辣的诸多生活细节之中摄取文化养分，反过来又以其独特的文化情韵，润化革命人民群众的生活，散发出一种大别山革命老区人民群众的独特生活味道。例如，在麻城乘马岗一带，就有很多老婆婆会咏唱带有地方口音和风味特色的革命情歌，在当时妇女婚姻爱情生活相对封闭的社会生态环境下，这些优美的革命情歌，充满了浓郁的生活气息，以难得的自由开放形式，呈现出革命先辈丰富的情感世界。例如，刘凤悟谈到自己的经历，说他们曾请过一位忘记名字的老婆婆作报告，讲述大别山革命时期那个风雷激荡、血火交织的岁月。老婆婆感叹："鄂豫皖苏区，那是唱山歌的日子啊！"而讲到兴起情至，便唱起一段当时的歌谣来，"歌唱时，她昏花的老眼放出明亮的光芒，满脸皱纹像盛开的菊花"②。而讲到苏区如何扩大红军，如何村村都是母送子、妻送夫、妹送哥当红军的动人情景时，老婆婆又情不自禁地唱道："针儿密，线儿长，千针万针表心肠。情郎要把红军当，小妹低头细思量。穷人翻身要彻底，火线杀敌理应当。瞒着爷，瞒着娘，做双新鞋送情郎。情哥穿上这双鞋，去打反动贼老蒋。单等胜利回家转，妹妹迎接三道岗。"③ 这些讲述和歌唱，多角度地反映了大别山区革命群众当时的真实生活，充满了大别山人浓郁的生活味道。刘凤悟在《壮歌颤音，铁血柔情》中比较样板戏与此类作为大别山红色

---

① 李敏、陈建宪主编：《麻城革命歌谣》，华中师范大学出版社 2015 年版，第 145 页。
② 李敏、陈建宪主编：《麻城革命歌谣》，华中师范大学出版社 2015 年版，第 304 页。
③ 李敏、陈建宪主编：《麻城革命歌谣》，华中师范大学出版社 2015 年版，第 305 页。

口述文化资源的红色革命歌谣时，深有感触地评论说："同样是展示战争年代的革命者，样板戏里所有的壮怀激越她都有，样板戏里没有的儿女情长她也有，作为原始的口头文学艺术，革命歌谣表现的是真实而完整的生活。"①

　　大别山红色文化口述资源内容丰富，种类万千。在战争时代，大别山红色口述文化资源中诸多案例不仅映现并凸显了英雄先烈们因公利忘私义、为家国牺牲小我的伟大情怀，更可贵的是，大别山红色口述文化资源所呈现的文化是满怀人性光辉的、有温度的红色文化。例如《大别山上七枝花》中记载的关于七个年轻女人一起动员丈夫参加红军，后来天天盼望丈夫胜利回家，盼了二十多年，结果七个女人同时盼来一张纸（烈士证）的感人肺腑的故事。"苦等二十年，一纸来相见；君魂回故里，生死两相依！别哭别伤心，挥泪送亲人；继承夫君志，为国献终身！"她们在美好的青春年华苦守，创作出一首首动人的歌谣，无不透露出大别山里女人们的坚守和希望。这充分证明，大别山红色口述文化不是单薄的教条式的红色文化，其中包含了丰富的人性特质。虽然时代语境在不停地变换，但其实每个时代遇到的根本性问题指向是一致的。因此有理由相信，大别山红色口述史文化资源的具体价值元素，足以使当代青年产生深切共鸣。今天，重回大别山红色口述文化资源的原生语境，就是为了将其中蕴藏在大别山战争年代革命群众生活世界的丰富教育内容挖掘出来，在当代大学生思想政治教育中，充分发挥出大别山红色口述文化资源的生活化价值功能。

（六）大别山红色口述文化资源的话语表达特点

　　就文化话语样态而言，大别山红色口述文化资源是以简洁明了、生动活泼、风情浓郁、朴实无华、爱憎分明、与时俱进等为特征的话语表达系统而存在的一种特殊文化资源形态。

　　"简洁明了"是说大别山红色口述文化资源的话语表达，一般比较符合

---

① 李敏、陈建宪主编：《麻城革命歌谣》，华中师范大学出版社2015年版，第305页。

"思维经济"原则，即"奥卡姆剃刀"所指的以尽量少的话语表达尽量多的意义原则。其表达对象内容不冗长、不烦琐、不纠结，说理明了，叙事简约，传情爽朗。例如，湖北省黄安（今红安）县人陈继唐在谈到他在大革命时期作为县党部的常务委员开展妇女工作，如何组建妇女协会，如何选"召集人"时，曾口述道："'蛇无头不走，鸟无翅不飞'，组织妇女协会这样一件大事，就更需要一个领头的人，而且这个人必须具有能够胜任得起的能力和有利条件，经我的观察和了解，在你们诸位当中，以黄冠英为最适宜，她今天能把大家邀集到她家，这说明她家的大人首先同意了，像这样开明的家长实在不多，其他有利条件就不用我说了，大家知道得更清楚。"①几句话下来，非常简洁明了地就把选定妇女协会召集人之事口述得清清楚楚了。

"生动活泼"是说大别山红色口述文化资源的话语表达大多富有大别山人特有的幽默和灵气，不呆板，令人感到心情愉悦而易于轻松接受。例如，王树华在口述王度于黄安创办列宁小学时，学校如何经常组织学生到各垸宣传革命道理的情景，他记忆犹新地咏唱当时的一首展望美好前景的儿歌："青的山，绿的水，灿烂的乾坤。鲜的衣，美的食，玲珑的楼阁，工农们，联合起来！为美好的世界奋斗！"②他的口述话语，灵气充盈，精神饱满，生动地再现了大革命时期大别山人民轰轰烈烈的革命宣传情景。

"风情浓郁"是说大别山红色口述文化资源的话语表达充满了这一神奇区域诸多风土人情的元素。大别山儿女在他们创造原生态的口述文化时，总是率性而为，因情而动，其口头表达，清新动人，优美婉转。例如，一首首原生态的苏区情歌，其话语表达，可谓清纯明朗，风情无限："高高山上一棵槐，我郎亲手栽。八月十五红军要北上，妹妹我槐树底下送郎来。"③也有

---

①　陈继唐口述，何为喜整理：《大革命时期黄安的妇女运动》，中国人民政治协商会议红安县委员会文史资料委员会编：《红安文献史资料》，红安县图书准印证 003 号 1991 年版，第 29 页。

②　王树华口述，王文金整理：《真假王度》，中国人民政治协商会议红安县委员会文史资料委员会编：《红安文献史资料》，红安县图书准印证 003 号 1991 年版，第 61 页。

③　李敏、陈建宪主编：《麻城革命歌谣》，华中师范大学出版社 2015 年版，第 307 页。

借古戏文脱胎而出的口述文化资源，例如："春季里相思艳阳天，百花萌芽遍地鲜，柳如烟。我郎革命常在外。妆台无心上，棱花懒照颜。奴郎、夫君，你本是革命人，不灭敌人不要回还。"① 这些红色口述文化资源推陈出新，其中既可称得上别有一番风味，亦富有一种革命的蓬勃朝气。

"朴实无华"是说大别山红色口述文化资源的话语表达常常是就地取材，自然而然，因物而兴，因情而感，因境而生，讲道理实实在在，抒情怀情真意切，不刻意做作，不故弄玄虚。例如，由程敬宜收集整理的鄂豫皖苏区的《四季读书歌》②，宣传春夏秋冬四季读书的革命道理，每个季节都以自然情境起兴，简朴无华而又非常实在。春季劝读的情境重在融合宣传展开马列理论学习重要性的革命道理，具有"春种"打基础的意味："春季读书天气和，好同学，理论就是革命舵，看看《列宁报》，唱唱战斗歌，身体壮，文化高，胜利才牢靠。"夏季劝读的情境重在融合宣传努力实践理想目标的革命道理，具有"夏耘"的意味："夏季读书夏日长，好时光，父母劳动热难当，赶走帝国主义，消灭蒋匪帮，为穷人大翻身，胜利有保障。"秋季劝读的情境重在融合宣传苏区人民人人有田地可耕、人民得自由的革命胜利成果，其喜获丰收的愉悦心情，自然而然地洋溢出来，具有"秋收"的意味："秋天读书百谷收，乐悠悠，我们穷人出了头。田地人人有，穿吃也不愁。要保卫，鄂豫皖，人民得自由。"到了冬天，劝读的情境则重在融和宣传利用农闲时间、不畏严寒艰难、抓紧交流经验的革命道理，具有"冬藏"的意味："冬天读书雪满天，止农闲，学习操练不怕寒。交流好经验，技术要钻研，消灭那'包围战'，做好战斗员。"这些劝读宣传契理契机，情理交融，讲究口语化，贴近广大人民群众的生活实际，充分体现了大别山革命宣传工作的鲜明话语表达特色。

"爱憎分明"是说大别山红色口述文化资源的话语表达具有与大别山人

---

① 李敏、陈建宪主编：《麻城革命歌谣》，华中师范大学出版社 2015 年版，第 307—308 页。

② 李敏、陈建宪主编：《麻城革命歌谣》，华中师范大学出版社 2015 年版，第 116 页。

厚朴正直、爱憎分明的性格特征相吻合的区域特点。爱憎分明，也是大别山的青山绿水孕育出来的革命儿女普遍的一个性格特征。共产党及其军队真心爱护大别山人民，深受大别山广大人民群众的拥护，帝国主义、反动派、地主、土豪、劣绅欺凌大别山人民，遭到大别山人民群众的强烈痛恨。而这种爱恨情仇，在大别山红色口述文化资源创造者的言谈举止中，一处一处地、自然真实地显露出来。汪锡良的《红土地上的铁军》一文中就有这样的描述："军爱民、民拥军在鄂豫皖革命根据地的军民关系中得到了充分体现。部队到村宿营时，先挖厕所，行前填埋，凡是用群众的门板、铺草、脚盆等都归还原处，驻地打扫干净。还将打土豪所获接济贫困群众。人民群众在缺衣少穿、生活极其艰难的情况下，勒紧裤带，节衣缩食，支援红军，不少群众宁愿自己吃糠咽菜，披巾挂片，也把自己仅有的一点粮食、油盐、衣物拿出来送给红军，冒着危险帮助红军养护伤病员。军民团结，为保卫苏区筑起了真正的铜墙铁壁。"①

"与时俱进"是说大别山红色口述文化资源的话语表达是一个开放的话语衍生系统，其话语表达的内容和形式有多个衍生、创新的主体和渠道。事实上，历经中国革命和社会主义建设以及改革开放的风风雨雨，大别山红色口述文化在话语表达内容上，不仅有革命先辈原汁原味创造的风貌，有凭着老前辈记忆的修补，也有后人在收集过程中的整合完善，甚至还有当今以原汁原味为基础的与时俱进的开新；在话语表达形式上，不仅遗存有以往纯粹流传在民间口头上的话语表述原貌，也有民间原生态口述向现代网络口语化、线上线下集成化、VR（虚拟现实）技术化等话语表述形式转变的过程或趋势。尤其值得注意的是，大别山红色口述文化资源的话语表述主体并未停留在许多知名或不知名的革命先辈中那些原创者上，而是不断衍生出新的创作者主体，诸如大别山红色口述文化资源的收集整合者、大别山红色口述

---

①　中共黄冈市委党史办公室、黄冈市新四军历史研究会编：《从黄冈走出的人民军队》，鄂黄内图字（2014）第 34 号 2014 年版，第 26 页。

文化资源的修补完善者、大别山红色口述文化资源的网络转化创新者、大别山红色口述文化资源的数据库建设者等，他们在新的历史境遇中对原生态的大别山红色口述文化资源予以推陈出新，促进其符号演绎，实现其话语转换，使得这一特色文化资源绵延不绝，保持了不断增生的资源活性。

第二节　大别山红色口述文化资源的系统生成要素

任何文化资源的生成都有自身独特的自然和社会生态要素，考察其系统生成要素，即能够体验到这种文化资源的系统存在语境。而大别山红色口述文化资源作为大别山红色文化资源中具有鲜明特色和强大生命活力的组成部分，亦有其生成的系统要素。

大别山地区是闻名中外的红色文化区域，是党史、军史上许多重大事件的发生地，是中国革命的重要策源地之一，有着丰富的红色文化底蕴和党史、近现代革命史资源。鄂豫皖苏维埃政府、红二十五军军部、红二十八军军部、鄂豫边区党委、新四军第五师师部、晋冀鲁豫野战军司令部等党政军机关，都先后在这里驻扎，在中国革命史上，留下了许多闪光的足迹。刘邓大军千里跃进大别山，实现中国革命大转折，更使得这一地区声名远播。位于大别山区的鄂豫皖革命根据地曾被王玉德概括为"四重四地"，即鄂豫皖苏区是中国共产党领导的人民革命武装斗争的重要发祥地、中国工农红军的重要诞生地、中国共产党在土地革命战争时期的重要根据地、中国共产党培养和造就治党治军治国杰出人才的重要基地。大别山人民体现出高尚的民族精神，为中国革命付出了巨大的牺牲代价，做出了不可估量的历史贡献，从而也创造了包括大别山红色口述文化资源在内的丰富的大别山红色文化资源。作为一种文化的实体存在，大别山红色文化资源在其特定的系统境域中闪耀着独特的中国红色文化的光芒。它与中国其他地域的红色文化资源共同构成中国红色文化资源的有机整体，对近代以来的中国社会产生了极其深刻的影响。中国红色文化资源的生成具有诸多文化生态要素，它们交织于其资源生成的系统语境之中，对中国红色文化资源的生成发挥着重要的作用。大别山红色口述文化资源在大别山红色文化资源系统中具有独特的、不可替代的地位，对其系统生成要素，可以从如下主要方面予以梳理：

一、大别山红色口述文化资源生成的自然生态要素

特殊的自然环境，是大别山红色口述文化资源系统生成的自然生态要素，它尤其在大别山红色人格润化方面发挥了极其重要的生态作用。具体而言：

（一）大别山红色口述文化资源生成的自然环境条件

在中国革命初期积蓄和保存革命果实以及中国革命中期的持久作战和反包围作战中，特别需要复杂隐蔽的地形。大别山地区有山有水，河流湖泊众多，水系发达，呈网状分布，彼此之间易于联系，茂密的水草也成为天然的掩护屏障。在这样的水网地带建立根据地，革命者隐蔽其中，得天独厚，敌人根本无法搜捕。而丘陵山地的复杂地形也有利于革命根据地的发展。以当时鄂豫皖革命根据地的中心区域——黄冈为例，丘陵山地占总面积的75%，地形自北向南逐渐倾斜，东北部与豫皖交界为大别山脉，主脉呈西北—东南走向，有海拔1000米以上山峰90余座；中部为丘陵区，海拔多在300米以下，高低起伏，谷宽丘广，冲、垅、塝、畈交错；南部为狭长的平原湖区，海拔高度为10—30米，河港、湖泊交织，500亩以上湖泊38个。发源于大别山脉的举水、倒水、巴水、浠水、蕲水和华阳河六大水系，均自北向南流经市域汇入长江。而长江流经全市189千米，有"黄金水道"之称，这都为建立革命根据地提供了良好的自然环境条件。

大别山地区是从事革命战争的天然军事要地。著名的"黄麻起义"之所以发生在黄安，与其地理环境有着密切的关系。黄安东邻麻城，西接黄陂，南与黄冈毗连，北与河南光山接壤，东可走皖西，西趋江汉，北出豫南，南

迫武汉，这种地势险要、进退自如、攻守皆宜的地理条件，决定了黄安在军事战略上占有重要地位，历来是农民起义重据之地。黄安有两大山区，北部山区和东部山区。北部山区的西北部为天台山、老君山山群，山体高大，峡谷幽深，天台山群以南有阳台山相连，东北部为光宇山群，地形复杂，在西北与东部山区之间有断续的山脉相连。黄安东部山区北面为游仙山群，南部为五云山群，中间为三角山群。境内大小河流 100 条，总长 817.7 千米，属间歇性河流，主要有倒水、滠水和举水三条河流。其中滠水上游在黄安县境内，中游和下游在黄陂区境内，最终流入武汉市区。倒水上游和中游均在黄安境内，最终流入武汉阳逻。举水的最大支流松溪河发源于黄安东部山区三角山，在麻城境内与举水交汇。举水干流的中下游位于著名的团麻断裂带上的河谷平原，最终流入黄冈的团风县城关。黄安西南部还有武汉黄陂的木兰湖，湖边隆起部分是木兰山，在木兰湖的最上游有一个湖汊伸入了黄安。黄安县镇基本上处于一个四周皆山、中间低平的小平原上，因而在这里发动革命武装暴动，具有比其他地方更优越的迁移流转的自然生态空间。

大别山地区在当时能够为革命的发展提供强大的后勤保障。在这样的自然环境中，这里的军民在党中央自己动手、丰衣足食的号召下，对丘陵山地进行了大面积垦荒，生产出丰富的农产品，为鄂豫皖革命根据地的建设和发展奠定了坚实的物质基础。例如，黄安县北部地区属低山区，雨水充沛，山场资源丰富，适宜实行林牧结合，发展茶树、果园；东北部高山丘陵，适宜发展粮、林、油、牧、茶等。在革命根据地军民的勤劳开垦下，据 1934 年《湖北县政概括》记载，仅黄安县"在民国十五年以前，统计可收获稻谷二百八十余万担……统计可收获大小麦一百二十余万石"；1943 年《湖北统计年鉴》载，黄安稻谷产量 82 万石；1949 年全县水稻面积 38.6 万亩，总产 5714 万公斤，单产 148 公斤……① 这就使大别山红色革命得以长期地坚持和发展。

---

① 红安县县志编纂委员会编：《红安县志》，上海人民出版社 1992 年版，第 78 页。

（二）大别山自然环境条件对红色人物的人格润化

大别山位于我国中部，山水环环相扣的独特地貌，综合了南北地理环境的主体要素和有山有水的自然生态条件，因而对区域红色革命人物的主体人格起到了不同于其他区域的特殊润化作用。例如，长期生活在大别山南麓的黄安人从小就见证了雄伟苍翠的大别山稳稳地托起满山的林木和鸟兽，因而自然容易从大别山的亘古与厚实中领悟到一种诚实、守信和奉献的精神品质。从小面对清澈的倒水、潆水和举水河，也自然体会到一种河水对身心的荡涤：河水坦坦荡荡地自流自逝，会使他们选择做人坦率清白，而不会自甘污浊、陈腐堕落；河水奔流不息地汇入长江、海洋，会使他们体味到自然的机变、自新、坚韧和不息的生机，因而能够为了理想奋斗不止，而不轻言放弃；河水澄澈如镜，会使他们体味到一种通透的佳境，心灵也能够挣脱束缚，不断地获得自由和净化，思想也变得更为圣洁；河水缓缓流淌，会使得他们体味到生命的淡定和从容，从而使许多怨恨、嫉妒、失落、苦闷随着河水悄然而逝。大别山人民之所以能够在中国革命的伟大历程中，养成万众一心，为党为民，朴诚勇毅，不胜不休的群体革命精神，应该说，与这种独特山水自然对人格的润化不无关系。山的亘古和水的绵延，使得大别山儿女有着无私无畏的生死淡定心态，在决定个人生死的紧要关头，总是把生存的希望留给同志，留给群众，把危险和牺牲留给自己。例如，张南一就是这方面的一个典型代表。他1926年参加农民运动，同年入党。常自编鼓词在天台山、七里坪一带说唱，被当地人亲切地称之为"蓝衣先生"。1928年3月，他因患病回家，被叛徒发现告密，遭敌人包围。敌人搜查无着，就将全村群众赶到稻场上，要村里交人。一位老人说一声"不知道"便被当场枪杀。张南一为保护群众，从躲藏处挺身而出，高声喊道："老子就是张南一，快把群众放了！"后遭受敌人酷刑，并被推入沙坑活埋，壮烈牺牲。许许多多革命烈士的事迹，都让我们深深地感受到在特殊自然环境中成长起来的大别山儿女那种令人震撼的高尚革命情操和生死观念。

大别山也孕育了红色革命人物如大别山一般坚持真理、忠诚信守、求真务实的优秀品格。例如，在鄂豫皖边区，就有一位被誉为"土马克思主义者"的革命领导人徐朋人，为了坚持和捍卫革命真理，哪怕是降职、查办乃至面临杀头的威胁，他从不随声附和，豁出命来也要说真话、讲实话。1931 年 4 月，张国焘来到鄂豫皖担任中央分局书记，他独揽大权，不分青红皂白地推翻这里原有的一切方针政策。当时，广大农民群众在原特委的领导下，已经分配了土地，正在轰轰烈烈地进行春耕生产。张国焘却提出"地主不分田，富农分坏田"的过左政策。徐朋人讲究实际，党性十分强，爱讲真话、说实话，这位对革命忠诚的共产党员，坚决反对张国焘全盘否定原来的土地分配政策，认为原来已经执行的土地政策是符合中央精神而又切合实际的。按张国焘"地主不分田，富农分坏田"的政策，对整个革命不利。张国焘对他横加迫害，在中央分局第一次扩大会议上，公开指责徐朋人是一个"不可救药"的"右派小组织分子"，开除了他的党籍，并利用肃反的机会，将他逮捕。坚强的徐朋人仍站在一个共产党员的立场上据理力争，始终不屈服于张国焘的威迫，1932 年 4 月，被张国焘在"肃反"扩大化中杀害。他身上体现的正是一种为追求真理而视死如归的英雄气概和激荡天地的浩然正气。在特殊的自然环境下休养生息的大别山儿女，勤劳智慧，勇敢刚强，爽直热情，敢爱敢恨，从这里走向革命道路的红色革命人物，是他们中具有优秀革命品质的典型代表，他们的事迹映射出大别山红色革命人物光辉的革命群体人格。在革命岗位上，他们不图地位高低，不计个人得失，舍生忘死，一心一意为革命做贡献。人们将这些概括为"一要三不要"（要革命，不要钱，不要家，不要命）、"一图两不图"（图贡献，不图名，不图利）。[1] 当时黄安地方武装作战，流行最广的两句话是："怕死不革命，革命不怕死"；"不消灭敌人，不是英雄好汉"。革命战士奋不顾身，勇猛拼杀，直至将敌人摧垮和消灭，他们把在战场上英勇牺牲叫作"革命到底"，认为这是革命者的神圣归宿，因

---

[1]　彭希林：《光辉的革命业绩，宝贵的精神财富》，2011 年 5 月 5 日，见 http://www.cnhu-bei.com/xwzt/2011/jd90/ds/dszs/201105/t1691393.shtml。

而也是最大的光荣。

二、大别山红色口述文化生成的社会生态要素

大别山在近现代革命史上是一个充满传奇色彩的地方，各种不同层次的社会因素构成了大别山红色口述文化资源生成的社会生态基础。

（一）大别山红色口述文化资源生成的独特经济根源

大别山地区人民受到的残酷压迫和剥削应是大别山红色口述文化资源生成的物质经济根源。据《红安县革命史》记载，土地革命时期，黄安[①]全县地主阶级的土地占50%以上，富农的土地占10%，祖田占10%，庙田占5%，四项合计占75%，农民的土地只占25%，雇农没有土地。地主利用占有的土地残酷剥削农民，其征收的地租一般都占亩产量的60%至70%，有的高达80%以上。和地租一起的还有送礼、服役等。农民除受地租剥削外，还受地主的高利贷剥削。全县各地的高利贷名目繁多，利息特重，一般都是大加二五（月利率为25%），也有大加三十至五十的（月利率为30%至50%）。还有"阎王账"，早结晚还，日利率为10%。[②]除了地主阶级的地租和高利贷剥削，广大人民每年还要向官府缴纳名目繁多的苛捐杂税，主要包括土地税，其中有契约税、田亩捐等；人头税；杂税，包括烟税、酒税、糖税、屠宰税、行商税等；杂捐，包括月捐、门牌捐、灶头捐、纺车捐、壮丁捐、枪捐、草鞋捐等。地主阶级的残酷剥削，贪官污吏的横征暴敛，致使民众生活在水深火热中，使得这里的人民对于社会变革有着强烈的渴望与追求，在豪绅、地主、军阀和帝国主义的多重压迫下，这些有着强烈革命愿望的劳苦人民进行过多次自发的反抗斗争，这就为大别山红色口述文化资源的

---

① 红安原名黄安。

② 红安县县志编纂委员会编：《红安县志》，上海人民出版社1992年版，第77页。

生成奠定了良好的群众基础。

（二）大别山红色口述文化资源生成的历史传统根因

　　大别山地区人民强烈抗争的特点和勇于革命的传统应是大别山红色文化资源生成的历史传统根因。这里自古以来就是一个风云变幻的地区，农民运动和各种形式的起义活动层出不穷，耳濡目染各种起义运动，使这一带的人民具有强烈的反抗意识和斗争情结。据宣统《黄安乡土志》记载，黄安 35 个氏族中，有 23 个是从江西迁来，占 65.7%。黄安的大部分区域为古麻城孝感乡，是中国八大移民圣地之一，自古人员流动较大，思想也很活跃。由于黄安地处偏远，地形复杂，政令难施，嘉靖二十一年麻城县监生李大夏等上书朝廷请求建县，在呈文中曾提到"地僻民顽"四个字，而这一呈文，却从侧面真实地反映出黄安民众的勇毅之气。从黄安县大事记也可以看出黄安县的发展史其实就是一部斗争史和变革史。从 1674 年罗山农民谭以从等率众聚于仙居山与朝廷对抗开始，有 1853 年太平军攻城；1914 年紫云区农民罗福太、熊润生秘密组织"哥老会"，提出"打富济贫"的口号；1916 年黄安革命军突击队在云台山发动武装起义，攻克县城；1919 年农民方忠榜、方忠应持锄头扁担逼地主放粮；1922 年董必武回乡宣传革命思想，1927 年黄麻起义，鄂豫皖革命根据地的建立和发展……一直到新中国的成立，从大别山南麓黄安波澜起伏的革命斗争史可以看出，黄安民众具有内在的反抗和变革传统的强烈抗争精神，体现出广大农民为了摆脱压迫和剥削，寻求翻身解放的精神和力量。

（三）大别山红色口述文化资源生成的系统内生因素

　　中国革命时期地区非政府组织的蓬勃兴起，应是大别山红色口述文化资源生成又一特殊的系统内生因素。大别山地区作为偏僻的山区，"山高皇帝远"，政府控制力相对较弱，这就在客观上给非政府组织的发展提供了相当大的发展空间。据《红安县志》记载，1913 年黄安县商会成立，1924 年黄安青年协进会成立，1925年中国共产主义青年团黄安县委员会、黄安县农民协会也相继成立，1926年黄安县妇女协会、店员工会成立，1927年童子团成立，1929年妇女会、黄安县总工会、少年先锋队成立，1936年黄安县教育会成立，1938年妇女救国会成立，1942年八里湾商会成立，1943年三民主义青年团黄安县分团成立，1946年黄安县农会、黄安县妇女会、黄安县医师工会成立，之后还有黄安县农民协会、黄安县民主妇女联合会等成立。除此以外，还成立了很多民间秘密组织和社会革命团体。这些民间组织在宣传革命思想、支持革命发展和根据地建设上作出了重大的贡献。例如，1927年成立的黄安县总工会，辖11个基层工会或支部，会员605人。各级工会建立纠察队，配合农民自卫队，保卫工农运动，支持黄安革命根据地的建设和发展。例如，1925年成立的中国共产主义青年团黄安县委员会发展团员1200余人，协助中共组织发动青年参加土地革命，开展革命宣传，配合红军作战，动员青年参军，领导少先队、童子团参加革命斗争。1930年春前后，红安县各地成立了妇女会，组织妇女参加根据地建设，妇女成为生产主力军，每逢战事，妇女组成担架队、运输队、洗衣队、送饭队，还组织妇女抗日救亡，支援前线。这些社会团体在根据地建设和革命事业的发展中发挥了巨大的促进作用，可以说，正是这些自发组成的民间团体凝聚了大别山地区人民的斗争热情，团结了一切可以团结的力量，激发了革命斗志，壮大了革命队伍。

（四）大别山红色口述文化资源生成的绵延文化脉流

大别山区域多元文化、民俗、艺术的流转广布和碰撞交融应是大别山红色口述文化资源生成的绵延文化脉流。王玉德将大别山的鄂东文化圈与文化层，归纳出八个特点：原生态文化、矿冶文化、楚文化、吴文化、佛教文化、儒学文化、红色文化、工业文化①。这大致可以说是对鄂东文化资源整

① 王玉德：《试论鄂东文化层》，《鄂州大学学报》2008年第6期。

体构成的一个较好的概括。当然，实际上还应包含道教文化、东坡文化等。而正是这些区域多元文化与各种民俗、艺术流转广布、碰撞交融，才构成了独特的区域社会文化生态环境。这种绵延的文化脉流，对大别山民众爱国主义情操的陶冶、社会公平正义观念的强化、民间宗教信仰的倡导、民众文化教育素质的提高等都产生了深刻的影响，从而在中国革命这一特定的历史时期，从不同的层面有力地促进了大别山红色口述文化资源的生成。例如，大别山地区是吴楚文化交汇的过渡地带，吴楚文化在这一区域深层沉积，因而大别山区域民俗文化艺术都带有明显的吴楚风韵，形成了吴楚风格共存互动与兼容并蓄的特点。大别山的山歌和沿江地区的采茶调是大别山民歌的代表，多以山歌、茶歌、灯歌、秧歌、劳动号子和民间小调为主，具有独特的楚文化与吴文化交融的底蕴。尤其是沿袭吴楚文化交融的传统，在中国革命战争年代，大别山人民从民歌小调中孕育出一大批优秀的红色歌谣。众多的田间山野之歌，将丰富的红色革命思想和情感的信息，夹杂在不同类型的山歌艺术形式之中，既有音调高亢粗犷，气势连贯，节奏自由，语言活泼，情感深沉，音调悠长，高昂、爽朗而又质朴的高腔，包括樵歌、隔山秀、薅草歌等，又有在房前屋后、稻场、菜园、茶山等干轻活时唱的低腔，还有婚嫁喜事、丧事、庆典等多为一唱众帮的风俗歌，如婚嫁的《撒帐歌》《哭嫁歌》、丧事的《哭丧歌》《龙船调》、庆丰收的《打梿歌》、建房建祠的《起梁歌》等。其中如《送郎当红军》就有着简单而又充满大山一样的爱："送郎送到大门前，一轮明月挂蓝天。苏区夜晚多安静，白区乡亲受摧残。小郎哥哟喂，当红军上前线，莫忘翻身日子甜，消灭敌人要勇敢，才能保卫新政权……"其歌质朴、嘹亮，与陕北的信天游相比，音调稍低，但亦见另一种浓郁风情。

（五）大别山红色口述文化资源生成的前期文化诱因

在中国近代，为了寻求救国救民的真理，有识之士开始睁眼看世界，形成了多种进步、革命的文化思潮，而这些文化思潮也在大别山地区产生了深远影响，构成了大别山红色口述文化资源生成的前期诱因。具体而言：第一，清末新政时期西学东渐在大别山地区的文化启蒙作用。近代以来，由于海禁始开，西学东渐，先进文化分东、南两路向内地推进，一路从上海西上，一路由广东南来，而自古有"惟楚有才，鄂东犹盛"美誉的大别山脚下的鄂东地区正好处于两路先进文化交汇的枢纽地带，西方先进文化与这里的传统文化相互融通，受到西方先进文化浸润的山野文化和革命文化在此区域凝结为文化的甘霖，为大别山红色革命人物的成长提供了良好的文化气候与土壤，因而也就自然使得这一地区人文鼎盛，革命勃兴，英雄辈出。而清朝末年，涌现了大批"头脑新法，志气不凡"，远涉重洋，向海外求索"强国富民"之真理的大别山青年学子，他们较早地受到了西学东渐的文化影响。例如董必武等人，积极宣传革命，参与反对列强、推翻封建帝制的革命活动。他们中一些人成了清末、民国时期军政领导人；一些人成为我国知名的科学家、外交家、教育家和学者、教授；也有的后来成为中国共产党的著名活动家和重要领导人。这也就说明，西学东渐运动在大别山区域的文化启蒙影响，应是大别山红色口述文化资源生成的前期生态诱因之一。第二，辛亥革命时期首义文化与大别山红色文化生成的地缘连动。1911 年 10 月 10 日，武昌起义爆发，辛亥革命轰轰烈烈。由于大别山的鄂东地区与武昌独特的地缘关系，因而这一区域也受到了辛亥革命的深刻影响，鄂东进步人士纷纷加入革命行列。例如，董必武当即就剪掉发辫，收拾行装，辞别黄州府中学堂，1911 年 10 月 13 日，赶赴武汉，参加辛亥革命，任湖北军政府理财部秘书，同盟会湖北评议会评议员。12 月，湖北省军政府设立国民义捐局，动员各界"菜必输捐"，董必武和黄安人何子智以理财部特派员身份到黄州募捐。因为得到新生的黄州鄂东军政办事处的支持，黄州民众踊跃捐资，工作进展顺利。由于辛亥革命在武昌打响，形成了以武昌为中心的首义文化，在大别山地区产生地缘连动，形成了一股激荡澎湃的文化思潮，因而首义文化也应是大别山红色口述文化资源生成的前期生态诱因之一。第三，"五四"新文化运动对大别山红色口述文化资源生成的早期催化。北洋军阀统治时期，反思辛亥革命失败的原因，中国先进的知识分子开始认识到，革命失败的根源在于国民头脑中缺乏民主共和意识，必须从文化思想上冲击封建思想和封建意识，通过普及共和思想来实现真正的共和政体。俄国十月革命送来了马克思列宁主义，给正处在苦闷和黑暗中的中国先进知识分子指明了新的出路和光明的前途。于是由一群受过西方教育的知识分子发起了一场崇尚科学、反对封建迷信、猛烈抨击几千年封建思想的文化启蒙运动，即新文化运动。1915 年开始的以民主和科学为旗帜的新文化运动狂飙突起，犹如一把利刃刺进封建主义的心脏。特别是陈独秀创办的《新青年》更是掀起中国思想解放的风暴，给国人以文化的觉醒和思想的启蒙。新文化运动对大别山地区有着极其深刻的影响，也正是在这样的背景之下，正值青春年华的爱国青年们开始在湖北地区宣传新文化运动，探求革命真理和救国的道路。民族危机激发大别山地区一大批爱国青年的革命激情，形成了以董必武、陈潭秋、李汉俊、林育南以及闻一多、胡风等为代表的一支积极传播新文化、新思想的有志青年队伍。这些亲历新文化运动的先进知识分子，对新文化的诸多理念和思想都十分坚执和信守。例如，闻一多就是对中华民族文化发展有着杰出贡献的诗人、学者和民主斗士。当时，他受到新文化运动的影响，即表现出十分明确的开放意识。因其兄长的关系，他很小就有机会读到梁启超等人的文章，1915 年 11 月，他参与编写并演出了一部名叫《两仆计》的文明戏，其剧情描写一个守旧的老夫子拒绝接受儿子从欧洲带回来的洋媳妇，结果险些让他人瓜分了家产，最终老夫子明白过来，将儿子和洋媳妇接回了家。这些都说明闻一多受新文化运动的影响，已确立了文化开放的立场。由此可见，正是由于"五四"新文化运动的早期催化，才使得大别山地区的进步知识分子普遍地接受到了民主、科学的革命思想观念，进而使这些思想观念得以在整个大别山地区深入人心，从而促成了大别山红色口述文化的生成。

（六）大别山红色口述文化资源生成的先进主导因素

马克思主义作为一种先进文化形态，一开始就对大别山红色革命的产生、发展发挥着主导作用，也为大别山红色口述文化资源的不断生成奠定了思想基础。马克思主义的先进文化元素，是凝结大别山红色口述文化资源的坚实内核。先进的中国人把马克思主义引入大别山地区，使其能够与这一区域吴楚文化、宗族文化、佛道文化等多元文化中各种优秀文化因子实行交融互通，对这一区域产生深层文化影响，从而造就了徐朋人、戴克敏、张南一、邓雅声、蔡济潢、樊映淮等大批"土马克思主义者"，催生了灿烂的大别山红色口述文化。透视大别山红色口述文化资源，即可发现，无论是大别山红色革命人物、红色革命事件，还是大别山红色口述文化思想和艺术等，都体现出马克思主义先进文化元素的影响。例如，从大别山地区革命先烈留下的大量有利于启发群众觉悟的诗词中，就可以领会到马克思主义先进文化在大别山红色口述文化资源生成中的主导作用。黄梅烈士邓雅声精通诗律，善于运用诗词作武器传播马克思主义、宣传革命。例如他在《寄中国青年记者》《秋日书怀》《答洪海波》中写道："勉君努力中原草，莫使夷氛乱锦州""哪能长此针毡坐，一任阴霾蔽日红""等闲吾戴吾头去，留些微痕血泊中""热血一腔尽情洒，十年定放自由花"。① 这些诗句被不少革命群众所传阅。黄麻起义三豪杰中的蔡济潢，回首自己参加革命的经历时，留下了"明日照秋霜，今日还故乡，留得头颅在，雄心誓不降"② 的诗句，表现出坚强的革命意志。英山县烈士樊映淮遗作《如梦令·怀母》中有"千里叫阿娘，别把儿念切""阿母，阿母，抱病倚闾望我"。③ 这些诗词在革命年代无不使群众感受到马克思主义革命精神的激励。还有《送我的哥哥去参军》《送郎把军参》《救亡歌》《反对顽固派》《砍柴歌》《锄头歌》《唱五更》《民族革命歌》《军民合作》《十唱民族革命》《解放四季调》《绣手巾》《新十恨》等革命歌谣，揭露反动派的罪行，引发群众的爱国热情和革命豪情，歌颂人民革命的胜利，将马克思主义人类解放的精神实质深深地融入了大别山广大民间群众的

---

① 江树生、汪杰：《鄂东地区岁月》，中国广播电视出版社 1992 年版，第 229 页。

② 叶芬、高长舒：《可爱的黄冈》，华中师范大学出版社 1992 年版，第 55 页。

③ 中国人民政治协商会议红安县委员会文史资料委员会编：《红安文献史资料》，红安县图书准印证 003 号 1991 年版，第 74 页。

社会生活之中。

由上所述，可以得出如下结论：大别山红色口述文化资源是一种特色地域文化资源，其生成有自身独特的地区文化生态环境。就自然生态而言，特殊的地理环境构成了大别山红色口述文化资源生成的良好生态条件，对大别山红色人物具有人格润化作用；就社会生态而言，大别山地区人民受到的残酷压迫和剥削是大别山红色口述文化资源生成的社会经济根源；大别山地区人民强烈抗争的特点和勇于革命的传统是大别山红色文化资源生成的历史传统根因；中国革命时期地区非政府组织的蓬勃兴起是大别山红色文化资源生成的系统内生因素；大别山区域多元文化、民俗、艺术的流转广布和碰撞交融则是大别山红色口述文化资源生成的绵延文化脉流；在中国近代，为了寻求救国救民的真理，有识之士开始睁眼看世界，形成了多种进步、革命的文化思潮，而这些文化思潮也在大别山地区产生了深刻影响，构成了大别山红色口述文化资源生成的前期诱因；马克思主义作为一种先进文化形态，一开始就对大别山红色革命的产生、发展发挥着主导作用，也为大别山红色口述文化资源的大规模集成奠定了思想基础。马克思主义中国化在大别山红色口述文化资源中既表现为一种历史与现实的具体存在样态，更表现为一种不断生成和发展的动态流转过程。一方面，马克思主义在大别山地区的早期传播，促成了大别山红色口述文化资源的生成，也使我们体验到大别山红色口述文化缔造者的精神风貌；另一方面，马克思主义与时俱进，作为先进文化，其还将通过文化创新，主导大别山红色口述文化资源在当今社会的价值转化及其丰富、发展。

第二章　大别山红色口述文化资源与当代大学生思想政治教育的逻辑关联

大别山红色口述文化资源与当代大学生思想政治教育之间存在着内在的逻辑关联。在"百年未有之大变局"语境下，辩证地审视二者之间的关系，明确二者之间这种内在的逻辑关联，是能否利用好大别山红色口述文化资源加强当代大学生思想政治教育的关键之处。这就要求，既要充分认识为何加强当代大学生思想政治教育需要借助大别山红色口述文化资源，又要深刻理解为何实现大别山红色口述文化资源的价值也需要借助当代大学生思想政治教育。

第一节　加强当代大学生思想政治教育需要利用大别山红色口述文化资源

社会实践的需要是促进社会进步、实现创新发展最强大、最稳定的推动力。加强当代大学生思想政治教育，对利用大别山红色口述文化资源有着强烈的现实需要。这种现实需要，可以从百年未有之大变局所形成的当代大学生思想政治教育的严峻挑战和历史重任之中呈现出来，从借助大别山红色口述文化资源夯实大学生"红色"根基的迫切要求之中呈现出来。

一、"百年未有之大变局"语境下大学生思想政治教育的挑战和重任

当今时代，是一个百年未有之大变局的新时代。一个"变"字，即点明了这个时代的紧要之处：科学技术在变、网络传媒在变、人们的认知观念在变、行为习惯在变、关系链条在变、精品意识在变、生活方式也在变，总之，一切都在变动之中。而这个"变"字，也相应地凸显出当代大学生面对的严峻挑战和历史重任。一方面，百年未有之大变局，其"变"导致当代大学生思想政治教育必然面临着各种挑战，必须有针对性地因变而"应变"。在这里，"应变"是回应性的变革，是因"变"而"应变"的正向之变，重在对已经出现或即将出现的突出问题及其严峻挑战予以有效的应对性变革。另一方面，百年未有之大变局，其"变"也要求当代大学生思想政治教育必须因应历史重任，积极主动地"求变"。相比较"应变"而言，"求变"是自主性的寻求变革，是向"变"而"求变"的正向之变，重在以问题为导向反思各种"变"的现象和趋势，并明确新问题、新机遇、新要求及相应的社会责任和历史重任，由此寻求与时俱进的积极变革。

（一）"变"与"应变"：当代大学生思想政治教育的严峻挑战

解读"变"字，即从丝从言从支，本义为弹琴时手指在不同的琴弦间移动，有变动、变化、改变之义。只有善于变化才能弹奏出美妙的曲子，而一直拨动同一根琴弦，只能发出单调而乏味的声音。《说文》称"变，更也"；《小尔雅》称"变，易也"。"变"的延伸之义极为丰富，通常指事物及关系的变动、变化或改变。而"变"只是一个客观描述，可以变好，也可以变坏。也就是说，一般地，面对事物及关系之"变"，需要有随机的积极"应变"。如果"应变"得好，事物及关系之"变"就会向好；反之，如果"应变"得不好，事物及关系之"变"就会向坏。

相对以往的大学生群体，当代大学生群体有其自身的特点：一个特点是

在成熟与不成熟之间。一方面，由于当今网络发达，信息流通便捷，因而他们的见识显然较以往的大学生更广，社会化程度更高，也就更容易早熟；另一方面，又由于他们所见甚多，面对各种纷繁复杂的信息和应接不暇的现象，缺乏更多时间和空间对之进行必要的筛选、甄别、反思、回味，加之有的学生还逐渐形成囫囵吞枣的陋习，丧失了这种筛选、甄别、反思、回味的主动意识，因而难以形成相应的见识，在很多问题上反而不如以往的大学生成熟。这就使得这些学生所构成的群体显示出一种阅历多见识少、似成熟又不成熟的"消化不良"状态。另一个特点是极具不确定性。在当代大学生的生存境遇下，由于他们较以往大学生的社会交往空间更为广阔、思想影响因子更为多元、物质精神生活更为丰富，因而必然会使他们的世界观、人生观、价值观等的形成更具不确定性，对之加以正确引导的挑战性更大、需要耗神费力更多，加之他们具有精力极旺盛、思想极活跃、可塑性极强等一般大学生特点，因而是整个社会中一个最敏感于"变"、必须高度重视其"变"的特殊群体。而百年未有之大变局的这个大"变"，更是从多方面对当代大学生产生触动，导致当代大学生思想政治教育相应地面临着一种极为严峻的挑战。这种严峻挑战，已经体现在大学生思想政治教育和经济社会发展的数端，略举几例即可一目了然：

第一，加强当代大学生思想政治教育，需要随机"应变"新时代科学技术之"变"。在"百年未有之大变局"的新时代语境下，更高更新的科学技术发展，蔚为壮观，其整个变革，使得人们的生存方式和生存观念都发生了深刻的变化。面对线上线下打通的平台，面对虚拟与现实结合的生活，面对高科技形态下日新月异的生存环境，许多人常常有一种在世的陌生感、无根的漂泊感、此在的不确定感以及生存的不安定感，在世界观、人生观、价值观、廉耻观、幸福观、审美观等方面产生迷茫、疑惑，出现相应的异"变"，而这些也都不断冲击着当代大学生思想政治教育作为中西方意识形态斗争主阵地的"堤防"。面对百年未有之大变局的严峻挑战，必须借助优质文化资源，加强当代大学生思想政治教育，随机"应变"科学技术之"变"。充分利用好高新现代教育技术，坚守意识形态主阵地，使青年大学生能够从实践的、历史的经验中，调动更为丰富的文化资源，从思想政治教育中，摄取更多的精神食粮，正确审视和评估自我存在的价值意义，努力营建起稳固的精神基地，不断提升自我精神的能级，消除漂泊无根的生存迷茫和此在的畏惧；能够接续红色口述文化等优质文化资源的优秀基因，传承、叙写这些优秀文化资源的原生态遗传密码，获取崇高理想信仰的强有力支撑，以更好地适应科学技术之"变"下新的生存环境。

第二，加强当代大学生思想政治教育，需要随机"应变"新时代人们认知观念之"变"。人与人之间的一个最大区别就在于认知的区别。认知会使现实的人的行为具有更为明确的目标和方向。而正确的认知不仅是人们获得正确行为目标和方向的认识论前提，也是促进人们正确的观念体系不断生成、完善，推动人们行为能力不断提升的认识论前提。在"百年未有之大变局"的新时代语境下，无论是自然界还是人类社会，诸多新的现象、新的问题，甚至新的危机、新的灾疫都会随时出现，而这一切都交错混杂，构成扑朔迷离的现象世界，需要人们基于一定的精神信仰，形成强大的认知动力和认知能力，去剖解，去揭示新的现象、新的问题，应对新的危机、新的灾疫，能够抓住危中之机，在危机中育新机，实现人生的价值目标。因此，面对百年未有之大变局的严峻挑战，必须借助优质的文化资源，加强当代大学生思想政治教育，随机"应变"认知观念之"变"，更新以往陈旧、落后的教育观念，树立全新的思想政治教育先进理念，使当代大学生充分认识到从优质文化资源中提取健康认知观念的遗传密码的重要性。一方面，促使他们能够努力揭示隐藏在种种思想认知观念背后的自然规律、社会规律，并运用这些规律，创造性地完成新时代提出的各项新任务，解决各种新问题，突破各种新难题；另一方面，也促使他们对崇高理想信仰产生心理认同，形成科学的认知思维，克服新时代多样化选择的迷茫，全面提升认知体系与认知能力的现代化水平，借此不断地超越各种现代性的生存困境，以实现自我价值最大化。

第三，加强当代大学生思想政治教育，需要随机"应变"新时代人们行为习惯之"变"。习惯，即积久养成的生活方式。今泛指地方的风俗、社会习俗、道德传统等。亦作"习贯"，《大戴礼记·保傅》有"少成若性，习贯之为常"之说，后指逐渐养成而不易改变的行为。习惯成自然，习惯一经养成，就会成为支配人生的一种力量，影响人的行为方式，甚至导致人的行为本能化，不需要别人的监控，不需要更多的意志努力，就能达成较为一致的行为意识、行为样式、行为效能。可以说，习惯往往塑造人的性格，决定人的命运。正因为此，习惯一般很难改变，而使之改变，往往需要极其强大的内外合力。百年未有之大变局不断促成人们行为习惯的改变，实际上也就意味着其"变"必定拥有极强的内外合力。因此，面对百年未有之大变局的严峻挑战，必须借助优质的文化资源，加强当代大学生思想政治教育，整合各种影响当代大学生行为习惯的内外合力，随机"应变"行为习惯之"变"，引导、促使当代大学生汲取优质文化资源中的丰富养分，锻炼自己的意志品质，逐步养成适应百年未有之大变局的良好行为习惯，并通过养成良好的行为习惯，优化自我行为模式，塑造自我健康的个性人格，叙写自我精彩的人生篇章。

第四，加强当代大学生思想政治教育，需要随机"应变"新时代人们关系链条之"变"。在"百年未有之大变局"的新时代语境下，人们的现实生活出现了谋生方式多元化、角色定位多样化等趋势。例如，个体经济和自由职业的加速崛起，传统经济模型中的研发者、生产者、投资者、经营者、消费者之间清晰的边界逐渐变得模糊，"消费者"变为"消费经营者"，而按照自己的意愿和偏好进行"个性化定制""柔性化生产"，组成"扁平化渠道"，实现"精准化营销"等事例层出不穷。由此使得传统的角色关系及价值链条不断被解构而又被重构，个体的人在关系链中变得更为独立，人们角色重组、关系重构，需要相应地改变陈旧落后、不合时宜的负面"关系链"，形成协同共赢、共建共荣共享等更为优化、更有价值的"关系链"。这就要求，面对百年未有之大变局的严峻挑战，必须借助优质文化资源，加强当代大学生思想政治教育，打破影响大学生发展的陈旧落后、不合时宜的负向"关系链"，与时俱进，优化、重构其创新发展、适应时宜的正向"关系链"，以此随机"应变"关系链条之"变"，推动当代大学生实行自我角色重组，使之在各种交往中的"关系链"，变成内涵更加丰富、关系网络更加优化、协同功能更加强大、价值含量更高的"价值链"。

第五，加强当代大学生思想政治教育，需要随机"应变"新时代网络传媒之"变"。在"百年未有之大变局"的新时代语境下，人们思想言论传播方式发生了深刻的改变。在发达的网络系统中，"网红"达人动辄千万粉丝，短视频等遍网皆是，网民个性化传播各显其能。早期的互联网崇尚"流量思维"，追求的是传播的点击量，本质上依赖"用户主动寻找内容"，传播模式突出平台的"中心化"作用，但传播流量成本高昂；如今的互联网则崇尚"留量思维"，升级到追求黏性的传播点击留量，本质上则依赖"内容强力吸引用户"。在这种传播模式下，加强当代大学生思想政治教育，已经不再仅仅取决于多少个受到这种思想政治教育感染的个体，而是取决于有多少个这种思想政治教育传播的强势个体，也就是说，需要培养能够强势扩散当代大学生思想政治教育效能的教育教学主体。因此，面对百年未有之大变局的严峻挑战，必须借助优质文化资源，加强当代大学生思想政治教育，随机"应变"网络传媒之"变"，适应传播变革，不断增强思想政治教育者的主体胜任力，从优秀文化资源中汲取精华，涵养正气，营造风清气正的思想政治教育环境，以达到当代大学生思想政治教育事半功倍、基业长青的"守土"效果。

第六，加强当代大学生思想政治教育，需要随机"应变"新时代财富积聚之"变"。在"百年未有之大变局"的新时代语境下，人们的财富积聚方式也发生了深刻的变化。新时代的人们已经明显意识到，拥有创造财富的能力实际上远远不如拥有创造财富的管道。只有拥有创造财富的管道，才能建立起现实的人的安全感、获得感和幸福感，才能实现真正的财富自由。人们已经开始注重借助一定的社交工具，吸引自己的交往对象，为其提供独特的物质、精神产品或服务价值，使之成为高黏度、高品质、高价值的交往对象，并由他们带来新的交往人群。这样的创造财富管道，是一种形成财富创造的新机制。在精神财富方面，人们将更为注重改变消极精神慰藉的被动模式，期望寻求到更具正能量、更能鼓舞人，使人产生更多安全感、获得感、幸福感的精神致富管道。这就要求面对百年未有之大变局的严峻挑战，必须借助优质文化资源，加强当代大学生思想政治教育，随机"应变"财富积聚之"变"，通过现代传播手段、技术和平台，采取全员、全方位、全过程的思想政治教育"三全育人"等有效模式，打通当代大学生的精神致富管道，促使他们获取源源不断的精神财富。

第七，加强当代大学生思想政治教育，需要随机"应变"思想政治教育精品意识之"变"。在"百年未有之大变局"的新时代语境下，人们开展思想政治教育的品牌意识发生了深刻变化。借助优质的文化资源，以"人群"为中心，依据"人群"中的突出问题，设置思想政治教育传输的所有"流程""措施""目标"，打造思想政治教育品牌，形成思想政治教育品牌效应，已成为一种较为普遍的意识。以往人们是以蕴含有思想政治教育能量的书籍、遗物遗址、艺术品等载体为中心，围绕这些载体去摄取思想政治养分，满足自己提升思想政治素质的现实需求。而当今各种思想政治教育载体及服务都要围绕"人群"这个中心运转，要以现代化的方式打造具有人格化、充满情怀的思想政治教育"精众"品牌，借助 VR 技术等多种现代教育技术，给予对象"人群"以高效能的思想政治教育。因此，面对百年未有之大变局的严峻挑战，加强当代大学生思想政治教育，必须借助优质文化资源，随机"应变"品牌意识之"变"，通过其"精众"品牌，把丰富的内容渗透到当代大学生群体之中去，从而催生当代大学生思想政治教育的强大品牌效应。

第八，加强当代大学生思想政治教育，需要随机"应变"新时代人们生活需要之变。在"百年未有之大变局"的新时代语境下，人们的生活追求目标较之以往发生了翻天覆地的变化。例如，智慧城市、美丽乡村建设，已经成为中国人民必须创造性完成的重大课题。而这些不仅需要通过人工智能、大数据、5G、区块链技术等，解决各种问题和困境，建立起各种信息监控、判断和处置机制，提供更为科学的决策模型、更为快速的响应方式，更需要通过思想政治教育及其资源向社会人群的深层融入，丰富人们的精神生活，尤其是面对诸如"非典"、汶川地震、新冠肺炎疫情这样的大灾大难，不能仅仅依靠物质技术层面的能力，更要依靠社会人群整体韧性的增强和精神素质的提高。因此，面对百年未有之大变局的严峻挑战，加强当代大学生思想政治教育，要借助优质文化资源，随机"应变"新时代人们生活需要之变，通过强化当代大学生的韧性和精神，带动社会人群整体韧性的增强和精神素质的提高，尤其是将源于优质资源的思想政治教育元素根植于智慧城市、智慧乡村、智慧校园等主题之中，为新时代的人们战胜一切灾难与危机、实现人类的光荣与梦想提供巨大的精神正能量。

（二）"变"与"求变"：当代大学生思想政治教育的历史重任

在浩浩荡荡的人类历史长河中，每临大变局，都显示出人们在"变"中"求变"的各种轨迹。有人迷惑，茫然不知所措，弄不清自己需要"变"什么；有人彷徨，困于琐碎而不能切入正题，弄不清自己怎样"变"才好；有人迷失，误入歧途，或颓废或坠落，弄不清自己"变"成了什么。根据马克思哲学观点：人类社会在其内在矛盾推动下不断地运动变化着，这种运动变化的总趋势是由低级向高级发展的。在人类历史发展过程中，每一重大的社会进步，都以不同的方式大大促进了人的发展。而人类社会进步的前途，则是每个人都能得到自由发展的共产主义社会。① 百年未有之大变局，只不过是历史长河中的一个时段。它是社会发展历史规律在这一时段的具体变化，是共产主义社会发展大势在我们这个时代的一种曲折演绎。面对这样的大变局，开展当代大学生思想政治教育，不仅要做到因"变"而"应变"，更要做到向"变"而"求变"。就当代大学生思想政治教育而言，立足于百年未有之大变局的宏阔视域，向变而"求变"，具体应落实到向"变"而"思变"、向

---

① 陶德麟、汪信砚主编：《马克思主义哲学原理》，人民出版社 2010 年版，第 225 页。

"变"而"寻变"、向"变"而"蝶变"三个层面上。

第一，向"变"而"思变"，明确把握当代大学生思想政治教育的历史重任。"求变"的一个首要前提，即"思变"，也就是要坚持问题导向，从"变"中深刻反思需要"变"什么，梳理明晰"变"所带来的当代大学生思想政治教育面临的各种突出问题，通过深刻反思，明确把握这个百年未有之大变局的新时代，从何种意义上、在何种问题上赋予了当代大学生思想政治教育以何种历史重任。只有明确了"求变"的历史重任，才能选择"求变"的正确发展方向。在这里，向"变"而"思变"，着意的是一个"思"字，也就是重在立足于百年未有之大变局的宏阔视域，反思当代大学生思想政治教育的价值意义，正确地把握其时代地位、角色担当、政治站位、目标任务等，正视其所已经呈现、正在呈现以及将要呈现的各种突出问题，以便为"求变"把准努力的方向，防止南辕北辙。

例如，"守土固根"就是当代大学生思想政治教育适应新时代要求、责无旁贷的一项历史重任。当今中国正处于时代剧变的转型期。从国际环境来看，世界政治风云迭起，思想环境变化多端。伴随着二十一世纪知识经济互联网时代的新一轮革新，反智主义、保守主义、极端主义在国际上大有回潮之势。这些思潮无孔不入，不断冲击着当代大学生思想政治教育的时空场域，力图破坏当代大学生思想政治教育的生态环境，争夺社会主义意识形态阵地，污染当代大学生坚定"四个自信"、确立社会主义核心价值观的思想沃土，侵蚀当代大学生作为社会主义接班人的本根。近年较为典型的国际摩擦事件中的中美贸易战就是生动的案例。长期以来，在中美贸易中，中国具有比较优势的是出口领域，而缺乏优势的是进口和技术知识领域。实质上，前者基本上是竞争性的，而后者是市场不完全起作用的，对两国经济福利和长期发展的影响是不同的。美方在偏重双重标准和单边主义的不良心态下，对中美贸易顺差的情况不满，挑起贸易战并一味扩大事态，对中国华为等民族企业大加打压，企图以增加贸易关税的方式逼迫中国就范，在国际上纠集各种反华势力，从多个方面掀起这样极端主义的狂潮。面对这样的狂潮，开展当代大学生思想政治教育，就需要通过深刻反思，向"变"而"思变"，认识、把握抵御西方反动思潮侵蚀、防止和平演变图谋的重要性和迫切性，明确"守土固根"这个当代大学生思想政治教育的历史重任，并且通过多种方式，引导学生明白为何要"守土固根"，教育青年大学生时刻警惕西方推动反动思潮、发动没有硝烟的战争、实施和平演变的图谋。

从国内来看，"港独""台独"事件，形势也很严峻。不难看出，香港、台湾的部分年轻人，并没有接受"一国两制"精神的核心内容，对国家的命运没有同情同理之心和共在感。这说明在我国港台地区，青年一代尤其是大学生思想政治教育方面出现了比较严重的问题，爱国主义、民族精神和崇高理想信仰等思想政治教育比较缺失，未能真正达成以立德树人为核心的教育目标，帮助他们树立起正确的价值观、历史观、廉耻观、荣辱观等。可以说，之所以出现"港独""台独"愈演愈烈、各种大小冲突不断的严重情况，在某种程度上，港台大学生思想政治教育薄弱应该担负很大部分的责任。事实表明，面对百年未有之大变局，向"变"而"思变"，必须深刻反思当代思想政治教育的突出问题，尤其要探索如何帮助没有经受过国家危亡和战火分裂的当代人学生，了解我们党、我们国家、我们人民为争取民族独立、国家富强付出了怎样艰辛的努力，让年轻大学生了解中国人民的奋斗历程，从而突破自我的困惑，明确自身的重要使命，勇敢地迎接未来世界更加激烈的国际竞争。只有向"变"而"思变"，把当代大学生思想政治教育视为任重道远、不可懈怠的常态化工作，才能够真正理解当代大学生思想政治教育的历史重任，正确把握当代大学生思想政治教育的未来方向。

第二，向"变"而"寻变"，勇于担当当代大学生思想政治教育的历史重任。向"变"而"寻变"，就是要勇于担当，以当代大学生思想政治教育的历史重任为己任，着意于一个"寻"字，在"思变"的认知基础上，选择正确有效的路径，积极切入主题，从"变"中主动寻找好的教育方法模式，破解当代大学生思想政治教育"怎么变"的难题，面对百年未有之大变局导致的各种突出问题，结合当代大学生的实际，创造性地规划、设计教育教学主题，帮助他们树立起人生奋斗的理想目标。

向"变"而"寻变"，需要寻找勇于担当当代大学生思想政治教育历史重任的正确入口。面对百年未有之大变局，开展思想政治教育，就要着重帮助当代大学生解除思想困惑、迷茫，从他们现实存在的突出问题和迫切需求出发，去寻求正确的入口。例如，推进习近平新时代中国特色社会主义思想"三进"，增强大学生的国家认同、民族认同、政党认同、政治认同、思想认同、情感认同等，坚定大学生"四个自信"；培育和践行社会主义核心价值观，引导大学生将核心价值观内化为精神追求，外化为自觉行动；加强中华优秀传统文化教育，大力弘扬以爱国主义为核心的民族精神，加强大学生道德修养，塑造大学生理想人格；深化大学生职业理想和职业道德教育，增强他们的职业责任感、职业精神和职业规范意识等，这些都是解决当代大学生思想政治教育相关难题的重要入口。

向"变"而"寻变"，也需要寻找勇于担当当代大学生思想政治教育历史重任的正确路径。面对百年未有之大变局，开展思想政治教育，应瞄准正确的目标，选择正确的路径，合理、科学地规划达到目标的路线图。唯其如此，才能避免各种挫折和失败，少走弯路，更为顺利地完成当代大学生思想政治教育的历史重任。正因为此，在具体开展当代大学生思想政治教育的过程中，必须充分吸取传统教学教育的情韵、特色和优势，结合现代教学教育的先进理念和高新技术，改革陈旧的思想政治教育方法模式，创设富有特色的思想政治教育方法模式，沿着正确的路线图，不断地向前推进，真正提高当代大学生思想政治教育的实践有效性和目标达成度，以确保当代大学生思想政治教育历史重任的圆满完成。

向"变"而"寻变"，还需要寻找勇于担当当代大学生思想政治教育历史重任的力量源泉。当代大学生思想政治教育是一项长期的、常态化的实践活动，在实现其历史重任的道路上，不可能一帆风顺，这就要求在"求变"过程中，面对百年未有之大变局，不断地探索实现当代大学生思想政治教育历史重任的力量源泉，整合、积蓄和调动各方面的思想政治教育力量，以战胜各种困难和挑战，争取从"变"中成功地"求变"。例如，可以借助优质文化资源在当代大学生思想政治教育中的充分运用和价值发掘，增强完成当代大学生思想政治教育历史重任的资源价值诱发力量；可以借助各种历史人文精神的创塑和弘扬，催生完成当代大学生思想政治教育历史重任的精神内生力量，等等，只有集合形成并不断优化实现当代大学生思想政治教育的动力系统，才能为当代大学生思想政治教育向"变"而"求变"提供源源不断的动力支撑。

第三，向"变"而"蝶变"，落实完成当代大学生思想政治教育的历史重任。"蝶变"即破茧化蝶的变化，是一种朝向唯美境界的蜕变。在这里，向"变"而"蝶变"，就是说面对百年未有之大变局，不仅仅是从一般意义上向"变"而"求变"，去完成当代大学生思想政治教育的历史重任，而是要追求一种当代大学生思想政治教育的臻于艺术化境的唯美变化，是通过多个维度的创造性"求变"，培根固本，最大限度地达成当代大学生思想政治教育历史重任所决定的各项目标任务。

向"变"而"蝶变"，需要面对百年未有之大变局的风险和挑战，认清世界范围内各类社会思潮涌动的现实状况，具有任凭世界风云变幻我自岿然不动的大气和格局。能够以我为主，从容"求变"，积极探索如何充分利用各种优质思想政治教育资源，创造性地构建当代大学生思想政治教育教学改革模式；如何在更高政治站位上，深刻批判各类社会思潮的错误观念，不断排除影响当代人学生的各种思想毒素，不断汲取有利于当代大学生思想政治教育的精华元素；如何结合当代大学生思想政治教育中存在的各种突出问题，创设相关思政课程、课程思政、学生思政、教师思政、管理思政等理论与实践主题，开展别开生面的当代大学生思想政治教育主题活动；如何通过"三全育人"，推动社会主义核心价值观教育，增强当代大学生思想政治教育的有效性，提升当代大学生思想政治教育的功效和能级，不负韶华不辱使命，在"求变"中促成"蝶变"，推动当代大学生思想政治教育臻于更新更高的境界，扎扎实实地落实完成当代大学生思想政治教育的历史重任。

向"变"而"蝶变",需要面对百年未有之大变局的风险与挑战,敏感于坚定中国文化自觉、自信、自强的当代大学生思想政治教育的勃兴,敏感于转型期社会主流价值文化的时代繁荣与当代大学生思想政治教育的价值主导。要从丰富的中华传统文化、中国革命文化和社会主义先进文化资源中发现其资源的时代契合点、思想触发点、价值衍生点等,从这些主流价值文化中萃取中国文化精髓,高扬中国文化精神,汲取其中的巨大思想政治教育正能量,促成基于其优质文化资源的当代大学生思想政治教育价值溢出效应,也就是一种当代大学生思想政治教育的价值生成、增长并充分涌流的效果呈现样态。由此使中国文化自觉、自信、自强洋溢于当代大学生的精神风貌中,融合于当代大学生心灵深处,集结成充满生机活力的自觉自信自强的大学生群体气场,在"求变"中实现"蝶变",将培育和践行社会主义核心价值观,立德树人的当代大学生思想政治教育历史重任真正落到实处。

二、夯实当代大学生"红色"根基需要利用大别山红色口述文化资源

面对当代大学生思想政治教育的严峻挑战和历史重任,因"变"而"应变",向"变"而"求变",提高当代大学生思想政治教育的价值功效,迫切要求对各种优质思想政治教育资源予以聚拢、整合、梳理,并在此基础上,对其进行充分合理的利用和多维价值发掘。而大别山红色口述文化资源作为中国革命文化资源中极具活性的特色优质文化资源,对夯实当代大学生"红色"根基具有重要的价值功效,因而有效借助这一优质资源,正是开展当代大学生思想政治教育的题中应有之义。这种迫切需要,从当代大学生思想政治教育的内容、形式和机制等多个维度和层面反映出来。

(一)在内容安排上,需要大别山红色口述文化资源来丰富充实

当代大学生思想政治教育在内容上涵盖了包括辩证唯物主义、历史唯物

主义、马克思主义认识论等世界观和方法论在内的哲学教育；人生理想、人生目的、人生价值、人生态度等在内的人生观教育；基本国情、党的基本路线、形势与政策、爱国主义等在内的政治观教育；集体主义、职业道德、社会公德、家庭美德等在内的道德观教育；社会主义民主、社会主义法制和社会主义纪律等在内的法治观教育以及核心价值观，诸如此类，而无论从哪个维度的内容来看，大别山红色口述文化资源都内蕴有相应的宝贵教育素材可资利用。具体的教育素材在相关章节将有分类的详细论述，在此略作说明。

例如，革命老战士蔡琼[①]回忆抗日烽烟的年月，曾口述黄北区最艰难的时期，谈到杨鼎的事迹。1943年，国民党五战区策动第三次反共高潮，桂顽部队连续向鄂东根据地进攻。当时，日寇驻县城，国民党顽军驻山区，新四军在湖区，黄梅基本处于三分形势。黄北区地处横山大路以北的山区，完全为国民党顽军控制。时任黄北区委书记的杨鼎和同志们一起，面对敌人的"铁壁合围"，处境极为艰苦，经常在大山上靠野果充饥，杨鼎当时还作歌鼓励战士："野果子，满山岗，摘不完，吃不光，任凭敌人来封锁，我们到处有粮仓。"带领战士们在山区坚持艰苦卓绝的革命斗争。4月21日深夜，杨鼎带领一支武工队，夜宿黄大屋豹子岭下。天刚亮，被国民党广西军袭击，他战斗到最后一颗子弹时，英勇地对准自己结束了年仅21岁的生命。蔡琼还回忆当时赵辛初两首悼念杨鼎的七律挽诗：

（一）

异地忽闻传噩耗，痛深无泪暗伤神。

明知来信无多误，强说传言不尽真。

一别何期成永诀，临危幸不负生平。

年来同辈牺牲重，后起何堪又失君。

---

① 此口述资源案例来自《难忘的战斗岁月——老同志回忆录》，中共黄冈市委党史办公室、黄冈市新四军历史研究会、黄州区新四军历史研究会访谈内部资料，第56页。

（二）

后起何堪又失君，楚山遥望白云深。

难从荒谷收忠骨，徒向丘坡吊义魂。

往事挫多难补恨，创痕深重永铭心。

男儿死在沙场上，留得丹心照汗青。

　　这份保留下来的大别山红色口述材料极为珍贵，对于当代大学生思想政治教育而言，具有多个维度的价值意义。在极端艰苦的革命斗争困境下，革命烈士杨鼎为鼓励战士所作的歌："野果子，满山岗，摘不完，吃不光，任凭敌人来封锁，我们到处有粮仓。"表现的是一种顽强的革命斗争精神，一种不怕吃苦、不怕牺牲的坚强意志和英雄气概，一种浪漫主义的革命乐观情怀。这对于大学生树立正确的世界观、人生观、价值观，克服各种困难，抵御各种挫折，坚定人生信念，无疑是具有教育价值的优质案例资源。又如，革命先辈赵辛初这两首七律挽诗，亦具有深刻的教育思想穿透力。"异地忽闻传噩耗，痛深无泪暗伤神。明知来信无多误，强说传言不尽真"四句，谓不愿相信年轻的杨鼎牺牲之真，尽显战友情谊之浓。而"一别何期成永诀，临危幸不负生平。年来同辈牺牲重，后起何堪又失君"四句，其中一个"又"字，可想见当时革命先辈前赴后继、艰苦奋战、英勇牺牲的惨烈情状；一个"幸"字，更可感念到生命可贵而革命事大，字里行间映射出的是何等崇高的革命情怀。"后起何堪又失君，楚山遥望白云深。难从荒谷收忠骨，徒向丘坡吊义魂。"悲满楚山，痛透层云，荒谷忠骨，丘坡义魂，每一个意象符号，都交合、流逸着大别山革命历程中先辈忠魂英灵的生命气息。"往事挫多难补恨，创痕深重永铭心。男儿死在沙场上，留得丹心照汗青。"生死看淡，爱恨分明，战死沙场，丹心永照，这些都是爱国主义教育、生命教育的珍贵素材。像这类教育素材，在大别山可谓丰富多样，构成了大别山红色口述文化资源宝库的整体样态。这些资源如果能够通过合理的内容安排，充实、融合于当代大学生思想政治教育之中，将会大大地活化、深化其内容，使之丰富充实，避免空洞说教的弊端。

那么，思想政治教育工作者在实践中掌握和运用大别山红色口述文化资源的现状如何？又如何利用大别山红色口述文化资源的教育素材，不断丰富充实当代大学生思想政治教育的内容，夯实当代大学生的红色根基？尽管有少数专家学者在新时代红色文化热潮下对此开始予以关注，然而总体来看，目前这一问题及其研究，实际上并未受到应有的重视。例如，在开展当代大学生思想政治教育全员、全方位、全过程"三全育人"的活动过程中，大别山红色口述文化资源还没有得到有效的价值发掘和充分合理的利用。这在一定程度可以通过对相关对象的访谈反映出来。具体而言，主要表现在：

第一，思想政治教育工作者所掌握的大别山红色口述文化资源还比较贫乏。在大别山及周边区域，很多一线思想政治教育工作者如思政课教师、辅导员、班主任等，未能掌握足够多的有利于夯实当代大学生"红色"根基的大别山红色口述文化资源，更不用说其他区域的思想政治教育工作者。对大别山区域三所学校 20 名思政课教师访谈调查的结果表明，65%的教师对大别山红色口述文化资源尚未有意识地去掌握，也未能在思政课教学过程中自觉地加以充分利用。对大别山区域的一所大学 100 名大二学生的抽样调查（发放问卷 100 份，有效回收 88 份）表明，其中 65 名学生（占 73.9%）回答思政课教师的教学内容很少能够运用大别山红色口述文化的相关资源。

第二，当代大学生所获取的大别山红色口述文化资源在内容上还比较单薄。对部分大学生访谈调查的结果表明，85%的在校大学生对大别山红色口述文化资源缺乏必要的了解。有的学生在红色文化热潮的带动下，有意了解了一些大别山红色口述文化资源，但大都停留在一些影响比较大的大别山革命历史事件和相关人物的层面上，对民间社会深层的相关大别山老区的红色革命英雄故事、传闻、戏说、奇闻、逸事以及歌谣、叙事诗等更为丰富、具体、生动的内容，所知不太多。

第三，在现代化资源平台中，关于大别山红色口述文化资源的数据信息和活动资源采集不算多。事实上，大别山红色口述文化资源通过各种学术交流、课程教学平台等，已经有一定程度的传播和利用，但相对于大别山红色口述文化资源传播、利用应有的数据信息量和活动资源采集广度、深度，显然还远远不够。尤其是有的学校即使建立了相关研究机构，但大别山红色口述文化数据资源库建设却没有得到真正的落实，更不用说对这种数据资源库的有效使用和维护；有的学校 VR（虚拟现实）思政实训室条件相当不错，本该收集更多大别山红色口述文化资源的思想政治教育素材，建设内容丰富的大别山红色口述文化资源数据信息库，可惜这一工作也明显滞后。

第四，以大别山红色口述文化相关资源为中心主题的研究成果较少。学界目前在红色文化研究方面的论文、著作成果大量涌现，但关于大别山红色文化研究的论文、著作成果还不是很丰厚，更难以见到如何聚集、整理大别山红色口述文化相关资源并将其有效融入当代大学生思想政治教育之中的专门、系统研究。这实际上是包括大别山红色文化在内的整个红色文化研究领域的一个明显的薄弱环节，也正是一个当代大学生思想政治教育研究亟待开启的重要价值增长点。

反思形成上述各种现状的成因，主要有如下几个影响因素是值得注意的：

第一，受到时间、精力、环境条件等影响，大学思想政治教育工作者全面、深度掌握大别山红色口述文化资源的难度较大。以大学思想政治理论课教师为例，他们大多承担了全校通识必修课和思想政治教育专业课程的教学，加之一般学校思想政治理论课教师严重缺编，教学工作量都很大，此外还有各种政治学习、理论宣讲任务，因而，每个教师所负担的教学任务极为繁重，自己能够支配的学习、研究的有效时间比较少，精力有限。然而，要掌握大别山红色口述文化资源，又必须深入广阔的大别山区，没有大量时间和精力的投入，是解决不了问题的。大别山区崇山峻岭，绵延不绝，其红色口述文化资源分布区域广阔，因此，对于这些思想政治理论课教师来说，全面深度地掌握这类资源，确实是一件十分困难的事情。

第二，受教学科研问题意识不强影响，有的思想政治教育工作者思维呈现惰性，未能够积极、主动地去了解、掌握大别山红色口述文化资源。科学研究需要深入了解对象、准确把握对象，进行理性批判和反思，总结和揭示其中的规律，发掘其中的多维价值，推动创新发展。然而，有的大学思想政治教育研究者却缺乏全面深入了解和掌握大别山红色口述文化资源的自觉，在开展具体的思想政治教育过程中，仅仅依赖于纸面上、网络上已有资源和信息内容，不能有意识地下沉到广大的大别山红色区域之中，去采撷更为活性、更为丰富的大别山红色口述文化资源，这就使得他们对这类资源的了解和掌握，只是浮光掠影，没有把充分利用和发掘其价值落到实处。

第三，受到代际传递历史间隔的影响，当代大学生群体正确了解、掌握大别山红色口述文化资源、接受大别山红色口述文化资源，也存在一定的心理、情感和生活境域阻隔。就当代大学生群体本身而言，他们大都感觉与革命战争的艰苦环境、与革命先烈奋斗事迹的发生年代相隔较远，因而在他们中的部分人看来，那些革命人物、革命事件，似乎都只不过是电视电影里才有的事，甚至很多都是编造的，缺乏真实感和可信度。因而，他们对于由各种红色人物、红色事件等构成的大别山红色口述文化资源，在情感体验和思想认知上，都存在一定的代际隔阂，有的甚至还从不正当的渠道，一定程度上接受某些西方思潮的影响，形成了对大别山红色口述文化资源的心理拒斥，以至抹黑大别山革命英雄，否定大别山革命历史传统。这就使得在当代大学生中借助大别山红色口述文化资源开展有效的思想政治教育，存在一些必须不断排除的障碍因素。

第四，受分布区域特点和生态环境影响，大别山红色口述文化资源流失严重。大别山红色口述文化资源分布广，又比较零散，以往人们未能有意识地加以聚拢，很多已经逐渐流失。一方面，这一区域很多老一辈的"活"资源逐渐故去，带走了他们那个时代许多珍贵的历史记忆；另一方面，这一区域年轻一代又大量外流，能够承接下来的大别山红色口述资源也很有限，客观上使得大别山红色口述文化资源的丰富内容不断地流失，因而未能在当代大学生思想政治教育中得到广泛、深入的利用。

上述种种现实情况都表明，借助大别山红色口述文化资源，活化、深化当代大学生思想政治教育内容，整体提高思想政治教育的效益，已经成为一种必须引起高度重视的迫切要求。

（二）在方法形式上，需要对大别山红色口述文化资源活化利用

当代大学生思想政治教育的方法形式得到了不断的改革创新。在实际的教育教学和研究工作中，传统的思想政治教育方法和形式正在不断地被"扬弃"，现代教育和信息技术也正在不断地得到运用。总体上，当下大学生思想政治教育的方法形式呈现出如下主要特点：

第一，由零散型教育转向规模化教育。由于大学教育的创新发展，学生获取学历路径的扩展、拓宽，教师教学方法形式的变革，当代大学生思想政治教育的实施，已经不再满足于以往那种将优质资源零碎、分散地贯穿于教育教学过程之中的方法形式，而是更多地要求通过规模化地运用各种优质教育资源，使这些优质教育资源能够以最有效的方法形式，将其教育的独特功能和价值作用，不断地传导、融合到更大规模的当代大学生思想政治教育之中，并落到实处，从而实现当代大学生思想政治教育的规模效益。

第二，由粗放式教育转向集约化教育。当代大学生思想政治教育，越来越注重教育方法形式上的改革创新，在内容选择和方法形式上突出精当简约、妙趣新颖、情理交融等集约化的特点，避免粗暴、肤浅、"满堂灌"等粗放式的方法形式。这里所说的精当简约，强调的是当代大学生思想政治教育方法形式使用的精准、得当、简明，避免累赘而低效；这里所说的妙趣新颖，突出的是当代大学生思想政治教育方法形式的创意新、味道好且正，能够使学生产生更多的教育获得感、愉悦感和认同感，因而受益匪浅；这里所说的情理交融，讲究的是当代大学生思想政治教育方法形式的情理相契相合状态，情以理通，理以情达，使学生获得良好的教益。

第三，由线下教育转向线上线下混合教育。当代大学生思想政治教育的环境条件变化，促使教育方法形式也随之发生与时俱进的深刻变化。以往开展大学生思想政治教育，仅仅停留在线下教育的时空场域中，现代多媒体技

术的应用没有得到普及，而在现今世界大教育运动的狂飙之下，当代大学生思想政治教育的现代教育技术应用在方法形式上异彩纷呈。以思想政治理论课程的教学教育为例，慕课、微慕课、微课、微视频、雨课堂、翻转课堂等各类在线开放课程形式的不断涌现，使得课程教学教育在方法形式上有了更多选择。而继承传统思想政治教育方法形式之所长，综合运用现代教育技术的独特优势，开展线上线下混合式教学教育，业已成为当代大学生思想政治教育方法形式创新发展的大势所趋。

第四，由实体教育转向虚实一体化融通式教育。实体教育是指以实体存在的时间空间场域为境域而展开的教育方法形式；而虚拟教育相对于实体教育而言，则是以应用模拟真实技术的虚拟时空场域为境域，由此展开的教育方法形式。以往大学生思想政治教育采用的只是实体时空场域情境下的方法形式，而当代大学生思想政治教育越来越趋向于虚实一体化交互融通的教育方法形式。其中，较为典型的是 VR（虚拟现实）的实训与实体教育相结合的教育方法形式。

然而，从当代大学生思想政治教育的现状来看，尽管不少高校在大学生中都开展有各具特色的思想政治教育方法形式的改革探索和尝试，但总体上，仍较少有活化利用大别山红色口述文化资源夯实当代大学生红色根基的研究探索。其主要原因就在于：

第一，大别山红色口述文化资源的获取途径尚需拓宽，整合利用方法上尚需改进。作为一种优质文化资源，大别山红色口述文化资源的存在形态是多样化的，有民间传说、访谈口述、叙事诗、歌谣、场馆解说等。大别山红色口述文化资源存在形态的多样化决定了其获取途径和形式的多样化，也就是说，既要有现代信息技术的运用，又要有传统方法的摄取。然而，现实的情形是，在当代大学生思想政治教育实践中，人们对这些大别山红色口述文化资源的获取途径比较单一，尤其是相关信息数据库建设滞后，现代信息技术运用不充分，因而在很大程度上没能实现对大别山红色口述文化资源的活化利用。

第二，大别山红色口述文化资源的利用与当代大学生思想政治教育方法形式的改革相脱节。另一个造成人们较少研究探索如何活化利用大别山红色口述文化资源夯实当代大学生红色根基的影响因素，就是大别山红色口述文化资源在当代大学生思想政治教育工作中的实际利用，与其方法形式的改革产生了相脱节的情况。以思想政治理论课教学为例，在世界教育运动的大背景下，慕课及反慕课、翻转课堂、微慕课、微视频、雨课等，都在当代大学生思想政治理论课教学中有着生动、具体的反映，也使得当代大学生思想政治理论课教学的改革创新异彩纷呈。然而，一方面，人们在各种方法形式的当代大学生思想政治理论课教学改革中，较少有与大别山红色口述文化资源活化利用的关联性探索；另一方面，即使有一些学者致力于研究大别山红色口述文化资源，但他们又未必都真正明确认识到这一优质思想政治教育资源的活化利用对于当代大学生思想政治理论课教学改革的实际价值意义。

以上情况表明，适应当代大学生思想政治教育由零散型教育转向规模化教育、由粗放式教育转向集约化教育、由线下教育转向线上线下混合教育、由实体教育转向虚实一体化融通式教育等方法形式的改革要求，专门系统地探索大别山红色口述文化资源在当代大学生思想政治教育中的活化利用，也已经成为当代大学生思想政治教育创新发展的迫切要求。

（三）在机制创新上，需要大别山红色口述文化资源的多层渗透

当代大学生思想政治教育在机制上的创新是有效、充分和稳定地发挥其教育价值功能和作用的重中之重。而无论何种机制创新，只有通过融入、汇集生动、具体、富有价值意义的优质教育元素，才能真正发挥其教育功能和作用。例如，当前深入推进的学生思政、教师思政、课程思政、学科思政、环境思政"五个思政"，就是一种突出问题导向的创新，激活了大学生思想政治教育的内生动力，由此形成了全员、全方位、全过程"三全育人"的大思政创新机制。这种大思政创新机制，要求有丰富的优质教育元素的融入、汇集。然而，在当代大学生思想政治教育中，如何在大思政创新机制框架下

促使诸如大别山红色口述文化资源之类优质教育元素融入、汇集？这可以说已经成为提升当代大学生思想政治教育整体效益的一个"瓶颈"。导致这一"瓶颈"的原因是多方面的，其中主要有：

第一，当代大学生思想政治教育与大别山红色口述文化资源之类优质教育资源之间，迫切需要创新形成一种长效的关联机制。例如，有一些学校也在大学生中组织开展过以红色文化为主题的思想政治教育活动，进行过红色之旅，参观过红色文化相关的纪念馆、红色革命遗址、红色革命人物故居等，以此加强学生思想政治教育。然而，这些活动往往是单向的、不连贯的，也就是说，利用红色文化资源（更不用说利用大别山红色口述文化资源）在大学生中开展思想政治教育，没有一种长期、稳固、互动的链接要素使二者之间形成一种长效的关联机制。实际上，就大别山红色口述文化资源在当代大学生思想政治教育中的利用而言，这种长效的关联机制，不仅仅要建立对口的大学生思想政治教育实践基地，更重要的是要建立大学生与掌握大别山区域红色口述文化资源的相关主体之间，尤其是与纪念场馆人员、档案馆人员、民间群众主体等之间的互动机制。也就是说，开展当代大学生思想政治教育，不仅要走得出来，让学生能够近距离地接触、趋近、体验、感受这些大别山红色口述文化资源，接受深刻的革命传统教育，还要引得进来，能够使此类大别山红色口述文化资源的掌握者通过多种渠道，把这些优质教育资源渗透到大学生的日常生活之中，使他们对这些优质教育资源的接受成为一种思想政治教育的日常，而不是零散的不确定的几次活动。从目前来看，这种长效的关联机制，无论在学生思政、教师思政、课程思政、学科思政还是在环境思政中，都还没有实质性地建立起来，因而妨碍了大别山红色口述文化资源之类优质教育资源向当代大学生思想政治教育中的多层渗透。

第二，当代大学生思想政治教育与大别山红色口述文化资源之类优质教育资源之间，迫切需要创新形成一种深度的多学科研究机制。例如，有些学者在音乐艺术、文学、历史学、经济学等不同课程建设中，也研究过如何融入和利用诸如大别山红色口述文化资源之类优质教育资源，实施当代大学生思想政治教育，进而加强课程思政建设的相关问题，然而，这样的研究机构、研究平台和研究成果等都不是太多，并且未能形成深度的多学科研究机制。从现状来看，这种深度多学科研究机制的欠缺，一方面是指虽然通过许多学者的努力，已经面世了一些相关联的研究成果，但很多成果仍停留在问题的浅层，缺少深度的多学科交叉研究的理论支撑和方法应用，未能形成深度的多学科理论与实践探索机制，因而无论是质量上还是效益上，都存在较大的提升空间；另一方面是指虽然通过整合多方面的资源和力量，已经建立起了一些相关的多学科研究机构、研究平台，但这些研究机构、研究平台仍未能创新形成当代大学生思想政治教育与大别山红色口述文化资源相结合的深度的多学科交叉研究的导向机制，以至无法真正有效地发挥出吸引各学科研究力量和研究资源、凝练研究方向的基本功能和作用，因而也就从学科建设的深层次影响了利用大别山红色口述文化资源之类优质教育资源开展当代大学生思想政治教育的整体效益。

第三，当代大学生思想政治教育与大别山红色口述文化资源之类优质教育资源之间，还迫切需要创新形成一种有效的协同育人机制。例如，一些地方相关职能部门通过引导建立了校企联合、校校联合、校社联合等机制，尤其是产教协同育人机制，力图利用大别山红色口述文化资源之类优质教育资源，开展当代大学生思想政治教育，这在一定程度上的确推动了环境思政建设。然而，在这些联合机制中，仍存在一些不足之处。例如，联合过于松散。缺少基于大别山红色口述文化资源之类优质教育资源的常态化、系统化、集约化的协同育人制度和健全的运作规范。又如，偏重于以各自为中心。一些相关思想政治教育主体缺乏基于大别山红色口述文化资源之类优质教育资源科学合理利用的平衡协调意识、主观愿望和实际能力。再如，在一些地方的产业开发过程中，缺少资源利用的前瞻性和协同育人机制的可持续性的考虑，存在过度俗化、低效化甚至破坏性利用大别山红色口述文化资源等优质教育资源的不良现象，在建构红色产业链时，甚至还有为迎合不合理的需求，蓄意破坏大别山红色口述文化资源的原生形态的做法，使之对于当代大学生思想政治教育应有的价值不仅得不到充分实现，反而受到损害。这也在协同育人的机制创新方面，妨碍了大别山红色口述文化资源之类优质教育资源向当代大学生思想政治教育的多层渗透，是利用大别山红色口述文化资源之类优质教育资源深度融入当代大学生思想政治教育的又一"瓶颈"。

以上情况表明，适应当代大学生思想政治教育与大别山红色口述文化资源利用的机制创新要求，专门系统地探索大别山红色口述文化资源之类优质教育资源融入当代大学生思想政治教育的机制创新和完善，打破制约当代大学生思想政治教育质量和效益的"瓶颈"，已经成为当下利用大别山红色口述文化资源之类优质教育资源促进当代大学生思想政治教育创新发展的迫切要求。

第二节 实现大别山红色口述文化资源价值需要借助当代大学生思想政治教育

从文化发生学意义上来看，伴随着历史和现实的时空迁移，任何一种优质文化资源，都需要通过一定的路径和渠道的价值发掘、转换而得到利用，否则，这种文化资源的价值就会因为被遮蔽而逐渐消失；从文化生态学意义来看，面向世界和未来，任何一种优质文化资源又需要与时俱进的价值衍扩、增生才能得到充分的价值实现，否则，这种文化资源的价值也会因为源流的阻塞而枯竭，失去重构、再构的应有活性。在新时代中国特色社会主义文化发展的具体语境下，大别山红色口述文化资源作为一种优质文化资源，也存在一个如何通过价值发掘、转换、衍扩和增生从而得到价值实现的现实问题。而借助当代大学生思想政治教育，正是有利于大别山红色口述文化资源的价值发掘、转换、衍扩和增生，促使其得到价值实现的有效路径之一。

一、发掘和转换大别山红色口述文化资源价值需借助当代大学生思想政治教育

由于大别山红色口述文化资源所具有的多维价值或隐或显地内在于其现象存在之中，因此，对于大别山红色口述文化资源内在价值的发掘，是充分利用其价值、实现其价值的前提和基础；又由于大别山红色口述文化资源的生成是在中国近现代历史的特殊时期，因此，在当今要真正做到利用好这一资源，充分实现这一资源的应有价值，又必须与时俱进地促成这一资源的价值转换。而无论是大别山红色口述文化资源的价值发掘还是价值转换，都内在地需要借助当代大学生思想政治教育这一有效路径。

（一）发掘大别山红色口述文化资源价值需借助当代大学生思想政治教育

大别山红色口述文化资源极为丰富而多维的价值，蕴含在其作为现象存在的红色革命人物传奇、红色革命事件传闻以及红色革命群体的生命叙事等之中，借助当代大学生思想政治教育，通过多种渠道和方式对大别山红色口述文化资源予以多层次、多方位的价值发掘，既是由这一资源的价值特质决定的，也是当代大学生思想政治教育的功能和使命所要求的。

从可能性来看，大别山红色口述文化资源丰富性、多维性特质的价值元素能够借助当代大学生思想政治教育得到深度发掘。大别山红色口述文化资源具有政治、经济、文化、社会、伦理、艺术等多维价值元素，显现出丰富性、多维性的价值特质，构成了多元化的资源价值体系。比如政治价值。大别山红色口述文化资源是在中国共产党领导大别山人民群众在艰苦卓绝的革命斗争中创造生成的，蕴含着为民族独立、解放和复兴，为人民幸福，为实现共产主义理想信仰而奋斗的红色基因，映现出中国共产党的"初心"元素，透过这一"口述"资源的现象存在，可以发掘出其极为丰富的政治价值。尤其是其中生动、丰富的红色廉政口述资源，对于新时代党风廉政建设、从严

治党，更是具有重要的价值意义。经济价值。大别山红色口述文化资源中有诸多关于鄂豫皖根据地经济政策、经济制度、经济管理、生产发展等的回忆录，经济建设的实物解说、民间传闻以及诸多体现大别山革命不同时期经济史的个案故事，其中所内蕴的经济价值，都是值得总结、发掘的。文化价值。大别山红色口述文化资源以"红色口述文化"这种特殊的文化形态体现出其价值特质，因而是中国文化体系中具有独特文化价值的宝贵资源。社会价值。在大别山红色口述文化资源中，有诸多案例反映了大别山革命历史时期人们的生存环境、现实生活、社会境遇以及社群交往状态等，从中可以还原大别山革命斗争和社会生活的历史本真状态，尤其是有利于透过其中的现象存在，反思、揭示大别山红色革命人物群体生成的规律和价值启示。伦理价值。在大别山红色口述文化资源中，有诸多体现大别山革命人物个体和群体坚定的共产主义理想信仰，高尚的道德情操，牺牲小我、成就大我的英雄人格等的口述资源，原汁原味地反映了中国新民主主义革命时期大别山红色区域人们的道德风貌，可以作为道德教育的宝贵素材。艺术价值。在大别山红色口述文化资源中，一些红色叙事诗、红色歌谣、红色传说、红色戏曲等，蕴含着大量红色艺术元素，同时也能激发艺术创作灵感。如唱遍神州大地的《八月桂花香》《三大纪律，八项注意》即可在大别山红色口述文化资源中找到源头。而在当代大学生思想政治教育拥有力量齐备的思想政治教育队伍，构建起教师思政、学生思政、课程思政、学科思政、环境思政等大思政体系，形成了全员、全方位、全过程"三全育人"机制模式这样的教育环境条件下，上述具有多维价值特质的大别山红色口述文化资源，完全可以也需要借助当代大学生思想政治教育得到很好的价值发掘和利用。

从应然性来看，当代大学生思想政治教育作为社会主义意识形态宣传、教育的主渠道，其历史使命也决定了它应该系统、深入地发掘大别山红色口述文化资源的价值。"人民有信仰，民族有希望，国家有力量"，"一个国家，一个民族，要同心同德迈向前进，必须有共同的理想信念作支撑。我们要在全党全社会持续深入开展建设中国特色社会主义宣传教育，高扬主旋律，唱响正气歌，不断增强道路自信、理论自信、制度自信，让理想信念的明灯永远在全国各族人民心中闪亮。"①习近平总书记的这些重要论述赋予了当代大学生思想政治教育工作者应该肩负起的重大历史使命，要求必须"大力弘扬中华民族优秀传统文化，大力加强党风政风、社风家风建设，特别是要让中华民族文化基因在广大青少年心中生根发芽"②。因此，开展当代大学生思想政治教育，应该彰显大别山革命时期共产党人的世界观、人生观、价值观，追寻他们的精神根基，对体现其社会公德、职业道德、家庭美德、个人品德的各类典型案例，在当代大学生思想政治教育中进行综合利用，以促使大别山红色口述文化资源作为独特的中国革命传统文化资源能够得到充分的价值发掘。

（二）转换大别山红色口述文化资源价值需借助当代大学生思想政治教育

大别山红色口述文化资源是在中国新民主主义革命时期逐渐生成、积累，并在中国社会主义革命和建设的不同时期不断丰富、增生的。由于中国社会主流价值文化结构体系的重构、再构，中国革命文化、社会主义先进文化、中华优秀传统文化所形成的文化体系基础雄厚，新时代文化生态环境日益优化，因此，以往大别山红色口述文化创造主体的生存处境与当今人们现实生活差异较大，由此就使得大别山红色口述文化资源生成的具体语境也随之不断地改变，而这一资源中某些方面所具有的原生态价值，在当今的新时代语境下难以得到简单、直接的发挥，这就需要在新的历史语境下，通过多种渠道推动其价值转换，促成其价值实现。实际上，借助当代大学生思想政治教育，正是在新时代语境下推动大别山红色口述文化资源的价值转换、促成其价值实现的重要渠道之一。

----

① 《习近平谈治国理政》第二卷，外文出版社 2017 年版，第 323—324 页。

② 《习近平谈治国理政》第二卷，外文出版社 2017 年版，第 324 页。

一方面，理解和把握大别山红色口述文化资源的原生价值，需借助当代大学生思想政治教育，贯穿一个"悟"字。也就是说，借助当代大学生思想政治教育这一重要渠道，可以使青年学生养成后索性思维，能够变换历史语境，从当今繁荣昌盛、国泰民安的中国出发，后索性透视、反思大别山红色口述文化资源原生时期的中国社会落后状态，深"悟"这一资源原生态价值生成的合理性，尤其是充分理解和准确把握其作为现象存在形态的精神内质。在一些革命老人的回忆中，谈到过在大别山革命时期，很多人即使冒着杀头的危险，也要坚定地跟着共产党走的生动案例。

例如，原黄冈地区丝绸厂党委书记邵克就是这样一位坚定的共产党员。他在访谈中就谈到了自己为什么能够坚定地跟着党干革命。他说："我是抗日战争时期在白区参加共产党的。那时环境恶劣，白色恐怖严重，国民党反动派提出宁可错杀一千也不能放过一个共产党员，所以我地下党组织经常遭到破坏，地下党员不断被捕入狱。但为什么我还要参加共产党呢？"[①] 对此，他自我剖析了入党前后的心路历程：

　　　　主要是由于我看到国民党反动派的腐败，它不抗日反而欺压人民，苛捐杂税繁多，人民在外来侵略者和国民党的黑暗统治下，生活在水深火热之中。我是个热血青年，为了救国，就得投入抗日斗争中去。人民要得到自由，就要组织起来抵抗日本帝国主义的侵略，反抗国民党的黑暗统治，所以我要参加共产党，只有在共产党的领导下，才能救中国，人民才能得到解放。虽然当时全国弥漫一片白色恐怖，革命斗争环境十分恶劣，共产党员一旦暴露是要被杀头的，但是我不怕，只要主义真就不怕牺牲。我当时的意志是一心跟着党走，如有一天被捕，决不动摇，坚决遵守党的纪律，就是杀头也不泄露党的机密，不

----

　　① 此口述资料案例来自《难忘的战斗岁月——老同志回忆录》，中共黄冈市委党史办公室、黄冈市新四军历史研究会、黄州区新四军历史研究会访谈内部资料，第229页。

出卖同志，死是光荣的，决不做革命的叛徒。这就是我入党前后的思想。

他还深情地追忆有一个他不知名的妇女党员紧跟党走的事例：

她在苏区工作多年，由于身患重病，组织决定让她回老家隐蔽休养，发给她两块银元做路费，她二话未说，服从组织决定回家。从苏北到浙江嵊县，路途遥远，两块银元的路费如何到得了家呢？她不能搭车只好沿途步行乞讨，待坚持到家时已不像人样了。但她又不能对家人说出情由，只说在外做工，病得厉害，回家来休养。在家养病期间，虽无组织和同志们的监督，她仍能保持一个共产党员的坚定意志，一不怕苦，二不怕死，不暴露自己共产党员的身份，坚定地履行共产党员的义务，继续为党为人民工作。直到党组织派人来联系，接上关系，重新归队。①

对此，邵克感慨地说："这位共产党员的故事，使我深受教育，它鼓舞我在以后的革命生涯中，在任何情况下，不动摇，不变节，做一个名副其实的共产党员。"邵克"信念鼓舞我做名副其实的共产党员"这样的案例，在大别山红色口述文化资源中相当普遍。生活在和平年代的青年大学生，远离峥嵘岁月那种"血"与"火"的洗礼，享受着革命先辈们英勇奋斗的幸福"红利"，因而他们中的一些人对革命先辈们追随党的执着信念认识并不深刻，理解也不透彻。而借助当代大学生思想政治教育这一重要渠道，以邵克这些革命先辈具体而又生动的案例，去充实教育内容，就可以很好地还原大别山革命时期的历史面貌，引导这些青年学生积极主动地去比较、去感受不同时

———————————

① 此口述资源案例来自《难忘的战斗岁月——老同志回忆录》，中共黄冈市委党史办公室、黄冈市新四军历史研究会、黄州区新四军历史研究会访谈内部资料，第229—230页。

代的生存处境，使他们深刻理解和把握伟大的中国共产党是如何凝聚人民群众为中华民族的自由解放和伟大复兴而奋斗的；就可以使他们透过这些具体生动的案例，把握其"信念引领"的精神本质，而不至于仅仅从单一的现象表层出发，肤浅甚至错位地把握大别山革命时期的人和事。这样，也就能够贯穿一个"悟"字，真正使当代大学生深"悟"到大别山红色口述文化资源的原生价值，真正使大别山红色口述文化资源成为当代大学生成人成才的精神养分。

另一方面，理解和把握大别山红色口述文化资源的时代价值，需借助当代大学生思想政治教育，落实一个"转"字。当今，由于历史语境的不同，在大别山革命时期生成的一些红色口述文化资源中，有些资源的原生价值已经失去了直接实现的生态环境条件，因而，迫切需要借助当代大学生思想政治教育这样的有效路径，实现其原生价值的当代转换。也就是说，可以借助当代大学生思想政治教育这样的重要渠道，激励青年学生开启思想智慧，推陈出新，落实一个"转"字，从大别山红色口述文化资源原生价值中获得新的价值启示，使这些资源的原生价值在新的历史语境下转换为契合新时代的新价值。

例如，大别山革命时期著名的"土马克思主义者"徐朋人曾作有《十二月穷人歌》，用"苏武牧羊调"演唱，是土地革命战争初期黄安最流行的革命歌谣之一，可以说是当时口头宣传动员革命力量的具有很强传播力的歌谣，是重要的大别山红色口述文化资源。其具体唱词的内容如下：

十二月穷人歌

正月里来正月正，家家户户贺新春；
奴家丈夫跑在外，如今不知死和生。

二月里来是花朝，杏花开罢李花香；
想起我夫面孔瘦，只恨劣绅和土豪。

三月里来是清明，手提钱纸去上坟；
奴夫被那清匪杀，我的工人和农民。

四月里来四月八，家家户户把秧插；
奴家田地无人种，老少在外难归家。

五月里来是端阳，可恨军阀和列强；
只顾招兵与买马，到处抽捐又派粮。

六月里来是伏天，工农兵士真可怜；
一天到晚不歇气，浑身晒得像油煎。

七月里来七月七，清乡土匪把命逼；
奸虏烧杀还不够，到处抢柴又抢米。

八月里来是中秋，豪绅地主把租收；
一升半合都刮去，逼得穷人无路走。

九月里来是重阳，贪官污吏打主张（方言，出主意）；
主张穷人不活命，主张富人当阎王。

十月里来小阳春，穷人因逼敢斗争；
土地革命已实现，打倒刮民革命军（指国民党反动军队）。

冬月里来天气寒，赤队红军真勇敢；
帮助工农杀土劣，反动势力尽推翻。

腊月里来梅花开，建立工农苏维埃；

穷苦民众出头了，工农专政又独裁。①

　　这一出自黄安的歌谣，是在土地革命时期创作生成的传播影响力极强的红色口述文化资源，在当时对动员大别山区人民群众力量广泛开展革命斗争发挥了巨大的作用。在中国当今国泰民安的和平年代，在人民群众建设小康社会、追求美好生活的语境中，这样一首通过诉说旧社会工农群众的悲惨命运、动员工农群众的革命力量追求人民自由解放的歌谣，毋庸置疑，其原生价值肯定难以在当代大学生群体中直接发挥作用，但通过当代大学生思想政治教育，则可以对之予以不同层次、不同维度的诠释、阐发，使当代大学生走进那个如火如荼的革命岁月，体验到诸如黄安歌谣这样的大别山红色口述文化资源生成的厚实的革命历史土壤，从而客观、正确、合理地促成其资源在当代的价值转换。这样的价值转换，是多维度的价值转换。主要有：一是历史语境变换的价值转换。《十二月穷人歌》通过素描季节变化的情境与"穷人"群体对受压迫、受剥削的悲惨生存境遇的反抗，反映了土地革命时期大别山老区的革命斗争状况。而在当代大学生思想政治教育过程中，不仅要让青年学生了解这种历史存在的真实状况，更重要的是要使他们在新时代语境中，去把握当年老区人民反压迫、反剥削、追求自由解放更深层次所蕴含的为美好生活而斗争的本质，将其原生价值和精神内质，转换为当代大学生在今天为美好生活而奋斗的时代新价值。二是伦理建构的价值转换。《十二月穷人歌》通过歌颂人民群众反对土豪劣绅、反对贪官污吏、反对国民党反动派的大无畏革命精神，激励人民群众英勇奋斗，努力实现"建立工农苏维埃""工农专政又独裁"的革命目标，以达到实现没有压迫、没有剥削的伦理建构。而在当代大学生思想政治教育过程中，不仅要让青年学生了解这种革命先辈的伦

————————

　　①　红安革命歌谣编写领导小组办公室编：《红安革命歌谣选》，武汉大学出版社1986年版，第97—98页。

理诉求，更重要的是要引导青年学生深刻反思，抓住歌谣所内蕴的革命先辈追求社会公平正义的伦理建构这一精神内质和"初心"，从而将这种精神内质和"初心"，转换为当代大学生不忘"初心"以实现社会公平正义的伦理重构、再构的时代新价值。三是宣教模式的价值转换。《十二月穷人歌》作为土地革命时期大别山老区中国共产党进行革命启蒙、开展革命宣传教育的一种口头艺术类型的大别山红色口述文化资源，实质上就是中国共产党人针对当时大别山老百姓文化水平低、经济贫困、受压迫受剥削严重的生存状况，唤醒他们的革命意识，激励他们奋起斗争的有效宣教模式。当今中国社会主义进入了新时代，这一歌谣生成的历史语境虽然发生了根本性变化，但它这种普适化宣教模式启示我们：在当代大学生思想政治教育中，只有注重结合宣教对象的现实生活、物质与精神需要和心理诉求等实际，实行富有艺术感染力、大众化的思想政治教育模式，才能获得更高的教育功效。由此也就从宣教模式创新的维度，促使这一歌谣的原生价值向新时代的价值转换。

二、衍扩和再创大别山红色口述文化资源价值需借助当代大学生思想政治教育

如果说发掘大别山红色口述文化资源价值重在其原生价值的深度发掘、转换大别山红色口述文化资源价值重在其原生价值的时代转换的话，那么，衍扩大别山红色口述文化资源价值，则重在从不同维度延伸、扩展其原生价值，再创大别山红色口述文化资源价值，重在以其原生价值元素为基础创新、增生其新价值。而无论是衍扩大别山红色口述文化资源价值，还是再创大别山红色口述文化资源价值，都可以也需要借助当代大学生思想政治教育这一重要渠道。

（一）衍扩大别山红色口述文化资源价值需借助当代大学生思想政治教育

这里所谓衍扩大别山红色口述文化资源价值，就是指从不同学科、不同

领域、不同平台等延伸、扩展大别山红色口述文化资源价值，尤其是要使其价值影响渗透到一些新的学科、新的领域和新的平台，使之能够在更大时空范围内实现价值重构。由于当代大学生思想政治教育是贯穿于不同学科、不同领域、不同平台等而展开的，与不同学科、不同领域、不同平台等有着不可分割的联系，因而从一定程度上说，它实际上是延伸、扩展大别山红色口述文化资源价值，使之实现价值重构的天然助力。

从不同学科衍扩大别山红色口述文化资源价值，需借助当代大学生思想政治教育。当代大学生思想政治教育的内容要求决定了它必须向不同学科融合渗透。尤其是继续推进马克思主义中国化、时代化、大众化的内容要求，"在人类思想史上，就科学性、真理性、影响力、传播面而言，没有一种思想理论能达到马克思主义的高度，也没有一种学说能像马克思主义那样对世界产生了如此巨大的影响。"[1]"马克思主义就是我们党和人民事业不断发展的参天大树之根本，就是我们党和人民不断奋进的万里长河之泉源。"[2]这些都表明，当代大学生思想政治教育应当将其内容与不同学科的建设与发展紧密地融合、关联起来，从学科思政的维度形成大思政格局。而作为当代大学生思想政治教育优质资源的大别山红色口述文化资源，其中有诸多马克思主义早期传播的见闻、红色革命人物和革命事迹的传说、回忆录，等等。例如，马克思主义追求者、原黄冈专署民政局副局长林友先，黄冈市团风县杜陂乡杜陂咀人，在家排行老二，1934 年参加革命，1938 年 3 月加入中国共产党，在当时的革命队伍中，大家都亲昵地称她"林二姐"。为了革命事业，她踏着先烈的足迹，笑向刽子手的刀丛，经受了英勇奋斗、骨肉牺牲，可谓九死一生的磨难。回忆起自己的革命生涯，她坚定地说："面对刽子手的刀丛，共产党'只有流血，哪有流泪'。"[3]这样一些事例，如果能够借助当代

---

① 《习近平谈治国理政》第二卷，外文出版社 2017 年版，第 65 页。

② 《习近平谈治国理政》第二卷，外文出版社 2017 年版，第 66 页。

③ 此口述资源案例来自《难忘的战斗岁月——老同志回忆录》，中共黄冈市委党史办公室、黄冈市新四军历史研究会、黄州区新四军历史研究会访谈内部资料，第 4 页。

大学生思想政治教育的学科路径，不断地融合、渗透到多个学科教学育人的体系之中，就正好可以为学科思政提供丰富的内容支撑，为不同学科"立德树人"寻找坚实的精神支点，从而不仅可以提升学科思政的质量效益，而且能够有力地促成大别山红色口述文化资源在不同学科中的价值衍扩。

从不同领域衍扩大别山红色口述文化资源价值，需借助当代大学生思想政治教育。在当今社会转型期，大学生思想政治教育不仅要面对不同领域发展极为迅速的机遇和挑战，也要面对新的领域不断产生和拓展的机遇和挑战。如何在这样的机遇与挑战下，应对不同领域发展的重大挑战，抵御不同领域发展的重大风险，克服不同领域发展的重大阻力，解决不同领域的重大矛盾？这就现实地需要借助当代大学生思想政治教育，并通过作为思想政治教育价值承载者和传输者的大学生群体，真正使大别山红色口述文化资源这样的优质思想政治教育资源生动、具体的内容与不同领域的发展紧密地融合、关联起来，使其潜在价值在不同领域得到衍扩，发挥其应有的价值功能和作用。例如，长期在大别山南麓的鄂东地区工作的老红军战士白水田是"一个理想信念的终生坚守者，一位让后辈仰慕的人民公仆，一名充满传奇的老共产党人"，中共中央政治局原常委、中央组织部原部长宋平曾动情地说："从延安马列学院走出的学员中，白水田的官算是做得小的，他一生经历坎坷，但理想信念坚定，对组织从无怨言，热爱党，热爱生活，热爱学习，艰苦奋斗，廉洁自律，努力工作，联系群众，实事求是，这正是我们党一贯倡导的优良传统和作风……"[①] 白水田曾两次谈到他聆听毛主席讲"无名困难"的经历[②]：

第一次听毛主席讲战胜"无名困难"是在1938年秋天。那是在一个大礼堂里，毛主席说："'七七'事变以来，日本侵占了我们许多地方，

---

① 中共黄冈市委党史办公室：《白水田传》，中共党史出版社2015年版，第2页。

② 此口述资源案例来自《难忘的战斗岁月——老同志回忆录》，中共黄冈市委党史办公室、黄冈市新四军历史研究会、黄州区新四军历史研究会访谈内部资料，第17页。

现在正进攻武汉。我们的看法是，能保住武汉非常好，保不住也不要悲观失望，要准备打持久战，我们一定会胜利。"他扼要地介绍了抗日战争的三个阶段，分析了战争的艰巨性，接着说："大家去前线一定会遇到许多困难。比如到新区，一两天吃不上饭，还找不到房子住；天冷了，冬衣困难，鞋子也没有穿的；缺医少药，没有人抬担架；日军武器精良，打仗顽强，等等。还有个大困难，暂时想不到叫什么名字，就叫它'无名困难'吧。将来你碰到它，就说，你就是主席讲的'无名困难'吧，今天来了，我们是老朋友，欢迎你！"主席讲得深刻而风趣，全场大笑，热烈鼓掌。

第二次听毛主席讲战胜"无名困难"是 1944 年 10 月 25 日。当时毛主席在延安中央党校为一千多名准备南下的干部做报告。讲到"无名困难"时，他说："一个共产党员，要像柳树一样，插到哪里就在哪里活起来。但柳树也有缺点，就是随风倒，软得很，所以还要学习松树。松树的劲大得很，冬天也不落叶子，冰天雪地照样生机蓬勃。松树有原则性，柳树有灵活性。斯大林说过，共产党员是特殊材料制成的。什么是特殊材料？我看就是松树和柳树结合起来。像柳树那样可亲，人人喜欢；像松树那样坚定，稳当可靠，这样人民群众就会围绕在我们身边，任何困难都是可以战胜的。"毛主席最后说："我讲的许多话，有一个原则，就是为中国人民服务。我们整个党和军队都要做到：为人民服务，随时准备牺牲一切，包括生命在内。"

白水田说毛主席这两次讲话时的音容举止和会场上一次又一次爆发的热烈掌声，一直深深地印在他的记忆里。新中国成立后，他转业到地方工作，先后担任过浠水县县长、省农业厅副厅长、新洲县委书记、黄冈行署副专员。正是毛主席关于"无名困难"这样的充满哲学智慧的讲话，激励着他在革命道路上战胜了无数艰难困苦。他说："每当工作中遇到困难的时候，特别是遇到从未见过也未想到过的困难时，我就会想：这就是毛主席说的'无名困难'吧！就会用柳树和松树的精神去战胜它、克服它。就是在'文化大革命'中受到长期的批判时，我也没有丧失信心，总在心里默念主席的教导，为自己鼓劲，从而度过了自己一生中最困难的时期。"① 这种战胜"无名困难"的精神和共产党人为人民服务、人民至上的人民情结，在诸多大别山红色口述文化资源中都有体现，而借助当代大学生思想政治教育这一重要渠道，通过作为大别山红色口述文化资源的价值承载者、传输者的当代大学生群体，利用好红色资源，讲好红色故事，传承好红色基因，就可以将这样的优质思想政治教育资源的价值衍扩、渗透到当今各个不同的领域之中。

从不同平台衍扩大别山红色口述文化资源价值，需借助当代大学生思想政治教育。大别山红色口述文化资源的具体内容大都可以通过适当的形式在不同平台进行整合利用，实现其价值衍扩。尤其是一些民间传说的红色故事，可以转换为文字或其他现代化技术形式在不同平台传扬。例如，原浠水县政协副主席孔敬，1920 年 9 月出生在浠水县朱店乡火龙村孔德舟湾的一个极度贫困的家庭。兄弟姊妹 6 人，靠父亲孔宪诚卖长工、种佃田维持生计。母亲勤劳俭朴，操持家务，全家人过着饥寒交迫的生活。他 7 岁时，就随母亲外出乞讨，11 岁时借债入私塾读书，到 14 岁，因父亲去世，家中负债累累，只好辍学回家，砍柴换米度日。抗日战争爆发后，中共浠水县委动员组织全县人民开展抗日救亡活动，成立青抗、农抗、妇抗等协会，群众踊跃参军参战，抗日武装力量日益壮大。在党的教导下，他逐步懂得了"天下兴亡，匹夫有责"和"只有跟着共产党走，才有出头之日，才能翻身得解放"的深刻道理，积极参加抗日救亡活动，先担任农会小组长，后任袁可乡抗日民主政府秘书。1942 年 3 月参加新四军，同年 6 月，由地下党的负责人介绍他光荣地加入了中国共产党。孔敬矢志不渝地跟党走，牢记党的宗旨，全心全意地为人民服务。2020 年，81 岁高龄的孔敬回忆说："我今年 81 岁

---

① 此口述资源案例来自《难忘的战斗岁月——老同志回忆录》，中共黄冈市委党史办公室、黄冈市新四军历史研究会、黄州区新四军历史研究会访谈内部资料，第 17—18 页。

了，参加革命工作和入党也都快 60 个春秋了。回想往事，历历在目，记忆犹新。"①而最使他难以忘怀的有三件事，具体口述材料如下：

　　第一件事是 1946 年"中原突围"。独二旅在冶溪河整编后，8 月中旬，五支队所属的一、二、三团向英山北部转移，我被分配到一团三连任指导员，随部队在乱柴沟、后花园、玉珠畈一带活动。一天晚上，同国民党四十八师遭遇，敌众我寡，不能硬拼，只得由一团掩护全支队撤退，结果，被敌军卡断，与支队失去联系，后又遭敌袭击，三连也与团部失去联系。拂晓前，三连进入了天堂寨。天堂寨海拔 1300 多米，地处英山、罗田、麻城、固始四县交界。山高林密，荆棘丛生，群众全被敌人赶下了山。三连只有 40 多人，隐蔽在山顶的密林荆棘丛中，敌人却用重兵包围，搜山、放火，均找不到我们的踪迹。闹了几天后，敌人仍不死心，采取围而不打的战术，想把我们饿死、困死在山顶上。的确，刚进山几天，战士们随身带的那点粮食还可以充饥，到后来，只得靠红苕、苞谷、野菜度日。山顶气候格外寒冷，战士们都是衣衫单薄，一到晚上冻得直打哆嗦，真是饥寒交迫。再加上索命的山蚂蟥非常多，满地皆是，一爬到人身上就抢着吸血，痛痒难忍，发炎溃烂，致使病号不断增加。由于缺医少药，有几个年轻战士被病魔夺去了生命。三连通讯员小杨，阳新人，1945 年参加革命，聪明活泼，机智勇敢，在一次战斗中，为掩护战友，身负重伤，他不愿离开部队去疗养，而随军上了天堂寨。在这一恶劣的环境中，伤情日益加重。他在临终前，拉着我的手说："指导员，感谢您对我的培养教育，现在我不行了，不能和你一起战斗。我死后，请给我家捎个信，让我父母知道我是为革命牺牲的。"小杨边说边哭，头一歪，双眼紧闭，17 岁的年轻战士就这样与世长辞了。在场的同志泣不成声，都摘下军帽，向小杨行告别礼。我代表全连讲话，要求同志们化悲痛为力量，顽强地生活和战斗下去，团结一心，夺取最后的胜利。

掩埋好革命伙伴的尸体后，一天，我带着战士到密林山凹找食物。突然碰上了5个农民，听口音是浠水人。原来他们是做手艺的，为首的叫孔学智，细谈起来，与我是同姓同族的老乡。孔学智很同情新四军的处境。当他得知战士们被国民党军围困在山上忍饥挨饿后，立即与几个伙计商量，将随身带的米煮成饭，让大家饱吃了一顿。我一边吃一边又向"家门"老乡求援："能不能想点办法再多搞点粮食，让全连战士渡过难关？"孔学智说："老乡的粮食被国民党军队抢光了，不过还能想到一点办法。"饭后，他就引我走到一个小山凹，指着被树林遮映的一个小垮子说："这里有我的一个干亲家，他家能搞到一些粮食。"晚上，孔学智引我和司务长到达他干亲家后，指着一堵墙壁说："老弟，干亲家临下山时藏的这点粮食，他交代说不到万不得已时不能动用。现在，我代表干亲家把它献给新四军，也算是干亲家和我的一片心意。"说罢，孔学智亲自动手，拆开了夹墙砖，墙内的空隙足有2尺多宽，当即取出粮食500斤；还有一缸腌菜。司务长拿到粮食，留下一张条子："我军在此多日断粮，实属无奈借用，谢谢你们救命之恩，特付银元五元，请收。长江部队，即日。"孔学智一再谢绝不收钱。我说："这是救命粮，这钱也是仅有的，请你收下，让干亲家日后再去买粮食，还远远不够，这是部队的纪律。请你代为致谢。"战士们有了粮食，如鱼得水，大家都有一个共同的信念，坚持就是胜利。

敌军围住天堂寨有十多天，结果一无所获，陆续撤走了……我军被围困在天堂寨的全体指战员都下了山，抵达罗田县大河岸，与支队的指战员们会合了。①

---

① 此口述资源案例来自《难忘的战斗岁月——老同志回忆录》，中共黄冈市委党史办公室、黄冈市新四军历史研究会、黄州区新四军历史研究会访谈内部资料，第189—190页。

从这个事例中，孔敬老人谈到了他所得到的"两点启发"。他说："第一，我们党领导下的人民子弟兵代表着中国最广大人民群众的根本利益，浴血奋战，不怕任何艰难困苦，毫无怨言，甚至像通讯员小杨那样许许多多的年轻战士，在临终前还念叨着'我是为革命而牺牲的'而感到欣慰，这是多么崇高的精神和品质！第二，我们的人民群众，对我们党、对人民子弟兵是何等信赖和热情。如孔学智在危急关头，毅然献出他干亲家藏得很机密的粮食，挽救了全连指战员的生命。人民群众对党的事业的支持，也说明了我们党代表人民群众的根本利益所在。"①孔敬老人还口述回忆了另外两件事。具体资料如下：

第二件事是1948年4月初，国民党军队对大别山区进行残酷扫荡，形势非常险恶，县指挥部在望江山战斗失利后，又在瓦寺前和大王山打了两仗。县委决定，将我和杨晓泉等6名伤病员送到牛头冲养伤。杨晓泉因伤势过重，三天后不幸牺牲。我和其他几位伤员，在当地群众的精心护理下，陆续伤愈归队。

在我养伤过程中，多亏了住户汪立志夫妇舍身相救，不然早已做了敌人刀下之鬼。有一天，敌人的搜查队到汪家细屋搜查伤病员，硬逼着汪立志夫妇把我交出来。汪立志夫妇每次都坚定地回答："没有看到伤病员！""不知道！就是不知道！"敌人把他俩打得遍体鳞伤，他俩也不吭一声。他俩尽管挨了敌人的毒打，还要坚持每天半夜三更到山洞送饭给我吃，送药给我疗伤，直到我伤痊愈归队。

第三件事是，1949年元月上旬，我和周雄刚从鄂豫军区第五军分区调到黄冈，被分配到但店区工作。区委书记石川和指挥长林培林将我安排在陈家老屋垮，住在陈加如家。陈加如为革命做过许多贡献，我在

---

① 此口述资源案例来自《难忘的战斗岁月——老同志回忆录》，中共黄冈市委党史办公室、黄冈市新四军历史研究会、黄州区新四军历史研究会访谈内部资料，第191页。

他家住了 20 多天，他待我像亲兄弟一样。忽然有一天，国民党黄冈县反共老手林六爷带领绥靖团 300 多人包围了陈家老屋塆，挨家挨户地搜查，强逼群众交出"共匪"。我见此情，怕连累陈加如，打算冲出塆去。陈加如沉着机警地阻止我说："你万万冲不得，一冲就会暴露，跟我来！"他边说，边引我上到他家堆满柴草的楼上。拣开柴草，挤到楼后面，陈加如又撬开一块木板，下面是一个暗室，陈加如叫我顺着木梯子下去，到暗室躲藏起来。原来暗室里早就放好了木床、被子，还有吃的米泡。这是陈加如平时准备以应急需之用的。顿时，我的感激之情难以言表："陈加如真是一位有胆有识的好同志啊！"这次，就是他冒着生命危险，使我化险为夷的。①

就这两个事例，孔敬老人也掏出了自己的心里话："汪立志为了抢救我这个伤病员，把我藏在山洞里，宁可他和他的妻子被敌人打得遍体鳞伤，也不把我交给敌人；陈加如为了掩护我这个地下工作人员，把我藏在他家的暗室里，宁可冒着全家被杀头的风险，也丝毫不向敌人吐露半点信息。他们这种宁可牺牲自己，也要保护共产党人安然无恙的高贵品质是多么高尚啊！我们作为共产党人有什么理由不去为代表他们的根本利益而忘我地奋斗呢？"②在新中国成立前的枪林弹雨中，孔敬老人始终怀着一个坚定信念："我们党一定能胜利，我们的革命一定能胜利。因此，无论环境多么恶劣，多么危险，我都坚定革命意志不动摇，即使牺牲了，也是革命烈士！"③

诸如孔敬这样的革命老人的亲身经历和体验，真实动人，对青年大学生具有极为强烈的思想感染力，能够让青年大学生穿越历史的时空，引发对大

---

①　此口述资源案例来自《难忘的战斗岁月——老同志回忆录》，中共黄冈市委党史办公室、黄冈市新四军历史研究会、黄州区新四军历史研究会访谈内部资料，第 192 页。

②　此口述资源案例来自《难忘的战斗岁月——老同志回忆录》，中共黄冈市委党史办公室、黄冈市新四军历史研究会、黄州区新四军历史研究会访谈内部资料，第 192 页。

③　此口述资源案例来自《难忘的战斗岁月——老同志回忆录》，中共黄冈市委党史办公室、黄冈市新四军历史研究会、黄州区新四军历史研究会访谈内部资料，第 192 页。

别山红色口述文化原生资源的真情实感，增强对革命文化的心理认同。而当今中国特色社会主义的新时代，开展大学生思想政治教育拥有多个不同类型的平台，既有线上网络平台，也有线下实体平台；既有固定平台，也有移动平台；既有长期平台，也有短平快的平台；既有现代化信息技术平台，也有传统传播平台。这些大别山红色口述文化资源的案例材料，完全可以借助各种当代大学生思想政治教育平台，通过其相应的表现形式，充分实现其价值衍扩。

（二）再创大别山红色口述文化资源价值需借助当代大学生思想政治教育

习近平总书记强调："要充分挖掘和利用丰富多彩的历史文化、红色文化资源加强文化建设，坚持不懈开展社会主义核心价值观宣传教育，深入挖掘优秀传统文化，引导广大干部群众提升道德情操、树立良好风尚、增强文化自信。"[1] 同时，也特别强调："不忘历史才能开辟未来，善于继承才能善于创新。"[2] 大别山红色口述文化资源价值的实现，不仅需要对其原生资源予以固本牢基的发掘，转化衍扩的接续，更需要对其原生资源进行有目标、有过程的再创。就目标而言，它内在地要求在新时代通过价值再创，以新的形式、新的元素、新的平台等来实现其原生资源价值的开新；就过程而言，它也实质性地要求在新时代通过价值再创，以日常化、可持续的方式来实现其原生资源价值的增生。这种价值再创，需要也可以借助当代大学生思想政治教育这一重要渠道。这是因为：

一方面，在新时代开展大学生思想政治教育，已经形成了有利于大别山红色口述文化资源价值再创的生态环境和丰厚沃土。党和国家对高校思想政治工作特别重视。习近平总书记强调："党委要保证高校正确办学方向，掌

---

[1]　习近平 2020 年 5 月 11 日至 12 日在山西考察时的讲话，见《习近平论文化》（2020），https://www.xuexi.cn/lgpage/detail/index.html?id=12976087703778521018&item_id=12976087703778521018。

[2]　《习近平谈治国理政》第二卷，外文出版社 2017 年版，第 313 页。

握高校思想政治工作主导权，保证高校始终成为培养社会主义事业建设者和接班人的坚强阵地。各级党委要把高校思想政治工作摆在重要位置，加强领导和指导，形成党委统一领导、各部门各方面齐抓共管的工作格局。"[①] 开展大学生思想政治教育，实现红色资源的价值创新，正是贯彻落实这一要求的题中应有之义。一些具体的案例也说明了党和国家顶层对此的高度关注和重视。例如，2017 年 4 月和 7 月，教育部依托中国"互联网＋"大学生创新创业平台，组织开展了"青年红色筑梦之旅"实践活动，两批参赛团队分赴延安，通过大学生创新创业项目对接革命老区经济社会发展需求，助力精准扶贫脱贫。习近平得知全国 150 万大学生参加第三届中国"互联网＋"大学生创新创业大赛，其中上百支大学生创新创业团队参加了走进延安、服务革命老区的"青年红色筑梦之旅"活动，帮助老区人民脱贫致富奔小康，既取得了积极成效，又受到了思想洗礼，感到十分高兴，他指出："延安是革命圣地，你们奔赴延安，追寻革命前辈伟大而艰辛的历史足迹，学习延安精神，坚定理想信念，锤炼意志品质，把激昂的青春梦融入伟大的中国梦，体现了当代中国青年奋发有为的精神风貌。"[②] 当前，在大学生思想政治教育中，许多高校都开展了红色文化活动创新，各种红色实践创新活动此起彼伏，红色创新创业团队格外活跃，诸多线上线下红色创新创业平台和机构也陆续创建。可以看到，在习近平新时代中国特色社会主义思想的引领之下，当代大学生开展思想政治教育价值创新，已具备良好的政治、经济、文化生态环境，具有深厚的思想政治教育价值创新沃土，借助这样的大学生思想政治教育价值创新的生态环境，深根于这样的大学生思想政治教育价值创新的厚实沃土，广泛深入地开展当代大学生思想政治教育的创新创业活动，可以很好地适应诸如大别山红色口述文化资源之类原生资源的价值再创需要，使这些

---

① 《习近平出席全国高校思想政治工作会议并发表重要讲话》，2016 年 12 月 8 日，见 http://www.81.cn/sydbt/2016-12/08/content_7398877.htm。

② 《习近平回信勉励第三届中国"互联网＋"大学生创新创业大赛"青年红色筑梦之旅"的大学生》，《人民日报》2017 年 8 月 16 日 01 版。

思想政治教育的优质原生资源适应时宜地再创出新的时代价值，为高校立德树人、培育英才增添强大的助力。

另一方面，在新时代开展大学生思想政治教育，也已形成了一些能够推动大别山红色口述文化资源价值再创的实践活动模式和协同育人机制。在当代大学生思想政治教育工作中，许多高校都相继建立起自己的特色实践活动模式和协同育人机制。这些特色实践活动模式和协同育人机制，对于促进大别山红色口述文化资源之类思想政治教育优质原生资源的价值再创，具有良好的效能。例如，当代大学生思想政治教育在一些高校已形成的"三全育人"实践活动模式，强调高校思想政治教育的全员、全过程、全方位"三全育人"，这就非常有利于这些优质原生资源的价值再创。特别是有些老区及周边大学开展这一实践活动模式，设立了"三全育人"综合改革的总体目标，提升思想政治工作质量，利用大别山红色口述文化资源之类独特地方红色文化资源，使其育人元素贯通学科体系、教学体系、教材体系、管理体系，形成了全员、全过程、全方位"三全育人"格局；一些试点院系的改革建设紧紧围绕立德树人根本任务，以新思政观引领改革，科学定位思想政治工作，全面整合大别山红色口述文化资源之类资源的育人元素，将大别山红色口述文化资源置于中国近代革命史及文化生态系统之下，在不断发掘新材料，全面搜集相关资源，清理大别山红色口述文化现有研究成果的基础上，探索其精神禀赋、高尚人格、红色基因、典型案例、光辉史迹等育人元素及其生成语境，把文化育人落实到教师职责规范之中，建构大别山红色口述文化资源价值再创在思想政治教育中的领导体制、实施体系、保障力度、评价管理规范以及大别山红色口述文化原生资源与思想政治教育工作的高度融合和协同创新机制等，揭示各项工作的育人元素和育人逻辑，形成院系微观一体化育人体系；注重打通育人"最后一公里"，唱响育人强音，建设相应的"三全育人"科学研究基地，创办"三全育人"协同创新试点研究室，把握大别山红色口述文化资源之类优质思想政治教育资源价值再创与"三全育人"综合改革发展中的热点、焦点和难点问题，开展调查研究，分析问题原因，寻求解决问题的对策；建设相应的"三全育人"人才培养基地，大别山红色口述文化资源之类优质思想政治教育资源价值再创与"三全育人"综合改革与人才培养紧密关联，形成学院联合研究与培养基地，使科学研究和试点院系建设的过程同时成为促进人才培养、成长和发展的实践过程。通过团队项目和群体协同，锻炼和造就"三全育人"思政教育带头人；通过项目招标资助研究学者和未来的研究生教育，培养思政教育骨干；通过综合改革试点，与各市县党校、党史办教师和学者、专家联合创新思政教育活动模式，指导中小学的教学改革和教学研究，注重促进专家型学者和研究型教师的成长，力图做到既产出思想政治教育研究成果，又产出有影响的思想政治教育教学与科研骨干；建设相应的"三全育人"咨询服务基地。根据思想政治教育变革实际，就大别山红色口述文化资源之类思想政治教育资源利用方面的诸多问题开展现实性和前瞻性研究，提出建设性意见，积极主动为区域社会思想政治教育工作提供咨询服务，为政府决策提供咨询意见；建设相应的"三全育人"电子数据库。运用现代信息技术，通过争取省、市、县（市）统计部门和教育主管部门的支持，采集、购置"统计年鉴"，建立电子信息数据库，在政府部门的支持下，运用现代信息技术和网络技术，开设相关资源的研究网；建设基于 VR（虚拟现实）技术的思想政治教育教学实训室，为大别山红色口述文化资源之类优质思想政治教育资源的价值再创提供良好的实训平台与实践活动场所。

综上所述，对于大别山红色口述文化资源与当代大学生思想政治教育二者之间的内在逻辑关联，必须辩证地理解和把握。在实际工作中，既要注重通过利用大别山红色口述文化资源，努力提升当代大学生思想政治教育的目标达成度，又要注重通过加强当代大学生思想政治教育，努力提升大别山红色口述文化资源的价值实现度。只有正确地处理好二者之间的辩证关系，才能真正在契合互动中实现大别山红色口述文化资源的充分利用与当代大学生思想政治教育的效能强化的双重目标的提升。

第三章 大别山红色口述文化资源融入当代大学生思想政治教育的基本原则

　　将红色资源、红色传统、红色基因融入当代大学生思想政治教育之中，坚定青年学生的"四个自信"，为实现"中国梦"稳固精神支柱、凝聚强大动力，是培养时代新人的要求。在这一新时代要求下，把大别山红色口述文化资源中具体、生动、丰富的教育元素，有机融入当代大学生思想政治教育之中，既能提升当代大学生思想政治教育的育人实效，又能传承和弘扬大别山红色口述文化，因而意义重大。然而，如何才能在传承、弘扬大别山红色口述文化和加强当代大学生思想政治教育两个方面，催生双重的价值效应？首要的就是必须坚持以马克思主义为指导思想，辩证把握大别山红色口述文化资源融入当代大学生思想政治教育的内在逻辑，提升大别山红色口述文化资源融入当代大学生思想政治教育的哲学视界，以有力地促成大别山红色口述文化资源在当代大学生思想政治教育中的价值实现。

第一节　坚持思想政治方向和教育改革路向一致

　　当今世界正发生着深刻的变化。习近平总书记作出重大判断指出，"我国处于近代以来最好的发展时期，世界处于百年未有之大变局"，许多学者就此进行了解析。例如，张宇燕就从大国间力量对比、科技进步影响深远及不确定性、民众权利意识的普遍觉醒、人口结构复杂深刻变化、第二次世界大战后美元主导的国际货币体系正接近十字路口、国际多边体系的瓦解与重构过程、作为超级大国的美国制度显露颓势、主要大国之间的"规锁"与"反规锁"这样八个维度阐述了这个"百年变局",并提出一种预想说:"一百年后的历史学家在回顾人类目前正在经历的这一段历史变迁的时候,可能性比较大的是把百年变局概括为'以中国为代表的东方的复兴和以美国为代表的西方对东方复兴的回应'。"① 面对"百年变局",当代大学生思想政治教育必须坚守意识形态主阵地,提高政治站位,坚持正确的政治方向。这就要求大别山红色口述文化资源融入当代大学生思想政治教育,应正确处理好思想政治方向和教育改革路向的辩证关系,明确坚持思想政治方向和教育改革路向一致的原则内涵和基本要求。

一、坚持思想政治方向和教育改革路向一致的原则内涵

坚持思想政治方向和教育改革路向一致,是大别山红色口述文化资源融入当代大学生思想政治教育的一个正确导向原则,这一原则的内涵具体包括:

(一) 坚持正确的思想政治方向着力解决培养什么人的问题

通过教育改革,诸如运用 VR 等现代教育新媒体新技术,将大别山红色口述文化资源融入当代大学生思想政治教育之中,可以增强其趣味性、生动性,能够满足学生的好奇心,使学生产生立体感、体验感、科幻感等,得到更好的革命传统教育体验。然而,必须注意的是,大别山红色口述文化资源融入当代大学生思想政治教育的实际效果,不能仅仅停留在肤浅的感官层面上,更不能由此使学生陷入一味猎奇、纯粹娱乐的误区而偏离严肃的思想政治教育主题,迷失正确的思想政治方向,以致丧失当代大学生思想政治教育

---

① 张宇燕:《理解百年未有之大变局》,《国际经济评论》2019 年第 5 期。

的灵魂，失守这一意识形态主阵地。大别山红色口述文化资源融入当代大学生思想政治教育，其价值功能的真正实现，前提就是要明确思想政治方向，注重解决培养什么人的问题。应始终体现高度的政治站位，使具体的行为选择与党的方针政策保持高度一致，有利于坚守社会主义意识形态阵地，有利于当代大学生培育与践行社会主义核心价值观，有利于当代大学生的主流价值观建设。尤其要注重通过 VR 这样先进的现代教育新媒体新技术，整合运用丰富的大别山红色口述文化资源，还原革命战争年代红色革命人物、红色革命事件及其所呈现的精神风貌，让学生了解我们党的"初心"是什么，为何出发，从何处出发，了解革命前辈艰苦奋斗的伟大历程，反思在"百年未有之大变局"下，如何不忘初心，牢记使命，不断传递"四个自信"的精神正能量，使当代大学生坚定马克思主义信仰和社会主义共同理想，坚定"四个自信"，为中华民族伟大复兴的"中国梦"而奋斗。

（二）坚持正确的教育改革路向着力解决怎样培养人的问题

由于受教者是青年大学生，与大别山红色口述文化资源及其案例素材存在着历史时空阻隔，因而在一定程度上存在距离感、陌生感、淡漠感，甚至产生有某些厌烦、拒斥的不良心理情愫，这些都会或多或少地影响大别山红色口述文化资源融入当代大学生思想政治教育的实际效果。这就需要寻求正确的教育改革路向，落实解决怎样培养人的问题。尤其要适应当代大学生心理接受和心理需求的实际，借助先进的现代教育新媒体新技术，以红色主题为中心，突出大别山红色口述文化资源的特色和优势，营造全景式的思想政治教育情境，创新每一个思想政治教育环节，增强学生的主体意识，发挥学生的主体作用，使学生由被动接受大别山红色口述文化资源的主题教育，转变为自由自主地学习体验大别山红色口述文化资源的本质精髓、内在精神以及其他多元价值，树立起正确的世界观、人生观、价值观，真正实现"立德树人"的育人目标，做到学有所获、学有所悟、学有所值。

（三）立德树人：思想政治方向和教育改革路向一致的目标指向

大别山红色口述文化资源融入当代大学生思想政治教育，必须坚持思想政治方向和教育改革的路向一致，即：一致地指向立德树人的育人目标。一方面，大别山红色口述文化资源融入当代大学生思想政治教育，其思想政治方向决定了教育改革路向，只有坚持以正确的思想政治教育方向引领教育改革路向，才能确保当代大学生思想政治教育能够立足高度的政治站位，从党的一系列路线、方针、政策出发，突出严肃、切实的中心主题，反映其思想政治教育内在的本质和灵魂；另一方面，大别山红色口述文化资源融入当代大学生思想政治教育的教育改革路向，又要体现思想政治方向。只有坚持以正确的教育改革路向彰显思想政治方向，才能使基于现代教育技术的教育教学方式方法改革和大别山红色口述文化资源的教育元素融合起来，始终保持正确的思想政治方向，使社会主义意识形态主阵地不断得到巩固。总之，思想政治方向和教育改革路向都应一致地指向立德树人这一明确的当代大学生思想政治教育目标。

二、坚持思想政治方向和教育改革路向一致的基本要求

大别山红色口述文化资源融入当代大学生思想政治教育，必须坚持思想政治方向和教育改革路向一致的原则。在具体的教育教学实践中，需要从不同的维度和层面予以贯彻落实。

（一）提高政治站位，以适应立德树人的方向引导要求

利用大别山红色口述文化资源加强当代大学生思想政治教育，必须提高政治站位，以适应立德树人的方向引导要求。这就需要做到如下几个方面：第一，从党的路线方针政策出发。通过总结大别山红色口述文化资源中所具有的中国共产党开展思想政治教育工作的历史经验，揭示其中的思想政治教育规律，并借助教育现代化的改革创新，按照新时代的新观念、新标准、新

模式，使大别山红色口述文化资源在当代大学生思想政治教育中实现有效的价值转换，从而真正把新时代党的路线方针政策贯彻落实到当代大学生思想政治教育中去。第二，从新时代国内外政治生态环境出发。把大别山红色口述文化资源中的共产主义理想信仰、爱国主义情操、民族精神、革命英雄主义、革命乐观主义等优秀思想政治教育元素，深度融入当代大学生思想政治教育中，以增强大学生抵御各类西方反动思潮侵蚀的自觉意识和综合能力，使之能够形成坚定正确的道路认同、政党认同、国家认同、民族认同、文化认同。第三，从培养时代新人的中心主题出发。以问题为导向，针对培养时代新人存在的一系列现实问题，从大别山红色口述文化资源中发掘、梳理大量具体生动的优质思想政治教育元素，诸如劳动教育元素、幸福教育元素、廉洁教育元素、纪律教育元素、审美教育元素、人格教育元素、党性教育元素等，形成大别山红色口述文化资源融入当代大学生思想政治教育的富有特色的中心主题。这些都可以从提高政治站位这个维度，适应立德树人的方向引导要求，真正确保大别山红色口述文化资源融入当代大学生思想政治教育的思想政治方向与教育改革路向，始终保持一致性地指向立德树人的育人目标。

（二）提升教育境界，以强化立德树人的方向选择意识

利用大别山红色口述文化资源加强当代大学生思想政治教育，必须提升思想境界，以强化立德树人的方向选择意识。这就需要做到如下几个方面：第一，立足于专业学科教育创新境界。通过思想政治教育专业的线上线下混合式教学教育、现代化教育平台创建以及大数据、云计算等多种现代教育新媒体新技术的综合应用，构建多元化的专业学科教育创新模式，不断强化教育主体基于立德树人的方向选择意识，从而使大别山红色口述文化资源能够深度融入当代大学生思想政治教育中，充分发挥出其立德树人的育人功能。第二，立足于全球化教育发展境界。近些年来，自"慕课"（MOOC）起始的全球化教育改革浪潮风起云涌，世界范围内的教育观念、体系、方

法、模式等都发生了翻天覆地的变化。"私慕课""微课""雨课堂""翻转课堂""漂移课堂""VR 课堂""生态课堂""智慧课堂"等不同层面、不同学科的教育改革创新模式不断涌现，全球化教育发展极为迅猛。在这样的时代语境下，教育主体需要放眼世界，不断强化基于立德树人的方向选择意识，使大别山红色口述文化资源在当代大学生思想政治教育中的整合运用，不仅顺应全球化教育发展的时代潮流，而且始终朝向立德树人的育人目标，不断催生出体现自身特色和优势的育人效应。第三，立足于马克思主义哲学境界。大别山红色口述文化资源在当代大学生思想政治教育中的整合运用，需要拓展马克思主义哲学视域，从马克思主义唯物史观、实践论、生存论、认识论、价值论等出发，去发掘大别山红色口述文化资源中有利于当代大学生思想政治教育的丰富价值意蕴，从而使其立德树人的育人目标的实现，建立在深厚的哲学根基上。这些都可以从提升教育境界这个维度，强化立德树人的方向选择意识，真正确保大别山红色口述文化资源融入当代大学生思想政治教育在思想政治方向与教育改革路向上，始终一致地指向立德树人的育人目标。

（三）增加正向赋能，以促成立德树人的方向把控定力

利用大别山红色口述文化资源加强当代大学生思想政治教育，还必须增加正向赋能，以促成立德树人的方向把控定力。这就需要做到如下几个方面：第一，培植资源价值利用的正确观念。利用大别山红色口述文化资源加强当代大学生思想政治教育，需要更多地从正面整合利用好大别山红色口述文化资源，讲好大别山红色故事，弘扬大别山精神，树立起资源价值利用的一系列正确观念，消除唯经济利益、唯工具理性以及历史虚无主义等各种错误观念，从而避免在当代世界风云变幻的思想浪潮中迷失立德树人的育人目标。第二，释放资源内在的价值正能量。大别山红色口述文化资源融入当代大学生思想政治教育，还要注意寻找二者的契合点，不断地释放出大别山红色口述文化资源的价值正能量。防止由于歪曲地使用相关案例、夸张地神化

相关人物和事件等原因，造成负面的教育效果，影响立德树人的育人成效。第三，强化资源利用主体的政治素养。利用大别山红色口述文化资源加强当代大学生思想政治教育，其思想政治方向与教育改革路向能否一致地指向立德树人的育人目标，立德树人的实际成效的高低，一个关键因素，就是要看相关资源利用主体的政治素养如何。培养相关资源利用主体的良好政治素养，使之能够排除各种观念和行为乱象的烦扰，实现正向赋能，保持立德树人的方向把控定力，可以说是坚持思想政治方向与教育改革路向一致原则的重中之重的要求。这些都可以从增加正向赋能的维度，促成相关资源利用主体对于立德树人的方向把控定力，真正确保大别山红色口述文化资源融入当代大学生思想政治教育在思想政治方向与教育改革路向上，始终一致地指向立德树人的育人目标。

第二节　坚持现代教育技术与传统教育方式互补

大别山红色口述文化资源融入当代大学生思想政治教育，是通过传统教学方式与先进的现代教育技术的结合运用，发掘和转化大别山红色口述文化资源的教育价值，以增强全景式、沉浸式红色主题体验，催生红色教育效应，提高当代大学生思想政治教育的质量和效果，达成立德树人的育人目标的一种思想政治教育实践。这就决定了大别山红色口述文化资源融入当代大学生思想政治教育，必须正确处理好现代教育技术与传统教育方式之间的辩证关系，坚持现代教育技术与传统教育方式互补的原则。

一、坚持现代教育技术与传统教育方式互补的原则内涵

大别山红色口述文化资源融入当代大学生思想政治教育，必须坚持现代教育技术与传统教育方式互补的原则，这一原则的内涵具体包括：

（一）注重与时俱进地加强现代教育技术的运用

大别山红色口述文化资源融入当代大学生思想政治教育，应注重与时俱进，坚持依托现代化高新技术的实践实训室、现代化高水平的红色文化研究中心、现代化的实践示范场馆等思想政治教育平台，树立先进的教学教育理念，大量发掘、聚拢大别山红色口述文化资源，传输大别山红色口述文化资源数据信息，在分析把握已有大别山红色口述文化资源的不同特质和多维价值基础上，营造红色主题实践教育环境氛围，创设基于大别山红色口述文化资源的教育主题和情境，规划形成运用现代教育技术的当代大学生思想政治教育实践活动方案，完善活动安排的每一个细节，如大学生现代教育技术应用能力的考核评估，大别山红色口述文化资源及红色教育主题发布，大别山红色口述文化资源融入当代大学生思想政治教育实践活动的目标任务、合作方式、问题思考、协同创新、共建共享以及必要的痕迹管理等，使每一个环节都能把大别山红色口述文化资源与当代大学生思想政治教育的现代教育技术元素有效地融合起来，让受教育者产生更多的获得感、科技感和审美愉悦感。

（二）注重吸纳传统教育方式的精髓

利用大别山红色口述文化资源加强当代大学生思想政治教育，又要注重吸纳传统教育方式的精髓，保留其独特的传统人文情韵。现代教育新媒体新技术的应用，并非对传统教育方式简单的抛弃，而是为传统教育方式所拥有的优势提供更大可能的发挥空间。因此，在借助这些现代教育技术的同时，需要彰显传统教育方式在主题创设、分工协作、针对性分析启发、问题研讨与应对、思想交流与碰撞等多方面的优势，展现相关资源利用主体在组织实施大别山红色口述文化主题教育实践活动中的个性魅力、思想风格、人文底蕴和精神风貌，从而在现代教育新媒体新技术条件下，使大别山红色口述文化资源通过教育者的巧妙穿插、分层讲解和启发引导等富有个性魅力的宣讲，充分发挥出其传统教育方式独特的思想政治教育功效。

（三）实现现代教育技术与传统教育方式的优势互补

大别山红色口述文化资源融入当代大学生思想政治教育，只有实现现代教育技术与传统教育方式的优势互补，既通过现代教育技术增加传统教育方式的大别山红色口述文化资源信息量，扩大大别山红色口述文化主题全景式体验覆盖范围，增加各个教学教育环节的科技含量和各种教学教育活动的便利，节省实践教学教育的人力、财力、物力的投入，避免传统教育方式下实地体验对学生可能带来的不确定风险等，又通过传统教育方式，限制诸如VR 等现代教育新媒体新技术下人机交互的情感物化、心理淡漠，教育者撒手不管、放任自流，受教育者学习体验肤浅、自由散漫、一味猎奇等突出问题，为借助现代教育技术对大别山红色口述文化资源信息的集约筛选、红色主题的创新设计、红色教育的有的放矢以及各类问题的深度引导、启发等提供教学教育保障。

二、坚持现代教育技术与传统教育方式互补的基本要求

大别山红色口述文化资源融入当代大学生思想政治教育，必须坚持现代教育技术与传统教育方式互补的原则，这一原则的贯彻落实，为相关资源利用主体提出的相应要求主要如下：

（一）消除泛技术化的教育观念误区

现实生活中的泛技术主义者凡事言必称技术，热衷于追逐技术，认为现实的人一旦跟不上技术的潮流就会为世界所舍弃。实际上，人类文明史的大部分时期并非如此膜拜技术，主要是在现代科学技术昌明的情形下，技术崇拜才成为大众文化心理的突出现象。然而，宇宙并非机器，地球并非机器，人也并非机器，世界上的大多数事物都是复杂的系统，往往具有非线性、不可预测性、各层次之间性质的涌现性以及自我表达的抗分析性等，直到今天，技术也无法排除人类自身的价值作用及其需要。这些都决

定了现实的人不可能仅仅依靠技术而生活、工作。同样，大别山红色口述文化资源融入当代大学生思想政治教育，也不能一味夸大、追逐现代教育技术的作用，而要消除泛技术化的教育观念误区，注重吸纳传统教育方式的精髓，在充分、合理运用现代教育技术的同时，更好地发挥传统教育方式的特色和优势，特别是在人文修养方面的重要教育功能，使之在现代教育技术条件下，全面而又深刻地展现教育者的思想情韵、精神风貌和道德人格，使受教育者能够获得良好的情绪感染、更大的思想交流机会、更深层的生命体验，等等。

（二）消解抱残守缺的惰性思维定式

利用大别山红色口述文化资源加强当代大学生思想政治教育，还应消除一味抱残守缺的教育惰性思维。在这种教育惰性思维下，一些教育工作者以传统教育方式为路径依赖，只习惯于传统说教、灌输模式和陈旧落后的技术手段、教学教育观念，主观上不思进取，不愿变革，安于现状，懒于学习，抱残守缺，不能与时俱进地进行教育方法和内容的创新，尤其是对先进的现代教育技术形成了一种有意或无意加以排斥的不良心理和消极态度。这种教育惰性思维定式，无论对于大别山红色口述文化资源的思想政治教育价值发掘、可持续衍生和当代大学生思想政治教育的优质资源利用，还是对于先进现代教育技术的合理运用，都是必须要消除的。

（三）适应现代教育技术与人文修养的双重要求

利用大别山红色口述文化资源加强当代大学生思想政治教育，要做到坚持现代教育技术与传统教育方式互补，必然要求相关资源利用主体自觉适应并力求达到现代教育技术与人文修养的双重要求。既要不断学习现代教育技术，深入探究和掌握现代教育技术，与教育实际结合，创新、演绎现代教育技术，使大别山红色口述文化资源能够以更高的现代教育技术含量，快捷有效地融入当代大学生思想政治教育之中，又要注重人文修养，加深、加厚大别山红色口述文化资源融入当代大学生思想政治教育的人文社会科学根基，丰富当代大学生思想政治教育的人文底蕴。由此才能使坚持现代教育技术与传统教育方式互补的原则真正得以实践落地。

第三节　坚持内容优化与形式创新兼顾

就大别山红色口述文化资源融入当代大学生思想政治教育而言，所谓内容优化，就是要在 VR 等现代教育新媒体新技术条件所容纳的当代大学生思想政治教育活动时空中，尽可能优选、安排更加切合主题、更准确地指向教育教学目标、更为当代大学生心理认同和接受，从而更能彰显当代大学生思想政治教育教学效益等的一类教学教育内容；所谓形式创新，就是针对大别山红色口述文化资源及其红色教育主题的当代大学生思想政治教育活动内容，在 VR 等现代教育新媒体新技术所提供的教育教学环境条件下，利用先进的当代大学生思想政治教育平台，并结合传统教育方式与先进技术的优势，营造良好的大别山红色口述文化主题教育教学生态系统，创设更为凸显大别山红色口述文化主题、更能带动当代大学生思想政治教育教学内容优化、更加提升当代大学生活动参与的积极性，从而更能放大当代大学生思想政治教育效应等的一类教育教学形式。在这个意义上，大别山红色口述文化资源融入当代大学生思想政治教育，必须正确处理好内容优化与形式创新之间的辩证关系，坚持内容优化与形式创新兼顾的原则。

一、坚持内容优化与形式创新兼顾的原则内涵

大别山红色口述文化资源融入当代大学生思想政治教育，必须坚持现代教育技术与传统教育方式互补的原则，这一原则的内涵具体包括：

（一）通过内容优化加大思想政治教育形式的影响力

内容决定形式。大别山红色口述文化资源融入当代大学生思想政治教育，有多种多样的创新形式可以借用，而问题的关键就是如何充分发挥出这些形式创新的影响力？实质上，坚持内容优化与形式创新兼顾，首先必须以内容优化为基础，提升大别山红色口述文化资源融入当代大学生思想政治教育在形式创新上的影响力，呈现形式创新的价值意义和施用依据。相关资源利用主体需要明确，当代大学生思想政治教育形式创新，其目的归根结底就是要传输、实现教育教学内容的本体价值，而不是纯粹地为形式而形式的变革、创新。如果缺乏大别山红色口述文化资源丰富、生动、富有价值的教育元素作为专门的内容支撑，这些变革、创新出来的形式再好，也只会成为虚无空洞的摆设，在当代大学生群体之中，是难以产生强大的思想政治教育影响力的。

（二）借助形式创新加大思想政治教育内容的传导力

形式表现内容。没有适合的形式作为内容的有效传导，大别山红色口述文化资源融入当代大学生思想政治教育，其丰富、生动、富有价值意义的教育元素也必定难以得到充分的展现。因此，坚持内容优化与形式创新兼顾，又必须以形式创新为切入点，加大大别山红色口述文化资源教育元素融入当代大学生思想政治教育的内容传导力。相关资源利用主体需要明确，由大别山红色口述文化资源丰富、生动、富有价值意义的教育元素所构成的具体思想政治教育内容，只有借助自由灵动、切合实际的新颖形式，其教育感染力才能被高效地传导给当代大学生，从而更好地实现立德树人的目标任务。

（三）在内容与形式之间：促成思想政治教育双向发力

内容与形式相辅相成。大别山红色口述文化资源融入当代大学生思想政治教育，坚持内容优化与形式创新兼顾，就是要坚持以内容优化决定形式创新，形式创新促进内容优化。既以大别山红色口述文化资源教育元素作为厚实的内容支撑，从而避免因内容的贫乏抽离形式创新的意义所在，又以当代大学生思想政治教育的活化形式作为有力的形式传导，从而避免因形式的刻板损害优质教育资源内容的价值呈现。只有真正做到内容优化与形式创新兼顾，促成思想政治教育从内容优化与形式创新上双向发力，才能不断提升利用大别山红色口述文化资源加强当代大学生思想政治教育的实际成效。

二、坚持内容优化与形式创新兼顾的基本要求

大别山红色口述文化资源融入当代大学生思想政治教育，必须坚持内容优化与形式创新兼顾的原则。这一原则的贯彻落实，为相关资源利用主体提出的相应要求主要如下：

（一）构建内容优化与形式创新"双向发力"的精当内容

就内容优化而言，大别山红色口述文化资源融入当代大学生思想政治教育存在诸多类型的教育元素。然而，这些教育元素大多分散地存在于大别山红色口述文化资源的不同时段、不同场地、不同层面、不同领域之中，需要通过调查研究、人物访谈、资源搜集、文献查阅、资料考证等多种方式，更多地掌握一手材料，并对之集约化地加以聚拢、梳理、整合，从中形成多种类型、内容精当的思想政治教育元素系统，建立起相应的大别山红色口述文化资源教育元素信息数据库。例如，审美教育元素系统、廉洁教育元素系统、理想信仰教育元素系统、道德人格教育元素系统、纪律教育元素系统、精神教育元素系统，等等。只有通过聚拢、梳理、整合，构建起这些大别山红色口述文化资源的教育元素系统，才能更好地寻找有利于契合当代大学生思想政治教育创新形式的精当内容，真正促成内容优化与形式创新"双向发力"的育人效应。

（二）寻求内容优化与形式创新"双向发力"的有效形式

就形式创新而言，在当前全球化教育变革的大环境下，大别山红色口述文化资源融入当代大学生思想政治教育，可施用的形式是较多的，诸如全员、全方位、全过程"三全育人"形式；课程思政、学科思政、学生思政、环境思政、教师思政等形式，这些都是当代大学生思想政治教育可资利用的有效形式。而具体到某种大别山红色口述文化资源的教育元素，需要借助何种有效形式才能形成"双向发力"的育人效应，则应依据具体情况进行合理化的选择。例如，在利用大别山红色口述文化资源对当代大学生进行审美教育时，就完全可以借助课程思政中的"艺术思政"形式，引入音乐、舞蹈等艺术手段，对大别山红色口述文化中的英雄人物、革命故事以至诗赋戏曲、歌谣等，予以审美元素的统摄和审美视觉的融洽，这样即可达到良好的育人效果。

（三）正确处理好内容优化与形式创新之间的辩证关系

利用大别山红色口述文化资源加强当代大学生思想政治教育，要做到坚持内容优化与形式创新兼顾，必然要求相关资源利用主体能够正确处理好内容优化与形式创新之间的辩证关系。一方面，要有正确处理好内容优化与形式创新之间辩证关系的思想意识。能够深刻地认识到，没有与时俱进的、适应教育新环境、新要求的形式创新，就会限制、阻碍大别山红色口述文化资源中丰富、生动、富有价值意义的教育元素的最大化价值实现；没有大别山红色口述文化资源中教育元素精当的内容整合、优化，就会消解形式创新的价值意义。内容优化与形式创新二者之间相辅相成，理应兼顾。另一方面，又要有正确处理好内容优化与形式创新之间辩证关系的行为选择。既不能因大别山红色口述文化资源融入当代大学生思想政治教育的精当内容而排斥其创新形式，也不能因大别山红色口述文化资源融入当代大学生思想政治教育的创新形式损害其精当内容，否则都会影响大别山红色口述文化资源融入当代大学生思想政治教育的育人成效。

第四节　坚持情感认同教育与理性思考引导相交融

　　培养社会主义新人是大别山红色口述文化资源融入当代大学生思想政治教育的一个核心目标，因此，通过教学教育，增强当代大学生对于大别山红色口述文化资源的理性思考能力和情感认同，形塑当代大学生优秀的精神品格，是相关资源利用主体责无旁贷的任务。为此，在利用大别山红色口述文化资源加强当代大学生思想政治教育过程中，必须从教育效果上，正确处理好情感认同教育与理性思考引导之间的辩证关系。

一、坚持情感认同教育与理性思考引导相交融的原则内涵

　　大别山红色口述文化资源融入当代大学生思想政治教育，必须坚持情感认同教育与理性思考引导相交融的原则，这一原则的内涵具体包括：

（一）重视情感认同教育的目标任务

　　之所以要利用大别山红色口述文化资源加强当代大学生思想政治教育，其中一个核心的目标任务就是加深当代大学生对于我们党为什么要"不忘初心，牢记使命"、怎样做到"不忘初心，牢记使命"等问题的认识，培养他们对于大别山红色口述文化资源以及所有红色文化资源的情感认同。因此，情感认同教育是大别山红色口述文化资源融入当代大学生思想政治教育所应该而且必须重视的。这里所谓大别山红色口述文化资源的情感认同教育，就是要借助现代教育新媒体新技术，通过整合运用大别山红色口述文化资源，引导当代大学生开展红色教育体验，培养当代大学生远大的理想信念，帮助当代大学生树立正确的世界观、人生观和价值观，使之达到对大别山红色口述文化主题教学教育活动所传输内容有一种接受、亲近的心理情感状态。这种心理情感状态，有利于当代大学生形成坚强的意志品质、优秀的道德情操

和个性人格，建立"四个自信"，提升精神境界，有利于达成"立德树人"的良好教学效果。

（二）强调理性思考引导的能力培育

利用大别山红色口述文化资源加强当代大学生思想政治教育，在重视他们的情感认同教育的同时，还要强调对于他们学会理性思考的教育引导。可以说，帮助大学生学会理性思考，是大别山红色口述文化资源融入当代大学生思想政治教育适应新时代的更高层次要求，也是整合运用大别山红色口述文化资源教育元素，实现当代大学生思想政治教育目标的更高层次要求。这里所谓大别山红色口述文化资源的理性思考引导，就是要在现代教育新媒体新技术条件及其相应的教学教育生态环境下，引导当代大学生以红色教育为中心主题，对大别山红色口述文化资源之中红色群体、红色事件、红色精神等的历史生成、红色史实的还原追问、红色话语的系统建构、红色意象的符号诠释、红色艺术的构造创设等进行深层的问题反思，不断提升其理性思考能力。这种问题反思状态，有利于优化当代大学生的思维系统，丰富当代大学生思想政治教育的红色文化主题及其人文底蕴，增强当代大学生的问题研究意识、独立思考能力、追求真理的坚强意志品格和探索精神。

（三）达成情感认同教育与理性思考引导的叠加效果

利用大别山红色口述文化资源加强当代大学生思想政治教育，必须坚持情感认同教育与理性思考引导相交融。既要重视当代大学生对于大别山红色口述文化资源的情感认同教育，同时，引导他们对其中突出的红色文化主题和独特的红色文化现象进行深度的理性思考，培养他们对利用大别山红色口述文化资源的理性思考能力；又要在引导他们学会理性思考的同时，力争培养他们对于大别山红色口述文化资源的情感认同，稳固其良好的情感基础。只有使情感认同教育与理性思考引导二者相互交融，才更有利于培养当代大学生的良好心理情感，形塑其优秀精神品格，由此在情感认同教育与理性思考引导方面，达成大别山红色口述文化资源融入当代大学生思想政治教育的叠加效果。

二、坚持情感认同教育与理性思考引导相交融的基本要求

大别山红色口述文化资源融入当代大学生思想政治教育，必须坚持情感认同与理性思考相交融的原则。这一原则的贯彻落实，为相关资源利用主体提出的相应要求主要如下：

（一）防止在情感认同教育中以娱乐消解教育

利用大别山红色口述文化资源加强当代大学生思想政治教育，培养他们对于大别山红色口述文化资源的情感认同，有一个值得高度重视、必须防止的错误做法，那就是以娱乐消解教育。事实上，在大别山红色口述文化资源融入当代大学生思想政治教育的过程中，就产生过以增强学生情感认同为借口，一味追求娱乐，致使一些不当的娱乐行为降低当代大学生思想政治教育效果的负面现象。这种在相关娱乐活动中低俗化、庸俗化甚至恶意抹黑大别山红色口述文化资源及其精神的负面行为，不仅踩踏了意识形态红线，而且因为舍弃了理性思考引导，导致当代大学生基于大别山红色口述文化资源的情感认同教育的无效甚至负效，也严重影响大别山红色口述文化资源融入当代大学生思想政治教育相关主题的政治性、严肃性和严谨性，因而是需要予以纠正的。

（二）避免在理性思考引导中以刻板代替反思

利用大别山红色口述文化资源加强当代大学生思想政治教育，培养他们对于大别山红色口述文化资源的理性思考能力，也有一个值得注意的情况，那就是以刻板代替反思。这种以刻板代替反思的情况，主要是指一些相关资源利用主体一味强调大别山红色口述文化资源中红色主题的政治性、严

肃性、严谨性，而忽视其中所内蕴的人情、人性，从而在大别山红色口述文化资源融入当代大学生思想政治教育的现实活动中，假借理性思考引导，抵消、排斥情感认同教育，使得这些现实的思想政治教育活动显得古板、无趣、缺情少味，实际上，既不能真正帮助大学生在情感体验中深悟大别山红色口述文化资源中的丰富人情和深刻人性，提升他们的理性思考能力，也不能帮助大学生通过大别山红色口述文化现象的追问，深刻理解和正确把握其中的人情、人性，获得对大别山红色口述文化资源真切的情感体验，形成良好的情感认同心理。因此，这种情况也是必须要避免的。

（三）正确处理好情感认同与理性思考的辩证关系

对当代大学生开展基于大别山红色口述文化资源的革命传统教育，既要注重知识灌输，进行理性思考引导，又要加强情感培育，使之达到情感认同。一方面，大别山红色口述文化资源本身内在地蕴含有追求真理的价值理念。这就表明，利用大别山红色口述文化资源加强当代大学生思想政治教育，应注重树立追求真理的价值理念，梳理、追寻大别山革命的历史文化史迹，发掘承载大别山精神的大量红色口述文化资源的价值底蕴，揭示存在于其诸多文化现象背后的大别山精神生成规律，以理性的思考，建构起关于大别山红色口述文化资源融入当代大学生思想政治教育的知识及其话语体系。尤其还要注重通过大别山革命历史时期的红色革命人物、红色生命叙事、红色艺术遗产等，充分发挥大别山精神传承弘扬的重要教育功能和价值，使大别山精神融入人们的灵魂深处，震撼人心，产生强大的教育影响效果。另一方面，利用大别山红色口述文化资源加强当代大学生思想政治教育，又需要重视他们基于大别山革命历史人物和史实等的心理接受和价值认同的情感生成，加强他们与大别山红色口述文化资源相应的情感培植，以具体生动的大别山革命人物和历史事件，通过传统教育的情韵陶冶和现代技术的信息传输，培养起他们对于大别山红色口述文化资源的厚实情感基础。尤其要注重借助大众化传媒，通过红色歌谣、红色影视等艺术展现或再创，增添大别山精神传承弘扬过程中的兴趣点，以促使当代大学生形成对于大别山红色口述文化资源普遍的心理接受和价值认同。这两个方面相辅相成，相互交融，使得大别山红色口述文化资源融入当代大学生思想政治教育的理性思考，成为渗透真情实感、充满人性的理性思考；大别山红色口述文化资源融入当代大学生思想政治教育的情感培植，成为渗透理性思考而合乎真理思想和历史逻辑的情感培植。实践证明，只有正确处理好情感认同教育与理性思考引导相交融的原则，才能真正使大别山红色口述文化资源融入当代大学生思想政治教育打破理性与人性的阻隔，产生强烈的精神辐射效应。

第五节　坚持短线突破与长效发展相统一

大别山红色口述文化资源融入当代大学生思想政治教育是教育改革热潮下的一种有益探索，不可避免地存在各种短期与长期的矛盾冲突。这就需要立足于唯物辩证法的哲学视界，对其中所涉及的突出问题、存在的各种关系予以辩证的透析和把握，尤其要正确处理好短线突破与长效发展的辩证关系，这将有助于我们在探索过程中，始终保持清晰的头脑，少走弯路，在一个更高的层次和境界上，促成其短期问题的妥善解决，推动其长期问题的切实处理。

一、坚持短线突破与长效发展相统一的原则内涵

利用大别山红色口述文化资源加强当代大学生思想政治教育，必须坚持短线突破与长效发展相统一的原则。这一原则的内涵具体包括：

（一）妥善解决好短期问题以促成短线突破

利用大别山红色口述文化资源加强当代大学生思想政治教育，必须妥善

解决一系列短期问题，实现短线突破。例如，大学生思想政治教育 VR 实训平台筹划建设问题。首先必须筹集足够的资金，建成一个初步的实验室平台，制定教育安全准入、岗位职责、设备维护等一系列切实可行的管理制度，以确保大别山红色口述文化资源和相关资源利用主体能够有效融入这一平台，这样才能初步展开以红色教育为主题的大学生 VR 全景式体验教育教学。又如，大别山红色口述文化教育案例数据库、大别山红色口述文化资源管理数据库、大别山红色口述文化资源研究数据库等数据库开放性主体框架的建设问题。这些都是大别山红色口述文化资源融入当代大学生思想政治教育必备的条件，如果不能建立起这些数据库的开放性主体框架，就不能大量吸纳各种大别山红色口述文化资源的数据信息，后续的实践教学教育活动也就缺乏必要的资源保障。

（二）切实处理好长期问题以推动长效发展

利用大别山红色口述文化资源加强当代大学生思想政治教育，在现代教育技术高速发展，教育改革极为迅猛的教育生态环境下，又必须切实处理好各种长期问题，实现长效发展。例如，相关资源利用主体教育胜任力、受教者学习领悟力的培养问题。如果教与学双方都缺乏必要的信息素养、思想素养、研究素养、精神素养等综合素养，就难以胜任现代教育技术条件下的教育教学或学习，大别山红色口述文化资源融入当代大学生思想政治教育，也就难以常态化、规范化、可持续展开。又如，大别山红色口述文化资源融入当代大学生思想政治教育的模式推广问题。通过这一模式的大力宣传推广，有利于在更大范围内催生大别山红色口述文化资源的育人效应。再如，大别山红色口述文化资源数据库建设的资源聚拢问题。如果说短线的大别山红色口述文化资源教学教育案例数据库、资源管理数据库、资源研究数据库等数据库的开放性主体框架建成，重在为大别山红色口述文化资源的聚拢提供可容纳的平台条件的话，那么，长线的大别山红色口述文化资源数据库整体建设，则重在为大别山红色口述文化资源聚拢开辟绵绵不断的源泉，确保大别山红色口述文化资源融入当代大学生思想政治教育能够实现可持续资源更新，从而促成其实践教学教育活动的长期展开。

（三）以问题为导向，实现短线突破与长效发展相统一

利用大别山红色口述文化资源加强当代大学生思想政治教育，需要以问题为导向，坚持短线突破与长效发展相统一的原则。相关资源利用主体要强化问题意识，一方面，充分认识到短线突破是长效发展的必要条件，没有短线突破一系列成果的不断积累，长效发展就会受到各种掣肘，遭遇各种障碍。因此，应以问题为导向，明确大别山红色口述文化资源融入当代大学生思想政治教育各种亟待解决的短期问题，并妥善予以解决，从而为整体推动其长效发展创造更加优越的环境条件。另一方面，又要充分认识到长效发展是短线突破的基础支撑，没有长效发展的更大格局和更高境界，短线突破就会失去更大的发展空间和内生动力。因此，应以问题为导向，明确认识并切实处理好大别山红色口述文化资源融入当代大学生思想政治教育的一些长期问题，从文化发展的战略高度把握其发展重点，为短线突破稳固坚实的发展基础，拓展更大的发展空间。只有以问题为导向，实现短线突破与长效发展相统一，才能确保大别山红色口述文化资源融入当代大学生思想政治教育获得可持续发展的良好成效。

二、坚持短线突破与长效发展相统一的基本要求

大别山红色口述文化资源融入当代大学生思想政治教育，必须坚持短线突破与长效发展相统一的原则。这一原则的贯彻落实，为相关资源利用主体提出的相应要求主要如下：

（一）强化相关资源利用主体的问题导向思维

问题导向思维是基于需要解决的问题而去寻找如何解决问题的办法，并

力求破解问题的一种方向引导式思维。当今，现代教育技术不断进步，世界教育运动风起云涌，各种教育改革发展迅猛，在这样的教育生态环境条件下，利用大别山红色口述文化资源加强当代大学生思想政治教育，必然存在不同形式、不同层面、不同维度以及不同学科领域的问题集群，其中既有各种短期问题，也有各种长期问题。这就要求相关资源利用者在现实的教育生态环境条件下，不断强化自我的问题导向思维，善于从大别山红色口述文化资源融入当代大学生思想政治教育的现实活动中去发现问题、分析问题、梳理问题，并分清轻重缓急，力争妥善解决其中的短期问题，切实处理好其中的长期问题，由此在问题导向下增强大别山红色口述文化资源融入当代大学生思想政治教育的针对性、有效性，实现短线突破与长效发展的统一。

（二）寻求短线突破与长效发展的平衡与契合点

利用大别山红色口述文化资源加强当代大学生思想政治教育，还要求相关资源利用主体善于寻求短线突破与长效发展的平衡与契合点。这里所谓的平衡点，就是指在解决大别山红色口述文化资源融入当代大学生思想政治教育的各种长、短期问题时，能够促使长、短期问题依据轻重缓急序次、合乎平衡法度而得以解决的着力之处。这里所谓的契合点，就是指解决大别山红色口述文化资源融入当代大学生思想政治教育的各种长、短期问题时，能够促使长、短期问题借助某种相契相合的互动机制或模式而得到解决的切合之处。无论是平衡点还是契合点，这样的"寻求"都需要借助具体问题具体分析的辩证方法。例如，在当代大学生思想政治课教学中，就可以从"在线系统学习（基础教学模块）＋课堂交流研讨（深化教学模块）＋实践活动拓展（拓展教学模块）"三大模块混合式教学模式中，基于大别山红色口述文化资源融入当代大学生思想政治教育，寻找多个长、短期问题解决的契合点，包括学生自我教育与产教协同育人的契合点，相关知识传授与综合素质培育的契合点、线上开放学习与线下研讨体验的契合点、传统课堂教学教育与现代教育技术的契合点、教育评估标准与问题反馈改进的契合点、观摩示范教学教育与日常规范教学教育的契合点，等等。找准了这样的平衡与契合点，就可以高效地推动大别山红色口述文化资源融入当代大学生思想政治教育长、短期问题的解决，更好地实现其短线突破与长效发展的统一。

（三）正确处理好短线突破与长效发展的辩证关系

利用大别山红色口述文化资源加强当代大学生思想政治教育，要坚持短线突破与长效发展相统一的原则，就必须正确处理好短线突破与长效发展的辩证关系。一方面，相关资源利用主体要有对这一原则的深刻认识，明确大别山红色口述文化资源融入当代大学生思想政治教育过程中短线突破与长效发展的内在逻辑和平衡契合机理，这是正确把握短线突破与长效发展二者辩证关系的认识论前提；另一方面，又要有对这一原则的具体落实，在处理大别山红色口述文化资源融入当代大学生思想政治教育的长、短期问题时，一以贯之地遵循短线突破与长效发展相统一的原则，从而真正达成短线突破与长效发展的双重功效。

第四章 利用大别山红色口述文化资源
加强当代大学生理想信念教育

理想信念教育是大学生思想政治教育的核心，在大学生思想政治教育的各项内容中起着关键作用，居于中心地位，决定着爱国主义教育、道德规范教育、全面发展教育的性质和方向。①"党的思想建设的首要任务是坚定理想信念。崇高信仰、坚定信念不会自发产生。教育系统加强党的思想建设，要认真学习马克思主义基本理论，特别是习近平新时代中国特色社会主义思想，学会运用马克思主义立场观点方法观察和解决问题，把理想信念建立在对科学理论的理性认同上，建立在对历史规律的正确认识上。教育引导广大师生解决好世界观、人生观、价值观这个'总开关'问题，自觉做共产主义远大理想和中国特色社会主义共同理想的坚定信仰者和忠实实践者，立志肩负起中华民族伟大复兴的时代重任。"②加强对当代大学生的社会主义理想信念教育的宗旨和目标是帮助大学生树立正确的世界观、人生观、价值观，树立中国特色社会主义共同理想和共产主义远大理想，坚定社会主义、共产主义必胜的信念，教育和引导大学生为全面建成小康社会、实现中华民族伟大复兴的中国梦而不懈努力奋斗。根据新时代铸魂育人的新要求，大学生理想信念教育的内容应涵盖马克思主义基本原理教育、党的基本路线教育、基本国情与形势政策教育以及中国革命、建设和改革的历史教育等。大别山红色口述

---

① 骆郁廷：《当代大学生思想政治教育》，中国人民大学出版社 2010 年版，第 110 页。
② 本书编写组：《习近平总书记教育重要论述讲义》，高等教育出版社 2020 年版，第 35 页。

文化资源展现了马克思主义中国化和中国革命、建设和改革的光辉历程，是开展大学生理想信念教育的重要资源，其理想信念教育的内容极为丰富。深入研究利用这一资源中诸多理想信念教育元素，加强当代大学生理想信念教育，可以为引导大学生树立坚定正确的理想信念提供榜样示范和路向指引。

第一节　利用大别山红色口述文化资源加强当代大学生理想信念教育的必要性

"革命理想高于天。中国共产党之所以叫共产党，就是因为从成立之日起我们党就把共产主义确立为远大理想。我们党之所以能够经受一次次挫折而又一次次奋起，归根到底是因为我们党有远大理想和崇高追求。"① 大别山红色口述文化资源反映了中国革命时期共产党人对共产主义理想的坚定信念和执着追求，也展示了广大的大别山革命群众为什么能够不怕牺牲、紧跟党走的深刻道理，因而，透视和发掘这一资源对于当代大学生理想信念教育的重要价值，已成为高校思想政治教育工作的一个重要效益增长点。实际上，利用大别山红色口述文化资源加强当代大学生理想信念教育，其必要性也从多个方面具体地体现出来。

一、追寻红色记忆："不忘初心，牢记使命"的必然要求

大别山红色口述文化资源是体现中国共产党人领导大别山人民英勇奋斗的"初心"和"使命"的宝贵资源，它以口述史料的多种形式，真实地反映了在大别山革命的不同历史阶段党和人民群众是如何坚定地执守共产主义理想信念的，从理想信念的追求上，深刻地揭示了大别山28年"红旗不倒"

---

① 《习近平谈治国理政》第二卷，外文出版社2020年版，第34页。

的一个重要原因。

2020 年 1 月 8 日，习近平总书记在"不忘初心，牢记使命"主题教育总结大会上发表重要讲话强调，一个忘记来路的民族必定是没有出路的民族，一个忘记初心的政党必定是没有未来的政党。"事业发展永无止境，共产党人的初心永远不能改变。唯有不忘初心，方可告慰历史、告慰先辈，方可赢得民心、赢得时代，方可善作善成、一往无前。"① 利用大别山红色口述文化资源加强当代大学生理想信念教育，实质上就是要追寻大别山红色记忆，缅怀革命先烈的丰功伟绩，充分发掘其中反映共产党人"初心"和"使命"的真实素材，使作为未来祖国建设和发展生力军的当代大学生真正懂得一个实实在在的道理，即："马克思主义政党的先进性和纯洁性不是随着时间推移而自然保持下去的，共产党员的党性不是随着党龄增长和职务提升而自然提高的。初心不会自然保质保鲜，稍不注意就可能蒙尘褪色，久不滋养就会干涸枯萎，很容易走着走着就忘记了为什么要出发、要到哪里去，很容易走散了，走丢了"②，也使当代大学生更加明确，在新时代语境下，"只有不忘初心、牢记使命、永远奋斗，才能让中国共产党永远年轻"③。由此帮助当代大学生充满自信，不负韶华，树立起坚定的共产主义远大理想和中国特色社会主义共同理想，努力为推动我们党、我们人民、我们民族、我们国家的大发展，为真正做到"人民有信仰，民族有希望，国家有力量"做出应有贡献。

二、增强前进动力：实现"两个一百年"奋斗目标新征程的需要

理想信念是人生的指路明灯。正是崇高的理想信念之灯，照耀着大别山革命人民在中国共产党的领导下，进行前赴后继、艰苦卓绝的斗争，激发出了巨大的革命能量，夺得了中国革命一个又一个胜利。"历史是不断向前

---

① 《习近平谈治国理政》第三卷，外文出版社 2020 年版，第 498 页。
② 《习近平谈治国理政》第三卷，外文出版社 2020 年版，第 538 页。
③ 《习近平谈治国理政》第三卷，外文出版社 2020 年版，第 497 页。

的，要达到理想的彼岸，就要沿着我们确定的道路不断前进。每一代人有每一代人的长征路，每一代人都要走好自己的长征路。今天，我们这一代人的长征，就是要实现'两个一百年'奋斗目标、实现中华民族伟大复兴的中国梦。"① 在实现"两个一百年"奋斗目标的新征程上，"理想之光不灭，信念之光不灭。我们一定要铭记烈士们的遗愿，永志不忘他们为之流血牺牲的伟大理想"②。世界社会主义发展史表明，"理想信念动摇是最危险的动摇，理想信念滑坡是最危险的滑坡。一个政党的衰落，往往从理想信念的丧失或缺失开始。我们党是否坚强有力，既要看全党在理想信念上是否坚定不移，更要看每一位党员在理想信念上是否坚定不移。"③ 这就决定了我们需要利用大别山红色口述文化资源中丰富的理想信念教育元素，帮助当代大学生提升理想境界，加固共产主义远大理想和中国特色社会主义共同理想的信仰之基，从而不断增加其发展前进的内外在"双重"驱动力。

三、培养时代新人：塑造美好生活创造者主体的内在逻辑

利用大别山红色口述文化资源加强当代大学生理想信念教育，就是为了培养具有共产主义远大理想和中国特色社会主义共同理想的时代新人。这样的时代新人，作为面向现代化、面向世界、面向未来的美好生活创造者，有其提升自我综合素质、确立理想信念、实现自由全面发展的内在逻辑。教育他们必须遵循这一内在逻辑，一是"要自觉践行社会主义核心价值观，不断养成高尚品格。要以国家富强、人民幸福为己任，胸怀理想、志存高远，投身中国特色社会主义伟大实践，并为之终生奋斗"④。二是要树立远大的理

---

① 《习近平谈治国理政》第二卷，外文出版社 2017 年版，第 48—49 页。
② 《习近平谈治国理政》第二卷，外文出版社 2017 年版，第 35 页。
③ 《习近平谈治国理政》第二卷，外文出版社 2017 年版，第 34—35 页。
④ 《习近平在知识分子、劳动模范、青年代表座谈会上的讲话》，《人民日报》2016 年 4 月 30 日 02 版。

想目标和坚定的必胜信念。"理想因其远大而为理想，信念因其执着而为信念"①，理想愈远大，信念愈坚定，认识视域就会更为开阔，思想视界就会更高，人生格局也就会更大。三是要不断提升从历史的和现实的优质文化教育资源中汲取理想信念教育元素，为创造美好生活而奋斗的问题导向意识和创新突破能力。"心中有阳光，脚下有力量，为了理想能坚持、不懈怠，才能创造无愧于时代的人生。"②

第二节　大别山红色口述文化资源在当代大学生理想信仰教育中的价值实现

具体来看，利用大别山红色口述文化资源加强大学生共产主义远大理想和社会主义共同理想教育，坚定其理想信念，需要做好以下几个方面的实际工作。

一、以红色口述故事激励大学生树立为共产主义奋斗终生的信念

大别山红色口述文化资源中有诸多追随中国共产党干革命、坚守共产主义理想信念的英雄人物、传奇故事，讲好这些人物故事，有利于激励大学生树立为共产主义事业奋斗终生的坚定信念。在中国新民主主义革命史中，地跨鄂豫皖三省的巍巍大别山与井冈山、沂蒙山、太行山等齐名，是红军的摇篮、将军的故乡。中国共产党先后在大别山区领导人民发起了著名的黄麻起义、立夏节起义、六霍起义等多次有影响的起义，组建了红一军、红四军、

---

① 《习近平谈治国理政》第二卷，外文出版社 2017 年版，第 35 页。

② 《习近平在知识分子、劳动模范、青年代表座谈会上的讲话》，《人民日报》2016 年 4 月 30 日 02 版。

红二十五军、红二十八军等多支工农红军主力，创立了中国革命史上极为重要的鄂豫皖革命根据地。在血与火的斗争中，大别山人民以坚定的革命信念和不屈的革命精神开创了鄂豫皖革命老区 28 年红旗不倒、22 年武装斗争不断的光辉历史，凝聚成了包括大别山红色口述文化资源在内的内涵丰富、底蕴深厚的大别山红色文化资源。中共安徽省委党史研究院的鲁敏曾指出，大别山红色文化是革命先辈留给我们的宝贵精神财富。其内涵首先表现在理想坚定、事业必胜。理想信念是动力源泉，大别山英雄儿女始终怀着坚定的共产主义信念，保持不懈的斗争精神，用鲜血和生命谱写了惊天地泣鬼神的胜利壮歌。① 这些英雄儿女之所以能够在大别山区扎堆涌现，有其相应的物质经济基础、源远流长的历史文化根脉，他们在极为艰苦险恶的环境下，不畏白色恐怖、不惧艰难险阻，一心向党为民，坚持为共产主义事业奋斗终生，其根源正是在于他们都有坚定的马克思主义信仰，坚持社会主义、共产主义的远大理想。因此，将大别山红色口述文化资源进行分门别类，以革命先烈翔实鲜活的故事、案例来引导大学生树立共产主义远大理想和中国特色社会主义共同理想，投身新时代中国特色社会主义建设事业，报效祖国，助力中华民族伟大复兴的中国梦的实现，将对他们的成长产生有力的鞭策作用。例如，1922 年春，湖北黄冈、安徽寿县就建立起了党小组，一批共产党员在这里传播马克思主义。随着鄂豫皖革命根据地的建立，大别山人民在血与火的革命斗争中增强了对马克思主义的认识，逐渐树立了坚定的革命理想信念。无论是革命顺利发展时期，还是在遭受严重挫折阶段，他们都义无反顾地追随中国共产党，甚至不惜抛头颅、洒热血。商南立夏节起义领导人之一詹谷堂不幸被捕后，遭到敌人严刑拷打，四次陪斩，仍坚贞不屈，临刑前咬破手指，用鲜血在牢房墙壁上写下"共产党万岁"五个大字。六安中心县委宣传部部长兼前方办事处主任周狷之出身于地主家庭，为追随革命，毅然烧毁地契，变卖房产，组织革命武装，后因叛徒出卖被捕，就义时留下"头颅

---

① 鲁敏：《大别山红色文化的弘扬与传承》，《安徽日报》2019 年 5 月 14 日。

抛千斛，风雨憾孤舟。宁为革命死，不做阶下囚"的千古绝唱。在今天的大别山区，依旧广泛流传着众多类似的凄美悲壮的红色革命故事，它们构成了大别山红色口述文化资源中生动、感人的理想信念教育元素，对后世具有深刻的教育和启发价值，是开展当代大学生共产主义远大理想和中国特色社会主义共同理想教育的良好营养剂。

二、将大别山红色口述经典案例引入大学生理想信念教育之中

在大别山革命战争年代，涌现出一些特殊的红色人物群体。例如，大别山的红色女性群体、大别山红色将军群体、大别山红色"土马克思主义者"群体等，他们的一个共同特征，就是具有坚强的共产主义理想信念。以大别山的红色女性群体为例，通过在麻城走访发现，该县的女英雄特别多，其中就有为支持麻城早期革命领导人刘文蔚闹革命、不惜与娘家翻脸决裂的胡青芝；有让自己的大儿子顶替王树声赴死，之后动员三个儿子参军的"红军干娘"周家姆；有为救红军，一子中枪身亡，一子被她亲手捂住嘴巴致死的红军卫生队队长陶子荣；有挖山洞掩护红军伤病员，白天为其送饭，晚上背其回家的江大娘；有为新四军抗战筹集钱款，临刑前被剥光衣服和丈夫一起慷慨就义的罗七姐；有九死一生，历经磨难的西路军妇女独立团团长、双枪女杰苏风；有一起动员自己的丈夫参加红军，最后都成为烈属的"大别山上七枝花"等。这些民间流传的红色口述革命故事，撼人心魄，几乎每一个大别山人都耳熟能详，将其引入当代大学生的理想信念教育之中，必将使他们产生强烈的心灵共振。

在有"中国第一将军乡"之称的乘马岗镇，我们听说了一位女英雄万永达的悲壮事迹。她以坚定的信仰和信念为精神支撑，在敌人残酷无情的严刑拷打之下，坚贞不屈。敌人为了威胁她说出党的秘密，甚至将其亲生骨肉摔死在她面前，然而，她仍大义凛然，不为所动，守住了党的秘密。万永达的事迹不仅在麻城广为流传，在整个大别山区也传为佳话。2016 年，鄂豫皖

革命纪念馆搜集整理并出版的《鄂豫皖革命纪念馆故事》一书就收录了万永达的英勇事迹。2018 年，中共麻城党史办曾锋主任撰写的《一把生锈的钥匙》，由中共湖北省委宣传部、麻城市委宣传部选送参加全国红色故事讲解员大赛。该故事的选材主题即是万永达，讲解员是麻城籍小伙、大别山交投公司职员、志愿讲解员佘成。该故事亮相全国红色故事顶级大赛并获好评，后来以"传奇女英雄万永达"为题发表在《黄冈日报》2018 年 11 月 3 日第 3 版，故事全文如下：

在被称为"中国第一将军乡"的麻城市乘马岗镇，牺牲的烈士数以万计，可谓是"村村出将军，户户有烈士"。其中有一位被称为"麻城刘胡兰"的女烈士，她就是传奇女英雄万永达。

1906 年，万永达出生于乘马岗肖家河村的一个贫苦农民家庭。她天资聪颖伶俐，十岁时被富家老爷盯上，被迫做了童养媳，受尽摧残。1927 年，麻城地区掀起了轰轰烈烈的农民运动，打击乡间的土豪劣绅，她和姐妹积极参加，挣脱了樊笼。黄麻起义后不久，她又投身于黄麻地区的苏维埃运动，加入中国共产党，曾任乡苏维埃主席。1932 年参加红军，因身体有病，留地方工作。

1932 年秋天，红四方面军第四次反"围剿"失利，红军主力转移西征。国民党地方武装清乡团、联防团等在乘马岗一带四处清剿，捉拿万永达。在极其险恶的环境中，万永达白天隐蔽在深山老林，夜晚到群众家中做联络红军伤病员及失散党团员的工作。1933 年冬月底，已怀孕 8 个多月的她，被敌人清乡团围困在万字山的密林中，三天水米未沾，组织上派人秘密护送她到老家肖家河村待产。

腊月初二，就在万永达生下小孩后的第二天，她的家就被国民党的联防团包围了。"万永达，快把门打开，不然就不客气了！"敌中队长凶狠地拍着她家的大门吼叫。情况十分紧急，她首先想到的是手头有一些党组织的文件。这些文件决不能落入敌手。她立即翻出藏在床脚下的文件，划亮火柴，迅速将它们付之一炬。刚烧完文件，敌人就破门而入，敌中队长怒道："快把共产党的名单交出来。交出来一切都好说，可保你们母子平安，不然，有你好戏看！"说着，中队长向团丁们使了一个眼色，几个团丁一拥而上，将万永达身边出生只两天的婴儿抢了过去。"你们这些畜生，我的毛伢才出生两天呀！"万永达哭喊道，"我是真不知道，就是知道，也不告诉你们这些没人性的东西！"

突然，一名团丁像发现珍宝似的，兴奋地从房子角落里提出一只便桶来，讨好地指给中队长看："队长，您看，这里有烧过纸的灰！"正在这时，万永达从枕边摸出了什么，一把将它塞进了口里。"你在干什么？"中队长眼尖，发现了这一幕，顿时大发雷霆，一把将万永达从床上拖了下来。万永达从中队长手中挣脱，眼睛一瞪，大大方方地换了一身新衣服，梳了梳头，镇定地说："你们把孩子放下，我跟你们走！反正要命有一条，共产党的事我一句话都没有！"

在审讯室，敌人一上来就给她一个下马威，叫她跪下。"我是决不给畜生下跪的！"万永达大义凛然。"老实点，还嘴硬！真是不见棺材不流泪！"中队长话音刚落，一群团丁就冲上前来，对她这个虚弱的女子一顿拳打脚踢，硬是将她的膝盖骨生生踢断。万永达奋力反抗道："你们这些丧尽天良的东西，一定会遭报应的，红军是一定会打回来的！"敌人恼羞成怒，将她刚生下来的儿子高高举起来，狠狠地摔在地上。孩子撕心裂肺地大声哭了一阵，之后没了气息。丧子之痛，刻骨锥心！万永达愤怒斥骂他们是"禽兽"。中队长掏出枪来对着万永达扣动了扳机，几声枪响，万永达怒目而视，倒在血泊之中。万永达牺牲后，乡亲们悲痛地将她葬在附近山岗上。

1947年秋天，刘邓大军千里跃进大别山，抵达麻城。当年随主力红军走出大别山的汉子们回来了。为了联络坚守在麻城地区的红军失散人员和党团员，部队四处寻找万永达的下落。这时，万永达的一位远房亲戚找到部队，跟他们讲述了万永达的英勇事迹，并交给他们一个锁着的小梳妆盒，说这是万永达烈士生前交给他保管的遗物。部队首长撬开盒子一看，里面是一叠沾有血污的稿纸，上面写着乘马岗一带 38 名地下党员、1000 多名红军失散人员及革命堡垒户的名字。看到这里，在场的人无不潸然泪下。

革命成功了。二十世纪六十年代末，肖家河村为万永达修了一座烈士墓，将她的遗骨从乱石岗上迁至新建的坟墓中安葬。当旧坟被挖开时，人们发现在万永达的腹部，有一把生锈的小钥匙。这是怎么回事？这就是那个梳妆盒的钥匙！原来，为了保护那份珍贵的名单，万永达将钥匙吞进了肚子。目睹此情此景，肖家河村的干部群众，流下了酸楚的泪水……

万永达面对敌人的威逼利诱却始终坚贞不屈，没有低下高贵的头，更没有透露半点革命信息和党内情报。当敌人拳打脚踢严刑拷打万永达时，当敌人以刚出生的幼子的生命威胁万永达时，她依旧高喊着"要命有一条，共产党的事我一句话都没有！"这是何等英勇？在坚定的马克思主义信仰的支撑下，在社会主义共同理想的召唤下，万永达丝毫没有动摇。诚然，万永达的鲜血没有白流，在千千万万革命先烈的斗争下，中国的革命事业终究取得成功，人民当家作主的社会主义终于建立。

这个红色口述革命故事，讲述了革命时期万永达舍生取义的壮举，其英雄事迹可歌可泣、催人泪下，其英雄形象光耀日月，流传千古。将这样的红色口述故事作为当代大学生理想信念教育的素材，能避免思想政治教育中那种空洞无物、单调枯燥的说教。尤其在思想政治理论课教学中，还可将这些红色口述革命故事作为专题研讨的话题。比如，在进行《思想道德修养与法律基础》第二章"理想信念"教学时，通过讲述、朗诵、研讨万永达的英雄事迹，可以为大学生树立起为革命理想和共产主义理想而英勇献身的典范，从而把共产主义远大理想和中国特色社会主义共同理想深深地根植于当代大学生的思想灵魂之中。

三、把握大别山红色口述文化资源在大学生理想信念教育中的辩证逻辑

"在和平与发展"为主题的当代，尤其是在改革开放和市场经济浪潮的冲击下，人们在物质上不断富有，但精神上却有所松懈。在市场经济的竞争中，个人利益被置于较高地位，集体利益和国家利益被忽略，为国为民大公无私的精神，建立富强民主文明和谐美丽的中国特色社会主义的共同理想，为共产主义事业奋斗终生的信念在社会中有所动摇。面对飞速发展时期的经济社会问题，大学生对于个人理想与民族国家命运之间的关系，对于美好的理想和不完美的现实之间的差距等认识存在一定程度的困惑。这就要求新时代青年大学生，要以老一辈革命先烈为榜样，学习领会红色革命故事，传承红色精神，树立远大理想，坚定理想信念，与祖国同呼吸共命运，为新时代中国特色社会主义建设事业贡献自己的力量。

大别山红色口述文化资源融入大学生理想信念教育，不能生搬硬套，而是要探寻二者之间的价值契合点，将革命理想信念的凝练与当代大学生的理想信念教育融为一体，善于运用大别山口述红色文化资源，帮助大学生正确认识理想和现实、个人理想与社会理想的辩证关系。

（一）正确处理好理想与现实之间的辩证关系

中国特色社会主义进入新时代，我国社会主要矛盾已经转化为人民日益增长的美好生活需要和不平衡不充分的发展之间的矛盾。同样，大学生对未来的生活也充满了美好的期待，这也是他们的理想，但现实中还存在发展的不平衡不充分等问题，尤其是城乡之间、东中西部之间的差距还很大，大学生也面临着美好的理想期待与现实差距的困惑。为此，在利用大别山红色口述文化资源开展大学生理想信念教育的实践中，一方面，要以辩证思维从理论上帮助他们破解困惑。要使之明确，正确的理想是突破一切困难和现状，不断超越现实的奋斗目标，指引着现实的人的努力方向，激发出现实的人的

潜能和动力，决定了现实的人的格局宏阔与否和价值实现的大小。现实是实现理想的奋斗基础，是理想孵化滋养的摇篮，为理想提供了一定的环境条件和各种需要破解的难题。现实既有机遇，又有挑战，能够及时抓住机遇，勇敢地面对挑战，才能实现美好的理想人生，而不至使理想变成空想。另一方面，又要以唯物史观从实践上帮助他们破解困惑。应该说，回顾革命先烈追寻理想面对现实的光辉历程，是培育大学生理性看待理想与现实差距的重要素材。为此，新时代大学生的思想政治教育，要重拾红色革命精神的精髓，焕发红色口述文化的生机活力，激活大别山红色口述文化资源在铸魂育人、培育大学生坚定理想信念中的涵养功能。而在整个大别山区，在鄂豫皖革命根据地，类似万永达这样的传奇人物英烈故事还有很多很多，若能将这些人物故事一一搜集整理出来，用作大学生思想政治教育的史料素材，对教育引导新时代的大学生树立坚定的理想信念，为社会主义、共产主义事业奋斗终生，是极具感染力、号召力的。红色革命圣地也是追随革命先烈初心梦想、理想信念的庄严之地。2017 年 8 月 15 日，习近平总书记就曾回信勉励第三届中国"互联网＋"大学生创新创业大赛"青年红色筑梦之旅"的大学生："延安是革命圣地，你们奔赴延安，追寻革命前辈伟大而艰辛的历史足迹，学习延安精神，坚定理想信念，锤炼意志品质，把激昂的青春梦融入伟大的中国梦，体现了当代中国青年奋发有为的精神风貌。"[①]大别山作为中国红色革命圣地之一，蕴藏着丰富的红色文化资源，流传着众多先烈的革命故事，因而也是大学生们陶冶品性、塑造理想信念的好去处。

（二）正确处理好个人理想与社会理想之间的辩证关系

个人理想与社会理想之间是辩证统一的关系。这种关系，是对现实的认知和对未来想象不同层次的反映，也是对人的本质的社会性、人类社会生活

---

① 《习近平回信勉励第三届中国"互联网＋"大学生创新创业大赛"青年红色筑梦之旅"的大学生》，《人民日报》2017 年 8 月 16 日 01 版。

的多样性的客观反映。个人理想是现实的人对未来生存发展的设想、希望及追求。是其世界观、人生观、价值观及其立场、观点、方法等在奋斗目标上的一种集中体现，它包括政治、经济、文化、社会、生态、道德、职业以及成就、艺术、生活等个人社会生活的多个方面。社会理想是人们所憧憬的包括政治、经济、思想、文化和生活方式等多个方面的美好社会状态，是不同层次、范围的社会群体所具有的世界观、人生观、价值观及其立场、观点、方法等在奋斗目标上的集中体现。在我国，社会理想就是指中国特色社会主义共同理想和共产主义远大理想。社会理想决定、制约着个人理想。因为人是社会的人，个人对理想的追求只能在社会中进行，从根本上说，正确的个人理想不是随心所欲地确定，而是由社会决定的；个人理想的确立需要社会理想引导，个人理想及追求只有同国家的前途、民族的命运相结合，同社会的利益和需求相一致，才可能变为现实。社会理想是个人理想的凝聚和升华，包含着千千万万的个人理想。当社会理想与个人理想发生矛盾冲突时，应以社会需要为重，个人理想服从社会理想，而不能使二者相背离，否则，只讲个人理想，不讲社会理想，就会违背人民的根本利益，最终注定失败；只讲社会理想，不讲个人理想，就会导致理想空泛，难以落实。有的大学生在理想信念上存在某些突出问题，例如，当社会理想与个人理想发生矛盾时，强调个人理想至上；又如，只讲自我奋斗，为了自身的名誉和地位，甚至不择手段，损人利己。这些都是需要教育引导来解决的。

习近平总书记在十九大报告中对青年提出了殷切希望，他指出："广大青年要坚定理想信念，志存高远，脚踏实地，勇做时代的弄潮儿，在实现中国梦的生动实践中放飞青春梦想，在为人民利益的不懈奋斗中书写人生华章！"[①]大学生的个人理想具有不稳定性，可塑性很大，需要通过教育和社会实践加以完善、巩固和提升。而针对大学生中在理想信念上存在的一些突出

---

① 习近平：《决胜全面建成小康社会　夺取新时代中国特色社会主义伟大胜利——在中国共产党第十九次全国代表大会上的报告》，人民出版社 2017 年版，第 70 页。

问题，充分利用大别山红色口述文化资源中诸多为共产主义理想信念而舍小家、为大家，不惜舍弃个人的财产和地位，甚至牺牲自己和亲人宝贵生命的英雄人物故事，即可以帮助当代大学生正确认识和处理个人理想与社会理想之间的矛盾冲突，在社会生活的各个方面树立起正确的奋斗目标，坚持正确的奋斗方向，选择理想的奋斗道路。

四、透视大别山红色群体的理想信念基因，深化当代大学生理想信念教育

"发展着自己的物质生产和物质交往的人们，在改变自己的这个现实的同时也改变着自己的思维和思维的产物。"[①] 在强调思维、观念、人们的精神交往是人们物质关系的直接产物的同时，马克思主义交往理论也承认社会意识对于社会存在具有相对独立性，并反作用于社会存在。例如，他们就曾认为当物质生产和精神生产发生分工的时候，意识即有可能"摆脱世界而去构造'纯粹的'理论、神学、哲学、道德等等"[②]。由此出发，即可发现，现实的人的社会物质生活交往行为，总是会在其交往际遇中受到某些特殊的文化系统的影响，并逐渐内生出诸多独特的文化诱因。而大别山红色女性群体、大别山红色将军群体、大别山"土马克思主义者"群体等诸多特殊的红色群体，都受到了马克思主义的深刻影响，根植了共产主义理想信念这一红色基因元素，内生出马克思主义这一先进文化诱因。以大别山将军群体"扎堆生成"为例，作为主导文化的马克思主义先进文化，无论在培养革命者崇高的理想信仰、坚定的意志品质、高尚的精神人格、合乎历史潮流的实践行为等方面，还是在中国共产党领导下的党、政、军的组织建设、思想建设、作风建设等方面，都发挥出了统摄统领的作用，尤其是共产主义理想信念元素，

---

① 《马克思恩格斯选集》第一卷，人民出版社 1995 年版，第 73 页。

② 《马克思恩格斯选集》第一卷，人民出版社 1995 年版，第 82 页。

对大别山将军"扎堆生成"具有极其重要的作用。中国早期革命斗争中，董必武、陈潭秋等一批先进革命知识分子在大别山区域传播马克思主义，并培养了像吴焕先、戴克敏、徐朋人这样在革命斗争中成长起来的"山沟里的土马克思主义者"，他们以普适化、民间化的红色说鼓词、标语、口号、戏曲等多种文化交往和传播形式，宣传马克思主义，传输共产主义理想信仰念，不仅对党、政、军建设做出了巨大的贡献，也直接或间接地促进了大别山区域将军"扎堆生成"，为这一特殊社会群体植入了红色基因，提供了先进文化的方向主导。对此，出身于湖北省黄安县十里乡的郭天民上将，就曾深刻反思过为什么自己在多次革命起义失败之后，还具有坚定的革命斗志："当时主要是为一种理论所支持和鼓舞着前进。我认为，马克思主义由列宁实现于俄国，而可以取得革命的胜利，用之于中国也一定能取得胜利，问题在于运用得正确与否……由于这种理论的支持，所以不为暂时的失败而灰心，还能勇往直前，冲破各种恶劣环境，再接再厉地继续为革命的事业而奋斗到底。"① 郭天民还特别强调了坚定的理想信念对于自己将军人生的深刻影响。从大量的大别山红色口述文化人物故事中，梳理、整合这些大别山特殊红色群体生成的系统要素，尤其是透视其中的理想信念基因，完全可以增强理想信念对于更好地实现人生价值的实证性，有利于深化对于当代大学生的理想信念教育，提高其理想信念教育的实际成效。

---

① 红安县革命史编写领导小组办公室编：《红安革命歌谣选》，武汉大学出版社1986年版，第376页。

第五章　利用大别山红色口述文化资源加强当代大学生马克思主义教育

党的十八大以来，党和国家将教育事业聚焦于培养什么人、怎样培养人、为谁培养人这一根本问题，全面加强党对教育工作的领导，坚持立德树人，加强学校思想政治工作，推进教育改革。习近平总书记在全国教育大会上强调，要在"党的坚强领导下，全面贯彻党的教育方针，坚持马克思主义指导地位，坚持中国特色社会主义教育发展道路，坚持社会主义办学方向，立足基本国情，遵循教育规律，坚持改革创新，以凝聚人心、完善人格、开发人力、培育人才、造福人民为工作目标，培养德智体美劳全面发展的社会主义建设者和接班人，加快推进教育现代化、建设教育强国、办好人民满意的教育"。① 而"实践证明，马克思主义的命运早已同中国共产党的命运、中国人民的命运、中华民族的命运紧紧连在一起"，"在历史和人民的选择中，马克思主义成为我国社会主义教育最鲜明的底色，也成为我国教育改革发展的旗帜和灵魂"。② 因此，利用大别山红色口述文化资源加强大学生思想政治教育工作也应围绕"培养什么人、怎样培养人、为谁培养人"这一核心命题展开探索实践。基于这一使命任务，新时代利用大别山红色口述文化资源加强大学生思想政治教育，目的就是要牢牢抓住马克思主义教育这一根本，以便能够为当代大学生的成人成才夯实深厚的马克思主义根基。

---

① 《习近平在全国教育大会上强调：坚持中国特色社会主义教育发展道路　培养德智体美劳全面发展的社会主义建设者和接班人》，《人民日报》2018 年 9 月 11 日。

② 《习近平总书记教育重要论述讲义》，高等教育出版社 2020 年版，第 95 页。

第一节　利用大别山红色口述文化资源加强
大学生马克思主义教育的必要性

恩格斯强调："社会一旦有技术上的需要，这种需要就会比十所大学更能把科学推向前进。"①实质上，任何一种富有价值的实践行为选择都不仅能够从其现实的需要中寻找必要的依据，而且能够从其现实的需要中获得强大的动力。在这个意义上，利用大别山红色口述文化资源加强大学生马克思主义教育，作为高校加强思想政治教育的重中之重，其必要性及其实践推动力也正是从现实的需要出发而得以展现的。

一、稳固和坚守社会主义意识形态主阵地

培养什么人，是教育的首要问题。我国是中国共产党领导的社会主义国家，这就决定了我们的教育必须把培养坚定信仰马克思主义的社会主义建设者和接班人作为根本任务，培养一代又一代拥护中国共产党领导和我国社会主义制度、立志为中国特色社会主义奋斗终生的有用人才。这是教育工作的根本任务，是教育现代化的方向目标，也是坚守社会主义意识形态主阵地的必然要求。在全球一体化不断深化和信息技术突飞猛进的 21 世纪，世界各国间的文明交互共进，为中国文明发展延续和现代化建设提供了外部条件和动力，最为显著的成就就是对外开放的进一步深化和市场经济体系日趋成熟，这为当代大学生思想政治教育提供了跨越式发展的重要时机。与此同时，全球化与信息化也给当代大学生思想政治教育带来了新的挑战。从整个国际格局来看，少数西方国家仍主导着经济、文化与话语权，发展中国家仍处于弱势地位，在不均衡的国际政治经济体系中，中国在文化、意识形态领域面临

---

① 《马克思恩格斯文集》第 10 卷，人民出版社 2009 年版，第 668 页。

着巨大的挑战与威胁。经济全球化助推了"文化全球化""政治民主化""历史终结论"等理论的兴起，以美国为首的西方国家企图以所谓的"普世价值"蛊惑人心，输出所谓的民主模式和价值理念，实质上掀起的就是一场没有硝烟的意识形态战争。而大学生作为意识形态争夺的焦点，是坚定"四个自信"，培育社会主义建设力量和政治力量的重要抓手。现实中，有的大学生深受西方自由主义、宪政民主等思潮的侵袭影响，盲目追随西方政治制度、价值理念与生活方式，甚至坚信"马克思主义陈旧过时论""马克思主义专制论""共产主义虚无缥缈论"等谬论，这些都严重干扰了我国主流意识形态与核心价值观在高校的传播发展，影响甚至削弱了马克思主义在高校教学育人中的主导地位。对此，习近平总书记曾强调指出："实际工作中，在有的领域中马克思主义被边缘化、空泛化、标签化，在一些学科中'失语'、教材中'失踪'、论坛上'失声'。这种状况必须引起我们高度重视。"① 因此，各高校思想政治教育工作者，不仅要"自觉坚持以马克思主义为指导，自觉把中国特色社会主义理论体系贯穿研究和教学全过程，转化为清醒的理论自觉、坚定的政治信念、科学的思维方法"②，而且要善于整合利用各种诸如大别山红色口述文化资源这样的优质教育资源，在当代大学生群体之中加大马克思主义宣传教育力度，稳固和坚守高校这块社会主义意识形态主阵地。

二、深层发掘大别山红色口述文化资源价值

大别山红色口述文化资源作为一个内容极为丰富的红色资源宝库，其整合、梳理及价值发掘都存在多个维度。而马克思主义教育价值，正是其中一个值得高度重视的价值发掘维度。在大别山红色口述文化资源中，诸多类型的马克思主义传播者奋斗不息的精彩人生、富有实效的马克思主义传播方法

---

① 习近平：《在哲学社会科学工作座谈会上的讲话》，人民出版社 2016 年版，第 10 页。
② 习近平：《在哲学社会科学工作座谈会上的讲话》，人民出版社 2016 年版，第 11 页。

模式、深层融入民间社会的马克思主义宣传教育经典案例、契合多种文化和本土实情而不断重构和再构的马克思主义教育元素、跨越历史时空的马克思主义中国化宝贵经验等，都显示出，马克思主义理论和方法的思想根系已深深地渗透于大别山革命人民的心灵深处，马克思主义丰富的思想养分，也深深地浸润了大别山这片神奇的土地。然而，迄今为止，大别山红色口述文化资源的马克思主义教育元素并未得到系统的整合利用，其马克思主义教育价值也正亟待获得深刻的价值认知和深度的价值发掘。因此，如何利用大别山红色口述文化资源丰富的马克思主义教育元素，帮助当代大学生深刻掌握马克思主义理论、方法及其他各种思想文化精髓，以促使这一宝贵资源在当代大学生马克思主义教育中获得充分的价值实现，也就成为大别山红色口述文化资源的一个需要深度发掘的价值维度。

三、提升当代大学生马克思主义综合素质

从国内各高校大学生马克思主义理论与实践综合素质的培养来看，目前这个方面仍然存在诸多薄弱环节。例如，有一些马克思主义教育者本身马克思主义修养不高，不善于运用马克思主义立场、观点、方法，去解决大学生中存在的实际问题，缺乏对马克思主义理论和实践的研究，尤其在建设以马克思主义为指导的学科体系、学术体系、话语体系上功力不足，难以形成高水平成果；也不善于针对学生实际，利用诸如大别山红色口述文化资源之类富含马克思主义教育元素的优质文化资源，积极主动地开展马克思主义教育，因而未能有效地帮助当代大学生提升马克思主义综合素质。又如，习近平总书记强调："共产党人要把读马克思主义经典、悟马克思主义原理当作一种生活习惯、当作一种精神追求，用经典涵养正气、淬炼思想、升华境界、指导实践。"① 当代大学生群体作为党和人民事业的储备人才，应把研读

---

① 《习近平谈治国理政》第三卷，外文出版社 2020 年版，第 75 页。

马克思主义经典著作视为一项必不可少且常态化的理论学习和研究任务。然而，有很大一部分大学生却不愿意学习，也没有耐心钻研经典原著，对马克思主义理解不深、理解不透，对其中的一些基本原理、立场、观点、方法等一知半解，或仅仅满足于一知半解；有的大学生对马克思主义的学习和运用，也仅仅出于功利的目的，采取工具理性主义的态度，因而对马克思主义的认知、理解和把握未能走心，极为肤浅，不是真懂、真信，更不用说如何自觉、主动地从大别山红色口述文化资源这样的马克思主义优质教育资源之中，去吸收丰富的思想营养，以此不断提升马克思主义综合素质。因此，从这个意义出发，也迫切需要把大别山红色口述文化资源融入当代大学生马克思主义教育之中去。

四、提高当代大学生思想政治教育成效

马克思主义理论教育是高校思想政治教育的首要任务，但是单纯的理论教育很容易成为抽象、枯燥的说教，甚至成为大学生厌恶排斥并屏蔽的低效率课堂。为此，习近平总书记在 2019 年 3 月 18 日召开的学校思想政治理论课教师座谈会上提出要不断推进思想政治教育改革创新，严格遵循"增强思政课的思想性、理论性和亲和力、针对性"[①]的新要求，强调提高新时代高校思想政治教育的实效性。而要实现这一目标要求，就必须用好大别山红色口述文化资源这样的优质思想政治教育资源，将当代大学生马克思主义教育置于中国革命实践的历史进程中，通过讲好大别山革命人物事例来整体提升大学生思想政治教育的有效性、趣味性和鲜活度。

---

① 《习近平：用新时代中国特色社会主义思想铸魂育人　贯彻党的教育方针　落实立德树人根本任务》，2019 年 3 月 18 日，见 http://cpc.people.com.cn/n1/2019/0319/c64094-30982234.html。

第二节　大别山红色口述文化资源中
丰富的马克思主义教育元素

　　丰厚的革命历史资源充分显示出，大别山地区之所以在中国新民主主义革命时期革命火种始终不灭，革命红旗始终不倒，与这一区域接受马克思主义深刻影响从而形成各种大别山红色文化资源紧密相关。透视大别山红色口述文化资源，我们即可以从这一区域文化系统的深层获得诸多马克思主义中国化的有益启示。实际上，大别山红色口述文化资源中所富含的马克思主义教育元素，可以从多个层面予以梳理、整合。

一、基于马克思主义在大别山地区早期传播具体史实的教育元素

　　在中国早期革命斗争中，以董必武、李汉俊、恽代英、陈潭秋、林育南等为代表的一批先进革命知识分子，通过不同的途径在大别山地区传播马克思主义，为创造灿烂的大别山红色文化做出了不可磨灭的贡献。革命先驱在大别山区早期传播马克思主义，遗留下了大量的史迹，形成了丰富具体的历史资源。

　　例如，1920 年 3 月，董必武、张国恩在武昌涵三宫创办了私立武汉中学并以此为阵地传播马列主义。黄安（即红安）籍学生董觉生、王鉴、雷绍全、戴克敏、戴季伦、王秀松、江篯川等数十人曾先后进入该校学习，直接从那里接受了马列主义教育。1922 年年初，中共武汉区执行委员会成立后，董必武积极扩大范围，一面主持武汉中学的工作，一面到省立一师、省立女师、启黄中学等任教，还与陈潭秋一起到共进中学、中华大学附中、省立政法大学、武昌高师及其附中等校区活动，在这些学校的进步师生中传播马列主义。他将社会上流行的马列书籍和宣传马列主义的刊物，如《共产党宣言》《国家与革命》《中国革命问题论文集》《共产党》《共产主义 ABC》《资本论

入门》《新青年》《湘江评论》《向导》《武汉星期评论》等介绍给师生们阅读，并将其传播到黄安，传递到乡村，使黄安人民深刻领悟到了马克思主义理论和实践的大量革命道理。他在黄安先后倡导办起了《黄安青年》月刊和《黄安通俗旬刊》等革命刊物，还亲自深入乡村，宣传马克思主义。1922—1923年间，先后回家三次，在县城和高桥、八里区乡村，亲自向手工业工人、农民和青年学生进行马列主义宣讲。不仅如此，他还建立阵地，培养骨干，创办师讲所。师讲所第一期招收了40名学生，都是上过新学堂、思想上要求进步的青年。1923年暑假，董必武指导在省立一师成立革命团体"启人社"，并指示由张卓群、李镜唐等组成暑假宣传团，赴黄安、麻城等地宣传新文化、新思想，散发各种革命传单，将革命思想传播到黄安南北各地农村，影响很大。这些传播火种的工作，可以说是黄麻起义的最初酝酿。

另一个积极推动和促进马克思主义在大别山地区传播与发展的重要人物是李汉俊。他知晓多国语言，因而能从不同渠道获得马克思主义经典著作并选择不同国家、不同语言的马克思主义理论文章予以翻译。在武昌高等示范专科学校任教时，他发动收集各种马克思主义的书籍和进步书刊，推动成立历史社会学研究会，授课演讲，传授马克思主义，吸引大批大别山区共产党员参与其中。当时，中共武汉区委为了培养干部，专门设立马克思学说研究会，除了吸收大量党团员外，还招收一些在斗争中涌现出来的大别山地区的积极分子参加研究活动。李汉俊对党的这项工作非常支持，经常去做报告，介绍马克思主义。

恽代英也特别重视社团在社会中的马克思主义传播和教育功能，积极创建进步社团。1917年，他和大别山鄂东地区的黄负生、林育南、魏以新等人组织了青年社团——互助社。这些社团中的社员，最后都成为五四运动的中坚力量，其中许多社员后来还成为革命斗争的领袖人物，例如林育英、林育南、李伯刚等。互助社是宣传马克思主义学说的重要阵地，其最早创办的刊物《我们的》成为当时探讨改造社会的中心刊物。1920年，恽代英与林育南等人一起创建了利群书社，这个书社的成员大部分都来自互助社。大批大别山地区的青年学子不断加入互助社，并以此为平台，寻找到了改革社会的新道路。1921年夏天，恽代英召集利群书社在各地的同志、朋友，在黄冈回龙山浚新小学开会。在这次会议上，他们总结过去几年追求真理、探索救国道路的经验教训，经过热烈讨论，会议决定拥护无产阶级专政，拥护苏俄。

董必武还和陈潭秋一起建立起武汉共产主义小组。这个小组的成员不断增多，规模也日益壮大，并且成为当时传播马克思主义最直接的组织之一。有很多大别山地区的进步人士加入进来，他们在董必武、陈潭秋的培养下，思想进步很快，逐步成长为具有先进思想的知识分子。这支队伍后来成为大别山及其周边区域传播马克思主义的骨干力量，为马克思主义在大别山地区更为广泛的传播创造了良好的基础条件。例如，黄冈地区的林家兄弟：林育南和林育英，就是通过利群书社学习，在陈潭秋等人的帮助下，在黄冈积极筹办学校，给当地群众指明了新的道路。马克思主义在大别山地区渐入人心，大批革命者接受到马克思主义先进思想的洗礼，由此使大别山地区成为中国新民主主义革命发生和中国红色文化发展的沃土。

五四运动时期，一些进步青年纷纷赶回大别山的鄂东地区，在黄梅成立了青年读书会，进行马克思主义的集中学习和个别宣传。读书会的活动为一批青年用马克思主义武装自己的头脑，树立共产主义人生观，并由此走上革命道路，提供了很好的条件。蕲春的有志之士在这一时期也建立了进步团体，并创办会刊《新蕲春》，盛赞十月革命，传播马克思主义思想，在蕲春产生了积极的影响。最重要的是，当时革命者在大别山地区也组织了马克思主义学说研究会，作为公开活动的组织形式，进行有组织的马克思主义传播。他们创办学校，成立各类研究会、读书会、书社，对大别山红色革命运动产生了强烈的辐射作用。

二、基于马克思主义在大别山地区早期传播深刻影响的教育元素

马克思主义通过先进知识分子在大别山地区的早期传播，与这个地区民

间多元文化相互融通，将其先进文化的思想观念根植于大别山革命儿女的心灵深处，从而促成了大批大别山红色革命人物的产生，他们坚定的马克思主义革命信仰和伟大的共产主义主体人格，可以通过其中的某些个体得到具体的反映。

例如，坚信马克思主义的吴焕先。吴焕先是黄安紫云区四角曹门村人（今属河南新县箭厂河乡）。他家里是个有田地近百亩的地主，除此以外，还兼营商业，开了一家杂货铺，家境比较富有。1924 年他考入了麻城蚕业学校，开始接受进步思想。吴焕先对马克思主义的信仰，简直到了痴迷的地步。在途经武汉时，他特意带回一张马克思的画像，回家端端正正地贴在正屋上墙的神龛上面。父亲问他："你怎么把一个大胡子像贴在供祖宗的地方？他就这样值得你崇拜？赶快给我扯下。"[1] 他解释说："这位先生是位了不起的大人物，他叫马克思，他主张解放全人类，消灭剥削人的社会制度，我们中国也要走他指引的道路。画像供在神龛上，就能随时提醒我要坚持彻底的革命。"[2] 在后来的革命斗争中，他家满门忠烈，为革命的胜利做出了巨大的牺牲。

受到马克思主义深刻影响的大别山杰出革命人物中，还有戴克敏、徐朋人、曹学楷、郑位三、江子英、陈定侯、邹香山等一大批人。例如，戴克敏号春敏，乳名考香，是戴家的第四代书生。1925 年 4 月 3 日加入中国共产党，参加领导了著名的黄麻起义，是鄂豫边革命根据地的主要创始人之一，也有"山沟里的土马克思主义者"之称。1982 年，徐向前在评价这位老战友时说："戴克敏同志在部队的威望很高，可以说是大家的表率。他作战勇敢，能吃苦耐劳，很会做群众工作。他对地方政权的建设，对我党组织的建设，以及白区的统战工作，都做出了很大的贡献。"[3]

---

[1]　汪月新主编：《红色七里坪》，延边大学出版社 2002 年版，第 221 页。

[2]　汪月新主编：《红色七里坪》，延边大学出版社 2002 年版，第 221 页。

[3]　汪月新主编：《红色七里坪》，延边大学出版社 2002 年版，第 249 页。

三、基于马克思主义在大别山地区早期传播特点和经验的教育元素

马克思主义在大别山地区的早期传播，其中有两个较为突出的特点：第一，革命知识分子是联结马克思主义与大别山红色革命实践活动的纽带。在黄麻起义等一系列革命事件中，革命知识分子都发挥了马克思主义与大别山红色革命实践活动的纽带作用。在黄麻地区，许多先进知识分子在接受马列主义、加入中国共产党之后，即奉命到黄麻地区从事革命活动。他们以教育为掩护，以学校为阵地，广泛宣传马列主义，宣传反帝反封建思想，建立、发展党团组织。仅在黄安地区，由革命知识分子兴办并任教的学校就达1100多所。这些学校遍及黄麻大地各个乡村，形成网络型革命结构。革命知识分子通过办学，使马克思主义在这一地区得到了广泛传播，使广大群众的觉悟迅速提高，并被逐渐组织起来；同时，他们进一步与工农相结合，真正成为以工农为主体的革命运动的组织者和领导者，有力地促进黄麻地区革命运动的日益高涨，从而为黄麻起义奠定了深厚的群众基础。第二，土生土长的马克思主义者是传播马克思主义的主力军。大批"山沟里的土马克思主义者"推进了马克思主义在大别山民间社会的发展，构成了大别山红色口述文化早期生成与发展的独特风景。徐向前在回忆鄂豫皖革命斗争时，曾称赞曹学楷、徐朋人、戴克敏等革命知识分子为黄麻地区的"土马克思主义者"。尤其是那些系统地学过马列主义理论和苏联革命的经验，听过毛泽东、周恩来、肖楚女、彭湃等同志讲课的革命知识分子，有较高的马列主义水平。这群"土马克思主义者"对本地社会政治、经济情况极为熟悉，与群众有着血肉联系，在斗争中极少教条主义。他们把马克思主义理论与本地实际结合起来，制定出比较切合实际的斗争策略，一次又一次地引导群众取得了斗争的胜利。

马克思主义在大别山地区早期传播的有益经验启示体现在多个方面：第一，只有真学真懂真信真用、执守马克思主义，才能充分发挥其先进文化的

主导作用。马克思主义作为一种先进文化形态一开始就对大别山革命的产生、发展发挥着主导作用，也为大别山红色文化的最终形成奠定了思想基础。在新文化运动时期，正是因为有马克思列宁主义的传入，才使大别山地区的先进知识分子寻找到了救国图存的光明道路。他们不断学习先进文化、翻译各种马克思主义文章，创办马克思主义刊物等，充分运用马克思主义基本原理，仔细分析并结合中国当时的国情，帮助民众逃离水深火热的旧社会，使得这一区域的革命群众能够领悟和坚信马克思列宁主义，具备了解放自身的强大精神动力，能够始终坚持革命斗争的正确方向，保持革命斗争的巨大勇气，执着地追求共产主义的崇高理想。第二，马克思主义理论一旦掌握群众，就能转化为巨大的物质力量。马克思主义在大别山地区的早期传播，真正内化成为大别山革命群众的精神信仰，造就了有着强烈的革命意志、马克思主义信仰坚定、革命事迹可歌可泣的革命群体，从而使这一区域成为坚持中国革命"红旗不倒"的特殊红色文化区域。据解放初期统计，我国师级以上干部70%出自在大别山地区长期存在的鄂豫皖革命根据地。仅黄安一县统计，20多年浴血奋战，即牺牲了14万英雄儿女，有名有姓的烈士22552人，其中包括11名省军级干部，80多名地师级干部和400多名团县级干部。新中国成立后，仅红安的革命人才中，就有2人担任过国家主席，3人担任过全国人大常委会副委员长，5人担任过国务院副总理或国务委员，12人担任过中共中央委员（其中5名中央政治局委员），12人担任过大军区司令或政委，17人担任过大军区副职领导，24名兵团级干部，130多名省级军级干部。8人被授予上将军衔，10人被授予中将军衔，43人被授予少将军衔。"一县出如此多的党和军队领导人是令人叹为观止的。"[①] 第三，马克思主义的先进文化元素，是凝结包括大别山红色口述文化在内的红色文化的主体内核。从整体上透视大别山地区的红色文化，即可发现，无论

---

① 　王玉德：《黄麻起义与鄂豫皖革命根据地斗争历史简介及其思考》，湖北红安革命传统教育学院《专题讲义》2006年，第38页。

是大别山红色革命人物、红色革命事件、红色革命场馆，还是红色文化思想、红色文化艺术等，都映射出马克思主义先进文化元素的深刻影响。在早期革命中，大别山地区有许多马克思主义中国化的特殊形式，构成了生动丰富的大别山红色口述文化资源内容，使马克思主义先进文化元素不断渗透到大别山红色口述文化系统之中。较为典型的有红色歌谣、红色戏剧、红色标语、红色书刊报纸、红色书信、红色对口词、红色大鼓书、红色漫画、红色民间舞蹈等，以红色戏剧为例，即可窥见一斑。当时马克思主义的革命思想与大别山地区的传统戏剧相结合，形成了许多宣传马克思主义、宣传反帝反封革命思想的文明戏。例如黄冈的《九头蛇》《地主逼租》等。《九头蛇》由陈潭秋自编自导，该剧的中心内容是叙述一个豪绅地主对一户佃农残酷剥削和压迫的故事。这种剥削就像一条毒蛇，紧紧缠住佃农，使其奄奄一息。在演出的过程中，陈潭秋的二哥陈防武扮演的是剧中的地主，逼真的形象引起围观的群众阵阵呐喊。当戏演到最后，戏中财主被庄户打倒在地时，观众蜂拥而上要打陈防武。这次演出活动得到了广大贫苦农民的大力称赞。戏剧在陈策楼演出后，又在扬鹰岭、回龙山等地巡回演出，深受农民群众的欢迎，在广大人民群众中播下了反帝反封的革命火种。红色革命戏剧就地取材，自编、自演、自唱，寓政治宣传于娱乐活动中，用民间小调演唱，群众喜闻乐见。红色戏剧通俗、直观、大众性强，同时又承担教育、娱乐、宣传的功能，成为传播马克思主义、宣传革命的主要形式。

第三节　大别山红色口述文化资源融入当代大学生马克思主义教育的路径选择

　　利用大别山红色口述文化资源加强当代大学生马克思主义教育，需要在新时代与大别山革命时代的不同语境下，准确把握当代马克思主义教育在对象、手段及内容等多方面的深刻变化，并在此基础上，去寻求、拓展当代大学生马克思主义教育的有效路径。

一、当代大学生马克思主义教育系统语境发生的深刻变化

从系统语境来看，新时代开展高校思想政治教育工作，进行马克思主义宣传教育，其教育对象、手段及内容与大别山革命时期比较，已经发生了深刻变化：

（一）在马克思主义教育对象上发生的深刻变化

由于面对的不再是大批文化水平不高甚至文盲的普通老百姓，而是有更多知识积累、更多见闻阅历和学识基础，更容易受到多元化社会思潮的冲击和影响，拥有更活跃的致思理路、更强的理论思维能力和各种思想观点代入感，思想上呈现出复杂性、多元性、不确定性等特点的青年大学生群体。在这样的大学生群体中，利用大别山红色口述文化资源开展马克思主义宣传教育，要使之真学真懂真信马克思主义，实际上难度更大。为什么会更难？这是因为从受教育对象这个角度来看，针对当代大学生群体特点和实际，需要帮助他们不断排除各种杂陈、谬误，因而需要宣传教育者熟悉和掌握大别山红色口述文化资源中丰富的马克思主义教育元素，具备更深的马克思主义功底，耗费更多的时间和精力，下足马克思主义宣传教育的更多理论和实践功夫，在自己真懂真信的基础上，帮助大学生从理论和方法上、从学理价值和实际价值上、知识体系和行为指导上等多个维度和层域，真正弄懂、悟通、笃信马克思主义，而不能仅仅满足于简单的故事讲述、知识灌输和宣传教育说服，否则，就不可能达到使他们心悦诚服地接受的应有效果。

（二）在马克思主义教育手段上发生的深刻变化

由于大数据时代的教育信息技术迅猛发展，各种媒体愈来愈发达，大学生学习和生活的科技含量也不断提高，各种研究机构和平台的创立，各种学

术会议、讲座的学术交流和碰撞，都使大学生的思想视野得以不断拓展。这些都与大别山革命时期原生态的宣传教育手段是完全不可相提并论的。在这样的环境条件下，马克思主义宣传教育手段，既有更为便捷有效的利好一面，也有面临各种各样挑战的一面。利好的一面在于宣传教育手段有多样性的选择，即可以利用大数据、云技术等，将大别山红色口述文化资源的大量数据信息高效地传输给学生，使之能够更好地还原到大别山革命时期的历史语境之中，掌握大量的大别山革命人物史实及其革命斗争发展、演进的全貌，明确其中的马克思主义教育元素及其在大别山革命历史中所发生的价值作用；而面临挑战的一面在于这样的现代教育技术条件下，当代大学生也更容易受到各种抹黑大别山革命历史、抹黑大别山革命人物、否认或变相否认大别山人民的革命历史贡献以及其他各种各样反动思潮的影响，更容易生成各种各样的误解和缪见。这就必然要求马克思主义宣传教育者熟练掌握现代教育技术手段，开展广泛的思想交流和碰撞，在此基础上，自觉主动地研究如何发挥现代教育技术利好的一面，抑制、避免其不好的一面，有助于更好地利用大别山红色口述文化资源中丰富的马克思主义教育元素，占领当代大学生思想政治教育阵地。

（三）在马克思主义教育内容上发生的深刻变化

马克思主义在中国的传播和演进是一个体现中国作风、中国气派、中国话语的中国化发展过程。事实上，马克思主义中国化在大别山红色口述文化资源中，既表现为一种历史与现实的具体存在样态，更表现为一种不断生成发展的动态流转过程。一方面，马克思主义在大别山地区的早期传播，促成了包括大别山红色口述文化资源在内的大别山红色资源的生成，也使我们体验到大别山红色文化缔造者的精神风貌。它将作为广大民众的一种精神信仰，在当今构建和谐社会的时代旋律中，不断地继续生成、发展，动态流转，发挥出它在这一区域民间社会先进文化的主导作用。另一方面，马克思主义又是与时俱进的，具有其现实价值。从某种意义上来说，包括大别山红色口述文化资源在内的大别山红色资源的不断生成和继续发展，就昭示着马克思主义中国化的未来发展路向。马克思主义中国化必将通过对大别山红色革命传统教育的信仰统领、对新时代中国梦理想元素的全面汲取、对大别山红色品牌产业营造的伦理牵引、对大别山红色政治资源开发的境域创设、对大别山红色文化信息传输的功能强化等而发挥出强大的影响作用。这就决定了在当代大学生马克思主义教育实践中，宣传教育者必须既要重视和研究大别山革命时期马克思主义宣传教育的内容和经验，也要重视研究新时代马克思主义宣传教育的新内容和新经验，发掘大别山红色口述文化资源的独特地域价值，揭示马克思主义在特定区域中国化的内在规律，丰富和创新马克思主义中国化理论。要以包括大别山红色口述文化资源在内的红色资源为主线，以大别山革命史为区域学科特色，对诸多马克思主义教育元素予以全方位的整合研究，从而推动大别山区域马克思主义理论传播与发展历史的探索，充分发掘和利用其中的马克思主义教育资源，全面揭示大别山人民的革命风貌，让受教育主体知晓大别山地区人民在中国革命历史长河中的巨大贡献，明确大别山红色口述文化资源在新时代多个学科领域优质资源利用中所具有的重要地位与实际价值，帮助当代大学生不断地提升自身的马克思主义综合素质，尤其是要在马克思主义教育境域中，帮助他们从大别山红色口述文化资源中认识了解大别山人民谨朴厚善、敦实俭约、沉毅果决、勇敢顽强等个性特征，并学习和继承其优良品质，从而积极营建自己美好的精神家园。

二、大别山红色口述文化资源融入当代大学生马克思主义教育的有效路径

基于上述马克思主义教育系统语境发生的深刻变化，可按以下路径推动大别山红色口述文化资源融入当代大学生马克思主义教育之中，以提高其实际成效。

（一）找准大别山红色口述文化资源与马克思主义理论的契合点

大别山红色口述文化资源作为具有较强地域特征的革命文化资源，是中华传统文化、马克思主义理论与大别山区革命实践相结合而产生的一种独特文化样态，是中国共产党领导中国人民进行英勇斗争和革命的历程中的精神积淀，是社会主义先进文化的重要组成部分，蕴含着丰富的马克思主义理论与方法论。总体观之，大别山红色口述文化与马克思主义理论存在目标价值的一致性、理论渊源与实践基础的共通性、社会功能的相似性、形成发展的同向性。大量的大别山红色口述文化资源证实，马列主义的传入与传播，孕育并激发了长期遭受封建压迫的人民的革命热情。马克思主义理论与大别山区革命实践的紧密结合，是促成鄂豫皖革命根据地成长壮大的思想理论武器，马克思主义理论与大别山民主革命爆发、苏维埃政权壮大、革命取得最终胜利，有着必然联系。大别山区的革命浪潮之所以一浪高过一浪，革命进程取得了一次又一次胜利，其前提条件就是有马克思主义理论的正确指导和科学指引。正因为大别山红色口述文化资源与马克思主义理论存在大量交集并高度契合，因此，在当代大学生中开展马克思主义教育，需要充分利用大别山红色口述文化资源的马克思主义教育元素，找准大别山红色口述文化资源与马克思主义理论的多个契合点，将大别山红色口述文化资源中丰富的马克思主义教育元素广泛运用于当代大学生的马克思主义理论教育之中，讲好马克思主义理论在鄂东、皖西、豫南等大别山区的传播与发展的故事，深化大学生对马克思主义理论在革命中的重要地位、作用和功能的客观认识，增强大学生对马克思主义理论的认同，把握马克思主义理论精要，为他们的中国梦奋斗征程夯实深厚的马克思主义理论根基。

（二）以大别山红色口述文化资源为重要历史资源与鲜活素材

大别山曾经是一块革命鲜血浸染的红土地，大别山革命先烈在这里镌刻了一座革命丰碑。正是大批可歌可泣的大别山儿女，用坚定的理想信念和不懈的斗争，换来了革命的成功。[1]28年的革命斗争中，大别山区军民谱写了诸多动人的壮丽诗篇。长期以来，民间传颂着众多革命先烈、将军伟人们的动人故事和人生小品，有的风趣幽默、有的惨烈悲壮、有的催人奋进、有的发人深省。许多革命期间流传下来的革命红歌、诗歌，脍炙人口传唱不衰，这些都是生动有趣、鲜活翔实的马克思主义理论教育素材，是增强大学生思想政治教育的有效性、趣味性和鲜活度不可或缺的素材，使之嵌入高校思想政治理论课教学中，融入学生日常思想政治教育中，完全可以成为当代大学生马克思主义教育高效的活性剂。

大别山红色文化的生成与发展，映射出马克思主义在中国革命实践中不断发展、逐步实现中国化的历程。从目前搜集整理的大别山红色口述史资料来看，整个近现代大别山革命史，全面系统地反映了马克思主义理论是如何在大别山区域传播和发展的。这些资料既有中国共产党的早期核心人物积极领导人民进行理论宣传创造的史实再现；也有关于当地知识分子和进步青年以教书育人为掩护，以学校为阵地，发挥桥梁纽带作用，开展马列主义宣传的场景再现；还有当时党内高层积极部署及外来革命家、思想家在当地宣传马列主义，领导革命，将大别山区的革命据点连线成片的画面再现。例如，董必武、陈潭秋、李先念等革命核心人物，在传播马克思主义、引导和唤醒知识青年参与革命推翻反动统治中起到了关键作用。在董必武的介绍和推动下，《共产党宣言》《国家与革命》《共产党》《新青年》《湘江评论》《向导》《武汉星期评论》的书籍刊物传入大别山区，成为黄安、麻城、黄陂等地宣传进步思想发动武装革命的思想武器。又如，皖西的革命浪潮，也是起源于当地仁人志士的马列主义思想启蒙。安徽六安的高一涵、刘希平，寿县的高语罕不仅是《新青年》的撰稿人，而且创办了《皖江新潮》《芜湖学生会》等进步刊物，宣传马列主义。1920年，六安教师朱蕴山、桂月峰和学生会会长翟其善组建了"中国革命小组"，专门学习研

---

① 李平：《大别山精神的内涵与当代价值》，《人民政协报》2018年5月17日009版。

究马列主义。①1921 年，高语罕编写《白话书信》，用通俗易懂的白话文，向广大青年介绍马克思主义。在上海大学读书的薛卓汉、方运炽、曹蕴真、徐梦秋等将《唯物史观》《社会进化史》等书籍寄回家乡，后又回乡任教。他们以学校为阵地，组织学生会、农会，讲演革命道理，让马克思主义理论在皖西生根发芽。而这些，都可以成为开展当代大学生马克思主义教育，加强其马克思主义理论认同、实践认同、方法认同等活生生的历史教材。

（三）大别山红色口述文化资源利用研究与马克思主义理论研究相结合

大别山红色口述文化资源丰富，但迄今为止，其整理、挖掘、传播研究还不到位。无论是政府、高校，还是家庭社会层面，对大别山红色口述文化资源整理研究的投入力度和重视程度都还不够。为此，新时代将大别山红色口述文化资源运用于大学生思想政治教育之中，不能仅停留在被动的运用层面，而应该以高校校园文化建设、高校实践教学、马克思主义理论等相关学科研究与学术活动为契机，将大别山红色口述文化资源的整理、传播和研究与马克思主义理论教学研究紧密结合起来，使二者相互促进、相得益彰。

传承再现红色记忆，是当代大学生义不容辞的责任，也是高校相关专业研究人员的历史使命和时代担当。因此，高校教师应积极引导当代大学生主动参与到大别山红色口述文化资源的挖掘整理和研究工作之中。第一，善于运用大别山红色口述文化资源提高当代大学生马克思主义教育的水平和质量。尤其是要善于将大别山红色口述文化资源融入思想政治理论课的教学之中，以红色教育夯实党执政的合法性基础，帮助大学生树立正确的价值观。在当代大学生马克思主义教育实践中，高校思想政治理论课教师要有责任心和使命感，认真梳理大别山红色口述文化资源融入思想政治理论课的理论体系和知识点，将具体的大别山红色口述文化资源中的马克思主义教育资料、事件、人物、案例等与思政课知识点有机结合。资源丰富、条件成熟的

---

① 中共六安市委党史研究室：《红色六安》，安徽人民出版社 2007 年版，第 18—23 页。

高校，可开设红色文化选修课，并将该课程与四门思政主课紧密结合，相互促进。同时，高校应发挥党委的引领功能，建设大思政格局，开展从思政课程向课程思政的转变，结合学科特点，在专业课中嵌入口述红色文化素材与资源，从而真正提高马克思主义教育的水平和质量。第二，引导大学生继承和发扬大别山红色口述文化资源所蕴含的马克思主义革命实践精神。口述红色革命故事往往从微观层面或视角反映革命先辈以马克思主义为指引，为国为民不惜牺牲小我小家的大无畏精神，弘扬的是积极进取奋发有为的拼搏精神，而成长在和平年代安逸环境之中的新时代青年，要树立起这种无私的奉献精神和艰苦奋斗的进取之心，相对而言，则是一件更为困难的事情。大别山及其周边高校可充分利用当地红色口述文化资源，开展马克思主义理论与实践教学。例如，湖北师范大学马克思主义学院积极探索大学生思想政治教育改革，进行马克思主义与中国革命实践相结合的实践教学教育，在暑期开展大学生走红色革命线路、写红色革命日志、讲红色革命故事、拍红色革命视频等活动，让在校生深入大别山区追寻红色足迹，体验红色文化、收集口述红色资料，探索马克思主义在大别山地区传播和演进的史实；鼓励思想政治教育本科毕业生围绕口述红色文化选做毕业论文；资助马克思主义理论一级学科硕士研究生深入麻城、红安、大悟、新洲、黄陂等地进行红色文化调研，撰写相关论文，接受口述红色文化的教育和洗礼，取得了较好的效果；在学生中还专门建立了马克思主义研究会，使学生获得了生动、深刻的马克思主义教育。这些经验和做法，都是有效开展当代大学生马克思主义教育的良好范例。第三，协同相关研究机构、研究人员，加大对大别山红色口述文化资源整理、传播和马克思主义理论研究和创新力度。恩格斯深刻指出："马克思的整个世界观不是教义，而是方法。它提供的不是现成的教条，而是进一步研究的出发点和供这种研究使用的方法。"① 并且指出，我们的理论"是一种历史的产物，它在不同的时代具有完全不同的形式，同时具有完全

_____

① 《马克思恩格斯选集》第 4 卷，人民出版社 2012 年版，第 664 页。

不同的内容"①。作为优秀文化资源传承与创新的重要载体，高校应高度重视并积极开展大别山红色口述文化资源整理、传播，开展马克思主义理论与实践研究、创新，尤其是要协同大别山地区各红色文化研究机构、纪念场馆、人文基地以及其他相关社会组织和团体，汇聚研究力量和资源，对大别山红色口述文化资源中的马克思主义教育元素予以发掘，揭示其中的马克思主义教育元素生成、发展和演进的内在机理和规律，总结马克思主义中国化在大别山区的典型经验及其价值启示，探索这一资源在当代大学生马克思主义教育中价值转换和实现的有效路径，真正实现大别山红色口述文化资源整理、传播和研究与马克思主义理论研究和创新的深度融合，由此使得利用大别山红色口述文化资源加强当代大学生马克思主义教育的理论视野更加开阔，学理支撑更为有力，实践贯彻更富成效。

---

① 《马克思恩格斯全集》第 26 卷，人民出版社 2014 年版，第 499 页。

第六章 利用大别山红色口述文化资源加强当代大学生精神教育

在经济全球化时代，常常听到人们对某些精神缺失现象的无奈叹息。由于科技令人惊叹的高速发展，带来了人们社会生活方式的深刻改变，快节奏的现代生活、无所不在的资本市场扩张、令人眼花缭乱的物质诱惑以及各种各样不确定的现代性风险，都很容易给人们以沉重的精神压力和生存的不安定感，由此产生萎靡、颓废及其他各种不健康、亚健康的社会心理和精神病症，导致某些阶段、某些特定的个人甚至群体的精神危机。实际上，就现实的人而言，精神是生命灵魂的钙质。只有那些积聚了强大精神正能量的人，才能做到充满斗志，生气勃勃地去生活、去学习、去工作、去承担一切时代和历史的重任，获得更大的成功，创造更大的价值，拥有精彩的人生。就一个民族而言，"人无精神则不立，国无精神则不强。精神是一个民族赖以长久生存的灵魂，唯有精神上达到一定的高度，这个民族才能在历史的洪流中屹立不倒、奋勇向前"①。正因为此，发掘、利用各种精神教育资源，营建精神家园，应是推动新时代中国特色社会主义建设、实现中华民族伟大复兴的中国梦的重中之重。"少年强，则中国强"，加强当代大学生精神教育，彻底消除各种存在于大学生群体之中的萎靡、颓废之风，不断消解各种损害大学生精神养成的负面因素和负能量，促使大学生群体焕发出崭新的时代精神风貌，事关我们党、我们国家、我们民族的前途和命运。大别山是红军的故

---

① 《习近平谈治国理政》第二卷，外文出版社 2017 年版，第 47—48 页。

乡、将军的摇篮。2019 年 9 月 18 日，习近平总书记在河南视察时指出，"鄂豫皖苏区根据地是我们党的重要建党基地，焦裕禄精神、红旗渠精神、大别山精神等都是我们党的宝贵精神财富。伟大的精神滋养伟大的时代，加强对大别山精神的研究，对于实现中华民族伟大复兴、谱写新时代中原更加出彩的绚丽篇章具有重要意义。"①这一讲话充分肯定了鄂豫皖苏区根据地和大别山精神的重要地位。而丰富的大别山红色口述文化资源具体、生动地展现了独特的大别山精神。对这样的宝贵精神教育资源加以有效的利用，在大学生群体中大力弘扬，传输强大的精神正能量，可以说，正是加强当代大学生精神教育这个伟大工程的题中应有之义。

第一节　利用大别山红色口述文化资源加强
当代大学生精神教育的必要性

利用大别山红色口述文化资源，弘扬大别山精神，加强当代大学生精神教育，其必要性具体表现在如下几个主要方面：

一、帮助当代大学生摆脱精神困境的需要

在中华民族伟大复兴全局、百年未有之大变局"两个大局"的背景下，肩负着新时代中国特色社会主义建设重任的当代大学生群体，应是一个朝气蓬勃、精神焕发、乐观向上、勇于挑战、锐意进取的奋斗者群体。因为要担当时代赋予的重任，没有强大的精神正能量的积聚，没有坚忍不拔、愈挫愈勇的抗挫能力，没有对未来充满希望、对自我充满自信的乐观主义人生态度，就不可能克服"两个一百年"奋斗新征程上的各种障碍，奋力前行。

---

① 《弘扬大别山精神　助力新时代中原更加出彩》，《河南日报》2020 年 9 月 15 日。

客观而言，当代大学生大多是"00"后，一方面，他们的人生际遇、家庭经济条件、教育生态环境等，都使他们的学习和生活较以往的大学生有了极大的改观。他们的现代化综合素质也比以往的大学生有了较大的提高。比如，借助互联网和其他现代教育技术的便利、迅捷，当代大学生的知识来源渠道更多更畅通，解决问题的方法、路径更多更宽广，了解的学科领域及其思想覆盖的时空范围更宏阔更深邃，因而他们的知识更广博，思想更敏锐；他们也有更多条件通过各种现代化形式进行虚拟的和真实的人际沟通与交流，开展各个国家、各个地区的游历，进行不同社会生活领域的体验，因而他们的阅历相对更多、社会化程度相对更高、话语表达能力也相对更强。另一方面，由于他们生活条件更优越，所经艰难困苦的历练更少，因而他们的意志品质难得有更多锻炼的机会，他们中的很多人性格相当脆弱，缺乏强大精神力量的支撑，常常表现出种种精神缺钙的现象，有的甚至产生某些极端的负面行为。例如，有的学生急功近利，常常预设与自己实际情况不切合的目标，当经过一两次努力而目标无法达到时，精神和心理就彻底崩盘，于是怨天尤人，自暴自弃，甚至将这些负面情绪传输给周边的人，造成整个周边群体的萎靡、颓废之风；又如，有的学生由于对家人、对生活、对社会不满，在追求自己认为更为理想的生活过程中，形成较大的心理落差，因而常常只看到社会生活中不好的方面，心中缺少阳光，生活没有激情，做人不厚道，做事无精神，以致做出一些不良甚至违纪犯法的行为；还有的学生由于长期不注重汲取精神正能量，性格怪僻，心理脆弱，一旦遇到家庭不和、经济困难、受骗上当或学业失败、感情受挫等情况，就会出现心理失控的情况，以致看淡生死、轻视生命，做出一些出格乃至自杀的极端行为。这些情形都表明，如何利用大别山红色口述文化资源之类优秀精神教育资源，加强对当代大学生的精神教育，帮助一些处于精神困境中的学生大量汲取精神正能量，减缓各种精神压力，摆脱各种精神危机，勇敢地迎接各种挑战，努力战胜自我，寻求人生的更大成功，是新时代一个迫切需要去破解的难题。

二、提高当代大学生精神教育有效性的需要

在当前的教育生态环境下，人们已经深深地认识到，不管什么样层次的教育，都不只是知识的教育，更重要的是精神教育。没有精神教育，是无灵魂的、残缺的教育。精神教育本质上就是铸造人的灵魂的教育。自觉而良好的精神教育，可以促使一个人目光高远，富有责任，内心清新而强大，心灵美丽而充实，情感丰富而健康。反之，如果只有专业知识目标，没有人类高尚的精神追求和精神文明准则，非但不能造福社会，甚至还会助纣为虐，造成灾难。对于当代大学生而言，教育同样不只是知识性的系统学业教育，更重要的是有益于培养健全人格和各种社会必备素质的精神教育。面对物欲横流与享乐盛行，面对各种各样的迷惘困惑，当代大学生个体和群体需要拓展更高的精神境域。这就要求通过教育不断地进行其精神体系的创建、重构。重建不是对于过往精神推倒的重建，而是有必要借助各种优秀的文化教育资源，利用现实的教育生态环境条件，结合新时代特点、新要求、新境域的重新构建，其重建的根底就在教育。

随着各个方面对于高校思想政治教育重视程度的不断强化，精神教育也得到了相应的重视。总体上，当今中国的大学，正在努力尝试采用多样化的形式和主题活动，积极开展精神教育。例如，开设红色精神等的主题讲堂、建立各种精神研究的中心平台、开展校内外精神扶贫的公益活动、组织学生参与精神致富的实践活动等，旨在关切大学生精神的痛点和难点，扩大大学生的精神视野，加强大学生的精神陶冶、心灵修养，提升大学生的审美素养，深化校园崇尚精神的人文氛围等。尤其是很多理工科大学，已经渐渐认识到了借助各种优秀文化资源加强精神教育的重要性。不过，如何利用富有特色的传统精神教育资源，针对"00后"大学生的精神状况和群体特点，富有创造性地开展精神教育，在有些学校，还有很多值得探索和加强的地方。尤其是有些精神教育者采取失之于空洞、虚化的陈旧教育说服模式，其精神教育缺乏力度，无法对学生产生心灵共振和良好情绪感染，不利于源

源不断地传输给学生精神正能量。因此，总体上看，当代大学生精神教育的有效性还有待于进一步提高。事实上，开展当代大学生精神教育，既需要借助大别山红色口述文化资源之类优秀精神教育资源，对传统的精神教育有所坚持，又需要从追求、信念、道德、气质和修养等各个方面，给学生注入新的时代精神正能量，在提高精神教育现代化上有所建树。而所有这些的落脚点，都是要有针对性地依据学生的精神状况和存在的突出问题，提高学生精神教育的有效性。

三、深度发掘优质文化资源精神教育价值的需要

人类所秉持的精神，应是一类人们共同信奉的真理性精神，诸如科学、民主精神，爱国精神，社会公平正义的精神，人道主义精神等，这些精神，蕴含在各类传统的和流行的优秀文化资源之中，有利于帮助人们自由、幸福、有尊严地活着，有利于人类的文明进程和社会进步，因而对于一个人的生存和发展、对于一个群体充满活性地凝聚，极为重要。2014 年，习近平总书记在比利时布鲁日欧洲学院演讲时指出："脱离了中国的历史，脱离了中国的文化，脱离了中国人的精神世界，脱离了当代中国的深刻变革，是难以正确认识中国的。"① 这里所彰显的正是一种基于中国精神的自信底气。而中华民族屹立于世界民族之林的一个重要特点和优势，就是重视精神家园的营建，并且也总是习惯于生活在精神的世界里。正是从各种优秀文化资源发掘、汲取了丰富的精神正能量元素，中国人民才能战胜各种各样的艰难困苦甚至民族屈辱，走上了从站起来到富起来、强起来的康庄大道。如今，作为创造祖国未来的储备生力军，当代大学生更加需要胸怀中华民族伟大复兴全局和百年未有之大变局"两个大局"，抓住新时代的新机遇，迎接新时代的

---

① 习近平：《出席第三届核安全峰会并访问欧洲四国和联合国教科文组织总部、欧盟总部时的演讲》，人民出版社 2014 年版，第 45 页。

新挑战，从各种优秀文化资源中发掘、汲取更多的精神正能量。而利用大别山红色口述文化资源加强当代大学生精神教育，帮助他们从迷惘和困惑中找到自己，挚爱真善美，关切天地人，实现精神上的解放，从而促使他们发挥潜能，张扬个性，运用自己与生俱来的智慧，去争取人生的成功，这也正是有利于深度发掘这一资源精神教育元素的价值诉求。

第二节　利用大别山红色口述文化资源加强
当代大学生精神教育的主要内容

提高当代大学生精神教育的成效，不仅要与时俱进地吸纳各种现代教育技术元素，依托先进的精神教育发展平台，提升相关主体的信息素养，实现当代大学生精神教育体系与教育能力的现代化，还要注重从各种优质的精神教育资源中提取宝贵的教育案例、素材、经验、方法，并借以增添当代大学生精神教育的人格魅力、传统情韵、案例特色以及针对性、说服力等，提高当代大学生精神教育实效。

在新民主主义革命过程中，中国共产党领导大别山人民创造了独特的大别山精神，这一精神，内在于大别山各种优秀文化系统之中，尤其是通过丰富的大别山红色口述文化资源而得以向社会深层渗透，并且不断沉积形成了厚实的精神教育资源，浸润着大别山这片神奇的红色沃土。这些凝聚大别山精神的宝贵资源，既包括大别山红色革命史迹，红色革命群体，红色革命人物，红色革命事件，红色革命歌谣、戏剧、曲艺、诗歌以及红色革命遗址遗物等之中可以作为新时代精神教育素材的案例、资源，又包括中国共产党宣传、教育、动员广大大别山人民群众树立坚定的共产主义精神信仰，听党的话、紧跟党走、坚守奉献等可资新时代借鉴的精神教育经验和方法，因而对于当代大学生精神教育具有极其重要的价值意义。那么，大别山红色口述文化资源所蕴含的大别山精神究竟是一种什么样的精神？这一精神对于当代大学生精神教育的价值意义又究竟体现在何处？这是传承、弘扬大别山精神，提高当代大学生精神教育的质量和效益首先需要回答的问题。

一、大别山红色口述文化资源所蕴含的大别山精神

对于大别山红色口述文化资源所蕴含的大别山精神内涵的认知，是以大别山精神为重要内容的当代大学生精神教育能否产生良好效果的一个前提条件。值得肯定的是，在红色文化研究领域，关于这一精神内涵的认知，近些年来已经引起了部分学者的重视。在大别山精神的文本表述及内涵阐释等方面，陆续出现了一些富有建设意义的学术见解，总结起来，比较典型的有：

2012 年，河南省组织的"大别山精神"研究组将大别山精神内涵概括为"坚守信念、胸怀全局、团结一心、勇当前锋"。有学者对之相应地阐析为："'坚守信念'指大别山军民凭借坚定的信仰，在白色恐怖和困境下，百折不挠，坚守大别山，28 年红旗不倒，凝结出对党忠诚、威武不屈、坚忍不拔的精神，是大别山精神核心所在。'胸怀全局'指在革命的紧要关头，为了革命全局，大别山军民从全局出发，用自己的牺牲为全局胜利创造条件，凝结出顾全大局、甘于奉献的精神，是大别山精神风格的体现。'团结一心'指在开创和坚持大别山斗争中，大别山军政、军民团结一致，为扩大人民军队，保证战争胜利和政权建设奠定坚实基础，凝结出热爱军队、服务人民、同心同德、携手共进的精神，是大别山精神的根本保证。'勇当前锋'指大别山根据地不仅是中共创建的全国最早的根据地之一，而且在中国革命紧要关头，大别山军民都处在最前沿的地位，发挥着重要而特殊的作用，凝结出听党指挥、英勇善战、勇字当头、积极进取的精神，是大别山精神的革命品质。"[①]对大别山精神内涵的此种概括，乔新江、杨文超、张晓路、李平、谭备战、陈改革、张果等学者也有比较一致认同的阐述。例如，李平认

① 佟德元：《大别山红色文化研究综述》，《赣南师范学院学报》2013 年第 5 期。

为，大别山精神一般定义为"从中国共产党成立到新中国建立，以大别山为中心的鄂豫皖三省交界地区，由中国共产党及其领导的武装力量和革命群众，为了民族解放、人民独立，在推翻封建主义、帝国主义和官僚资本主义的长期革命斗争中用鲜血和生命铸就的革命信仰、革命行动、革命品质的革命精神的总和"，并对上述概括大别山精神内涵的十六个字予以了解释①。乔新江撰文："28 年大别山地区革命斗争的火焰虽然有时旺盛腾跃，有时只有星光点点，但始终燃烧，从未熄灭，从而形成以'红旗不倒'为特征，以'坚守信念、胸怀全局、团结奋进、勇当前锋'为主要内容的大别山精神。"② 曹新博撰文："我们必须坚守信念、胸怀全局、团结奋进、勇当前锋，在实现中华民族伟大复兴中国梦的历史进程中，创造无愧于时代、无愧于人民、无愧于先辈的辉煌业绩。"③ 杨文超将其与大别山抗战歌谣关联起来阐释："大别山地区抗战歌谣作为大别山精神的重要载体，展现出了大别山精神的核心内涵，即矢志不渝的坚守抗战信念精神；胸怀大局的担当奉献精神；团结一心的抗日救国精神；勇当前锋的杀敌报国精神。"④ 谭备战、陈改革撰文："'坚守信念、胸怀全局、团结一心、勇当前锋'的大别山精神作为中国精神的一种，世代相传，永不过时。"⑤ 陈华林也撰文："大别山红色基因主要体现为鄂豫皖根据地党政军民共同培育的'坚守信念、胸怀全局、团结一心、勇当前锋'的大别山精神。"⑥

有些学者对上述大别山精神内涵予以了扩充或不同维度的阐释，例如，刘晖、侯远长认为："大别山精神的主要内涵，包括'坚守信念、对党忠诚、前仆后继、不怕牺牲、依靠群众、同甘共苦、胸怀大局、敢于担当'。其中

①　李平：《大别山精神的内涵与当代价值》，《人民政协报》2018 年 5 月 17 日 009 版。

②　乔新江：《"红旗不倒"的大别山精神》，《百年潮》2016 年第 8 期。

③　曹新博：《传承红色基因　弘扬大别山精神》，《河南日报》2019 年 12 月 20 日 008 版。

④　杨文超：《从大别山抗战歌谣看大别山精神的内涵》，《赤峰学院学报》2016 年第 1 期。

⑤　谭备战、陈改革：《大别山"红色品牌"效应建设探析》，《教育现代化》2019 年第 82 期。

⑥　陈华林：《从大别山精神中汲取改革强军动力》，《学习月刊》2019 年第 10 期。

'坚守信念、对党忠诚'是大别山精神的灵魂;'前仆后继、不怕牺牲',是大别山精神的核心;'依靠群众、同甘共苦',是大别山精神的精髓;'胸怀大局、敢于担当',是大别山精神的关键。"① 又如，石仲泉将其内涵概括为:"坚守信念、对党忠诚，胸怀全局、甘于奉献，依靠群众、团结奋斗，不畏艰苦、勇当前锋。"② 有的学者则注重从大别山人民牺牲、奉献、忠诚和党性等方面概括大别山精神的内涵。例如，程昌文认为，"大别山精神的内涵包括坚贞忠诚、牺牲奉献、万众一心、永跟党走四个方面，它的形成是在一定的历史阶段、多种条件共同作用的结果。"③ 刘利将其归纳为四种精神:信念坚定、执着坚韧的精神;艰苦奋斗、廉洁奉公的精神;朴诚勇毅、求真务实的精神;万众一心、不胜不休的精神。④ 胡遵远将大别山精神归纳为三个方面:坚贞忠诚、牺牲奉献、永跟党走。⑤ 李新安将大别山红色基因归结为四个方面:"坚贞忠诚"是核心本质、"永跟党走"是永恒主题、"一心为民"是根本保证、"牺牲奉献"是鲜明特征。⑥ 郑兴刚、曾祥明将大别山精神的内涵概括为四个方面:"坚定信念、赤胆忠心、无私奉献、艰苦奋斗。"⑦ 刘泽双、赵毅强调:"大别山人所具有的'艰苦卓绝，英勇顽强;吃苦耐劳，勤俭节约;热爱家乡，自强不息;淳朴善良，脚踏实地'等传统民族精神，为大别山区革命的开创和发展构建了最广泛的群众基础，是其革命精神的根基和沃土。"⑧ 毛帅将大别山精神概括为:"信念坚定、意志顽强，艰苦奋斗、军民团结，实事求是、勇于创新。"⑨ 六安市亦将大别山精神概括为"坚贞忠诚、牺牲奉献、万众一心、永

① 刘晖、侯远长:《大别山精神:内容特征及传承》，《中国延安干部学院学报》2016 年第 1 期。

② 石仲泉:《"大别山精神"刍议》，《苏区研究》2017 年第 4 期。

③ 程昌文:《大别山精神的形成要素研究》，《内蒙古财经大学学报》2017 年第 5 期。

④ 刘利:《大别山精神的科学内涵及其时代价值》，《学习月刊》2014 年第 10 期。

⑤ 胡遵远:《对大别山精神的再探讨》，《党史纵览》2017 年第 1 期。

⑥ 李新安:《大别山红色基因与传承》，《实事求是》2017 年第 3 期。

⑦ 郑兴刚、曾祥明:《大别山精神研究现状与思考》，《苏区研究》2019 年第 4 期。

⑧ 刘泽双、赵毅:《大别山精神研究中存在的几个认识误区》，《老区建设》2015 年第 8 期。

⑨ 毛帅:《大别山精神与"青马工程"》，《信阳农林学院学报》2017 年第 12 期。

跟党走"①。陈荣芳研究认为，"在中国新民主主义革命的系统语境之下，中国
共产党领导大别山人民，结合革命斗争发展的区域实际，制定并实施合理有
效的财务管理规章制度，以保障革命能够顺利进行，由此所表现出一种独特
的革命财务精神"。其本质特征是"官兵平等、军民一家"，"公正廉明、无私
奉献"，"艰苦奋斗、勤俭节约"，"保障有力、效率优先"。②

　　还有学者以大别山重要区域为典型，把握、阐释大别山精神的内涵。例
如，湖北省红安精神研究课题组专门就大别山重要革命老区红安概括并阐释
了"红安精神"的内涵，认为：这一精神的内涵就是"万众一心，为党为民，
朴诚勇毅，不胜不休"。"万众一心"指齐心协力，团结一致，这种团结是在
党领导下，用马克思主义真理统一广大党员、干部和群众思想的结果。"为
党"指胸怀共产主义理想，信仰马克思列宁主义，信任中国共产党，坚决贯
彻执行党的路线方针政策，为实现党的目标而奋斗；"为民"指践行党的宗
旨，全心全意为人民服务，为实现最广大人民群众的根本利益无私地奉献。
"朴"指朴素实在，艰苦奋斗，求真务实；"诚"是忠诚诚信，忠心耿耿，顾
全大局；"勇"指敢于斗争，勇于创新，勇于献身；"毅"则是坚毅顽强，坚
韧执著，自强不息。"不胜不休"指为夺取革命胜利，为实现共产主义远大
目标，矢志不渝，一往无前，不达目的，誓不罢休。概括而言，就是一心
为人民，一心跟党走，一心干革命，一心夺胜利。而"一要三不要"，即要
革命，不要钱，不要家，不要命；"一图两不图"，即图贡献，不图名，不图
利，这种舍生取义、无私奉献的情怀，构成了红安精神最重要的品质，也是
红安精神最显著的标志。③ 对此，李良明表达了自己的看法，认为红安精神
应概括为："朴诚勇毅，一心向党，求真务实，艰苦奋斗，不胜不休"，并指

---

　　① 《六安市确定"大别山精神"表述语》，2016 年 12 月 5 日，见 http://ah.anhuinews.
com/system/2016/12/05/007519925.shtml。

　　② 陈荣芳：《试论大别山红色财务精神及其多元现实价值》，《黄冈职业技术学院学报》
2011 年第 4 期。

　　③ 中共湖北省委党史研究室课题组：《红安精神研究报告》，2005 年 12 月 16 日，见
http://hbds.cnhubei.com/dsyj/201410/t20141028_50420.shtml。

出"它蕴含着共产党人的远大理想、根本宗旨、思想路线与革命作风，具有浓厚的红安乡土气息，是中国优秀传统文化和红安民俗文化相结合的产物"[①]。方诚则直接认同这一精神就是大别山精神，认为："经过长期研究和反复讨论，现在大多数人已经认同将大别山精神的文本表述为'朴诚勇毅，不胜不休'。"[②] 并对之阐析为："朴"即真廉务实、"诚"即忠诚诚信、"勇"即无私无畏、"毅"即执着坚韧；"不胜不休"即不达目的不罢休。

在梳理学界对大别山精神的各种表述的基础上，依据大别山革命历史发展的史实，笔者认为，大别山精神应包含有比较妥帖、精当、合乎大别山革命历史实际的如下几个基本特质，即：朴诚勇毅、不胜不休、胸怀全局、坚守信念、紧跟党走、团结一心、勇当前锋。这些基本的精神特质，大量蕴藏于大别山红色口述文化资源之中，使得大别山红色口述文化资源成为当代大学生精神教育的资源宝库。

二、大别山红色口述文化资源融入当代大学生精神教育的主要内容

利用大别山红色口述文化资源加强当代大学生精神教育，主要就是要从具体、生动的案例资源中发掘大别山精神的丰富元素，并将大别山精神的丰富元素融入当代大学生精神教育的实际工作之中。因此，大别山红色口述文化资源融入当代大学生精神教育，可以围绕这一精神几个主要的基本特质，即朴诚勇毅、不胜不休、胸怀全局、坚守信念、紧跟党走、团结一心、勇当前锋来加以梳理。

（一）"朴诚勇毅"：突出的主体人格

"朴诚勇毅"这四个字彰显了大别山优秀儿女特别突出的个性人格特征，

---

① 李良明：《论红安精神》，《中国井冈山干部学院学报》2010 年第 2 期。

② 方诚：《大别山精神简论：朴诚勇毅　不胜不休》，《中国井冈山干部学院学报》2019年第 3 期。

是从深层展示大别山精神主体特质的核心元素之一。

大别山精神之"朴"。"朴",《汉语字典》解为 pò,落叶乔木,叶椭圆形,上部边缘有锯齿,花细小,色淡黄,果实球形,黑色,味甜可食,木材可制器具;又 pǔ,没有细加工的木料,喻不加修饰,有朴素、朴实、朴厚、朴质之意。大别山精神之"朴",正表明大别山优秀儿女朴素、朴实、朴厚、朴质的人格特征。朴素是突出他们为人素淡而不骄矜,本真而不修饰,耿直而不虚伪;朴实是突出他们待人接物实实在在,本分踏实,不奸不狡,也不花里胡哨,因而令人放心;朴厚是突出他们在人际交往中敦实、宽和、厚道,与人相处,不斤斤计较,有气度、格局大;朴质是突出他们个性中纯正粗放、持重守正的品性、特质。大别山革命中,诸多革命人物、革命史实和当时创作宣传的红色歌谣等红色艺术作品,都鲜活地展现出大别山精神中这个厚重的"朴"字。以歌谣《十二月叹郎》①为例,即可以体验到这样一个"朴"字的精神原生内质。这首歌以群众喜爱的小调演唱,在黄安各地普遍流行,以时令的变化构成中心主线,以优美的词曲作为传达媒介,将战争氛围中女性特有的脉脉温情,明快地传达出来。女主人公支持、劝导自己的郎哥积极参加红军:"正月叹郎是新春,我与我郎说原因。现在革命高潮起,小郎哥儿啥,你去当红军。二月叹郎是花朝,我郎政府打'介绍'。介绍条子拿在手,小郎哥儿啥,红军里面跑。"当时中国共产党领导黄麻起义,在黄安,革命高潮骤起,在这样的情势下,作为一个正在谈婚论嫁的妙龄女子,出于对革命的热情、对红军的热爱、对反动势力的痛恨,为了革命的大家,不顾自己的小家,在与郎哥打"介绍"之后,即能够深明大义,毅然送自己的郎哥去参加红军,这种情怀看似朴质,却何其高尚动人。她依依不舍地送别郎哥,从内心深处期盼、祝福郎哥不断取得战斗的胜利:"三月叹郎是清明,我送我郎当红军。亲自送到大门外,小郎哥儿啥,胜利万万春。"她天天等

---

① 红安县革命史编写领导小组办公室编:《红安革命歌谣》,武汉大学出版社 1986 年版,第 182—184 页。

待着郎哥的信息，不知道他在队伍里过得如何了？而郎哥四月飞鸿，告知她红军队伍里如何官兵平等互爱，与军阀是如何的天壤之别："四月叹郎四月八，我郎写信寄回家，红军里面多亲爱，小郎哥儿啥，不比那军阀。"这使她感到了一种莫大的安慰。到了五月，捷报传来，郎哥在花园打了胜仗，取得了不小的战绩："五月叹郎是端阳，我郎花园打胜仗。缴的长枪无其数，小郎哥儿啥，八架机关枪。"她的自豪感更是溢于言表。六月天气炎热，打游击的郎哥，身上缠着弹带，头上顶着骄阳，一定很热："六月叹郎是炎天，我郎游击云梦县。头顶太阳如烈火，小郎哥儿啥，弹带身上缠。"她的关切之情油然而生。而"七月叹郎是伏天，我郎写信要鞋穿，青布鞋子做得有，小郎哥儿啥，要穿我捎来。"其实许多的细节，无须郎哥言语，她已早早做了准备。而八月中秋，听说要打光洲了，她最为愁心的是怕郎哥在战斗中挂彩："八月叹郎是中秋，听说我郎打光洲。单怕我郎挂了彩，小郎哥儿啥，奴心也难受。"郎哥九月又转战到黄冈打游击，占领了新洲城，而十月又打下商城，打垮了敌人几个团："九月叹郎是重阳，我郎游击到黄冈。新洲城内都占定，小郎哥儿啥，努力打豪强。十月叹郎小阳春，我郎游击到商城。麻埠东边打一仗，小郎哥儿啥，敌垮几团人。"这些战斗的胜利，使她由衷地为郎哥高兴。冬天里，天气冷了，郎哥转战麻城、黄安，他忠实又勇敢，为建立苏维埃政权做了贡献，回到了自己的家园："冬月叹郎天气冷，我郎转到麻城境。听说黄安来了匪，小郎哥儿啥，赶去打敌人。腊月叹郎梅花开，建立政权苏维埃。我郎忠实又勇敢，小郎哥儿啥，胜利返家园。"一曲《十二月叹郎》，把革命战争的艰难困苦和普通女性的爱恨情愁紧密地交融于一体，在大别山浩渺的历史时空中留下了一道朴质情感的清晰轨迹，其所表达的深沉民族大爱和缠绵男女情爱，可谓真切动人，撼人心魄。此类红色歌谣，在大别山区多达数千，生动鲜活地展现出大别山优秀儿女的原生态精神内质，传递着大别山精神的遗传密码，对于开展当代大学生精神教育，提升其精神境界，帮助一些处于精神困境中的大学生实现精神"脱贫"，返璞归真，养成良好的人格品质，无疑是优质的精神教育资源。

　　大别山精神之"诚"。"诚",《说文》："诚,信也。从言,成声。"意谓对人要诚实讲信用,不搞鬼鬼祟祟的把戏,不要阴谋诡计。《礼记·中庸》称："诚者天之道也,诚之者人之道也。"认为"诚"是天的根本属性,努力求诚以达到合乎诚的境界则是为人之道。又说："诚者,物之终始,不诚无物。"认为一切事物的存在皆依赖于"诚"。孟子认为反省自己以达到"诚"的境界,就是最大的快乐,也就是"反身而诚"。荀子也把"诚"看作进行道德修养的方法和境界。李翱将"诚"看作"圣人之性",是至静至灵寂然不动的"心"(精神)。周敦颐《通书》以"诚"为至高无上的宇宙本体："诚者,圣人之本。大哉乾元,万物资始,诚之源也。"明清之际王夫之提出"诚,以言其实有尔",用以指客观的"实有",是宇宙的一般规律。可以说,"诚"是儒家为人之道的中心思想,立身处世,当以诚信为本。宋代理学家朱熹肯定"诚"是一种真实不欺的美德,认为："诚者,真实无妄之谓。"要求人们修德做事,必须效法天道,做到真实可信。说真话,做实事,立信重义,反对欺诈、虚伪。大别山地跨鄂豫皖三省,特殊的地理环境,加之深受中国传统儒释道文化中"诚"这一美德的深层影响,因而在大别山精神里,"诚"这一核心元素,不仅有天然聚成的生态环境条件,也有人文熏陶的历史文化传统根源。大别山精神之"诚",其中最为突出地体现为大别山革命人民和军队坚持真理、忠诚信守、求真务实的优秀品格。例如,在革命的征途,大别山红军曾在肃反运动、机会主义路线和错误政策的影响下,遭受过沉重的打击,付出了很大的代价,尤其是在张国焘推行的错误肃反运动中,甚至发生一代战将徐海东在前方奋力作战,妻子却在肃反中被杀害之事。许多大别山的共产党人如徐朋人等人,忠于党、忠于人民、忠于革命理想和事业,赤胆忠心,宁可杀头,豁出命来也要说真话,与错误路线作坚决的斗争。一些红军指导员被诬陷为"改组派""AB团""第三党",虽然生命危在旦夕,但正是基于这种大别山精神之"诚",当战势危急时,他们仍以革命为重,冲锋陷阵,或克敌制胜,或壮烈牺牲,死而无憾。这样忠于党、忠于人民、忠于革命理想和事业、追求真理、求真务实、诚实信守的人物事件,在大别山革命史上有诸多案例，其中所展现的大别山精神之"诚"，对于开展当代大学生精神教育，杜绝讲假话大话套话空话、造谣传谣等恶习，消除在大是大非面前不敢、不愿讲真话，不忠于自己的理想和事业，甚至给党、给人民、给国家造成重大损失的各种不良现象，培养当代大学生坚持真理、诚实守信、忠诚奉献的优秀道德品质，毋庸置疑，都是宝贵的精神教育资源。

大别山精神之"勇"。勇，从甬从力。百度汉语释义称："力及所至，生命勃发甬甬然也。""勇者，气也。气之所至，力亦至焉；心之所至，气乃至焉。故古文勇从心，恿。"从勇的基本字义来看，一是指有胆量，敢做。如勇敢、勇毅、勇气、勇士、英勇、奋勇。二是中国清代称战争时期临时招募的兵士。如兵勇、劲勇、募勇。三是指姓。四是指儒家的伦理范畴：果断、勇敢。孔子把"勇"作为施"仁"的条件之一，"勇"必须符合"仁、义、礼、智"，而且不能"疾贫"，才能成其为勇。《论语·宪问》："仁者必有勇。"又《阳货》："君子有勇而无义为乱。"又《子罕》："知者不惑，仁者不忧，勇者不惧。"大别山精神之"勇"，既从个体生命状态表明大别山人民"有胆量、敢做"和"果断、勇敢"的内在精、气、神，也从伦理道德维度突出大别山人民"英勇"和"无私无畏"的主体人格品性。山的亘古和水的绵延，使得大别山儿女有着淡定生死的心态。他们是无私的，勇于担当，敢想敢做，不畏艰难困苦，不怕流血牺牲，在决定个人生死的紧要关头，总是把生存的希望留给同志，留给群众，把危险和牺牲留给自己，勇敢地面对生死，为革命付出自己宝贵的生命。正是这样的内在精、气、神和主体人格品性，成就了无数中国革命时期的大别山英雄传奇。例如，在大别山区，就流传着朱达的英勇故事。

那是二十世纪三十年代末，日寇入侵，大半个中国在日寇的铁蹄下呻吟，人民生活在水深火热之中。国难当头，每一个有良心的热血男儿都会挺身而出，肩负起民族的使命勇敢地抗击日寇，朱达便是其中一员。带几件衣裳，怀着对祖国的忠诚，他便义无反顾地参加了新四军，戴上了那枚肩章。入伍不久，他就成功地拆毁了一个定时炸弹。那枚大炸弹有几百斤重，日军用飞机把它投掷在一个居民区附近。当他所在的队伍赶到时，炸弹还没有爆炸，许多战士都忙着疏散群众，这时，他勇敢地站出来，主动提出拆毁那个大炸弹。几百双眼睛盯着他，引线已经开始冒烟，汗水顺着他的脸颊直往下落，在最后的十几秒钟里，他成功地拆毁了那颗炸弹，然后迅速而又从容地将内部的主要部件转移到了安全地区。后来，他所在的连队在他的带领下战斗力不断增强，在一次掩护转移中又立奇功。当时，主力部队原想北上配合友军作战，却不料陷入重围。多数同志经过艰难战斗突围了，他所在的连队面临自己要突围，又要掩护主力，同时还要转移军械的重任。在他的果断指挥下，一排迅速地将武器隐蔽起来，或伪装，或埋入地下，都做得非常巧妙，还把破旧武器故意丢成一条线。其他几个排则凭借地形顽强地同敌周旋。当敌人匆匆丢下200多具尸体进驻这个地区时，才发觉它是一座空谷。第二天，他们故意把敌人引到与主力部队方向相反的一座大山下。他们就在那座大山下坚持战斗了两个多月，并且保住了大部分同志的生命。后来，在友军的配合下，将失去的阵地收复，并且惊喜地发现以前隐藏的武器基本完好。虽然在最后的战斗中，他手臂被打伤，但他仍艰难地把一挺新型冲锋枪托在胸前，从来没有流过泪的钢铁汉子流泪了，此刻仿佛一位父亲经过艰难的寻索，找到了自己失散多年的儿子一般流下了泪水。①

大别山许许多多革命烈士的英勇事迹，都让我们深深地感受到在特殊环境中成长起来的大别山儿女那种高尚的革命情操和淡定的生死观念。此类大别山革命人物和事件将大别山精神之"勇"凸显出来，撼人心魄，对于培养

---

① 此口述案例资源由叶青根据大别山老革命者、原英山县税务局副局长、教导员朱达自己的回忆整理。

当代大学生敢作敢为、勇于担当、不怕牺牲等主体品质、气度和人格，教育他们在灾难危机、人民生命财产安全受到威胁的时刻，做到不临阵脱逃，不贪生怕死，勇敢地战胜一切困难和危险，都是能够发挥"补钙"作用的精神教育价值元素。

　　大别山精神之"毅"。"毅"，《康熙字典》释义称："《说文》：'妄怒也。一曰有决也。从殳，豙声。豙，豕怒毛竖也。'《正譌》：'豙从辛者，刚也。下从豕，会意，故借为刚毅字'。《书·皋陶谟》：'扰而毅。'《论语》：'刚毅木讷近仁。又曾子曰：士不可以不弘毅。'刘劭《人物志》：'温直而扰毅，木之德也。刚塞而弘毅，金之德也。'"这里所谓大别山精神之"毅"，既含"有决"之义，指果断、坚决；也取"强毅"之德，指刚毅、弘毅、恒心、毅力，凸显的是坚决的行事风格和坚强的意志品质。例如，红四方面军撤离鄂豫皖根据地后，在长征途中，三次过草地，数次过雪山，同时还深受张国焘分裂主义之苦。然而，广大指战员不畏强敌，不避艰险，英勇奋战，先后夺得了反国民党军队"六路围攻""川陕会剿"以及广昭战役、陕南战役和嘉陵江渡江战役等战役的重大胜利。在数次反"围剿"斗争中，部队经常昼夜行军，边走边战，战胜强敌，打出军威，多次突破敌人的围追堵截，临危不惧，视死如归。尤其是西路军在倪家营子大血战中，1.3万人被数万敌骑兵、步兵和反动民团重重围困在40多个囤寨里，因子弹极端缺乏，每当敌人蜂拥攻来，战士们就跃入敌群，全凭大刀、木棍、刺刀与敌厮杀。有的拉响手榴弹与敌人同归于尽，有的赤手空拳抱住敌人摔打、撕咬，这样血战四十多个日夜，总计毙敌近万人，终因敌众我寡，弹尽粮绝，只剩下四百余人。总部机关和三个建制军被毁，上百名团以上干部和上万名指战员英勇牺牲，许多被俘惨遭杀害。诸如此类的大别山红色口述文化资源中，优秀的大别山儿女向世人展现出坚定的革命意志，其所彰显的大别山精神之"毅"，正是他们能够经受各种重大考验，为革命做出重大贡献的原因之所在。利用这类资源，有利于诊治那些意志软弱、抗挫能力低下、缺乏阳刚之气的现代病症，有利于提高当代大学生精神教育实效，培养他们坚强的意志品质、坚定的自信心，推动他们为中华民族伟大复兴的"中国梦"而奋斗不息。

（二）"不胜不休"：坚定的必胜信念

"不胜不休"这四个字彰显了一种在坚定的革命理想信念之下不屈不挠，敢于斗争、敢于胜利，不达目的誓不罢休的精神和气度。在长期革命斗争中，大别山优秀的革命儿女有着渴望胜利的理想目标、夺取胜利的奋斗追求、赢得胜利的斗争智慧以及争取最后胜利的坚定信念。大别山老新四军革命战士杨昌文就口述过自己的革命经历：

> 在我心底深处，永远忘不了这一幕：那是 1946 年冬月中旬的一天，我们的部队驻扎在一个山脚下。当时我既当理发兵又当通讯员。中午战士们休息的时候，班长轻轻地走到我身边，亲切地对我说："小杨，有空吗？帮我剃个头。"正当我剃了一半时，突然接到报告说，有一大股敌人盘踞在山顶，正向我们营地逼近。两军相隔不到 200 米，情况十分危急。我们班长二话没说，从地上拿起枪，冒着枪林弹雨冲向敌人。他一出去就壮烈牺牲了，带着只剃了一半的头，永远地离开了他亲爱的党和战友，没有留下一句遗言！为了保存实力，上级命令我们迅速转移。我和战友们拿起步枪就往外冲，但敌人的火力太猛，前面的战友倒下了，后面的同志也壮烈地牺牲了。转瞬间，两位战友牺牲的悲痛还来不及在我的脑海中回旋，一颗子弹已嗖地飞啸而来，正打中了我的左大腿，从小肚侧穿出。我身子一歪，差点倒下。我心里很清楚，一旦倒了下去就别想活着回去见党组织了，就别想再为党出力了，因为敌人离我们只有七八十米。于是，我迅速从身上扯下一块布，包扎好伤口，忍着剧痛，继续往前跑，一口气跑了 30 来里，终于赶上了大部队。这时，殷红的鲜血已浸透了绷带。由于失血过多加上过度劳累，我晕倒了。后来休养了一个多月，伤口才慢慢地愈合。
>
> 1947 年 2 月，江汉支队一部转移编入鄂西北军区第五团，我仍在

该部任理发员。严冬腊月，寒气逼人，一场大雪铺天盖地，池塘里的冰足有一尺多厚，战士们的手脚都冻得像馒头一样，但同志们丝毫没有退却，依然勇往直前，英勇地战斗。我们一路连战连捷，从南阳打到潢川。正月十五，我们在红安七里坪驻扎下来。正月中下旬，我们在柳家垸同敌人遭遇。这次我们的伤亡很重，敌人的几颗炮弹击中了团指挥部，多名团领导同志光荣地牺牲了。三连以及警卫排、侦察排的战士在杨洪先团长的带领下同柳家垸的敌人展开了殊死搏斗。最后，敌人被全部消灭了，我们也永远失去了许多亲如兄弟的好战友。杨洪先带领我们不到 30 个人去跟大部队联络，一路上，我们又多次遇到敌人的袭击。在最后一次战斗中，我和另外一名战士又与部队失去了联系。我们好像离开了雁群的孤雁，一下子不知所措，离开了党的领导，我们真有点像无娘的孩子，脑海中一片茫然。

后来，在龙王山我们遇到了国民党军开小差的黄元音，他也是对国民党军不满才逃跑的。在他的帮助下，我们来到了靠山店。1947 年 6 月，国民党抓壮丁，我们两人都被抓到河口县城，在检查身体的时候，由于我的手曾经受过伤，又被退了回来。这年 10 月，我又重回革命队伍，在礼山县（现在大悟县）一区中队当战士。1949 年元月，礼山大队一区中队与孝感分区警卫二连合并。5 月，上级又把孝感分区警卫二连拨到了黄冈大队第一连，张绍基任连长。我深信我们党、我们人民一定能够取得最后的胜利，新中国成立的时候，我光荣地加入了中国共产党。我的战斗历程可以用这样一句话来概括：三渡襄河，始终听党的话，听领导的话。①

杨昌文三渡襄河，矢志不渝。从他的讲述中，可以深深地体会到像他所述班长这样的无数英雄战士的牺牲是何等壮烈，像杨昌文这样在党的教育

---

① 此口述案例资源为原红安县农机局副局长杨昌文的自述经历，由王莉萍整理。

下，即使面临绝境，仍怀着对革命的必胜信念，英勇奋战，不胜不休，又是何等感人。此类体现"不胜不休"的大别山精神特质的素材，在大别山红色口述文化资源中广为散布，对之加以整理、挖掘和利用，在当代大学生的精神教育中，必定能够发挥出极大的价值作用。

（三）"胸怀全局"：宽广的革命胸怀

大别山红色口述文化资源所反映的大量史实显示，在革命的紧要关头，为了革命全局的利益和需要，大别山人民和军队总是以宽广的革命胸怀，用自己的牺牲为全局的胜利创造条件，体现出一种牺牲奉献的精神，由此形成了大别山精神中"胸怀全局"的精神特质。例如，面对国民党军队的疯狂"围剿"，大别山红军在自身也面临"围剿"、危机重重的境况下，多次南下策应中央苏区的反"围剿"斗争，有力地支援了中央红军北上抗日的大局。1935年7月16日，红二十五军4000名指战员为了迎接党中央，与中央红军会师，从长安县沣峪口出发，离开鄂豫陕苏区，踏上继续长征之路，挥师西征北上。在途中，从战斗中缴获的敌电台、敌报纸上获悉中央红军北上并被国民党军队围追堵截的消息，红二十五军即召开全军誓师大会，徐海东副军长在动员大会表达决心："我们这几千人就是牺牲完了也要牵扯住敌人，保证党中央和中央红军顺利北上，这对全国革命具有重要意义。"① 红二十五军先后两次与国民党"围剿"部队展开殊死搏斗，取得了歼敌1700余人的重大胜利，牵制了敌人30多个团的兵力，有力地策应了中央红军的顺利北上。而红二十五军自身也损失惨重，政治委员吴焕先英勇牺牲，正副军长程子华、徐海东均身负重伤。在解放战争初期，留下的部队和中原解放军一起坚守反内战前线，用自己的巨大牺牲，为党在东北、华北、华东的战略部署赢得了宝贵时间。总之，为了革命胜利的大局，大别山人民牺牲了无数优秀的儿

---

① 中共黄冈市委党史办公室、黄冈市新四军历史研究会编：《从黄冈走出的人民军队》，鄂黄内图字2014年第34号，第24页。

女。大别山的黄冈地区，44 万英雄儿女献出了宝贵的生命，在册烈士达 5.5 万人之多。仅红安一县，在革命中牺牲、铭记在英雄幕墙上有名有姓的英雄就有 14 万人之多，令人肃然起敬。今天，大别山红色口述文化资源中这些活生生的历史事实及其所彰显的胸怀全局的牺牲奉献精神，正是能够给当代大学生带来震撼效应的鲜活的精神教育资源。

（四）"紧跟党走"：正确的政治方向

大别山精神另一个突出之点，就是对党的无限忠诚。在中国共产党领导下，大别山革命人民寻找到了革命道路，有了正确的方向引领，看清了紧跟党走的前途与命运，心中充满了希望。因而，在艰难曲折的革命历程中，不管经历了何种困苦、受到了何种挫折，都能够始终如一地认同党、追随党，涌现出大批可歌可泣的英雄人物、革命事件。例如，梅希成是一名由农家子弟成长起来的革命干部，一生紧跟党走，经历了无数次血与火的考验。他曾这样口述自己一心向党、找党的一段艰辛经历：

1945 年元月，黄冈中心指挥部党委派我到五师党校学习。7 月毕业后，我被分配到信随县六区（也叫草店区），任区委书记兼武装民兵大队长。

1946 年 6 月，我们信随县干部跟随河南军分区警卫团开始从中原突围。7 月 28 日到达陕南商县一带，由于情况紧急，我团化整为零原地打游击。31 日下午，我们部队在一次游击行动中，被国民党军一个旅包围，在竹林关大山沟里与数倍于我之敌激战到天黑。我军伤亡惨重，因弹尽粮绝，寡不敌众，仅剩 60 余人全部被俘。

被俘后，我们被送到郑州国民党河南省第二监狱关押。从陕南到郑州，走了六七天，每夜被绑，经常挨打挨骂，他们根本不把我们当人看待。到郑州后，被送至监狱内看管。高墙的四角有碉堡，院门口设有一个岗楼，架有一挺轻机枪，院内还有两个哨兵看守。白天放风两小时，夜间每一牢房门口设有一个哨兵。每天只吃两顿，每餐两个杂面窝头，一碗白开水。由于营养不良，我得了夜盲症，但有病无药吃。1946年过冬，每人发了一件棉衣，一条烂毯。在监狱内，被看管人员打骂或侮辱是家常便饭。特别是女同志更受欺凌，有两位年轻妇女被看管的军官强逼为婚。

在高墙内，我们60多位战友虽然失去了人身自由，但我们的心一直向着党。我们避着看管人员，有时回忆在党旗下宣誓的情景；有时将共产党与国民党的作风、军纪、官兵关系、军民关系作对比；有时暗暗议论时局，分析逃出去寻找部队和党组织的机会。

1947年下半年，敌人将所谓的"青年训练总队"改成两个"和平爱国团"，我所在的一个团驻郑州南关外五里堡一个村寨内。时间一长，看管人员有些松懈，我和原五师文工团团员朱文华、原尉氏县一区区长姬佑卿秘密商量，决定瞅机会逃出，找我们的部队和党组织。

1948年3月17日晨，我们三人乔装打扮，佩戴自做的国民党军胸章，大摇大摆地通过敌哨兵的盘查，走出驻地，根据熟悉尉氏县情况的姬佑卿的意见，向郑州以南奔走。当夜在尉氏县三区地带稻草堆中睡了一夜，三人整天未进饮食。18日早上8点多钟，又商量到南边二里外一个村寨内找东西吃，以便赶路。当我们走近寨子大门不远时，便见到一队肩背步枪身穿黄衣的人，前面一人端着枪走近我们问："哪部分的？"我们从服装上判断他们是国民党军，便答道："我们是青年军一〇六师的。""你们驻在哪里？""驻在洛阳。""到这里干什么？""到黄泛区考察。""有考察通行证？"我顺手假摸棉衣口袋和裤口袋。实际上，哪有什么证明。找了半天。我才支支吾吾地说："哎呀，走急了，忘带公文包。"我以攻为守地反问他们："你们是哪部分的？""河南省保安第二团。"我一听，心想，坏了，刚出狼窝，又要进虎口！没容我们多想，那人就说："既然没有证明，就跟我们走。"

我们跟他们走着、想着，想着、走着，该如何应付这种局面呢？正当我们思考时，突然听到他们中有一人小声哼唱《三大纪律，八项注意》

的歌：“革命军人个个要牢记，三大纪律八项注意。”

听到这亲切悦耳的歌声，我们不觉由惊变喜，心问口，口问心，自言自语地说：“他们到底是哪部分的？怎么穿着国民党军的衣服，却哼着共产党的歌呢？噢，他们莫不是自己人?！”走着、想着，不觉到了目的地。

我们三人随他们来到村中的一个大院内，领头的人走到上房门口喊道“报告政委”。我们一听，又迷惑不解，自我问道：“咦？国民党军队里没有政委这个名称呀，为啥他们喊政委？”前后一联想，我心中豁然开朗。

不一会儿，政委派人通知我们三人进去。我们进屋，看到一位40岁左右穿黄军衣的人正伏案写什么。他很客气地让我们坐下，礼节性地向我们提问：“你们是从哪里来的？要到哪里去？”为防不测，我又将原来编的话说了一遍。他听我们说的前言不搭后语，便说：“不要怕，我们是新四军华东野战军部队。”

这时，我大胆地向这位政委说出实情。我指着朱文华说，我俩原是五师的。1946年7月中原突围逃出后，在陕南被俘，押送郑州来的。因我们受党的培养教育多年，时刻惦念着寻找部队，回到党的怀抱。我们三人密议，于昨天清晨从郑州牢房逃出来。没吃一粒粮，深夜在野外睡了一觉。今早想到村里找点吃的，才与你们的十几位面遇，他们将我们三人带到这里。

这位政委听我们说一天一夜没吃饭，立即叫他的警卫员带我们去找司务长安排饮食。下午，又派一个班送我们到当地县政府。休息了三天才找我们谈话，要求我和朱文华留在该县工作，见我们没表态，第四天派一个班送我们到豫东行署，再转送到豫皖苏军政干校学习。①

这是一份“紧跟党走”的宝贵历史案例材料。梅希成感慨地总结自己的

————————

① 此口述案例资源为大别山老革命者、原红安县副食品公司经理梅希成的自述经历。由中共黄冈市委党史办公室、黄冈市新四军历史研究会、黄州区新四军历史研究会整理。

人生经历："党培养我成长、成才！党率领我冲锋、前进！心中有党，路途光明！"从一个大别山革命老人所讲述的经历里，可以看到他的生死传奇以及永远跟着共产党走的心路历程。大别山革命老人石玉华也曾讲述过他找共产党、跟共产党走的革命经历，尤其是回忆中原突围的情形，也十分感慨：

> 中原突围付出了巨大的代价。我们在从湖北到川北、陕南，又从陕南到豫西北过黄河到山西的路上，时时刻刻都是在背着脑袋与敌人战斗。队伍中虽然有走失的，有退缩离队的，但更有千千万万的共产党员宁死不屈，就是在敌人的屠刀下，还要高呼"共产党万岁"！每当回忆起这段难忘的岁月，我的心就久久不能平静。这是什么精神？这就是一不怕苦，二不怕死的革命精神，这就是共产党员为人民彻底解放而奋斗的献身精神！没有这种精神，中国共产党就不会发展壮大，就不会赢得人民的信任，就不会取得全中国革命的胜利。
>
> 现在我虽然年事已高，但我对党的信任，跟党走的决心一分也未减。现在共产党中也有一些腐败分子，他们给党带来了极坏的影响，给党的工作造成了极大的损失。我相信我们党一定能够不断解决前进中的障碍和不断完善自己，发扬光荣传统，带领全国人民在新世纪里走向更加辉煌。①

大别山革命的大量史实也表明，"紧跟党走"，正是大别山的共产党人和革命人民在中国革命的不同时期始终坚守革命胜利信念、大别山"红旗不倒"的根本原因之所在。利用这些大别山红色口述文化资源，可以帮助当代大学生深刻体会党的伟大凝聚力，坚定当代大学生对党的认同，引导当代大学生紧跟党走，使他们在人生道路上能够始终保持正确的政治方向。

---

① 此口述案例资源为大别山革命老人、原黄冈地区医药公司经理石玉华自述，由中共黄冈市委党史办公室、黄冈市新四军历史研究会、黄州区新四军历史研究会整理。

（五）"团结一心"：克敌制胜的法宝

大别山红色口述文化资源，也体现出一种"团结一心"的大别山精神特质。这种团结精神包含军民之间、军政之间、军队与地方之间、官兵之间、上下级之间、工农分子和知识分子之间以及部队之间等团结的各个方面、各个层次。而"团结一心"的坚实基础就在于党和军队以政治纪律、群众纪律、工作纪律、生活纪律为主要内容的政治建设。大别山革命的各个时期、各支军队，都有严格的纪律规定和纪律检查机构的设置。例如，红二十五军规定："不拿群众一针一线，损坏东西要赔偿，买卖要公平，大小便要避女人，不能调戏妇女，一切缴获要归公。"在长征途中还作出了"三大禁令""四项注意"等纪律规定。红四方面军的纪律规定有十条：（1）不拿群众一针一线；（2）不拿穷人粮食；（3）对穷人态度要和蔼；（4）爱护枪支不要弄坏；（5）节省子弹勿乱打；（6）对群众要宣传红军主张；（7）火线上要对白军宣传；（8）占城市要注意收集机器、医药；（9）得物资要先照顾伤员同志；（10）到地方要研究地形、道路。如发现有违反纪律的现象就会严肃处理。而广大指战员无论是在平时还是在紧张危险的战斗中，无论是在老根据地还是在敌占区，对纪律的规定都是严格执行的。所以，革命军队所到之处，军民关系都如鱼水一样亲近；部队内部也非常团结，因为这些部队的指战员绝大多数来自被压迫的社会底层，他们为了劳动人民彻底解放的共同目标，同呼吸共命运，团结战斗，始终保持着一种群体的凝聚力，有了矛盾都能及时解决。整个大别山各革命群体都展现出"团结一心"的精神风貌。

今天，当我们走进红安、麻城、金寨、新县等当时的大别山革命活动中心县域时，仍有不少革命老区群众在聆听、吟唱各种反映大别山革命时期军民"团结一心"的战斗歌谣。在红安七里坪几乎人人会唱一首叫《黄安颂》的歌曲，歌词简短却意蕴深刻。"小小黄安，人人好汉。铜锣一响，四十八万。男将打仗，女将送饭。"这一曲短短 24 个字的《黄安颂》，以民俗艺术的形式，形象、生动地描绘了轰轰烈烈的黄麻起义的场景，真实记录了大别山人民参与革命的无限热情和对革命事业的大力支持。简单好记、朗朗上口的《黄安颂》一经产生就迅速传唱开来，成为动员群众参加革命的有力武器，并将这种"团结一心"的大别山精神风貌，在革命历史的大幕上不断地延展，传输到大别山人民社会生活深层，成为中国共产党人领导大别山革命人民克敌制胜的法宝。发掘、整理和利用大别山红色口述文化资源这些生动地体现"团结一心"精神特质的元素，将有利于当代大学生群体凝聚力的强化和协同能力的提升。

（六）"勇当前锋"：开拓创新的品质

大别山红色口述文化资源中的大量史实反映出，大别山军民有着一种敢为人先的开拓创新品质。这种"勇当前锋"的大别山精神特质：第一，从敢为人先、勇于开拓创新形成的伟大革命历史贡献上显现出来。鄂豫皖根据地不仅是中共创建的全国最早的根据地之一，而且从这里走出了多支人民军队。仅仅在大别山的黄冈地区，土地革命时期，就曾创建了中国工农红军第一军、中国工农红军第十五军、中国工农红军第四军早期红军，还组建了中国工农红军第四方面军、第二十五军、第二十八军三支主力红军；抗日战争时期，又先后诞生了新四军第四支队、独立游击第五大队、新四军游击第六大队、新四军第五师第十四旅四支抗日队伍，解放战争时期，中原突围和刘邓大军挺进大别山，为全国解放立下了不朽功勋，是在新中国成立前全国少有的红旗不倒的地区之一。第二，从中国革命紧要关头的特殊重要作用上显现出来。在中国革命紧要关头，大别山军民始终都处在最前沿的地位，发挥着重要而特殊的作用。例如，与张国焘错误路线的复杂斗争、中原突围的牺牲奉献、刘邓挺进大别山的革命转折等，都凝结出听党指挥、英勇善战、勇字当头、积极进取的精神，充分彰显了开拓创新的大别山精神品质。第三，从独立自主、勇于探索战胜各种艰难险阻的斗争智慧中显现出来。例如，中共鄂豫皖省委率领红二十五军长征留在鄂豫皖的红军和游击队，被国民党重兵包围、分割、封锁，与党中央、省委和主力红军失去联系。他们独立自主，勇于探索，虽在国民党的反复"围剿"中损失巨大，但却以百折不挠的革命意志在大别山顽强地坚持战斗。他们紧紧依靠人民群众，依托大别山区，勇于斗争，善于斗争，大力发展便衣队为主的地方武装，以灵活机动的战略战术，与鄂豫皖边游击区的国民党军作战。以大别山为中心，跨鄂豫皖三省45个县境，开拓创建了南方三年游击战争中最广阔的游击区，先后挫败国民党军队四次大的"围剿"，牵制国民党正规军68个团，约17万人，保存了大量军事骨干。在三年游击战中，积极探索战斗经验，创造了许多充满智慧的战例，以伏击战为主，以杀敌"回马枪"、长途奔袭、化装智取为辅，穿插、分割、围歼敌人等，主力红军、地方武装、便衣队相配合，有力地策应中央红军北上，丰富了人民军队进行革命游击战争的战略战术体系，开创了人民战争新局面，创造了独立自主、勇于探索的精神典范。而利用这些大别山红色口述文化资源的"勇当前锋"精神元素，弘扬大别山精神，在新的历史时期，对于开展大学生精神教育，帮助他们敢为人先，积极自主地进行各种难题的研究探索，攻坚克难，创新发展，是相当有益的。

第三节　利用大别山红色口述文化资源加强
当代大学生精神教育的具体举措

利用大别山红色口述文化资源加强当代大学生精神教育，实际上就是要通过一些具体有效的措施，使大别山精神能够在当代大学生中得到传承和弘扬，从而帮助他们从中汲取强大的精神正能量，在"两个一百年"历史交汇之际，勇于担当时代重任，为中华民族伟大复兴，奉献自己的青春年华，创造性地完成自己光荣的使命。这就需要采取有效的举措，一方面，提高当代大学生对于传承弘扬大别山精神的价值认知；另一方面，加大大别山红色口述文化资源中的精神教育元素融入当代大学生精神教育的实施力度，推动大别山精神传承弘扬与当代大学生精神教育的有机契合，使大别山精神在当代大学生精神教育中的价值能够得到充分的实现。

一、提高当代大学生对传承弘扬大别山精神的价值认知

对传承弘扬大别山精神的价值认知水平，直接影响大别山红色口述文化资源融入当代大学生精神教育的效果，因此，是相关资源利用者必须重视的环节。在具体的教育实践中，可以从如下几个方面提高当代大学生对传承弘扬大别山精神的价值认知。

（一）关于传承弘扬大别山精神增添人生精神财富的价值认知

由于受到错误思潮影响、遭遇某些生活挫折、接受了不当的思维方式和思想方法等原因，在少数大学生当中，存在各种精神贫困的现象。通过多条路径，对这些学生实行精神扶贫，帮助他们摆脱精神困境，应是开展当代大学生精神教育责无旁贷的。大别山红色口述文化资源是富有大别山精神的宝贵资源，许多学者从不同角度阐述了大别山精神作为宝贵精神财富的特点，突出这一精神传承弘扬作为精神财富的价值意义。例如，2013年4月20—21日，"大别山革命史与干部党性修养"研讨会在河南新县召开，来自中央党史研究室、中国人民解放军军事科学院、国防大学、中国人民革命军事博物馆、郑州大学、北京化工大学、河南省委党史研究室、河南省社会科学院、信阳师范学院等单位的专家学者及新县各界代表近百人出席研讨会，他们一致认为，"大别山精神是鄂豫皖三省共有的精神财富"[①]。实际上，进行大别山红色口述文化资源的主题教育，就是要实行"精准扶贫"，让大学生认识到传承弘扬大别山精神的财富价值，在接受大别山精神教育过程中，有意识地去增添、积累自己的精神财富，从而能够守初心、担使命，把大别山革命先烈为之奋斗、为之牺牲的伟大事业不断地推向前进。

---

① 南武：《"大别山革命史与干部党性修养"研讨会在河南新县召开》，《中州学刊》2013年第3期。

（二）关于传承弘扬大别山精神增强人生奋斗驱动力的价值认知

一些学者特别强调传承弘扬大别山精神，可以帮助人们增强奋斗前进的驱动力。例如，李平指出："大别山精神是社会主义核心价值观的丰富滋养，是鼓舞和激励中国人民不断攻坚克难、从胜利走向胜利的强大精神动力。"① 祝辉等人指出："要把弘扬大别山精神、培育共产党人精神家园和实现中华民族伟大复兴紧密结合起来，在敢于担当中谋发展，在敢于担当中攻坚克难，在敢于担当中建功立业，切实把革命精神转化为创业精神，把政治优势转化为发展优势，努力振兴大别山革命老区，不断增强团结一心的精神纽带、自强不息的精神动力。"② 李庚香认为，"大别山萃集了践行党的初心和使命的红色基因"，应"弘扬大别山精神为实现民族复兴提供动力"；③ 刘晖等也指出："大别山精神是在长期的革命进程中形成发展壮大起来的，它是革命战争时代的产物，但在和平发展新时代仍然放射着新的光芒。它的先进性和革命精神将成为当今时代的精神力量，成为社会主义建设时期和改革开放新时期的精神支撑。"④ 利用大别山红色口述文化资源加强当代大学生精神教育，作为一种主题教育，就是要让大学生能充分感受、体验大别山精神的伟大力量，从而释放自身潜在的精神正能量，加大为自我人生价值的实现、为中华民族伟大复兴的中国梦而奋斗的驱动力。

（三）关于传承弘扬大别山精神提升精神教育成效的价值认知

精神教育是当代大学生教育的重要组成部分，其具体实施，需要有底蕴深厚、能量富足、系统优化的多种形态的精神作为内容支撑和质量保证。而

---

① 李平：《大别山精神的内涵与当代价值》，《人民政协报》2018 年 5 月 17 日 009 版。

② 祝辉、赵赞：《用红色文化营造当代共产党人的精神家园》，《中国纪念馆研究》2018年第 2 期。

③ 李庚香：《用大别山精神铸牢党性之魂》，《河南日报》2019 年 10 月 25 日第 11 版。

④ 刘晖、侯远长：《大别山精神：内容特征及传承》，《中国延安干部学院学报》2016 年第 1 期。

传承弘扬大别山红色口述文化资源中所呈现出来的大别山精神，即可以从多个方面丰富当代大学生精神教育的具体内容，提升其精神教育成效。这一点已经得到了许多学者的肯定。例如，陈思等认为，大别山精神的传承弘扬，"对新时代大学生成长成才教育有着很强的现实意义，是对新时代大学生补精神之钙，也是使他们强筋壮骨、勇担实现中华民族强起来历史重任的有效途径"；① 吴世儒、余滇等人强调可以通过传承弘扬大别山精神，加强爱国主义教育；② 吕杰等人指出，弘扬大别山精神，可以加强当代革命军人核心价值观培育；③ 吴昊阐述了传承弘扬大别山精神对于大学生理想信念教育的重要性；④ 等等。这些观点不仅从不同层次和维度揭示了传承弘扬大别山精神对于整体提升当代大学生的精神教育质量所具有的重要价值意义，也为他们作为现实的个体提升自我精神教育的成效、达到崇高的精神境界提供了有益的参照。

（四）关于传承弘扬大别山精神激发创新发展活力的价值认知

在大别山红色口述文化资源中，蕴含有大量勇于探索、开拓奋进、充满革命斗争智慧的案例资源，这些案例资源所反映出来的创新精神元素，彰显了大别山精神的生机活力。一些学者也从这个方面认识到了传承弘扬大别山精神的价值意义。例如，檀江林、项银霞等人强调，"新时期我们更应该始终以大别山革命精神为支柱，打好革命老区红色牌、优化生态绿色牌、丰富物产金色牌，把机遇优势转化为发展优势，把后发优势转化为竞争优势，努力把大别山建设成为一座拥有实力、具有活力、富有魅力的幸福之城、希望

---

① 陈思、高瑞阔：《"大别山精神"融入新时代大学生成长成才教育研究》，《皖西学院学报》2019年第6期。

② 吴世儒、余滇：《爱国主义教育示范基地在实现中华民族伟大复兴中的作用》，《中国纪念馆研究》2018年第1期。

③ 吕杰、张磊：《大别山红色文化与当代革命军人核心价值观培育》，《红色文化资源研究》2015年第1期。

④ 吴昊：《大别山精神融入大学生理想信念教育研究》，《法制博览》2017年第4期。

之域，让大别山精神真正'活'起来"①。实际上，大别山精神已成为一种激发创新发展活力的特有文化，深植于这一物华天宝之地和大别山人心中。当代大学生群体作为面向现代化、面向世界、面向未来的储备生力军，其创新发展潜能需要得到不断的激活，而利用大别山红色文化资源，传承弘扬大别山精神，加强当代大学生精神教育，正是有利于激发其创新发展活力的有效路径。

二、推动大别山精神传承弘扬与当代大学生精神教育的有机契合

利用大别山红色口述文化资源加强当代大学生精神教育，不仅要解决当代大学生对于传承弘扬大别山精神的价值认知问题，更重要的是要解决如何加大力度，将大别山红色口述文化资源中丰富的精神教育元素有效地融入当代大学生精神教育之中的问题。这就需要寻找传承弘扬大别山精神与当代大学生精神教育二者的契合点，抓住重点，突破难点，提高大别山精神在当代大学生精神教育中的价值达成度。在此，以大别山精神传承弘扬与当代大学生民族精神、时代精神教育这一个重要契合点为例，对如何提高大别山精神在当代大学生精神教育中的价值达成度予以阐述。

中华民族在五千多年的历史长河中生生不息、从未间断，其中很重要的原因就在于中国人民秉承悠久辉煌的中国精神，在实践中不断创新发展中国精神，始终坚持以中国精神激励全民族与时俱进开拓创新。在新的历史时期，要肩负历史使命，推进中国特色社会主义事业不断前进，实现中华民族伟大复兴的中国梦，必须继续弘扬中国精神。

民族精神和时代精神是构成中国精神的两大组成部分，在大学生中弘

---

① 檀江林、项银霞：《大别山精神的凝练、表述及时代传承》，《红色文化资源研究》2016 年第 1 期。

扬民族精神、时代精神是弘扬中国精神的要义。其中，民族精神是一个民族在长期共同生活和社会实践中形成的，为本民族大多数成员所认同的价值取向、思维方式、道德规范、精神气质的总和，是一个民族赖以生存和发展的精神支柱。长期以来，中华民族形成了以爱国主义为核心，以创造、奋斗、团结、梦想为支撑的民族精神。而时代精神是改革开放以来，党带领人民在继承和弘扬伟大民族精神的基础上，在中国特色社会主义事业建设的伟大实践中形成的以改革创新为核心的精神品格。大别山人以不畏艰险、坚韧不拔、奋进创新的爱国奋斗精神书写着中国革命、建设、改革的壮丽诗篇，续写着民族精神与时代精神，是高校进行大学生爱国主义教育的活本。

2014 年，习近平总书记在全国文艺工作座谈会上指出："在社会主义核心价值观中，最深层、最根本、最永恒的是爱国主义。爱国主义是常写常新的主题。拥有家国情怀的作品，最能感召中华儿女团结奋斗。"[①]他认为，文艺创作要有家国情怀，要有爱国之心，历史上的那些传世佳作多是爱国主义的抒怀写照。他还列举了诸如范仲淹的"先天下之忧而忧，后天下之乐而乐"，陆游的"王师北定中原日，家祭无忘告乃翁""位卑未敢忘忧国""夜阑卧听风吹雨，铁马冰河入梦来"，文天祥的"人生自古谁无死，留取丹心照汗青"，林则徐的"苟利国家生死以，岂因祸福避趋之"，岳飞的《满江红》，方志敏的《可爱的中国》，等等，这些作品都以全部热情为祖国放歌抒怀。2018 年 5 月 2 日，习近平总书记在北京大学师生座谈会上发表重要讲话强调，爱国，是人世间最深层、最持久的情感，是一个人立德之源、立功之本。孙中山先生说，做人最大的事情，"就是要知道怎么样爱国"。我们常讲，做人要有气节、要有人格。气节也好，人格也好，爱国是第一位的。因此，高等教育的一个重要使命和任务就是弘扬传承民族精神、时代精神。

---

① 中共中央文献研究室编：《十八大以来重要文献选编（中）》，中央文献出版社 2016 年版，第 134—135 页。

在具体的实施过程中，可通过红色歌谣等形式传颂、弘扬红色精神、讲好红色故事，运用大别山红色口述文化资源中的大别山精神来强化大学生的民族精神、时代精神。

（一）以大别山红色歌谣等为媒介传颂民族精神、时代精神

在中国革命历程中涌现出的大别山英雄儿女，是民族精神的传承者、践行者、创造者，他们爱国奋斗的壮丽画面、感人事迹留在人们心间，他们创造的歌谣、诗篇、著作至今仍被传颂，尤其是数量众多的大别山红色歌谣，传唱不衰，成为大别山红色口述文化资源的重要组成部分，也是新时代大学生弘扬民族精神、时代精神的活力源泉。例如，大别山红色歌谣，是大别山红色口述文化的一种重要表现形式，是革命年代在大别山区创作生成，并在广大人民群众中口头传唱，承载着革命精神、激励着革命运动向前发展的革命歌谣。数千首革命歌谣，或风格明快，或曲调激昂，在战火纷飞的年代里，鼓舞了大别山人民的革命斗争勇气，记录了大别山人民参加革命的心路历程，直接再现了大别山人民的革命风貌，例如，一曲《送郎当红军》，就可以从个体的层面，精细地刻画出大别山人民对革命的真情。

送郎当红军

早起开柴门，红日往上升，

今日送郎投红军啦，

小妹喜在心哪，小妹喜在心。

我们苏区人，个个要觉醒，

参加红军杀敌人啦，

革命要诚心哪，革命要诚心……

《送郎当红军》于1930年开始在七里坪檀树岗一带传唱，这首歌描写了妇女张桂英送丈夫当红军的动人故事。当时苏区政府正为反"围剿"而

扩大红军，张桂英这个典型就成了苏区妇女学习的榜样，苏区政府在各村写有巨幅标语：世人要学张桂英，她送丈夫当红军。正是在这种革命精神的召唤下，大别山区可谓"家家有红军、户户有烈士，山山埋忠骨、岭岭皆丰碑"。红色歌谣集中体现了中华民族乐观、爱国、大无畏、勇敢、团结等精神，这些歌谣中所表现出来的崇高革命理想、坚定革命信念和全新伦理道德，既包含了传统的优良道德，又构成了新的中国革命传统。大别山口述文化资源中宝贵的精神教育元素，都在这些革命歌谣中得到了淋漓尽致的体现。①

（二）建构和完善大别山精神体系以弘扬民族精神、时代精神

在今天的大别山，仍流传着红安精神、麻城精神、六安精神、金寨精神等革命精神，这些革命精神构成了大别山精神体系，实质上都是民族精神、时代精神的脉络源流。例如，为了革命的胜利，红安人民发扬革命精神，弃小我小家、为民为党为国，宁肯忍饥挨饿，把有限的粮食节省出来，送给子弟兵做军粮。据史料记载，"黄麻起义"等 20 次战斗中，红安捐军粮 160 万斤，6.5 万人参加红军，6000 人参加新四军、解放军。在整个新民主主义革命时期，大别山地区为革命献出几十万英雄儿女的宝贵生命。正如习近平总书记所说："革命老区是党和人民军队的根。……老区和老区人民为我们党领导的中国革命作出了重大牺牲和贡献，我们要永远珍惜、永远铭记。"大别山区军民勇当先锋，为中国革命作出的杰出贡献，值得我们永远铭记。②这种大义凛然、舍家为国的革命精神，至今被流传、尊崇、弘扬。在红安的街头巷尾、村头田间，人们都熟知牢记的老一辈革命先驱、英勇先烈们用鲜血书写的宝贵的爱国主义、民族精神，激励着一代代红安人投身中国特色社会主义建设事业，续写新的时代精神。在新时代建构和完善红安精神、麻城

---

① 桑俊：《红安革命歌谣研究》，华中师范大学出版社 2009 年版，第 155 页。

② 李平：《大别山精神的内涵与当代价值》，《人民政协报》2018 年 5 月 17 日 009 版。

精神、六安精神、金寨精神等大别山精神体系，既需要传承以爱国奋斗为主题的民族精神的精髓要义，又需要融入筑梦、追梦、圆梦的新的时代元素。在大学生思想政治教育中，可将这些在民间广为流传、当地人民群众耳熟能详的、简洁精练的地方革命精神进行还原解析，从中发掘民族精神、时代精神教育的题材，由此实现大别山红色口述文化资源中的大别山精神与民族精神、时代精神的跨越历史时空的融合。

（三）以典型红色故事激励大学生践行民族精神、时代精神

红色口述文化中壮烈的战争场面、阶级友爱的温情故事和军民的鱼水深情，无不渗透着人性的至高情感，无不折射出爱国主义的理性光辉。[①] 出生于湖北黄冈书香人家的陈潭秋，作为中共一大代表，在艰苦卓绝的革命斗争中，有着坚定的革命信念，从不迷失方向。1939 年，陈潭秋奉命回国，任中共中央驻新疆代表和八路军驻新疆办事处负责人。他同新疆军阀盛世才进行了灵活巧妙的斗争。当盛世才公开走上反苏反共道路后，党中央同意在新疆工作的共产党员全部撤离。陈潭秋把自己列入最后一批，表示："只要还有一个同志，我就不能走。"1942 年 9 月 17 日，陈潭秋被软禁。第二年，陈潭秋被投入监狱，敌人对陈潭秋施以酷刑，逼迫他"脱党"，陈潭秋拒不屈服。1943 年 9 月 27 日，陈潭秋被秘密杀害于狱中，时年 47 岁。在乌鲁木齐南郊烈士陵园的陈潭秋烈士纪念馆留有这样一首诗：

> 江西游击征粮忙，远涉苏联为兴邦。
>
> 抗日旗前身犯险，新疆虎穴血玄黄。
>
> 坚贞不堕云霄志，赴死从容侠骨香。
>
> 民族危亡存大义，如今伟业正辉煌。

---

① 刘建伟：《红色文化融入高校社会主义核心价值观教育研究》，人民出版社 2018 年版，第 44 页。

　　这首诗高度赞扬了陈潭秋一生为党和革命事业无私奉献的革命精神。他一生严守党的纪律和政治规矩，为党和革命事业积累了很多宝贵的经验，留下了丰富的革命遗产。陈潭秋的革命精神集中体现出中华民族的爱国热情和共产党人的坚定理想信念的最佳结合，是新时代大学生弘扬爱国主义、时代精神的楷模，而这样的精神也被其后人所继承。陈潭秋的长子陈鹄在湖北省红色文化传承与弘扬座谈会上曾有这样一段讲述，他说："我年过84周岁，大约在20年前，CT检查发现脑萎缩明显，现在记忆力严重衰退，我现在还能完完整整唱的歌，除了国歌以外，只有两首：一首是《世上只有妈妈好》，这是一首幼儿歌曲，非常简单，我怀念母亲80个年头了，因此现在还会唱；另外一首是《松花江上》，是在抗日战争之前听街坊邻居中的一些青年学生哼唱而学会的。"① 一位几近失去记忆的老人，对祖国的热爱如同对母亲的思念，发自内心深处，感人至深。这些口述资料，都是加强大学生爱国主义教育，弘扬民族精神、时代精神的珍贵素材。讲好革命先烈以革命事业、国家利益为重的典型故事，有助于树立模范标杆，激励大学生对标践行民族精神、时代精神，用实际行动将爱国奋斗书写在中华大地。

　　从实际效果来看，在大学生中利用大别山红色口述文化资源弘扬民族精神、时代精神的成效是比较明显的。比如，我们在《思想道德修养与法律基础》和《毛泽东思想和中国特色社会主义理论体系概论》两门思想政治理论课的教学中，在"弘扬中国精神""新民主主义革命理论"等知识点的讲解中，将《黄安颂》《送郎当红军》《八月桂花遍地开》等红色歌谣穿插播放，并要求学生利用课余、暑期实践等机会，深入大别山区搜集一首红色歌谣，尤其是要求来自大别山的学生深入民间了解红色歌谣的创作背景、历程等口述资料，从中挖掘革命时期大别山儿女的民族精神、时代精神，在课程结束

---

① 丁凤英：《传承红色文化　弘扬核心价值》，《红色文化传承与弘扬学术研讨会论文集》，武汉出版社2013年版，第30页。

时分组汇报。三年来，总共搜集大别山红色歌谣逾百首，且每一首都附有相关口述资料，形成了一个大别山红色歌谣资源库。而参与的学生也表示，此项教学实践活动加深了对中国民主革命历程、党的历史、党史人物、英雄模范的了解，深化了对党和国家的认同，有效地培育和提升了其爱国热情和民族精神。

第七章 利用大别山红色口述文化资源加强当代大学生社会主义核心价值观教育

党的十八大以来，围绕"社会主义核心价值观"的研究成果不断涌现，对社会主义核心价值观的系统要素、影响因子、精神特质、历史脉络的阐释，对社会主义核心价值观的学理遵循、内在逻辑的彰显，对培育和践行社会主义核心价值观的各种载体和有效路径的探索等，构成了社会主义核心价值观研究的主流，而如何结合中华传统文化资源、中国革命文化资源、社会主义先进文化资源中各种价值观教育元素，全面深入地开展社会主义核心价值观教育，更是受到了高度的重视。红色资源作为中国革命文化资源的重要组成部分，构成了社会主义核心价值观教育的优质文化资源，如何利用其涵育社会主义核心价值观，许多学者也都进行了深入的探讨，形成了诸多有价值的观点和见解。比较典型的著作成果如，韩延明的《红色文化与社会主义核心价值体系建设研究》[①]、舒毅彪的《以红色资源推进社会主义核心价值体系大众化研究》[②]、刘建伟的《红色文化融入高校社会主义核心价值观教育研究》[③]、袁秀的《红色资源融入社会主义核心价值观教育研究》[④]；比较典型的

① 韩延明：《红色文化与社会主义核心价值体系建设研究》，人民出版社 2013 年版。

② 舒毅彪：《以红色资源推进社会主义核心价值体系大众化研究》，人民出版社 2014 年版。

③ 刘建伟：《红色文化融入高校社会主义核心价值观教育研究》，人民出版社 2018 年版。

④ 袁秀：《红色资源融入社会主义核心价值观教育研究》，河北人民出版社 2019 年版。

论文成果如，邱小云、周艳红的《弘扬红色文化，涵养社会主义核心价值观》[1]，李克龙的《红色文化创造性转化与大学生社会主义核心价值观培育研究》[2]，李一楠的《以红色社会实践活动推进大学生社会主义核心价值观教育的理性审视》[3]，王华彪、韩晶的《以红色文化资源的开发利用与社会主义核心价值观的培育耦合提升思政教育实效性》[4]，罗雄的《红色文化融入高校社会主义核心价值观教育的前提、原则和路径》[5]、饶勇的《红色资源应用于社会主义核心价值体系大众化研究》[6]、吴娜的《社会主义核心价值观引领红色文化创新发展研究》[7]等等。这些研究成果，都为揭示利用红色资源加强社会主义核心价值观教育提供了厚实的研究基础。然而，对中国知网中国博士学位论文全文数据库、中国优秀硕士学位论文全文数据库等网络数据库的查询结果表明，关于利用大别山红色口述文化资源加强当代大学生社会主义核心价值观教育这一重要问题，却极少见比较有影响力的专门研究成果。实际上，大别山红色口述文化资源作为红色资源的有机组成部分，相对于其他红色资源而言，其社会主义核心价值观教育的重要价值，并未引起大家的足够重视。正因为此，有必要对利用大别山红色口述文化资源加强当代大学生社会主义核心价值观教育的重要意义、价值元素及其实践路径予以深入探讨。

---

①　邱小云、周艳红：《弘扬红色文化，涵养社会主义核心价值观》，《思想教育研究》2017 年第 6 期。

②　李克龙：《红色文化创造性转化与大学生社会主义核心价值观培育研究》，《西南科技大学学报》（哲学社会科学版）2018 年第 6 期。

③　李一楠：《以红色社会实践活动推进大学生社会主义核心价值观教育的理性审视》，《思想理论教育导刊》2019 年第 2 期。

④　王华彪、韩晶：《以红色文化资源的开发利用与社会主义核心价值观的培育耦合提升思政教育实效性》，《思想政治课研究》2020 年第 5 期。

⑤　罗雄：《红色文化融入高校社会主义核心价值观教育的前提、原则和路径》，《红色文化学刊》2020 年第 1 期。

⑥　饶勇：《红色资源应用于社会主义核心价值体系大众化研究》，博士学位论文，南昌大学马克思主义学院，2012 年。

⑦　吴娜：《社会主义核心价值观引领红色文化创新发展研究》，博士学位论文，南昌大学马克思主义学院，2020 年。

第一节　利用大别山红色口述文化资源加强当代大学生社会主义核心价值观教育的重要意义

当代大学生是中国未来社会的中坚力量，因而能否养成正确的价值观极为重要。这不仅是他们自身成人成才的关键之所在，而且事关高校立德树人这一根本目标的实现，事关整个中华民族的前途和命运。习近平总书记指出："我为什么要对青年讲讲社会主义核心价值观这个问题？是因为青年的价值取向决定了未来整个社会的价值取向，而青年又处在价值观形成和确立的时期，抓好这一时期的价值观养成十分重要。这就像穿衣服扣扣子一样，如果第一粒扣子扣错了，剩余的扣子都会扣错。人生的扣子从一开始就要扣好。"①深刻理解社会主义核心价值观、培养当代大学生道德人格与道德意识，必须追溯社会主义核心价值观是如何滋育形成与发展演进的。这就需要回到中国共产党领导人民不断奋斗前进的历史现实之中去理解和把握。而大别山红色革命口述文化资源便是还原大别山革命历史面貌最真实的史料，深入挖掘大别山红色口述文化资源的丰富内涵、精神特质以及道义力量，借以加强当代大学生社会主义核心价值观教育，从而有利于培养为实现中国梦而奋斗的时代新人、有利于激发当代大学生群体发展的价值正能量、帮助当代大学生充分实现自我人生价值，是一个亟待破解的时代命题，意义重大。

一、培养为实现中国梦而奋斗的时代新人

时代新人的一个最基本要求，就是必须有理想、有追求、有担当，是实

---

① 习近平：《青年要自觉践行社会主义核心价值观——在北京大学师生座谈会上的讲话》，人民出版社 2014 年版，第 9 页。

现中华民族伟大复兴的"中国梦"的奋斗者。这一要求，决定了作为时代新人，一个前提条件就是要树立起正确的价值观，以确保奋斗的正确价值取向，增强价值目标追求的内驱动力。习近平总书记指出："中国梦是历史的、现实的，也是未来的；是我们这一代的，更是青年一代的。中华民族伟大复兴的中国梦终将在一代代青年的接力奋斗中变为现实。"[①] 当代大学生都是可以成为时代新人的"宝玉"，"玉不琢，不成器"，只有通过有效的方法对之予以精心的雕琢、打磨，才能促使他们按照正确的价值取向，开辟价值创造的源泉，实现自身应有的价值。这种雕琢、打磨，不能照搬西方核心价值观教育模式，必须真正体现出社会主义核心价值观教育的特色和优势，否则，就会南辕北辙。而整合利用大别山红色口述文化资源的价值观教育素材，梳理其中有趣味性、感染力、生动具体、体现革命先辈价值观的诸多事例，按照新时代的更新更高要求，对之进行再加工、再创造，并将其有机融入当代大学生社会主义核心价值观教育的实践之中，"通过清晰可辨、并不遥远的历史上的真人真事，使人们明了社会主义道路不是虚幻的、社会主义核心价值观不是遥不可及的"[②]，这正是对当代大学生的一种精心雕琢和打磨。由此必定需要以众多大别山革命先辈"生命不息、奋斗不止"的历史之光，照亮当代大学生为中华民族伟大复兴的中国梦而奋斗拼搏的未来之路，帮助他们培育和践行社会主义核心价值观，迅速成长为既能创造更多社会价值，又能充分实现自我价值的时代新人。

二、增强高校社会主义核心价值观教育实效

高校是开展意识形态领域的斗争、培养社会主义接班人的主阵地，这就

---

① 习近平：《决胜全面建成小康社会　夺取新时代中国特色社会主义伟大胜利——在中国共产党第十九次全国代表大会上的讲话》，人民出版社 2017 年版，第 70 页。

② 何其鑫等：《红色文化资源在培育社会主义核心价值观中的应用》，《江西社会科学》2013 年第 10 期。

决定了在这片阵地上，必须始终坚持社会主义核心价值观教育，加大其力度，提高其质量，增加其实效。正是在这个意义上，高校社会主义核心价值观教育受到了相关各级领导、各个部门、各个领域的高度重视。2016 年，在全国高校思想政治工作会议上，习近平总书记就明确提出："要坚持不懈培育和弘扬社会主义核心价值观，引导广大师生做社会主义核心价值观的坚定信仰者、积极传播者、模范践行者。"① 这就表明：一是就可持续性而言，在高校，培育和弘扬社会主义核心价值观是长期的、常态的、"坚持不懈"的，而绝不是间歇的、可行可止的，可以在某些时候、某些区域、某些人那里松懈的。二是就关键与紧要而言，在高校，培育和弘扬社会主义核心价值观，重在教育引导。不仅要教育引导学生，也要教育引导教师，不仅要教育引导他人，也要教育引导自我。三是就目标达成度而言，在高校，培育和弘扬社会主义核心价值观，要切实推动广大师生达到"信"，也就是要落实到信仰上，做社会主义核心价值观的坚定信仰者；达到"传"，也就是要落实到传播上，做社会主义核心价值观的积极传播者；达到"行"，也就是要落实到行动上，做社会主义核心价值观的模范践行者。而无论是原生态还是衍生态的大别山红色口述文化资源，其中都包含了大量与社会主义核心价值观相一致的"信""传""行"的生动事例，具有丰富的社会主义核心价值观教育的信息数据。利用这些事例和数据资源，可以穿越历史的时空，透过现实的遮蔽，加大高校社会主义核心价值观教育力度，促使高校社会主义核心价值观教育的实效得到进一步增强。

三、激发当代大学生群体发展的价值正能量

任何一个优秀社会群体的育成，都有其自身的系统要素。这其中，是否拥有共同认同的正确价值观，则是深刻影响其群体育成的一个核心要素。这

---

① 《习近平谈治国理政》第二卷，外文出版社 2017 年版，第 377 页。

就决定了在当代大学生中必须加强社会主义核心价值观教育。对此，在与北京师范大学师生座谈时，习近平总书记明确要求说："广大教师要用好课堂讲坛，用好校园阵地，用自己的行动倡导社会主义核心价值观，用自己的学识、阅历、经验点燃学生对真善美的向往，使社会主义核心价值观润物细无声地浸润学生们的心田、转化为日常行为，增强学生的价值判断能力、价值选择能力、价值塑造能力，引领学生健康成长。"① 由此可以体会到，高校教师开展社会主义核心价值观教育，就达成方式而言，重在一个"用"字。要用好课堂讲坛、校园阵地，用自己的行动垂范学生，用自己的学识、阅历、经验点化学生，使得培育和弘扬社会主义核心价值观能够在当代大学生群体发展中落到实处，绝不能成为空话、大话、套话。就达成过程而言，重在一个"润"字。要做到"润物细无声"，使社会主义核心价值观在潜移默化中浸润学生的心田，转化为学生的日常行为。就达成效果而言，重在一个"能"字，要形成和完善基于社会主义核心价值观的能力增长体系，促成其能力增生效应，释放学生的价值正能量，增强学生价值判断能力、价值选择能力、价值塑造能力，达到引领学生健康成长的实际效果。从这个意义上来看，大别山红色口述文化资源融入当代大学生社会主义核心价值观教育，实际上就是着意于这个"用"字，即"用好"大别山红色口述文化资源这一宝贵的价值观教育资源，使之进校园、进课堂、进讲坛、进教材、进学生头脑，以此深入贯彻落实社会主义核心价值观教育；就是着意于这个"润"字，以生动的大别山红色口述故事、英雄人物传奇等，浸润学生心田，使之能够自觉践行和弘扬社会主义核心价值观；就是着意于这个"能"字，通过向学生传授相关大别山革命史知识，使学生形成对大别山红色口述文化资源价值的正确认知，也对之产生潜移默化的情感认同、日常生活的行为认同，从而激发出当代大学生群体发展的强大价值正能量。

---

① 习近平：《做党和人民满意的好老师——同北京师范大学师生代表座谈时的讲话》，人民出版社 2014 年版，第 6 页。

第二节　利用大别山红色口述文化资源加强当代大学生社会主义核心价值观教育的人物事例

一般认为，价值观是指一个人对周围的客观事物（包括人、事、物）的意义、重要性的总体评价和总的看法。价值观由世界观、人生观决定，一旦形成，即具有相对的稳定性和持久性，在一定程度上会影响一个人的人生方向和状态。因而，对于价值观仍具不确定性的当代大学生，及时加强社会主义核心价值观教育，尤为关键。由于社会主义核心价值观从国家、社会、个人三个层面体现出来，并通过人们对成就、道德、审美、健康、困难、财富、独立性、快乐、权力、安全以及自我成长、协助他人、亲密关系和人际关系等的正确认知和态度而得到具体的反映，因此，只有从大别山红色口述文化资源中，整合梳理出那些能够体现国家、社会、个人不同层面的价值追求，能够反映成就、道德、审美、健康等诸方面正确的价值认知和态度的一些生动具体的人物事例，并使之有效地融入当代大学生社会主义核心价值观教育之中，加以充分利用，才能真正达到良好的教育效果。

一、大别山红色口述文化资源中以"富强"为例的教育元素

在国家层面上，富强、民主、文明、和谐，不仅是我国社会主义现代化国家的建设目标，也是近代以来中华民族仁人志士为之而前赴后继、牺牲奉献的奋斗目标；不仅是从价值目标层次对社会主义核心价值观基本理念的凝练，也是无数革命先辈鲜血和生命凝结而成的价值理念，在社会主义核心价值观中居于最高层次，对其他层次的价值观具有统领作用。

在大别山红色口述文化资源中，革命先辈为中华民族解放事业和国家富强、民主、文明、和谐的光明前途而英勇奋斗的生动事例比比皆是。以追求富强为例，例如，原蕲春县人民医院工会主席胡金远，就曾谈到他如何在革

命战争中接受洗礼，追求中华民族解放和国富民强，"为了百姓生活好，受伤流血也心甘"的人生历程。具体的口述资料如下：

我是 1940 年 6 月出来参加革命的，那年新四军地方部队驻我们村。地方部队离开的时候我跟着溜了出来，父母不知道，后来托人去找我，才知道我已参加了新四军。

众所周知，1941 年至 1943 年是抗日战争中最艰苦的三年。敌人利用公路、铁路作为封锁干线，沿线密布据点，分兵守备，然后扩大支线，向我根据地穿插延伸，逐步构成一个严密的封锁网，企图通过这些封锁网加强对我根据地的经济封锁，使我抗日军民的活动、各军区之间的联系，以及商业贸易等都遭到巨大困难。蒋介石高唱"曲线救国"，于是，国民党的高级军政官员纷纷率部叛国投敌，配合日伪军加紧对各抗日根据地的包围封锁。国民党第三、第五和第六战区几十万大军把中共领导创建的华中抗日根据地分割为"淮北""淮南""鄂中""襄西"四个"剿共区"，频繁地进行军事围攻，使抗日根据地之间和八路军、新四军之间不能相互合作，我抗日根据地面临着严重的威胁。

武汉失守后，国民党"积极反共，消极抗日"，驻大别山区的桂系部队对我军实行"围剿"。由于缺乏统一部署和作战经验，黄梅组建的新四军游击队损失惨重，大部分根据地变成敌占区。为了适应新的斗争形势，县委积极贯彻中央"熬过时间、积蓄力量，长期坚持敌后游击战争，准备将来反攻"的方针，统一行动，于 1941 年春建立了蕲（春）黄（梅）广（济）中心县委，赵辛初任书记。鄂豫边区党委决定成立 3 个军分区，一分区辖鄂东地区。6 月成立四分区，辖黄冈以东地区，张体学任司令员。各分区抗日根据地广泛开展群众运动，发展民兵和地下党组织，壮大抗日民族统一战线，进行减租减息，实行合理负担，改善群众生活。

1943 年，我腿部在战斗中受伤，不能动弹，地下工作人员把我和另外几个伤病员安排在段军山上一个姓周的百姓家里。他家门前有一座山，敌人来的时候得从那座山上下来。一天中午，我和几个同志正在吃饭，突然听到对面山坡上传来一阵接一阵的枪声，我们知道有情况，立即丢下饭碗跑到后山坡上隐蔽。敌人还是追了上来，我们打了一阵子，最后子弹打光了，只好跳进后山坡下的一个池塘里，才躲过了敌人的搜查。事后我又偷偷地跑回了部队。

1944 年，日寇为了打通大陆交通线，发动了豫湘桂战役，国民党一溃千里。为了解救被国民党抛弃的豫湘人民，我新四军五师顶住重重压力，分兵北上、南下，在豫南解放了遂平等县，在湘鄂边解放了嘉鱼、岳阳、公安等地。8 月以后，我五师一部遵循党中央指示，沿平汉铁路两侧积极向北发展，同时，中央为了发展河南的抗战活动，从战略上将我华中、华北、陕北三区联结起来，使我军立于不败之地，提出向河南敌后发展、控制中原的战略方针和任务。12 月，王震等同志率领八路军三五九旅主力渡黄河南下与五师会合，两支队伍共同恢复了鄂南、湘北、赣北广大地区，成立了湘鄂赣军区。

1945 年，为了钳制国民党的反共力量，我跟随司令员张体学、团长肖刚转战黄冈、江南间，结果在黄冈三台河和国民党桂系部队大干了一场。我们在敌人的重重包围下打了七天七夜，最后由于粮尽弹绝，我军损失惨重，很多同志牺牲，我被俘，关进了国民党的集中营里面。1946 年 2 月，我乘敌人警备松懈之机逃出来。因找不到我所在的支队，所以我在家躲了近一年时间。

直到 1947 年，刘邓大军南下，我才归队并参加了高山铺战役，我们收缴了敌人的许多枪支和弹药，以及部分衣服和粮食。

战争留下的痕迹不仅永远铭刻在我们的心底，它还留在战士们残缺的肢体和伤疤上。战争中我屡次受伤，最严重的一次是在黄梅作战时，我的脸下半部分被炸坏了，人处于昏迷状态。到现在脸上都还留着伤疤。但是战争锻炼了我们的意志，我在战争中逐渐成长起来。我不后悔，为

咱老百姓争取了今天幸福和安定的生活，我流点血受点伤，值得！ ①

大别山革命老战士胡金远以自己的亲身经历，诠释了一个普通革命者是如何为了中华民族解放事业，为了国家富强、民主、文明、和谐的光明前途，不惧牺牲，英勇战斗，屡次受伤，九死一生而无怨无悔的。"我不后悔，为咱老百姓争取了今天幸福和安定的生活，我流点血受点伤，值得！"这句话看似简单朴实，却体现了当代大学生社会主义核心价值观教育的深刻价值判断、价值选择和价值塑造："为咱老百姓"表达的就是建立在国家利益、人民利益基础上的为民价值取向；"幸福和安定的生活"，就现实而言，是为人民所争取的一种结果状态，而就未来而言，则是"人民对美好生活的向往"的一种目标状态，这正是我们党一直为之奋斗并且还将长期为之奋斗的目标；"我流点血受点伤，值得！"则是舍小我、顾大我，牺牲奉献，全心全意为人民价值理念在一个普通的大别山革命者身上的鲜活呈现，它展示的是一个普通大别山革命老战士对于富强、民主、文明、和谐的社会主义国家所进行的朴实而又执着的价值追求。毋庸置疑，对于当代大学生社会主义核心价值观教育来说，此类具体、真实、生动而极具教育感染力的大别山红色人物事例，非常宝贵，因而是值得大力发掘的。

二、大别山红色口述文化资源中以"自由"为例的教育元素

在社会层面上，自由、平等、公正、法治，是对美好社会状态的描述，是社会主义核心价值观基本理念的凝练。它不仅反映了中国特色社会主义的基本属性，也是长期以来我们党矢志不渝、不断实践的核心价值观念。从大别山红色口述文化资源的诸多红色人物事例中，可以深切地体知，无数革命先辈都对自由、平等、公正、法治的美好社会有自己的价值反思、判断、

---

①　此口述案例资源系原蕲春县人民医院工会主席胡金远口述，徐金艳整理。

选择、塑造和坚持不懈的追求。以追求自由为例，原湖北省委行政处指导员、革命女战士李方，就曾回忆过她追求自由的革命生涯。具体的口述资料如下：

1922年1月，我出生于湖北省应山县一个叫平林市的小镇。家里在小镇南头，无田无地，靠卖蔬菜和米饭给过路行人糊口，生活清贫。我从小没有上过学。1937年，日本侵略中国，后来平林市也遭到了日本飞机、大炮的袭击。这以后家里的日子就更难过了。早年丧夫"守节"回娘家过日子的二姑、三姑病逝时，只能用芦席一卷就给埋了，坟也给野狗扒开露出了白花头发，真是惨不忍睹。1939年，大弟毅然参加了应山抗日自卫队，从此与家中失去联系。家中的贫困和变故及大弟的从军，使我内心萌生了参军革命的渴望。我17岁那年，在当时的平林市，日军、国民党军和共产党领导的新四军都有活动。我亲眼看到新四军队伍中还有女兵，更使我和四五个女伙伴羡慕向往不已，相约要偷偷地参加新四军。于是有一天，由一个叫"琴儿"的伙伴牵头，与来当地"扩军"的姓赵的女同志联系上了，我们约好在某天某时某地会合翻墙投奔新四军。只可惜因琴儿的行踪暴露，被她奶奶抓着捆绑在家中。由于断了"中间人"，我们只好作罢。这是我第一次投军。第二次，是我只身一人找武工队报名参加新四军，当时武工队队长说，参加革命队伍要有可靠的介绍人才行，由于我一时未能找到介绍人，大弟也与我失去了联系，所以这次又没能如愿。

两次投军未成，灾难却又降临。我18岁时，曾来提过亲而被我一直拒绝的沈家，把我强抢到他家。我以绝食来反抗，一连四五天不吃饭，决心以死拒婚，直到气息奄奄。当地有个有名望的叫"六婆"的老太太，闻讯后假装帮沈家劝我，暗地里却悄悄对我说："伢，你为什么不吃饭，你弟弟不是新四军吗？你还是有希望的，要养好身体，趁机逃脱！"六婆的话，使我在绝望中看到希望和光明！我开始吃饭、吃药，花了好久的时间才逐渐恢复好身体。中间我曾趁机逃跑，结果又被沈家发现抓回，严加看管，我在几乎失去人身自由的情况下，熬过了两三年。后来，党的地下工作者余海了解到我的情况，很同情我的遭遇，他不仅帮我写了状子，帮我打赢了官司，还告诉我许多革命道理，使我懂得：只有解放全人类，我们妇女才能彻底翻身解放。

1944年上半年，余海带着我和大妹，去到离平林约15里路的寿山，与他哥（共产党的行署负责人）联系上了，才使我第三次参加新四军的愿望变成现实。不久，闻听父亲病故，我连夜躲过日本鬼子的巡查岗哨，赶回家里安葬了父亲又返回寿山。从此以后，我就再没有回过家了。组织上见我们没有什么文化，就送我们到陂安南上豫鄂边区育才学校，边学习，边织布。接着，我的小弟也去了育才学校，他当时才十二三岁，做通讯员。这样，我家姐弟5人有4人参加了新四军。因此，当地人都叫我母亲为"抗婆"。

近一年的豫鄂边区育才学校的学习生活，使我学了文化知识，懂得了更多的革命道理和党的基本知识。刚脱离苦海的我深深体验到革命军队大家庭的温暖。记得有一次我得了伤寒病，高烧8天8夜，头发都快掉光了。学员们、指导员和老师给我无微不至的关怀和照料。当时只能靠烧草把子驱蚊虫，教语文的女教师王柏群，慨然把她有蚊帐的床铺让给我睡。

1945年，抗日战争胜利。在毕业分配时，学员们有两个去向，一是医院，一是被服厂。我织过布，故要求并经组织同意去了鄂东军区被服厂。我一心扑在生产和工作上，保质保量地完成了生产任务。同时，我主动靠拢党组织，慎重地向党组织提出了入党申请。接着经人介绍，我结识了以后与我相濡以沫近50年的丈夫梅白同志。梅白当时任罗南县县委秘书，我也被组织分配到罗南县县委从事收发工作。1946年3月23日，我与梅白结了婚。婚礼简单极了，两床棉布做的夹被一合，用5角钱买了点花生，请县委的几位同志聚在一起，就算结了婚。

新婚 3 个月后，国民党反动派撕去伪装，发动全面内战，鄂豫边区局势恶化。我和梅白奉命由一名地下工作者护送，化装突围北上。我与梅白商定：如果出了事，被敌人抓了，我们决不能叛党，要死就死。组织上安排梅白化装成教书先生，我则化装成家妇，以黄安八里湾人氏为名。为了顺利突围北上，组织上还通过内线从国民党地方组织给我们弄到了去北平的"介绍信"。为防范叛徒出卖，我们从罗南县出发步行到信阳上火车，后到安阳转马车，组织上通过无线电与当地党组织取得联系，我们被分配到邯郸县，梅白任邯郸县秘书，我还是搞收发工作。一路上，我们机警地对付特务的盘查，巧妙地躲过叛徒的搜捕，好不容易通过了敌人的封锁线。从罗南到信阳、安阳、邯郸、沂蒙山、晋城、渤海等地，辗转了整整一年时间。1947 年，梅白奉命编入天池部队南下。

1947 年年底，为保证土改的彻底进行和纯洁党的队伍，提高党的战斗力，根据党的全国土地会议的决定，结合土改普遍整顿党的组织。开始时我在晋城新四军留守处参加了整风运动。当时分北司店、南司店两个队，我住北司店队。林少南等同志在南司店队。在"三清三查"中，我讲了自己的历史，搞记录的一个女同志听得直流泪，同志们既激动又同情。组织上还指定我为贫苦组的成员，参加大会发言。1948 年 5 月 8 日，我光荣地被接收为中国共产党员！我为什么要入党？很简单，不是为了升官发财，而是要更高地要求自己，更好地为党工作，为共产主义奋斗到底！1949 年元月，我带着不满两周岁的大女儿，随家属大队，冒着国民党反动派的飞机、大炮的轰炸扫射和敌军的围堵分路南下。经商城通过敌人封锁线时，遇到山上千余国民党军的堵截，我军只有一个连的部队来接应。可这个连很有战斗经验，与敌人斗智斗勇。敌军也不知我军的底细，我们边打边退，直到夜晚，我军终于击退了敌军。历时 5 个月的南下途中，我接到了梅白的信。这是分别一年多难得的第一封信。当梅白与一直没有见过面的大女儿第一次见面时，女儿竟然叫他

"解放军叔叔"。

虽然我讲述的这段亲身经历，无法与轰轰烈烈、气壮山河的英烈事迹相比，但对我来讲，这段经历，纵使岁月蹉跎，也是难忘的最深记忆……是人民军队给了我革命的勇气，是中国共产党给了我革命的信念！我这个耄耋之年的普通战士和共产党员，思故抚今，当以释怀……①

大别山革命女战士李方为追求自由解放，三次投奔新四军，其间历经了被强抢成亲而绝食反抗、以死拒婚，经好心人疏导，又积蓄力量，数度欲冲破牢笼、无奈地苦熬数年的艰难坎坷。正是在党的指引和帮助下，她懂得了"只有解放全人类，我们妇女才能彻底翻身解放"的革命道理，最终获得了自由，走上了革命道路。"刚脱离苦海的我深深体验到革命军队大家庭的温暖"，尽管处处艰难险阻，斗争环境异常恶劣，但获得自由解放的她，却感受到了革命队伍的无限温暖：她有机会学习文化知识，病了也能得到战友们亲人一般无微不至的关照……在这样的革命队伍里，她接受到革命斗争锻炼，懂得了更多革命道理，由此释放出一种旧式妇女所没有的革命活力和热情："一心扑在生产和工作上，保质保量地完成了生产任务"，"主动靠拢党组织，慎重地向党组织提出了入党申请"，以特别简单的方式组建革命家庭、夫妻双双化装突围北上、积极参与革命宣传，并且经受各种考验，成为一名光荣的中国共产党员。在她获得自由解放的心灵深处，永远牢记着："是人民军队给了我革命的勇气，是中国共产党给了我革命的信念！"而她追求自由解放的革命生涯，可以说，正是对"自由"这一核心价值观念最真切、最生动的彰显。而诸如此类追求自由平等的女性，在大别山红色口述文化资源中，实际上是一个特殊的群体存在。她们的革命事迹，或英勇或平淡，都是当代大学生社会主义核心价值观教育可资利用的宝贵资源。

---

①　此口述案例资源系原湖北省委行政处指导员李方口述，文姗、丛笑、小武等整理。

三、大别山红色口述文化资源中以"友善"为例的教育元素

爱国、敬业、诚信、友善作为公民基本道德规范，是从个人行为层面，对社会主义核心价值观基本理念的凝练。它作为评价道德行为的基本价值标准，覆盖了社会主义道德生活的各个领域，也在革命先辈那里有诸多令人崇敬的恪守和垂范案例。以"友善"为例，大别山红色口述文化资源中极为丰富的红色人物事例，可以对上述个人层面的价值观在革命先辈那里的存在样态予以具体生动的诠释。比如，原黄冈地区渔具厂党委书记方宏浩谈到他在革命烈火中的人生经历，就从个人层面充分反映了作为中国共产党人、革命先辈基于"友善"的高尚道德情操。具体的口述材料如下：

我出生在孝感大悟县的一个贫苦农民家庭。父亲是一个厚道本分的种田人，母亲身体很差，生养我兄弟姐妹6人。母亲在我8岁时病逝，适逢兵荒马乱，军阀割据，家境十分艰难。

我二哥方宏前早年参加了红军，在土地革命时期还是个营长，然而在"肃反"时不幸被"左"倾领导错杀，他牺牲时，我才两三岁。这些事儿是我参加革命后听老战士说的。兄弟三人，只剩下大哥与年幼的我成了家里的顶梁柱。恰在这时，我被国民党部队抽了壮丁。到了国民党部队里，长官对士兵经常打骂，动不动就拳打脚踢。我不堪非人的虐待，一年后偷偷地跑回了家，在姐夫唐文清的指引下，我参加了新四军五师的游击队。

加入共产党领导的抗日部队是我人生的一大转折。共产党领导的部队是人民的军队，军队内人人平等。虽然生活艰苦，但战友们都有为人民打仗的信念，彼此尊重，相互团结。在组织的培养和同志们的帮助下，我15岁便加入了中国共产党。当时在部队入党也是秘密进行的，主要为防止国民党反动派破坏。在游击队里，除了打仗就是行军。解放战争初期，我所在的部队是"皮旅"（皮定均部队），向东突围，首先从

河南光山向茶园冲出来，一路猛打猛冲，途经湖北、安徽、江苏三省。经常没有饭吃、没有鞋穿，许多同志脚打起了泡走不动，有的甚至脚板磨得没皮了，只好挂根棍子，艰难地往前挪。但是我们仍紧握着枪，背着上级发给我们的50发子弹和3颗手榴弹。

中原突围时，对我们"皮旅"来说，最艰难的是过津浦路。它是敌人设立的距离解放区最近的一道封锁线。突围到江苏，眼看就到了青江，那里是我们的解放区。皮定均旅长指挥我们逐渐靠近目的地。但在到达目的地之前，我们必须突破津浦铁路。当时的情形是这样的，我们前面有国民党军堵截，后面又有美式装备的国民党机械化部队的追击。头天下午三四点钟，全旅每人仅吃了一小碗面粉食物，然后急行军80里，才实施具体的行动——闯过津浦路。突围以来，东突西闯，一日三餐根本没保障，战友们身体都很虚弱。虽然相继有人掉队，但大部队还是顽强地坚持下来。然而，这最后的路程对于我们这些疲惫已极的战士来说，实在难到了极点，每个人都面临着饥饿和疲劳的极限挑战。到达津浦路后，我们对敌情作了详细分析，选择穿插了敌人两据点之间的地界为突破口。凌晨，先头部队迅速闯过去并占领了山头，抢夺了制高点，掩护后面的大部队前进。我们占领制高点后，身体疲倦极了，有的同志竟躺在那里爬不起来。等到据点里的敌人发现了，我们发挥出最后的能量，奋起反击，打得敌人龟缩在据点里，始终不敢再伸出头米。这时铁路火车上敌人的机枪疯狂地向我们的后续大部队扫射，同志们冒着枪林弹雨向铁路以东猛冲，因为大家知道冲过铁路就是胜利。到达青江，我率先跑到前面，用刺刀串了一大串老乡送的油饼，转回来发给我们班落在后面几乎迈不动腿的战友们。我们旅在江苏高邮休整了1个月，随后主动发动了攻势，夜袭国民党王牌军七十四师，搞得敌人很惶恐。恼羞成怒的七十四师对我们进行报复，在江苏涟水，我们与之作战1个月，不久我被提拔为副班长。接下来是南征北战，进行大规模的运动战。在山东凤凰进行了激战后，我又参加了孟良崮战役，还是跟国民党王牌军七十四师较量，此刻的"皮旅"已改为独立师，直接隶属于陈毅司令员指挥。我们奉命渡过大沙河，到达预定地——孟良崮西南端，等形成对张灵甫师包围后发动攻势。由于是急行军，没有带行军锅，我们有粮也没法做饭，结果三天三夜没有饭吃。我们的战士连续急行军四天四夜，目的是要完全彻底地消灭张灵甫七十四师。当我们班冲到最后一座山头脚下时，孟良崮战役已接近尾声。我们发现一筐敌人还没来得及吃就丢弃的糙米饭，大伙饿得快不行了，见了饭就忍不住要吃，我抢先一步说，试试看有没有毒。于是我先吃了一捧，断定无毒后，迅速告诉战友们可以吃了。不一会儿大伙就将一筐米饭吃掉了。战斗结束后，我们在阵地上发现敌机空投的东西，有的是食物，有的是武器，如火箭等。但由于部队又疲又饿，敌人的增援部队又逐步靠拢，出于战略考虑，我们又紧急撤退了。在胶东诸城同敌人激战后，我们接着又主动北上，在邯郸、临汾与敌激战42天。此时的我已升任副排长，在战斗中受了重伤，炮弹伤了大腿，现在每逢天气落雨或阴天潮湿时，腿上还总是隐隐作痛。

1948年，我们部队开到太原去打"山西王"——阎锡山，围困任务持续了1年。后到陕西西安，开展了保卫西安的战斗。在咸阳对甘肃地方军阀马步芳进行阻击，最后的枪声是在陕西宝鸡秦岭，在那里迎来了新中国的诞生。①

这个口述材料所展现的是大别山革命先辈追求理想信仰，充满爱国情怀，南征北战，忍饥挨饿，英勇顽强的奋斗生涯，而其中最能反映他高尚道德情操的地方，恰恰在他那看似自然轻淡的几个细节描述里：一个就是经过辗转突围、死里逃生的艰苦奋战，大家都饥饿疲惫至极，"到达青江之后，我率先跑到前面，用刺刀串了一大串老乡送的油饼，转回来发给我们班落在

---

① 此口述案例资源由原黄冈地区渔具厂党委书记方宏浩口述，周明利整理。

后面几乎迈不动腿的战友们"。这里，同样饥饿疲惫至极的战士，首先想到的不是自己吃油饼，而是给班里"落在后面几乎迈不动腿的战友们"吃，其友爱之情，不正是"友善"作为个人道德规范和价值选择在其具体行为中的自然流露吗？他之所以能说得这样自然轻淡，也正是说明这种先人后己、无私利人的友善已经融化在他的生命之中，转化成为他的惯常行为了。另一个细节描述更能说明他的这种"友善"境界：急行军三天三夜没有吃饭的战士们"发现一筐敌人还没来得及吃就丢弃的糙米饭，大伙饿得快不行了，见了饭就忍不住要吃，我抢先一步说，试试看有没有毒。于是我先吃了一捧，断定无毒后，迅速告诉战友们可以吃了。不一会儿大伙就将一筐米饭吃掉了"。为了战友的生命安全，以身试毒，这何止是一般的友善，而是用自己的生命来诠释的友善，是通过几句朴实话语描述亲身经历而未加任何修饰地表达出来的展现崇高道德境界的友善。而诸如此类展现道德人性之美的友善事例，正是开展当代大学生社会主义核心价值观教育极具历史真实性和教育感染力的题材。

又如，原浠水县基层卫生院院长陈涤尘口述他在大别山革命斗争中的亲身经历，谈到革命战士与大别山人民的军民鱼水之情，也十分感人。具体的口述资料如下：

1941年6月，我们手枪队30多人，驻扎在鄂城县龙王墩。一天，司务长病了，午饭后，大家都在枫树底下歇凉，我一人进屋去，替司务长算账。正在这时，突然来了百余名日本鬼子。为了减少损失，同志们先撤退了，只留下我一个人还在屋里算账。指导员临走时叫一个农民通知我："快走！日本鬼子快进村了！"可我要撤出也来不及了。怎么办？同我们心连心的老百姓，有的是办法。这一家的婆媳一商议，媳妇拿出她丈夫的一套便衣让我穿上睡在她的房里。敌人进来搜捕时，婆婆连声叫我："儿子、儿子，快醒来吃药吧！"媳妇也一口咬定我是她丈夫，病得很重，而且边说边哭起来。敌人见此情景，看一看就走了。敌军走后，我急忙翻身下床，火速地追上了手枪队。

1948年4月8日，浠水县委、县政府和指挥部率我军300余人正在望江山上休整时，6倍于我军的国民党广西军围攻上来。我们边打边退，教导员和几个战士壮烈牺牲，县长张彦明、通讯员和我等5人突破敌人包围圈，跨过浠河上的百里险滩，攀上了浠、罗交界的月山顶，在一个名叫石龙寨的独户人家歇脚。这一家男的外出，只有两个妇女。40多岁的大嫂见我们是解放军，又累又饿，身体疲软如面条，于是就生火煮饭，不到一小时，我们就吃了个肚儿圆。同时，她还叫女儿舀出几升米炒成米泡，分装到我们5个人的干粮袋里，说："你们一天打几仗，哪有工夫弄饭吃啊！这米泡背在身上，饿了嚼一把，喝点水，就有劲了。"我们给她两块银洋作酬金，她谢绝说："你们为穷人打仗出了气，吃点东西要收钱，像话吗？"

这年5月的一天，团长刘长义和我等十多人，刚刚打扫完战场，到了安徽的廖家河，由于攀崖走壁，披荆斩棘，衣服破得像羊杂碎，肚子饿成了一块皮。正碰上一家老百姓在吃山芋，老大娘使个眼色，全家人就都不吃了，硬要我们吃。我吃冷山芋反胃，吐光了，老大娘见状，倒水给我漱口。随后，端出了一升大麦胀米粉，我一口气吃了一半，老大娘见了便制止我说："哟，再莫吃，胀米粉吃多了肚子要爆炸呀！"我难舍地放下香喷喷的大麦粉，喝了点水，肚子果然胀得难受。这件小事过去了几十年，我还一直没忘记。如今，我年事已高，对吃也特别讲究，但却永远忘不了那段军民鱼水情。①

在这份口述材料里，老战士回忆为了掩护他这个抗日战士，普普通通的老太婆，却冒着生命危险，机智地把他装扮成自己的儿子、儿媳的丈夫，保住了他的生命。这样的情节，在电影里倒是常常可见，有时不免觉得有些虚

---

① 此口述案例资源由原浠水县基层卫生院院长陈涤尘口述，李伟整理。

假。但作为亲身经历，从老战士口中实实在在地讲出来，却能够令人真切地体会到，大别山革命时期，在中国共产党领导之下，军民之间是何等的血肉情深。而普普通通的大嫂不要酬金，给饥饿的战士做饭、备干粮，她说的一句话："你们为穷人打仗出了气，吃点东西要收钱，像话吗？"这里所展现的不仅是对于革命道理简单而又朴实的领悟，更是真实地反映出一个大别山平凡老百姓基于"友善"之情的价值判断和选择。另一家老百姓吃山芋，日子过得已经极为清苦了，但是宁可全家饿着，也硬要让饥饿中的战士们吃饱、吃好。这些大别山红色口述文化资源中大大小小的事例，平凡而伟大，也都可以成为开展当代大学生社会主义核心价值观教育的宝贵资源。

第三节　利用大别山红色口述文化资源加强当代大学生社会主义核心价值观教育的有效举措

利用大别山红色口述文化资源加强当代大学生社会主义核心价值观教育，必须针对当代大学生群体的特点和思想政治教育实际，将大别山红色口述文化资源有机融入当代大学生社会主义核心价值观教育的相关环节之中，做到阐明其教育之理，拓宽其教育之路，达成其教育之实。

一、以相关资源的价值反思阐明其教育之理

提高大别山红色口述文化资源在当代大学生社会主义核心价值观教育中的价值认识，是开展当代大学生社会主义核心价值观教育的基础。这个价值认识基础，包括价值认知与价值认同两个方面，必须有哲学社会科学多个领域的相应理论支撑。这里所说加强当代大学生对大别山红色口述文化资源的价值认知，就是要推动他们通过知识学习和理论探讨，掌握大别山自然、地理、经济、政治、教育、军事、宗教、艺术以及包括大别山革命史、大别山

红色文化史、大别山通俗文化等相关历史文化资源的系统知识，在哲理、伦理、学理等理论层次和不同维度的坚实基础上，充分理解大别山红色口述文化资源的重要价值，尤其是对当代大学生社会主义核心价值观教育的独特价值。这里所说加强当代大学生对大别山红色口述文化资源的价值认同，就是要推动他们通过知识学习和理论探讨，提高自我的身心修养，培养对大别山红色口述文化资源的学习研究兴趣，加强对大别山红色口述文化资源生成、演绎的价值反思，形成对大别山红色口述文化资源的情感亲和、思想交汇和精神感通，进而达到对大别山红色口述文化资源重要价值尤其是社会主义核心价值观教育的价值认可、心理接受以至情感趋近。

大别山红色口述文化资源与社会主义核心价值观存在着深层相通的内在逻辑，国家、社会和个人三个层次的社会主义核心价值观，在这些资源中都能够得到深刻的印证。立足于历史文化视野，从某种程度上可以说，中国共产党领导大别山革命斗争所生成、演化的红色口述文化资源，对社会主义核心价值观的涵养育成，是一种长效性的良好营养剂。因此，教育者理应从哲理、伦理、学理等不同理论层次和高度，深刻阐明如何利用这些资源加强当代大学生社会主义核心价值观教育的价值认知、价值认同之理。

以"爱国"为例，从个人层次来看，"爱国"是基于每个人对自己祖国依赖关系的深刻情感，也是调节个人与祖国关系的行为准则。在大别山红色口述文化资源中，诸如勇敢地向侵略者"亮剑"的可歌可泣的故事、诸如炮击日本最高军衔长官塚田攻之类神奇事件等，在民间流传甚广。这就要对这些资源生成、演绎的系统要素、价值维度以及在当代大学生社会主义核心价值观教育中的价值转化等予以学理分析，尤其是要反思其对于当代大学生爱国主义教育的特殊意义。由此，才能使学生明辨其理，深刻理会大别山红色口述文化资源与社会主义核心价值观的内在逻辑，达到对大别山红色口述文化资源所具有的爱国主义教育价值的认知、认同，把爱国与社会主义紧密结合起来，以振兴中华为己任，促进民族团结，维护祖国统一，自觉报效祖国。

二、以相关资源的内容整合拓宽其教育之路

新时代中国特色社会主义教育应该培养的是社会主义接班人，是要了解我们党和国家为民族独立、国家富强、人民解放而奋斗的光辉历史，在现今的发展潮流中，能够把握住未来发展方向的社会主义人才。这就决定了在当代大学生中加强社会主义核心价值观教育，具有举足轻重的作用。薛晓阳认为人格现代化使教育面临三种选择：一是重新认识人类精神的永恒价值，从人类本性中寻找人格现代化的内在依据；二是直面历史与时代的叩问，既要从泛道德主义的传统中解放出来，又要防止落入西方科学本位主义的陷阱；三是摆脱封闭狭隘的人际伦理传统，通过实现道德视野的文化转向，向具有开放性、义务性的道德人格方向迈进。因此，我们要开辟出一条既区别于西方意识形态，又对中国优秀传统文化有所继承的中国特色社会主义核心价值观道路。[①] 而整合大别山红色口述文化资源，充实当代大学生社会主义核心观教育的内容，正是要开辟并不断拓宽这样一条社会主义核心价值观教育之路。大别山红色口述文化资源创造、推衍的主体构成复杂，流转、广布的载体多样，表达的思想主题和情感极为丰富，具体内容也参差繁芜，因而，只有遵循其内在逻辑，对之予以科学合理的搜集梳理、考证甄别、分类整合，才能去掉其杂质，萃取其菁华，使之获得更好的价值利用。就这个意义而言，更要重视通过对大别山红色口述文化资源科学合理的内容整合，为拓宽当代大学生社会主义核心价值观教育之路提供更为有益有效的内容支撑。

还是以"爱国"为例，从个人层次来看，爱国的深厚情感需要丰富的内容和思想主题才能得到培育和凝聚，其个人与祖国的关系也需要通过各种具体行为和实践活动，才能得到规范和纯化。这就要求，利用大别山红色口述文化资源加强当代大学生社会主义核心价值观教育，必须对大别山红色口述

---

① 薛晓阳：《人格现代化与教育的三种选择》，《首都师范大学学报》（社会科学版）2003 年第 5 期。

文化资源中那些具有"爱国"教育价值的相关资源予以整合。不仅要重视真实史料的搜集梳理，也要善于对民间虚构的口述故事予以价值发掘。对于丰富的大别山红色口述文化资源，不能简单地否弃或兼收并蓄，而要独具慧眼，甄别萃取。

例如，关于王树声将军的真实英雄史迹，要加以搜集梳理，而关于王树声将军的"系马桩"传奇，也要进行价值发掘。麻城红色文化研究会会长李敏长期从事大别山红色口述文化资源的整理和研究，积累了大量珍贵的口述文化史料，她通过查阅档案资料、访谈、走访等形式整理出王树声大将的相关史料，讲述了王将军一家舍生取义、满门英烈的感人故事。故事内容如下：

1926 年秋，当北伐军兵临武昌城下时，大别山深处的乘马岗活跃起来。出身小康之家、此时已成为共产党员的乘马岗小学校长王树声一马当先，组织农会。他的两个哥哥王宏忠、王宏恕，堂兄王宏文、王宏学，堂弟王宏儒，堂姐夫马友雷等人，都在此期间先后成为共产党员。他们当众烧毁了自家的房产地契，表示与地主阶级彻底决裂，继而带领穷苦农友们闯进土豪劣绅的深宅大院，进行面对面的斗争。"七一五"政变后，反动派到处屠杀共产党员和工农革命群众。王家人毫不气馁，高举大刀长矛，跟随王树声参加了"九月秋收暴动"和"黄麻农民起义"。"黄麻起义"被敌人镇压后，王宏学、王宏恕跟随主力转移到黄陂木兰山，22 岁的中共麻城县委委员、县农协组织部部长王树声带领支小分队转入地下打游击。地主还乡团直扑石槽冲、项家冲，将王家烧得一干二净，并将王树声 14 岁的幼弟吊打致残。

王树声伯父的长子王宏文（义名王幼安），曾担任中共麻城县委委员、县教育局局长，在白色恐怖的日子里，因给农民武装运送枪支而被捕入狱，1928 年 2 月高呼"甘心直上断头台"，成为王家为革命舍身赴难的第一人。王树声埋好游击队的长枪，只身离开麻城去寻找主力部队。半年后，王树声带领一支红军主力打回乘马岗，掀起"二次暴动"，开始了创建鄂豫边根据地的伟大斗争。王家男女老幼齐上阵，有50多人先后参加红军，革命队伍中走着王氏家族"泽"字辈、"宏"字辈、"恩"字辈三代人。当时红31师只有120多人，王家人及其亲戚就占了五分之一以上。

1930年春，中共鄂豫皖边特委成立，25名特委委员中，就有王树声、王宏学两弟兄。1932年10月，红四方面军4个主力师撤离鄂豫皖苏区时，4个师长中就有王树声、王宏坤两兄弟。10年土地革命战争，王家子弟一个个战死沙场。王树声家嫡亲兄弟姊妹妯娌13人参加革命，到他带领红军队伍离开鄂豫皖西征时，只剩下他孤身一人。

这些关于王树声将军的真实史料，毋庸置疑，是开展"爱国"等社会主义核心价值观教育的优质资源。然而，另一类关于王树声将军的虚构传说，也是不可忽视的宝贵资源。2019年8月7日，笔者随麻城市高层次人才研修班成员一同前往麻城革命纪念馆，该馆讲解员王女士口述了一段关于麻城籍开国大将王树声与"系马桩"的传奇故事。据说，在麻城市乘马岗镇石槽冲王树声大将故居门口有一棵古银杏树，其中一个树枝向下逆生长，在革命战争年代，这一悬下的树枝为将军归来系马之处，被人们称为"系马桩"。而在麻城的龟峰山顶峰，一直也有一处石柱，被人们称为"系马桩"，相传为神仙下凡和登大时系马所用。民间流传着更具神秘色彩的一个故事，据传在1974年，王树声大将去世前后，以前将军系马的银杏树枝叶干枯，似乎在哀悼逝去的受人尊敬爱戴的英雄将军。这样把将军"系马桩"与民间流传的神仙"系马桩"齐名并称，显然带有神秘的色彩。然而，尽管这一口述故事纯属虚构，却不能简单否定其价值观教育意义。实质上，透过"系马桩"传说的神秘色彩，完全可以引导学生体知，广大民间老百姓正是假借这一口述传奇的神秘言说，对英雄人物身上所映射出来的爱国爱民、无私奉献精神，表达一种推崇、颂扬之意，对"爱国"价值观，以自己的方式表示一种心理接受和价值认同。可见，诸如此类民间虚构的传奇故事，也是强化当代大学生社会主义核心价值观教育效果不可舍弃的宝贵素材。只有对之加以全面、深入、正向的内容整合，才能确保大别山红色口述文化资源内容整合的完整性，不断开辟、拓宽当代大学生社会主义核心价值观教育之路。

三、以相关资源的综合利用促成其教育之实

大别山红色口述文化资源融入当代大学生社会主义核心价值观教育，必须对相关资源予以综合利用。这种综合利用，是基于大别山红色口述文化资源的全员、全方位、全过程，体现在校园、课堂、教材、网络以至学生日常生活中，机制活化、主题鲜明、效果务实、价值多维的教育教学利用，其目的就是要促成当代大学生社会主义核心价值观教育之实。

综合利用好大别山红色口述文化资源，就必须使之有效地融入以当代大学生为对象的社会主义核心价值观教育之中，努力实现全员、全方位、全过程"三全育人"。要加强教育教学队伍建设，凝聚师资力量，进行协同育人创新，广泛发动全员参与，了知、理解、认同各种大别山红色口述文化资源的核心价值观教育元素，全面提高教育教学队伍利用相关资源开展当代大学生社会主义核心价值观教育的主体胜任力，达成其教育教学价值认知的能力提升实效；要加大传播力度，多层面、多领域、多视角地宣讲、传输大别山红色口述文化资源的核心价值观教育元素，使之在当代大学生社会主义核心价值观教育中到边到角，实现全面覆盖，达成其教育教学层域推进的综合实效；要确保持久连贯，不间断地推动大别山红色口述文化资源的核心价值观教育元素有效融入当代大学生社会主义核心价值观教育之中，达成其教育教学过程的演绎长效。

综合利用好大别山红色口述文化资源，就必须使之有效地融入校园、课堂、教材、网络以至其他学生日常生活场域的社会主义核心价值观教育之中，努力实现"大思政"育人。要使大别山红色口述文化资源的核心价值观

教育元素进校园，转化为校园核心价值观教育的红色活动主题、红色宣传标识、红色雕塑风景等；进课堂，转化为课堂教学的核心价值观教育讲授案例、讨论主题、讲坛专题等；进教材，转化为校本教材、地方史教材内容，选择大别山红色口述文化资源中能够体现社会主义核心价值观教育的人物事例，充实、优化校本教材、地方教材内容，形成具有鲜明校本特色、地方特色的当代大学生社会主义核心价值观教本；进入大别山红色网站、大别山红色文化研究中心、大别山红色文化信息数据库等各类在线平台和研究机构之中，转化为适应 VR 等现代教育信息技术、线上线下结合、虚实一体化的社会主义核心价值观教育内容，以提高当代大学生社会主义核心价值观教育的现代化水平和规模效益；渗入学生日常生活，转化为既广泛传播大别山红色人物事例、红色家书家训等遗存资源的社会主义核心价值观教育元素，又受到学生喜爱、充满现代生活气息的红色音乐、红色舞蹈、红色戏曲、红色影视、红色微视频等艺术，以潜移默化地感染学生的心灵，陶冶学生的情操，面向学生的生活世界，充分发挥出大别山红色口述文化资源在当代大学生社会主义核心价值观教育中的育人功能。诸如此类，由此造就利用大别山红色口述文化资源加强当代大学生社会主义核心价值观教育的"大思政"育人格局，达成其社会主义核心价值观教育之实。

　　综合利用好大别山红色口述文化资源，还必须健全相关资源融入当代大学生社会主义核心价值观教育的长效机制。健全长效机制，是用好大别山红色口述文化资源的重要保障。而实际上，推动大别山红色口述文化资源融入当代大学生社会主义核心价值观教育需要健全的长效机制，应涉及多个方面，比较典型的如：课程思政与思政课程结合机制。这一机制以思政课程教学为龙头，带动其他专业学科课程教学融入大别山红色口述文化资源的内容，又以其他专业学科课程教学为依托，推动思政课程教学打造大别山红色口述文化资源的教学育人品牌，由此使当代大学生社会主义核心价值观教育落到实处。又如，课前十分钟专题宣讲机制。把大别山红色口述文化资源中各种富有特色的革命人物事例，作为常态化的宣讲内容，引导师生在通识必修思政课的课前黄金十分钟，创造性地开展宣讲活动，培育和弘扬社会主义核心价值观，并且形成一种全体师生参与的长效宣讲机制，由此既可借助精短生动的红色口述人物事例，调节、改善通识必修思政课程教学单一枯燥的课堂氛围，营造良好的课程教学生态环境，又有利于拓展社会主义核心价值观教育的覆盖面，促成全体师生参与教学育人活动的规模效应。再如，VR资源开发应用机制。运用 VR 技术，借助 VR 思政课实践实训室，将大别山红色口述文化资源转化为 VR 资源，建立基于大别山红色口述文化资源的数据资源库，开展思政课程教学，健全虚实一体化的实践教学应用机制，由此全面、深入地推动现代教育技术条件下的当代大学生社会主义核心价值观教育。

第八章　利用大别山红色口述文化资源加强当代大学生廉洁教育

当代大学生作为祖国的未来与栋梁，是否具备良好的廉洁素养和思想行为倾向，决定着我国党风廉政建设的未来。在当代大学生中开展廉洁教育，使之知廉洁、懂廉洁、要廉洁，可以增强大学生的政治免疫力，培养各条战线反腐倡廉的生力军，使整个社会形成廉洁修身的风尚；也可以帮助大学生陶冶情操、健全人格，并且完善大学生思想政治教育体系。而在当今强化党风廉政建设语境下，运用马克思所倡导的后索性思维[1]，从当今世界上最伟大的执政党本身出发，反思中国共产党艰苦卓绝的文化传统，传承其所创造的红色文化精华，接续其优秀的红色基因，不仅是"不忘初心，牢记使命"的一种贯彻落实，也是培养时代新人的有效路径选择。而利用大别山红色口述文化资源，加强当代大学生廉洁教育，培养高素质接班人，正是对培养时代新人的积极回应。纵观中国共产党领导大别山人民奋斗的历程，即可领略到，红色廉政文化是大别山红色口述文化资源的核心组成部分之一，它体现人民性的根本特质，彰显党的廉洁形象，具有强大的精神感召力和价值导向作用。其中宝贵而又丰富的红色廉政案例、红色廉政人物、红色廉政规约、制度等资源，不仅对于促进新时代党风廉政建设，加强反腐倡廉力度十分重要，而且对于当代大学生的廉洁教育也极具价值。在这个意义上，以大别山

---

[1]　马克思的后索性思维，强调"已经发育的身体比身体的细胞容易研究些"。见《资本论》第1卷，人民出版社2004年版，第8页。

区域尤其是鄂豫皖苏区为例，分析红色廉政文化的内涵、特点，考察红色廉政文化的历史具象，阐释红色廉政文化的原生态红色基因，并以此为基础，揭示大别山红色口述文化资源中红色廉政教育元素在当代大学生思想政治教育中价值转换的内在逻辑，将不仅有利于提高当代大学生对于全面从严治党、坚定反腐倡廉的信心、保持党的先进性纯洁性、稳定和巩固党的执政地位等的认识，而且有利于增强他们的廉洁素养，为党的建设和中华民族伟大复兴培养可靠的生力军。

第一节　红色廉政文化的内涵及其特点

大别山红色口述文化资源融入当代大学生廉洁教育，需要对包括大别山红色口述文化资源在内的各种红色资源中普遍内在的红色廉政文化予以透析，揭示其内涵及特点，梳理大别山红色口述文化资源所具有的廉洁教育要素，并借以加强当代大学生廉洁教育。

一、红色廉政文化内涵的学术探讨及界定

从近年红色文化研究的总体格局来看，对于作为红色文化核心组成部分之一的红色廉政文化，学术界的研究显得相对薄弱，相关的研究成果并不多。尽管如此，也已有一些学者开始对之予以关注，并从不同维度展开了可贵的探索，形成了一些有益的观点和见解。梳理现有的研究成果可以知道，对于红色廉政文化的内涵，学界尚未形成一致的规范性共识。学者们虽然在红色廉政文化的主要构成要素方面有着基本一致的认同，但对于红色廉政文化的界定，则各有侧重：有的学者界定红色廉政文化，比较重视其文化内涵、先进特质。例如，李学宏认为："红色廉政文化是中国共产党人在民族独立、人民解放的革命斗争中孕育、产生、发展的具有廉政内涵的先进文

化。"① 潘克森认为："红色廉政文化是中国共产党人在追求民族独立和人民解放的革命战争年代培育的具有廉政内涵的先进文化。"② 有的学者界定红色廉政文化，比较重视它的"中国特色""马克思主义""社会主义"的先进文化特性。例如，向治屹认为："红色廉政文化是中国共产党带领全国各族人民在争取民族独立、人民解放的长期革命实践中形成的具有重大影响和深刻内涵的马克思主义先进文化。"③ 刘红曼也认为红色廉政文化是"极具中国特色的先进文化"④。有的学者从文化生成的时间与区域出发，对红色廉政文化的地方组成部分予以揭示，由此从特殊到一般，对红色廉政文化的内涵予以彰显。例如，郭群英认为："湖北红色廉政文化是指新民主主义革命时期中国共产党人和人民群众在湖北地区所创造的特定区域的廉洁文化。"⑤ 冯石岗、李政认为："西柏坡红色廉政文化是西柏坡时期的革命传统精神与时代精神相结合的产物，是我党在革命与建设过程中核心价值的体现。"⑥ 有的学者则把红色廉政文化的创造者主体扩展到了中国共产党人以外的范围。例如，刘红曼认为："红色廉政文化作为红色文化的核心内容，它是我们共产党人、知识分子以及人民群众在长期的革命斗争和实践中总结、创造和积累的极具中国特色的先进文化。"⑦ 诸如此类。综合起来分析，上述这些对于红色廉政文化的界定，主要在如下方面存在差异：

第一，关于红色廉政文化的创造者主体。红色廉政文化的创造者主体是"中国共产党人"，还是"共产党人、知识分子以及人民群众"？由于这一概

---

①　李学宏：《试论红色廉政文化》，《党建研究》2011 年第 10 期。

②　潘克森：《红色廉政文化的基本内涵、特点及当代意义》，《上海党史与党建》2014 年第 8 期。

③　向治屹：《红色廉政文化对加强党风廉政建设的作用》，《改革与开放》2014 年第 15 期。

④　刘红曼：《论抗日战争时期红色廉政文化的历史特征》，《党史文苑》2014 年第 20 期。

⑤　郭群英：《湖北红色廉政文化资源的开发和利用》，《廉政文化研究》2011 年第 1 期。

⑥　冯石岗、李政：《西柏坡红廉文化的继承探究》，《陕西青年职业学院学报》2016 年第 3 期。

⑦　刘红曼：《论抗日战争时期红色廉政文化的历史特征》，《党史文苑》2014 年第 20 期。

念涉及"红色"与"廉政"，直指先进者的廉洁为政，因而其文化的创造者主体应是不同于一般群众的先进政治组织团体成员，他们必定具有组织引领人民群众的先锋队作用。所以，将红色廉政文化创造者主体认定为"中国共产党人"更为合适。

第二，关于红色廉政文化的生成时段。红色廉政文化的生成时段是仅在"新民主主义革命时期"，还是从"新民主主义革命时期"覆盖到更长时段的"新时期"？事实上，红色廉政文化是在新民主主义革命时期这样的特定时段生成的。只能说"新时期"社会主义先进文化能够也需要传承、接续、衍扩红色廉政文化，而不能反过来说"新时期"能够创造、生成红色廉政文化。因此，还是应将红色廉政文化的生成时段界定在"新民主主义革命时期"更为准确。

第三，关于红色廉政文化的内在特质。红色廉政文化的内在特质是"具有廉政内涵的先进文化"，还是"马克思主义先进文化""社会主义先进文化"？比较起来，由于"具有廉政内涵的先进文化"直接彰显红色廉政文化的"廉政"特色，所以将红色廉政文化的内在特质界定为"具有廉政内涵的先进文化"更为切合、妥当。此外，值得注意的是，在界定这一概念时，虽然有的学者已认识到了红色廉政文化的先进文化性质，但一般都未能从文化发生学上"后索性"地追溯、把握红色廉政文化的生成由来。实际上，中国共产党创造红色廉政文化，从一开始就是以马克思主义为指导思想的，在这个意义上，马克思主义就是红色廉政文化发生的本根、源头。

第四，关于红色廉政文化的内涵界定。综合学界关于红色廉政文化的界定，可以认为，所谓红色廉政文化，就是指中国共产党人在追求民族独立和争取人民解放的新民主主义革命时期，以马克思主义为指导，总结、创造和积累形成的具有廉政内涵的先进文化。

二、红色廉政文化的主要特点

考察各种红色廉政文化资源，可以发现，红色廉政文化呈现出如下主要特点：第一，红色廉政文化的基因特点。红色廉政文化的催生、孕育、演化，接续了马克思主义先进文化及其内在精神的原生态基因。第二，红色廉政文化的功能特点。红色廉政文化通过其震撼人心的党风廉政建设铁的制度、铁的执行，在战争年代已发挥出凝聚人心、提高革命队伍战斗力的强大精神感召力和价值导向作用，在当今又具有反腐倡廉、优化党纪党风、塑造党的廉洁形象等诸多新时代价值转换功能。第三，红色廉政文化的主体特点。红色廉政文化的创造者、承载者主体，是不畏艰难困苦、不惜牺牲生命、甘守清贫、廉洁为民的中国共产党人。第四，红色廉政文化的人民性特点。这一文化的创造，以中华民族的独立和人民的解放为奋斗目标，以最广大的人民群众为本位，因而它天然地具有人民性的根本特点。第五，红色廉政文化的可持续性影响特点。由于这一廉政文化资源中那些震撼人心的红色廉政制度和具体生动的党风廉政史实、个案，可以渗透到人们的灵魂深处，对人们的道德情感、理想信念等，都产生了并还将产生强大的正向作用力，因而它的文化正能量能够源源不断地输出，其社会深层影响力极为强大、持久。第六，红色廉政文化的"试金石"特点。由于这一文化能够反映中国共产党人的本质，因而，一个党员干部是否拥有这一文化所规定的品质、所内在的精髓、所彰显的精神等，也就自然成为检验这个党员干部是否合格的"试金石"。

第二节　大别山红色口述文化资源的红色廉政文化元素

大别山红色口述文化资源的红色廉政文化元素，可以从场馆解说、内部整理的口述资料、传奇故事、民间访谈所得的各种口述文化资料中予以梳理，其内容极为丰富，大都借助优质的原生态红色廉政基因，以红色廉政文化的样态生动地呈现出来。这里所谓红色廉政基因，是指一种在共产主义理想信念、道德情操、意志品质、精神风貌之下生成的具有廉洁奉献、无私忘我等独特遗传密码的优秀基因。它凝聚于马克思主义先进文化的血统之中，固化于中国共产党人的灵魂深处，根植于中华民族的精神沃土。以大别山区域尤其是鄂豫皖苏区的大别山红色口述文化资源为例，考察中国共产党领导大别山人民开展革命斗争的历史，即可知，事实上，这些红色廉政文化元素都是承载着优秀的原生态红色廉政基因，通过党风廉政建设诸多方面的系统元素凝结而成的，也都是在党风廉政建设的历史进程中演绎和演进的。具体情况可以从如下方面加以梳理：

一、重视组织机构创设，建立健全党风廉政的监察制度

在土地革命时期，鄂豫皖苏区即建立了专职机构，形成了一系列党风廉政监察的规章制度。这些规章制度，通过访谈、搜集、整理，形成一些场馆解说内容和内部资料。依据这些场馆解说和内部资料，可以了解到，当时党在全国各苏区党组织和苏维埃政府系统中，都普遍建立了工农监察委员会制度。这就是党的纪律检查委员会和国家监察委员会（政府监察机构）的前身。鄂豫皖中央分局和鄂豫皖苏维埃政府所在地设在新集镇（今河南新县县城），1931 年 5 月 18 日，鄂豫皖中央分局成立的第三天，就发出《〈中共鄂豫皖中央分局通知第五号——关于建立工农监察委员会〉的通知》（以下简称《通知》）。实际上，鄂豫皖苏区是最早建立工农监察机构、最早实施工农监察制度、具有最为健全的工农监察体制、最为系统的党风廉政建设法律法规的苏区之一。《通知》强调："工农监察委员会的组织，是专一来和一切苏维埃机关中的官僚腐化倾向作斗争的，他的权限是揭发这些官僚腐化倾向，公布给工农大众知道，同时拟定惩戒办法，交政府采取执行。"[①] 并规定："各级工农监察委员会和监察院是独立机关；但执行之权，仍属于苏维埃政府及其所

---

① 中共麻城市纪律检查委员会、麻城市监察局编：《红廉大别山》，鄂黄内图字 2017 (21)，第 7 页。

属法律机关。"①与当时全国各苏区不同的是，唯独鄂豫皖苏区的监察机构是与苏维埃政府平行，而不是隶属于苏维埃政府领导。同年7月1—7日，鄂豫皖苏区第二次苏维埃代表大会召开，大会选举产生了鄂豫皖区工农监察委员会，由蔡申熙任主席，审议通过了《鄂豫皖苏维埃政府工农监察委员会条例》，对监察委员会的组织关系、职权职责以及工作程序等，都作出了明确的规定。之后，鄂豫皖区工农监察委员会即相继发出一号、二号通令，又对监察委员会的职权、任务等进行补充规定，将其任务扩大为17项。至同年9月，鄂豫皖苏区即基本形成了以党的监察机构和苏维埃政府的监察机构为主体的监察组织系统。在社会主义新时代的今天，回顾和借鉴鄂豫皖工农监察委员会制度，弘扬党风建设和反腐倡廉的组织、制度创新精神，对于深入推进党风廉政建设和反腐倡廉工作，坚持监察组织与制度创新的正确价值取向，重视党和政府监察组织制度系统的现代化创新，培养当代大学生廉洁制度创新精神，无疑具有启示意义。

二、注重承接地气，主动接受工农群众的监督考查

鄂豫皖区工农监察委员会在革命斗争实践中，尤其注重吸收工农群众参与到监察工作中来，主动接受工农群众的监督、考查，表现出制度层面上承接地气的鲜明特色。例如，《鄂豫皖中央分局通知第五号》即规定："工农监察委员会必须与广大工农群众发生最密切的关系，要吸收广大工农群众的意见和吸收他们去参加监察的实际工作。"②《鄂豫皖苏维埃政府工农监察委员会条例》中还要求监察委员会的人数，必须根据当地情形，"由县、区、乡代表大会（乡苏最好是开群众大会）酌量决定""工农监委会和主席团，得

---

① 中共麻城市纪律检查委员会、麻城市监察局编：《红廉大别山》，鄂黄内图字2017（21），第7页。

② 中共麻城市纪律检查委员会、麻城市监察局编：《红廉大别山》，鄂黄内图字2017（21），第7页。

随时吸收积极工农分子，参加工农监委会工作"①。《鄂豫皖区工农监察委员会通令第一号》在确定监委会开展廉政监察的各种任务和职权时，特别提出："监委会除自身要执行这些工作以外，还要委托许多革命群众帮助考查这些情形。"②对于群众告发、发现某委员有不对之事，应随即着手考查。《鄂豫皖区工农监察委员会通令第二号》也决定："监委在工作上要动员广大群众，特别是贫农团工会，帮助政治保卫局和帮监委本身工作。""深入群众中去，从谈话中调查群众对革命主张意见。"③鄂豫皖苏区党风廉政建设的群众面向，是中国共产党在革命实践中运用马克思主义历史观，重视人民群众的历史创造者主体作用的一个生动体现。对之予以传承和发扬，即能通过新时代党风廉政建设的群众面向，内在地发挥出大别山红色口述文化资源中红色廉洁文化强大的价值引导功能，有助于当代大学生的廉洁教育。

三、突出细节管控，全面整治各类官僚腐化现象

能否严格有效地管控好党风廉政建设的具体细节，决定着党风廉政建设的成败。鄂豫皖区工农监察委员会在革命实践中，非常重视对党风廉政建设的具体细节予以严格有效的管控。《鄂豫皖区工农监察委员会通令第二号》对监察工作中的种种错误都提出了批评，例如，"苏维埃的账目不清和决算的错误，不注意审查，反而不准农民吃重了油盐和禁止农民割肉吃。"并对监委会的工作提出了相当细致且具有可操作性的要求。内容涉及执行上级法令和决议；清算各种账目切实预算决算；动员广大群众参与监察工作、调查土地分配有无徇私舞弊；宣传苏维埃工作人员生活不超过农民生活的标

---

① 中共麻城市纪律检查委员会、麻城市监察局编：《红廉大别山》，鄂黄内图字2017(21)，第7页。

② 中共麻城市纪律检查委员会、麻城市监察局编：《红廉大别山》，鄂黄内图字2017(21)，第11页。

③ 中共麻城市纪律检查委员会、麻城市监察局编：《红廉大别山》，鄂黄内图字2017(21)，第12页。

准；监督税务局有无徇私舞弊、监督苏维埃有无官僚腐化、脱离群众等现象等[①]。《各县苏维埃联席会议决议》(1929 年)[②] 即严禁苏维埃政府工作人员拿公家款项滥吃滥喝及买酒、买纸烟之类。各区苏维埃工作人员生活，不得超过普通群众的生活。如发现 1 至 3 元经济不清者，受书面警告；3 至 18 元者，即受革命纪律处分。1927 年徐海东在鄂豫皖创建农民武装时定下了"四条纪律"，即："集合不准说话；不许穿长袍；不许吃乡亲的东西；不许打骂乡亲。"鄂豫皖红军的"十条纪律"，其中就有"不拿穷人一针一线；不拿穷人粮食；对穷人态度要和蔼"等。鄂豫皖军委的"五条通令"，其中即有"没收的东西，须经政治部会商当地苏维埃机关检点之，不得有私人偷漏，私打土豪、私拿人家东西的事情。如有一个人私拿了东西，当即鼓动当地穷人向政治部指挥机关控告，一经查出，决以军事政治纪律处罚。"[③] 这些都表明，当时鄂豫皖苏区的党风廉政建设在各种细节管控和具体贯彻落实上已达到了相当严格的程度。在新时代环境下，借鉴诸如此类党风廉政建设细节管控的宝贵历史经验，接续这种原生态红色廉政基因，不仅对于从严治党、全面加强党风廉政建设，而且对于把握每一个细小环节，加强当代大学生廉洁教育，达到新时代的更高要求，显然都是大有其益的。

四、加强宣传教育，营造反腐倡廉的政治生态环境

有针对性地广泛开展宣传教育、营造良好的政治生态环境，是党领导新民主主义革命过程中开展党风廉政建设、创造红色廉政文化的一个重要特色，是党基于反腐倡廉宣传教育而形成的一种优良传统，也是构成红色廉政

① 中共麻城市纪律检查委员会、麻城市监察局编：《红廉大别山》，鄂黄内图字 2017 (21)，第 12 页。

② 中共麻城市纪律检查委员会、麻城市监察局编：《红廉大别山》，鄂黄内图字 2017 (21)，第 56 页。

③ 中共麻城市纪律检查委员会、麻城市监察局编：《红廉大别山》，鄂黄内图字 2017 (21)，第 61—62 页。

文化的原生态红色基因的独特元素。鄂豫皖苏区党组织即注重采用红色戏剧、歌曲、表演，出版党报党刊，举办党校和培训班，张贴标语、散发传单，个别谈话，集会演讲，组建宣传队，发展新剧团等，对广大党员干部和群众进行反腐倡廉、作风建设之类的宣传教育。尤其是创作了大量群众喜闻乐见的歌谣。据统计，单是鄂豫皖苏区流传的革命歌谣就有 500 多首，如《脱离群众一成无就》《红军纪律管得严》《三大纪律六项注意要记清》等。其中，自 1929 年开始在湖北麻城乘马地区流行的《红军纪律歌》，在用词、内容、韵律上都已相当接近后来在此基础上形成的《三大纪律八项注意》这一政治纪律教育名歌了。此类歌谣在漫长的革命岁月以至今天，都对党风廉政建设发挥着有力的推动作用。考察鄂豫皖苏区党风廉政建设的宣传教育特色，对于新时代开展党风廉政建设的宣传教育动员和营造良好的政治生态环境、营造当代大学生廉洁教育的浓郁氛围而言，其价值也是毋庸置疑的。

五、采用有效形式，实行党风廉政建设的实践落地

鄂豫皖苏区不仅始终把建立健全工农监察制度当作"一个非常重大的任务"，强调有了监察机构的存在，就可以"公开地裁判那些官僚腐化分子"，而且特别注重通过多种有效的形式将各种监察的制度安排落到实处。例如，运用批评与自我批评，开展健康的党内生活，并且要让群众知道运用；强调苏区人民团体和公营企业的工作人员、军事机关人员、各级党政部门及其干部，除了受到党和政府监察机构的监督外，还要接受工农群众的监督。而建立公开制度、鼓励群众举报、开展巡视工作、组建轻骑兵、成立士兵委员会等，都是具体地贯彻落实党风廉政建设的重要而有效的举措。例如，开展巡视工作，就极富实效性。当时鄂豫皖苏区将巡视工作制度化，在各县设巡视员，明确规定作为一名巡视员必须具备的条件和职责，设定巡视的任务、时间，并要求每次巡视完后，必须有巡视报告。这从 1931 年 12 月《鄂豫皖分局妇女部给各县妇女部的一封指示信》的原始资料中，即可体察到当时对于

巡视员工作的任务要求："巡视员的任务是要保证党的正确路线及上级决议案的执行，来检阅各地的实际工作，帮助他们来解决一切困难的问题，以及把下级的实际状况和各种解决办法，随时报告到上级。巡视工作时不只是上级到下级去而是要到群众中去，不只是要给下层工作的帮助，而且站在帮助下层工作的观点上，去发展下层群众的积极性和创造性。巡视员到某地找群众做个别谈话，了解实情，反对走马看花式的乱跑、以耳代目的巡视工作方法。"[1] 另外一份材料，1930 年 4 月 1 日《六安中心县委关于六霍等六县目前工作计划的决议案》，也有加紧巡视工作的规定和要求，对巡视的任务作了具体的规定："(1) 考察下级党部是否执行党的一切政治任务和策略；(2) 帮助和指导下级党部执行一切决议和进行日常工作；(3) 规定工作计划，注意中心群众工作及工作的平衡发展；(4) 巡视群众组织；(5) 参加和指导群众斗争；(6) 考察下级党部是否能集体分工；(7) 指导下级党员建立秘密工作；(8) 帮助下级党部训练干部。"[2] 从中可以看出，这些具体的巡视员工作职责、任务等，已经生动地映现了党在历史发展过程中党风廉政建设的原生态红色基因特色。从一定程度上可以说，当下党风廉政建设中严格执行的巡视工作制度，正是对这种原生态红色基因实质性的继承与强化。

六、突出司法治腐，在党风廉政建设中综合运用法律武器

为了保证苏区法律得到有效的执行，弥补党内监督的不足，鄂豫皖苏区还成立了革命法庭，1931 年 9 月 1 日，颁布出台了革命军事法庭暂行条例，即《鄂豫皖苏维埃政府革命军事法庭暂行条例》，革命法庭下设有国家公诉处，处长程玉阶是第一位国家公诉人。当时规定："禁止贪污赌博、熬糖、禁止私

---

① 中共麻城市纪律检查委员会、麻城市监察局编：《红廉大别山》，鄂黄内图字 2017 (21)，第 27 页。

② 中共麻城市纪律检查委员会、麻城市监察局编：《红廉大别山》，鄂黄内图字 2017 (21)，第 28 页。

人煮酒……对犯重大错误的人则根据情况判决缓刑或判处死刑。对犯错误的人还要根据他本人的历史、成分、社会关系来处理，党团员犯错误有留党察看几个月、几十天等时间不等，有开除党籍的。群众有违法乱纪的就交法庭审讯，法庭解决不了的，就开公审大会判决。"① 尽管这些暂行条例原初简单，但却由此将反腐败斗争纳入法治化轨道，使大别山红色口述文化资源中原生态的红色廉政基因融入了法治化要素，因而在这个意义上也为当下党风廉政建设结合运用法律武器进行司法治腐，提供了历史经验和价值启示。

七、利用典型案例，强化党风廉政建设的影响力

利用典型案例反腐倡廉，是治理贪腐、增强党风廉政建设影响力的有效方式。反腐的典型案例，在 1929 年 9 月 8 日《鄂东北特别区委会给中央的报告》中就有记载："最近黄安枪决了几个同志，麻城枪决了两个区委负责同志（一个是党员，一个是团员）和普通同志数人，原因都不是反动而是诈欺、强奸、账目不清……在顺河区与城区之间的组织一次整个地开除了 200 余人。"② 依据资料，1931 年，鄂豫皖区苏维埃政府一名司务长，利用采购物品和掌管伙食费之便，贪污大洋 20 块。工农监察委员会核查账目时案发，该司务长被判处死刑；③1931 年，赤城县杨山煤矿（今属固始县）赤色工会经理高振武，利用职务之便，采取做假账等手段贪污销售款 1000 块大洋，工农监察委员会查明案情后，革命法庭判处高振武死刑；④ 又据原野司保卫

---

① 中共麻城市纪律检查委员会、麻城市监察局编：《红廉大别山》，鄂黄内图字 2017（21），第 27 页。

② 中共麻城市纪律检查委员会、麻城市监察局编：《红廉大别山》，鄂黄内图字 2017（21），第 56 页。

③ 中共麻城市纪律检查委员会、麻城市监察局编：《红廉大别山》，鄂黄内图字 2017（21），第 57 页。

④ 中共麻城市纪律检查委员会、麻城市监察局编：《红廉大别山》，鄂黄内图字 2017（21），第 58 页。.

科科长张之轩回忆：野司警卫团四连的副连长赵桂良，是个战斗英雄，还是个劳动模范，就因为从一个店铺拿走了商人的花布和粉条，被公判枪毙。[①]倡廉的典型案例如，1928 年秋，吴焕先带领一支 20 余人的红军部队在柴家堡活动时，被敌军围困 3 天没有吃饭。为补充体力突围，每人挖两个红薯充饥，并在红薯地里埋了一个布包。老乡挖红薯时看到："亲爱的老乡，我们是红军，为了打白匪，我们吃了你的红薯，现留下银元 5 块请收下！"[②]正是这样一个苏区党员干部和军队的革命群体，不拿群众一针一线，在人民群众中保持了清正廉洁的整体形象，由此大大地强化了反腐倡廉和党风廉政建设的影响力，促进了大别山红色口述文化资源中红色廉政文化元素及原生态红色廉政基因的孕育生成。

八、塑造廉洁人格，催生党风廉政建设的示范效应

优秀党员干部的廉洁人格塑造，是党风廉政建设的重中之重。在长期革命斗争实践中，我党的大批优秀党员干部注重塑造廉洁人格，克勤克俭、甘守清贫，涌现出诸多震撼人心的廉洁范例。例如，王政柱是湖北麻城顺河银树湾人，1931 年参加红军，他曾跋涉 3000 里，历时 72 天，身背 190 两黄金从敌后抗日根据地送到延安。路上，他始终悬着一颗心，行军、休息、睡觉都格外谨慎小心，始终保持身不离金、金不离身，就连与他同行的机要科的女同志罗健（后成为其妻子）、朱德总司令的马夫汪秀田都没有告诉。任务完成后，罗健责怪他不信任自己，他略带歉意地说："这是组织纪律。现在安全了，告诉你也不迟呀！"他这段千里送金到延安的经历，被传为佳话，后来人们都敬称他为"金身将军"。电影《金身将军王政柱》就是根据他的

---

① 中共麻城市纪律检查委员会、麻城市监察局编：《红廉大别山》，鄂黄内图字 2017 (21)，第 63 页。

② 中共麻城市纪律检查委员会、麻城市监察局编：《红廉大别山》，鄂黄内图字 2017 (21)，第 60 页。

这段亲身经历改编而成的。又如，丁先国英勇善战，威震敌胆，同时又是出了名的"抠门"，有人说他是"红管家"，有人说他是"守财奴"。他说："我干的工作就是为国家为军队守好财、管好物。决不能去做败家子。"① 后来，他任解放军总后勤部副部长兼重庆办事处主任时，管理着数百亿的物资和资产，一年四季穿的却是和战士一样的胶鞋、布鞋。三年自然灾害时期，他利用废旧布条自己动手编布草鞋，除了自己穿外，还让上中学和小学高年级的子女都穿布草鞋。离休后，为他配的厨师、保健医生他一个都不要。他还在住所周围捡废铜烂铁旧报纸，并将捡破烂积攒起来的钱和一部分离休金共3200元捐献给了贫困山区儿童。还如，清正廉洁、大公无私的黄麻起义领导者戴克敏烈士。他是一位铁面无私的党代表。1929年秋，部队在柴山堡休整，有人揭发说，部队里有一名司务长私自把部队的钱借给亲戚做生意。而这名司务长，正是戴克敏的老表。戴克敏当即亲自审问，查证他确实私拿了20块大洋。按当时部队规定，私拿一个铜板就要给予处分，私拿20块大洋就是死罪。戴克敏不为亲情所动，找到徐向前等人汇报情况后，秉公执法，大义灭亲，对老表执行了枪决。此事戴克敏十分痛心，为自己没有管教好队伍而自责。在他看来，军法面前人人平等，不是自己六亲不认，而是军纪难容。再如，王福民烈士1935年2月因叛徒出卖不幸被捕之时，掌管着革命队伍的枪支和银元，在敌人的威逼利诱下，他宁愿牺牲自己也不交出，后被敌人押到光山新集，剖腹挖心，残酷杀害。可以说，革命先辈这种清正廉洁、大公无私的高尚道德品格，构成了优秀的大别山革命儿女在群体交往中所具有的典型道德品格。正是这样一些优秀党员干部，从整体上塑造了中国共产党人的廉洁人格，催生了党风廉政建设的示范效应，也由此不断地固化了党风廉政建设的原生态红色廉政基因，为当代大学生廉洁教育提供了宝贵的素材。

---

① 中共麻城市纪律检查委员会、麻城市监察局编：《红廉大别山》，鄂黄内图字2017(21)，第97页。

第三节　大别山红色口述文化资源融入当代 大学生廉洁教育的影响因素

大别山红色口述文化资源所蕴含的红色廉政文化元素在当代大学生廉洁教育中的深度融入和价值实现，受到各种正、负向因素的影响。

一、大别山红色口述文化资源融入当代大学生廉洁教育的正向影响因素

从实际情况来看，大别山红色口述文化资源的红色廉政文化元素在当代大学生廉洁教育中深度融入和价值实现的主要有利因素包括：

（一）新时代政治生态环境的日益优化

"政治生态好，人心就顺、正气就足；政治生态不好，就会人心涣散、弊病丛生。"[①] 党的十八大以来，党和政府十分注重标本兼治，净化政治生态，同对自然生态一样，通过综合施策、协同推进，修复政治生态，党风廉政制度不断完善。尤其是强调要"着力解决管党治党失之于宽、失之于松、失之于软的问题"[②]，从而促使不敢腐的震慑作用充分发挥，不能腐、不想腐的效应充分显现，反腐败斗争形成压倒性态势；提出了"清正廉洁作表率"的具体目标，"重点是教育引导广大党员干部保持为民务实清廉的政治本色，正确处理公私、义利、是非、情法、亲清、俭奢、苦乐、得失的关系，自觉同特权思想和特权现象作斗争，坚决预防和反对腐败，清清白白为官、干干净净做事、老老实实做人"[③]，因而促成了新时代政治生态环境日益优化。在

---

① 《习近平谈治国理政》第二卷，外文出版社 2017 年版，第 167 页。

② 《习近平谈治国理政》第二卷，外文出版社 2017 年版，第 161 页。

③ 《习近平谈治国理政》第三卷，外文出版社 2020 年版，第 525—526 页。

这种反腐倡廉的良好政治生态条件下，大别山红色口述文化资源中具体、丰富、生动的红色廉政文化元素，也就自然成为宣传廉政作风、开展廉洁教育的宝贵素材，而这些都有利于大别山红色口述文化资源的红色廉政文化元素深度融入当代大学生廉洁教育，形成极大的价值需求空间。

（二）当代大学生廉洁教育受到了高度重视

"廉洁"一词最早出自屈原《楚辞·招魂》："联幼清以廉洁兮，身服义尔未沬。"东汉著名学者王逸在《楚辞·章句》中注释说："不受曰廉，不污曰洁。"意思是说不接受别人馈赠的钱财礼物，不让自己的清白人品受到玷污，这就是"廉洁"。廉洁教育并非单单在党政机关、公务人员中开展，而应该包括大学生在内的更为广泛的普通群体。大学生作为一种特殊群体，是将来国家的中坚力量，他们的基本立场和态度关乎党和国家的前途和命运。开展当代大学生廉洁教育，培养其廉洁发展观，其实质就是为他们提前接种"防腐疫苗"，奠定良好的思想道德基础。事实上，当前，在思想政治教育工作、党风廉政建设都受到党和国家高度重视的良好政治生态下，大学生的廉洁教育也获得了相应的重视。这在诸多方面都得以体现。例如，各高校都以课堂教学为载体，充分发挥思政课程、课程思政等思想政治教育形式在廉洁教育方面的主渠道作用，针对当代大学生的思想状况、认知程度等特点，从理想追求、思想感情、行为习惯、价值取向诸方面，加大了对学生廉洁教育的力度；又如，各高校以教材建设为重点，与时俱进地组织编写了各种适合当代大学生特点的廉洁教育教材，聚拢、整理各种优秀廉洁教育元素，并将廉洁教育作为思想政治理论课、就业指导课和党校培训课等课程的重要内容；再如，许多高校还充分利用各种大学生活动的平台、大众传媒和网络，组织开展不同形式、不同层次、不同学科领域等的廉洁主题教育活动，传播廉洁知识，弘扬廉洁精神，由此巩固了当代大学生廉洁教育的宣传舆论阵地。这就大大地提升了大别山红色口述文化资源的红色廉政文化元素融入当代大学生廉洁教育的价值地位。

（三）当代大学生廉洁教育研究成果逐步涌现

随着党风廉政建设和当代大学生廉洁教育的深入开展，一批关于当代大学生廉洁教育的研究成果也陆续面世，形成了一些颇有见地的观点。比较典型的观点如，夏云强认为："科学挖掘和借鉴儒家诚信伦理的思想精华，使其与当代大学生廉洁教育的内容融为一体，对于促进大学生诚信人格的形成和完善，实现廉洁教育的目标，具有积极的启示意义。"[1]李斌雄、吴丽波[2]等还就武汉地区高校学生廉洁、廉政素质进行了全面的调查研究，提出了一系列关于如何促进当代大学生廉洁、廉政素质和廉洁价值观发展的有益意见；莫忧探讨了大学生廉洁教育的维度、框架和路径，认为："大学生廉洁教育对促进大学生全面发展，净化政风、社风、校风、民风具有重要意义。"[3]朱蒙玲、邱正祥指出："高校应根据时代发展的要求，不断完善优秀传统文化课程体系，积极开展社会实践活动，努力营造良好的校园文化氛围，充分尊重大学生的主体地位，从而提升优秀传统文化在大学生廉洁教育中的优势作用。"[4]唐高峰则强调："新形势下党中央高度重视廉政建设，将廉政建设视为党的生命线和治国理政的基石；当代大学生是社会主义建设的接班人，大学生廉洁教育应是国家廉政建设的第一环节。"[5]这些陆续涌现的研究成果和观点，都为大别山红色口述文化资源中的红色廉政文化元素如何有效融入当代大学生廉洁教育，发挥其应有的价值功能，提供了一定的研究基础、可资参考的实施方案、有益的经验和价值启示，也是利用大别山红色口述文化

---

[1]　夏云强：《儒家诚信伦理与当代大学生廉洁教育》，《船山学刊》2009 年第 1 期。

[2]　李斌雄、吴丽波：《如何促进当代大学生廉洁、廉政素质和廉洁价值观的发展——基于武汉地区高校学生廉洁、廉政素质的调查研究》，《思想政治教育研究》2013 年第 2 期。

[3]　莫忧：《大学生廉洁教育的维度、框架与路径探析》，《学校党建与思想教育》2016 年第 9 期。

[4]　朱蒙玲、邱正祥：《优秀传统文化融入大学生廉洁教育的路径分析》，《理论观察》2017 年第 7 期。

[5]　唐高峰：《基于问题导向的当代大学生廉洁教育现状研究》，《高教学刊》2020 年第 34 期。

资源加强当代大学生廉洁教育的重要正向影响因素。

二、大别山红色口述文化资源融入当代大学生廉洁教育的负向影响因素

大别山红色口述文化资源的红色廉政文化元素在当代大学生廉洁教育中深度融入和价值实现的主要负向影响因素包括：

（一）对"廉政主体"与"廉洁主体"关系的认知误区

在实践中，有些人对于"廉政主体"与"廉洁主体"之间的关系存在认知误区，以为"廉政"重在为政清正廉明，"廉政主体"所属范围，主要是指从政的党员干部群体，而"廉洁"重在个体修为清廉洁净，"廉洁主体"所属范围，相对于"廉政主体"，则要扩展到更为广大的普通群体。因此，大别山红色口述文化资源的红色廉政文化元素，对于"廉政主体"具有教育意义，这是肯定的，但对于"廉洁主体"，则并非全都具有教育意义，也就是说，对于诸如大学生这样的普通群体，就没有多大的教育意义。这种认识的误区，实际上就在于绝对割裂了"廉政主体"与"廉洁主体"二者之间的紧密联系，因而必然在一定程度上妨碍大别山红色口述文化资源的红色廉政文化元素在当代大学生廉洁教育中的深度融入和价值实现。事实上，就"廉政主体"而言，只有具备了"廉洁"的修为和素养，才可能产生"廉政"的思想和行为；而"廉政主体"的"廉政"思想和行为，又总是能够体现"廉洁"的修为和素养，因而对所有"廉洁"教育对象都应该具有教育意义。大别山红色口述文化资源的红色廉政文化元素，虽为"廉政"文化元素，但其也是内在地依托于当时革命政治主体的"廉洁"修为和素养，不仅对于当今作为"廉政主体"的党员干部群体具有"廉政教育"功能，而且对于包括当代大学生群体在内的更为广泛的普通群体，应该都具有深刻的"廉洁教育"意义。由此可见，只有消除了基于"廉政主体"与"廉洁主体"的认识误区，才能

增强相关资源利用者利用大别山红色口述文化资源的红色廉政文化元素加强当代大学生廉洁教育的自觉自主意识，从而有力地推动这一资源在当代大学生廉洁教育中的深度融入和价值实现。

（二）对大别山红色口述文化资源廉洁教育价值的认识不足

这种认识不足的情形主要表现在两个方面：一方面，认为大别山红色口述文化资源的红色廉政文化元素大多是适应大别山革命时期苏区建立、巩固和发展的环境条件而生成的，很多廉政的制度和做法都较为粗放、简单，与当今开展廉政、廉洁教育的环境条件、现实需要没有可比性，因而对于开展新时期党风廉政建设、加强当代大学生廉洁教育价值等没有什么教益。这样的认识实质上是忽略了大别山红色口述文化资源中原生态红色廉政文化元素的精神内质和廉政、廉洁的文化精髓，只是从表面上把握其皮毛，就简单地否定，这显然是十分肤浅的。另一方面，则认为大别山红色口述文化资源的红色廉政文化元素可以在新时代党风廉政建设和当代大学生廉洁教育中直接发挥价值作用。这种认识同样没有抓住大别山红色口述文化资源中原生态红色廉政文化元素的精神内质和廉政、廉洁的文化精髓，只是从表面上对之不加选择地予以肯定性的价值判断，因而实际上也是十分肤浅的。这两个方面可以说都是不利于大别山红色口述文化资源在当代大学生廉洁教育中深度融入和价值实现的严重负面影响因素。而消除这两种错误的价值认知，关键就是要求相关资源利用主体提升价值选择和判断能力，以确保能够准确地认知、理解和把握大别山红色口述文化资源中原生态红色廉政文化元素所具有的精神内质和廉政、廉洁文化精髓，由此加深对其价值的正确认识。

（三）对大别山红色口述文化资源中红色廉政文化元素利用的方式不当

主要表现在：第一，不加转换，生硬地乱用。忽视了时代环境条件的差异性，无视新时代经济、政治、文化以及教育生态条件等翻天覆地的变化，生硬地乱用其中的原生态廉政制度和做法，而不是借助大别山红色口述文化资源中原生态红色廉政文化元素的精神灵魂，去增强新时代党风廉政建设和当代大学生廉洁教育的针对性、有效性，这势必会使这一宝贵资源的现代性价值转换落空。第二，不加活化，刻板地套用。在具体的实践过程中，只是一味使用陈旧的说教方法，没有实行多相关主体、多组织机构的协同创新，没有借助不同层次、不同形式的思想政治教育平台，诸如课程思政、学科思政、环境思政、学生思政、教师思政等，没有采取在线开放课程的线上线下混合式教学教育模式，也没有运用现代化的教育信息技术、虚拟现实技术、自媒体传播技术之类先进技术，由此使得大别山红色口述文化资源中原生态红色廉政文化元素没有得到梳理、整合和活化利用，因而这也势必导致这一宝贵资源蕴藏的廉洁教育价值在当代大学生廉洁教育中难以得到充分发挥，无法促成令人满意的育人效应。第三，不加选择，随意地滥用。这种情况主要是相关资源利用者不能依据现实存在的突出问题，有选择性地提取大别山红色口述文化资源中蕴藏的廉洁教育价值元素，并有针对性地解决这些突出问题，而是对这些宝贵资源随意加以滥用，例如，随意借用纪律的案例经验解决德治的问题，随意借用作风的案例经验解决法治的问题等，不仅不能发挥，而且在一定程度上遮蔽了这些宝贵资源的价值作用。

第四节　大别山红色口述文化资源融入当代大学生廉洁教育的内在逻辑

在当代大学生廉洁教育中，新民主主义革命时期创造生成的大别山红色口述文化资源，其所具有的丰富红色廉政文化元素，有其价值转换的内在逻辑：利用大别山红色口述文化资源中的红色廉政文化元素，可为当代大学生传递原生态红色廉政基因，传输其强大的遗传密码信息，有利于在促进全面从严治党，坚定反腐倡廉的自信，保持党的纯洁性、先进性，稳固党的执政地位的同时，为培养时代新人提供强大的廉洁教育支撑；而加强当代大学生廉洁教育，又可为大别山红色口述文化资源中红色廉政文化元素的演绎拓展新时代的新境域，增添丰富的时代新元素，营造良好的政治文化生态，从而推动其现代性价值转换。

一、利用大别山红色口述文化资源增强当代大学生廉洁教育的有效性

大别山红色口述文化资源的丰富红色廉政文化元素，对于当代大学生廉洁教育具有强大的基因传输功能和潜在价值能量。正是大别山红色口述文化资源中组织制度、监督机制、群众特色、细节管控、宣传教育、典型案例、人格风范等诸种系统元素的交相融合，互动演化，才孕育生成了党风廉政建设的原生态红色廉政基因，形成了大别山红色口述文化资源中丰富的红色廉政文化元素，充盈于中国共产党领导人民群众为中华民族解放与复兴而奋斗的光辉历程之中。而在新的时代语境中，要实现这些红色廉政文化元素在党风廉政建设中的价值转换，还需要通过多种方式，充分发掘大别山红色口述文化资源的原生态红色廉政基因，不断释放出其红色廉政文化元素巨大的潜在价值能量。这就必然要求：第一，提升认知视界，确立大别山红色口述文化资源中红色廉政文化元素在当代大学生思想政治教育中的价值转化原则。红色廉政文化元素的生成有其系统要素与具体的历史文化语境，因而不能简单粗放地对待，而要以辩证唯物主义与历史唯物主义为指导，全面系统地考察其历史语境、人物具象、区域特色、流转过程等，尤其是要透过红色廉政文化元素朴质、原初的形态，探究其生成、发展、演进的机理，从认识论、价值论、生存论等哲学高度，提升其认知视界，揭示其本质，达于其精髓，阐扬其精神，并在此基础上确立一系列红色廉政文化元素在当代大学生廉洁教育中的价值转化原则。诸如政治与文化契合原则、继承与创新并举原则、精神内化与系统演进原则、基因接续与形式活化原则等。第二，整合大别山红色口述文化资源中丰富的红色廉政文化元素，梳理其在当代大学生廉洁教

育中的价值转化因子。由于红色廉政文化相关资源在革命战争年代生成于嘉兴、南昌、瑞金、井冈山、遵义、大别山、延安、西北坡、沂蒙山等全国各大红色文化发生的革命区域，因而其地域分布的范围广；又由于红色廉政文化资源生成于漫长的土地革命战争、抗日战争、解放战争等红色文化发生的革命战争年代，因而其时段分布的跨度大。这就需要对分散在不同地区、不同时段的红色廉政文化元素的存在样态、性状特色、运行机制等进行深入、细致的考察，并在此基础上，着重梳理、展现大别山红色口述文化资源中红色廉政文化元素，把握其比较特色，聚拢其中具有廉洁教育功能的价值转化因子，使之通过有效的整合，能够有利于促进当代大学生的廉洁教育。第三，优选大别山红色口述文化资源中红色廉政文化元素融入当代大学生廉洁教育的渗入切口，寻求其在当代大学生廉洁教育中的价值实现路径。大别山红色口述文化资源中红色廉政文化元素在当代大学生廉洁教育中的价值转换和渗透，从司法治腐、纪检监察、宣传教育、思政教育等诸多方面，都能寻找多个可供优选的渗入切口，由这些渗入切口，即可拓展实现其价值转化与渗透的有效路径。例如，通过当代大学生思想政治工作的一些渗透切口，借助基于大别山红色口述文化资源中红色廉政文化元素的线上线下育人平台，进行全员、全过程、全方位"三全育人"的人才培养，揭示其育人逻辑，构建大别山红色口述文化资源与思想政治工作高度融合和协同创新模式，全面提升当代大学生思想政治工作质量，即可开拓一条利用大别山红色口述文化资源中红色廉政文化元素强化当代大学生思想政治工作的现代化育人新路，这样就完全可以使这些红色廉政文化元素在当代大学生廉洁教育中发挥出强大的价值功能。

二、借助当代大学生廉洁教育推动大别山红色口述文化资源的价值转换

加强当代大学生廉洁教育，则可为弘扬红色廉政文化的发展、演绎开拓

新境，营造良好的政治生态，增添丰富的时代新元素，从而推动大别山红色口述文化资源中红色廉政文化元素的现代性价值转换。在中国改革开放与社会主义市场经济发展过程中，中国共产党作为执政党，一直进行着反腐倡廉的党内自我净化，尤其是党的十八大以来，对于各种贪腐现象，始终保持一种高压势态，党风廉政建设得到了空前的重视，成为推动实现中华民族伟大复兴中国梦的重要一环。相应地，在大学生思想政治教育实践中，廉洁教育也成为一个培养时代新人重中之重的主题，这反过来促使红色廉政文化元素的传扬、开新与演进的政治生态环境日益优化，有利于红色廉洁基因在当代大学生群体中的接续与强化。在这种反腐倡廉的现实语境下，实现当代大学生廉洁教育对大别山红色口述文化资源中红色廉政文化元素的传扬、开新与演进中的价值作用，接续与强化红色廉政文化的红色基因，还需要通过多种方式，不断地促成廉政、廉洁的新时代元素在红色廉政文化系统中与时俱进的提炼、渗透和积淀。这就要求：第一，明确当代大学生廉洁教育的重要性和紧迫性，注重在当代大学生群体中传输大别山红色口述文化资源中红色廉政文化元素的优秀基因，使之在新时代得到不断的接续。由于当今滋生腐败的土壤依然存在，一些不正之风和腐败问题依然影响恶劣，因而反腐败的形势依然严峻复杂。进入社会主义新时代，党内是否风清气正、党员干部是否廉洁奉公，党的队伍是否保持廉洁形象，事关中国共产党作为执政党的公信力，事关人民美好生活目标的达成，事关中华民族伟大复兴中国梦的圆满实现。事实证明，只有加强新时代党风廉政建设，在新时代语境下，积极主动地接续执政党廉政文化的优秀红色基因，加大反腐倡廉的力度，才能保持党的纯洁性和先进性，使之永不衰退变质，永葆生机活力；同样的道理，也只有明确当代大学生廉洁教育的重要性和紧迫性，注重在当代大学生群体中积极主动地传输大别山红色口述文化资源中红色廉政文化元素的优秀基因，才能培养出廉洁素质过硬、能够承担起中华民族伟大复兴重任的后备生力军，从而确保这样的优秀基因能够得到不断的接续。第二，进一步营造新时代党风廉政建设和大学生廉洁教育的良好政治生态，稳固大别山红色口述文化资源的红色廉政基因。"习近平总书记强调，自然生态要山清水秀，政治生态也要山清水秀，要深入推进反腐败斗争，下大气力拔'烂树'、治'病树'、正'歪树'，做到有腐必反、除恶务尽。"① 只有坚持以零容忍态度惩治腐败，不断健全惩治和预防腐败体系，"坚持标本兼治、综合治理、惩防并举、注重预防"②，才能够实现干部清正、政府清廉、政治清明的良好政治生态环境，营建好中国共产党人的精神家园。只有在这样的政治生态环境条件下，开展反腐倡廉教育和廉政文化建设，作为马克思主义政党纯洁性根本的思想纯洁在党内才能得以保持，作为党员干部清正廉洁基础的高尚道德情操在党内才能普遍养成。而大别山红色口述文化资源中红色廉政文化元素也才能契合新时代而得到全面的弘扬，其红色廉政基因在作为执政党的中国共产党机体内的存在就会保持稳态。同时，在这样良好的政治生态下，通过全面、深入、持久的当代大学生廉洁教育，将原生态红色廉政基因根植于当代大学生群体之中，也可以确保这样的优秀基因能够不断地延拓于未来社会更为宏阔的时空之中。第三，注重萃取新时代党风廉政建设的现代廉政新元素和大学生廉洁教育的现代廉洁新元素，使大别山红色口述文化资源的红色廉政基因得到不断演进。随着社会的飞速进步，通过新时代党风廉政建设，诸多优质的现代廉政文化元素不断地生成、涌现。例如，通过新时代反腐倡廉的制度创新元素、党和国家反腐倡廉的现代治理思想元素，党风廉政建设中综合运用现代高科技元素、廉政科学理论元素等，"炼就'金刚不坏之身'"，"用科学理论武装头脑，不断培植我们的精神家园"③。而通过当代大学生廉洁教育，也可以衍生出诸如现代化的廉洁教育理论元素、现代化的廉洁教育技术和方法元素等，这些都是新时代党风廉政建设的现代廉政新元素和大学生廉

---

①　中共中央宣传部:《习近平总书记系列重要讲话读本》，学习出版社、人民出版社2016年版，第122页。

②　中共中央宣传部:《习近平总书记系列重要讲话读本》，学习出版社、人民出版社2016年版，第123页。

③　中共中央宣传部:《习近平总书记系列重要讲话读本》，学习出版社、人民出版社2016年版，第108页。

洁教育的现代廉洁新元素，只有对之不断地吸纳，才能更好地适应新时代党风廉政建设和当代大学生廉洁教育的新要求，促使大别山红色口述文化资源的红色廉政基因在新的政治生态环境下得以全面、系统的优化和演进。

三、利用大别山红色口述文化资源与当代大学生廉洁教育之间的互动演绎

大别山红色口述文化资源的红色廉政文化元素与当代大学生廉洁教育，二者在历史与现实的交合中，以红色廉政基因为牢固的纽带，互动演绎，互为显扬，相辅相成，由此勾画出中国共产党的良好廉洁形象，彰显中国共产党廉政为民的初心、本性和宗旨，提高中国共产党廉政为民的执政成效，拓展新时代中国特色社会主义党风廉政建设的全新境界，呈现出中国共产党赢得党心民心、领导人民取得民族独立和人民解放、实现中华民族伟大复兴中国梦的伟大政党风范；也能够面向现代化，面向世界，面向未来，展现出当代大学生良好的廉洁品质和人格素养，为当代大学生担负中华民族伟大复兴中国梦的重任根植优秀的红色廉政基因，打下坚实的红色廉政文化基础。

第九章　利用大别山红色口述文化资源
加强当代大学生美育

2019 年 4 月，教育部专门发文，提出了切实加强高等学校美育工作的意见，强调指出："美是纯洁道德、丰富精神的重要源泉。学校美育是培根铸魂的工作，提高学生的审美和人文素养，全面加强和改进美育是高等教育当前和今后一个时期的重要任务。"[①]明确切实加强新时代高等学校美育工作的指导思想："以习近平新时代中国特色社会主义思想为指导，全面贯彻党的教育方针，坚持马克思主义指导地位，坚持中国特色社会主义教育发展道路，坚持社会主义办学方向，坚持明德引领风尚，落实立德树人根本任务，引领学生树立正确的审美观念、陶冶高尚的道德情操、塑造美好心灵，切实改变高校美育的薄弱现状，遵循美育特点，弘扬中华美育精神，以美育人、以美化人、以美培元，培养德智体美劳全面发展的社会主义建设者和接班人。"[②]大别山红色口述文化以近代以来的大别山革命史为口述内容，以中国共产党领导下的大别山革命群众为创造主体，以口头表述、口耳相传为呈现形式，通过大别山红色歌谣、红色诗词、红色戏曲、红色人物故事传奇以及红色纪念场馆、陈列室遗址遗物解说和各种形式的访谈等，积累、凝聚，形成了内容丰富、形式多样的一类优质文化资源。其中蕴含诸多美育元素，具

---

① 《教育部关于切实加强新时代高等学校美育工作的意见》，2019 年 4 月 2 日，见 http://www.moe.gov.cn/srcsite/A17/moe_794/moe_624/201904/t20190411_377523.html。

② 《教育部关于切实加强新时代高等学校美育工作的意见》，2019 年 4 月 2 日，见 http://www.moe.gov.cn/srcsite/A17/moe_794/moe_624/201904/t20190411_377523.html。

有极为宝贵的美育价值。深刻认识到利用大别山红色口述文化资源加强当代大学生美育的必要性，梳理大别山红色口述文化资源的美育元素，透析这些资源在当代大学生美育中的价值作用，并以此为基础，探讨利用大别山红色口述文化资源加强当代大学生美育的有效路径，将有利于拓展大别山红色口述文化资源美育价值发掘的新思路，从而适应新时代高等学校美育工作的更高要求。

第一节　大别山红色口述文化资源融入 当代大学生美育的必要性

将大别山红色口述文化资源融入当代大学生美育之中，使这些大别山红色口述文化资源中的美育元素得到充分利用，从而发挥出这一优质文化资源在当代大学生美育中以美育人、以美化人、以美培元的重要功能，这既是加强思想政治教育，帮助当代大学生树立正确的审美观念，提升他们基于真善美的价值判断能力，增强其审美价值导向的一个切入口，也是对于习近平总书记"要讲好党的故事、革命的故事、根据地的故事、英雄和烈士的故事，加强革命传统教育、爱国主义教育、青少年思想道德教育，把红色基因传承好，确保红色江山永不变色"①重要指示在当代大学生美育中的具体落实，因而十分必要。

一、有利于适应当代大学生美育的更高要求

学校美育作为培根铸魂的工作，其成效如何，事关当代大学生审美能力和审美境界的整体提升，事关"立德树人"人才培养根本目标任务的实现。

---

① 习近平：《论中国共产党历史》，中央文献出版社 2021 年版，第 111 页。

而利用大别山红色口述文化资源加强当代大学生美育，正好有利于增强当代大学生美育效能，适应当代大学生美育工作的更高要求。

（一）可以更好地促成当代大学生美育的新面貌

学校美育是立德树人的一个重要环节，具有很强的意识形态属性，这就决定了开展当代大学生美育，必须坚持正确方向。而大别山红色口述文化资源中的大量审美教育元素，内蕴强大的文化正能量，有极为重要的意识形态教育价值。利用这一优质文化教育资源加强当代大学生美育，能够帮助当代大学生继承革命文化，发展社会主义先进文化，培养和弘扬社会主义核心价值观，促使他们自觉增强文化主体意识，强化文化创新担当，从而更好地坚持当代大学生美育的正确方向，形成当代大学生美育的崭新面貌。

（二）可以更全面地开创当代大学生美育的新格局

一方面，之所以有必要利用大别山红色口述文化资源加强当代大学生美育，有其传统教育的根性依据和历史文化的演绎惯性。事实上，重视美育对人的涵养化育作用是中华民族的优良教育传统。西周即以礼、乐、射、御、书、数六艺作为基本内容，六艺都具有人文修养性质。而其中所谓乐，包括音乐、舞蹈、诗歌、绘画等诸艺术类型，乐教即强调以艺术教育而"内修"，陶冶性情，提高道德，正是美育的雏形。老庄追求真、善、美的统一，拓展纯粹之美的自在境域，从"子非鱼，安知鱼之乐"中感悟宇宙天地的人情化浸润之美。孔子提出"兴于诗，立于礼，成于乐"的美育思想，其诗教所用三百篇，皆可弦而歌之；礼教亦离不开音乐相伴。认识到通过本身的审美体验和艺术实践等不仅能够使个体感到快乐，获得美好的精神感受，而且能够使人从其中修习知识，提高自我的道德境界，强调礼乐教化对人的成长的重要作用，在教育史上开创了儒家重视乐教的先声。荀子发展孔子的乐教理论，强调"以道制欲"，而音乐"入人也深，化人也速"，以音乐审美即可把人的"好恶之情"引向善美，也就是把人的快乐引向美德，达到"移风易俗"的美好效果……及至梁启超尝试中西方美学融合，提倡"趣味教育"也就是情感教育或美育，其根本目的是通过内在的感化培养人的高尚情操，开启了近代中国美育思想；王国维提出"人生论美学"，倡导德智美"三育"的"完全之教育"，强调美育能使人情感发达，忘一己之利害而入高尚纯洁之领域，将美育视为情育；蔡元培称"美育者，应用美学之理论于教育，以陶养感情为目的者也"①，提倡"以美育代宗教"；鲁迅则以美育为"无用之用"和"其教复非常教"，反思美育特性；王统照称美育即"使人生达到完美完善之地"的教育；郭沫若称美育即人的"感情美化"的教育；吕澂提倡通过美育实现"美的人生"；朱光潜更是明确提出："美感教育是一种情感教育"，"美感教育的功用在怡情养性"②，等等。这些都可看出中国传统文化对于以美育涵养化育良好人格的重视程度，可以说，中华民族的美育有着数千年的传统底蕴。而在当代大学生中开展以大别山红色口述文化资源为感受、体验对象的美育，实际上，就是在新时代对这种崇尚美育的优良传统所进行的一种传承接续和演绎演进。

另一方面，之所以有必要利用大别山红色口述文化资源加强当代大学生美育，还有其开创当代大学生美育新格局的现实要求。美育是具有阶级属性的教育活动。如果说过去统治阶级的美育主体与受众更多地局限于精英阶层的审美诉求的话，那么，新时代中国特色社会主义美育则强调要面向人人，适应大众化审美需求。而利用大别山红色口述文化资源加强当代大学生美育，将有利于活化运用面向人人的高校美育育人机制，让所有学生都能够从大别山红色口述文化资源的审美感受和体验中享有接受美育的机会，因地因校制宜，着力特色发展，促进当代大学生德智体美劳有机融合，形成当代大学生美育的新局面，从而更广泛地开创当代大学生美育的新格局。

---

① 蔡元培：《蔡元培美学文选》，北京大学出版社 1983 年版，第 174 页。

② 朱光潜：《朱光潜美学文集》第 1 卷，上海文艺出版社 1982 年版，第 505—506 页。

（三）可以更深入地推动当代大学生美育的改革发展

从美育工作的现状来看，在部分高校，学生美育并未得到足够的重视，有的学校在一些人文类专业课程的设置和人才培养计划中，甚至取消了美学美育课程。由于美育师资队伍缺乏，美育主体责任不明，美育发展经费不足，美育体系建构不完整，美育协同机制不健全等多重原因，这些学校未能营造出浓郁的审美育人气氛，学生美育与德育、智育、体育和劳动教育未实现契合互动；具有时代特征、校园特色、学生特点、教育特质的美育实践活动形式也未得到创新运用。诸如此类都表明，整合美育资源，全面提高当代大学生美育教学质量效益，不断深化当代大学生美育改革创新势在必行。而将大别山红色口述文化资源的美育元素深度融入音乐、舞蹈、戏剧、戏曲、影视等美育课程之中，加强当代大学生红色美育与德育、智育、体育和劳动教育的互动契合，推动当代大学生红色美育与各学科专业教学、社会实践和创新创业教育的有机融合，充分运用现代化信息技术手段，构建网络化、数字化、智能化、线上线下相结合的红色美育教学模式，建设大别山红色美育之类高质量的慕课，并逐步扩大这些优质课程的覆盖面，将有利于全面深化当代大学生美育的改革发展，形成多方协作、充满活力、开放高效的当代大学生美育新格局。

二、有利于消除审美病态，增强当代大学生美育效果

利用大别山红色口述文化资源加强当代大学生美育，就是要秉承美育理念的精华，将大别山红色口述文化资源中的美育元素运用到涵养化育时代新人的思想政治教育实践过程之中，帮助当代大学生消除各种实际存在的审美病态，提升其审美能力和审美境界。

（一）可以消除当代大学生中存在的各种审美病态

在意识形态领域竞争日益激烈复杂的今天，现代信息技术的飞速发展为

当代大学生提供了更为便捷地获取外界信息的途径，然而，一个突出的问题就是，当代大学生作为最具活力的群体之一，又很容易受到新媒体新技术带来的某些负面因素的影响和各种西方社会思潮的冲击，他们中就有一些人在现实生活中存在这样或那样的审美病态。比较典型的如：审美趣味庸俗化。沉迷于低俗、卑劣、丑恶、淫邪的现象存在中，对正派、高雅的审美对象缺乏兴趣，因而品位不高而情不守正。审美追求畸形化。纵情于某些怪异、丑陋、无聊的癖好、玩物，任性猎奇，肆意妄为，玩物丧志。审美层次浅显化。着意于肤浅、表层的形下浮华之美，而不能透视审美对象的深层内核，不能在更高境界上把握审美对象的本质精髓，感受审美对象美的灵魂，反思审美对象的形上之美。审美观念扭曲化。例如，一味追求审美对象表面的奢侈华丽，而忽视审美对象的内在之美，由此形成了一种以崇尚时髦奢华为美的审美观念；一味追求漂亮、帅气的外表，而忽视内在的心灵之美；喜欢矫揉造作，而忽视清新自然之美，以至是非不明、美丑不分；等等。正是由于在当代大学生中存在着这些审美病态，因而，如何提高当代大学生的审美旨趣，引导当代大学生的审美追求，提升当代大学生的审美水平和境界，培养当代大学生的正确审美观念，已成为新时代高校美育亟待破解的难题。而充分利用大别山红色口述文化资源，向当代大学生展现英雄的大别山儿女所具有的高尚健康、朴实自然、唯美守正、乐观向上等各种红色审美观念，可以帮助他们提高审美认知和审美境界，使他们能够不断消除或避免形成各种审美病态。

（二）可以增强当代大学生美育的效果

美育作为一种将形象感觉、情感体验、快乐享受等融于一体的美感教育，总是通过一定的媒介即审美对象来实现的，它以可感的形式，通过感性的形象诉诸于人，深入到了感受主体的审美世界。一方面，由于审美活动是人类的一种自由的精神活动，接受美育的过程，也是获得精神愉悦的过程，因而决定了美育实质上就是一种无须强制而能够吸引受教育者自觉自愿参与的教育，也就是教中有乐的教育活动；另一方面，又由于审美活动是审美主体在一定的心智修炼水平、道德情操层级、理性思考能力等支撑之下展开的，因而决定了这种美育之乐，绝非为享乐而享乐，而是有"教"寓于乐的教育活动，能够使受教育者受到深刻的教益。由此可知，美育是否有成效，与对受教育者审美的能力培养、性情陶冶、人格完善、观念培植等密切相关。从这个意义上来看，利用大别山红色口述文化资源加强当代大学生美育，可以达到：第一，更好地培养当代大学生的审美能力。审美能力是美育的特定目标之一，集中地表现为一种与审美需要相应的感官能力，也表现为丰富的想象力和深刻的理解力。大别山红色口述文化资源中红色故事传奇、红色诗赋歌谣、红色戏剧戏曲、红色人物事件解说等所体现的生命叙事之美、情境迁移之美、人格映射之美、诗化艺术之美，通过多种形式展现在当代大学生的审美世界，既能给他们带来独特的美的强烈感官冲击，为他们提供丰富想象力的美的创塑质料，也能促使他们深刻地体验、感悟到其中所蕴含的美的内质和精髓，不断提升他们的审美能力。第二，更好地陶冶当代大学生的性情。通过大别山红色口述文化资源中的丰富美育元素强化当代大学生情感教育，使这些美育元素真正地直达他们心灵深处，可以让他们在审美活动中感知和体验到其美的内涵，受到情感、心灵的震荡、洗涤，获得愉快、崇敬的感受，由此使其性情能够得到潜移默化的陶冶。第三，更好地帮助当代大学生树立正确的审美观。审美观是世界观的重要组成部分，"正确的审美观就是指能分辨美丑，懂得什么是美，掌握审美标准"①。在现实中，对于学生在审美观上出现的问题，空洞的说教既讲不通也无用，只能使之产生抵触情绪。而通过向学生展现大别山红色口述文化资源具体生动的美育元素，让他们自觉领会到美与丑的分界，能促使他们自觉地排除卑劣欲望的侵袭，从而在美育中获得人生奋斗的激情，帮助他们树立正确的审美观。激情可以使学生执著于美的追求，而正确的审美观可以保证他们对美的追求不出

---

① 《美学原理》编写组编：《美学原理》，高等教育出版社 2015 年版，第 331 页。

偏差，能对社会的发展起到积极的推动作用。第四，更好地完善当代大学生人格。人格是人的性格、气质和能力等特征的总和，也就是个人的道德品质。在对大别山红色口述文化资源的审美活动中，其中诸多审美元素所蕴含的意义潜移默化地直达人心，使受教育者审美视域得到拓展，审美境界得到提升，在感动中去掉"小我"，去掉"私我"，唤起真正具有更高价值的人性，形成高尚、美好的人格。凡此种种表明，利用大别山红色口述文化资源增强当代大学生的美育效果是十分必要的。

三、有利于引发当代大学生创造美好生活的激情和潜能

从创造未来美好生活的角度来看，"人们对美好生活的向往就是我们的奋斗目标"决定了加强当代大学生美育在新时代思想政治教育中的重要地位。党的十八大召开以来，以习近平同志为核心的党中央对高校美育给予了高度关注。在 2018 年，习近平总书记就曾提到："做好美育工作，要坚持立德树人，扎根时代生活，遵循美育特点，弘扬中华美育精神，让祖国青年一代身心都健康成长。"[①]同年 9 月，他又强调："全面加强和改进学校美育，坚持以美育人、以文化人，提高学生审美和人文素养。"[②]在全国教育大会上发表重要讲话："培养德智体美劳全面发展的社会主义建设者和接班人。"[③]这一系列重要讲话精神给当代大学生美育指明了方向，提出了更新更高的要求。美丽中国的建设，美好生活的创造，需要当代大学生有更强的审美能力、更高的审美境界。而利用大别山红色口述文化资源加强当代大学生美育，有利于增强他们的审美能力，提升他们的审美境界，引发他们创造美好生活的激情

---

① 《习近平：给中央美术学院老教授的回信》，《光明日报》2018 年 8 月 31 日 01 版。

② 习近平：《坚持中国特色社会主义教育发展道路　培养德智体美劳全面发展的社会主义建设者和接班人》，《人民日报》2018 年 9 月 11 日第 1 版。

③ 习近平：《全力推动新时代教育工作迈上新台阶》，《人民日报》2018 年 9 月 12 日第 2 版。

和潜能，正是适应新时代美育更高更新要求、朝向未来美好生活的一个重要切入口。

第二节　大别山红色口述文化资源融入当代大学生美育的主要元素

大别山红色口述文化资源融入当代大学生美育，可以充实当代大学生美育的内容，其融入的美育元素，大体可以归为两种。一种是大别山红色口述文化资源原生态的美育元素；另一种是大别山红色口述文化资源衍生态的美育元素。

一、大别山红色口述文化资源的原生态美育元素

大别山红色口述文化资源的原生态美育元素是指由大别山革命时期生成并流传下来的各种红色诗赋歌谣、红色民间故事、红色人物传奇等所呈现出来的具有原生性审美价值的教育元素。由于具有原生态特点，因而在不同的历史时期，这些美育元素的基本信息都处于比较稳定的状态，大都有迹可循。又由于具有口述文化特点，因而其中有些美育元素的存在形态呈现出比较模糊的模样，大都需要阐释、透析。这些原生态美育元素，可从以下几个主要方面予以梳理：

（一）大别山红色诗赋歌谣的诗化艺术之美

《诗经·魏风·桃有园》有云："心之忧也，我歌且谣"，荷尔德林纵情地吟咏人的诗意栖居生活，而海德格尔则深刻地领悟到诗意栖居的生存哲学意蕴。这些都表明了诗赋歌谣作为诗化艺术在现实生活中的审美旨趣和涵育化人的作用。"饥者歌其食，劳者歌其事"，由于大别山地区的劳动人民历来有

借诗赋歌谣表达个体情感意愿的风俗习惯，又由于中国共产党非常重视民间文艺对民众的鼓舞教化作用，在特殊的革命历史环境下，甚至认为"革命文件不如革命口号，革命口号不如革命歌谣"①，充分肯定了民间传颂的诗赋歌谣具有积极正面宣传革命、凝聚革命力量的战斗作用，因而土地革命战争时期，大别山传统的诗赋歌谣在这里迎来了大爆发。以宣扬革命、鼓励斗争为主要内容的红色诗赋歌谣大量涌现，内涵极为丰富，感染力极强，许多歌谣都是在这一时期创作出来的，展现出撼人心魄的诗化艺术之美。

例如，1927年春，时任中共麻城县委委员、县农民协会筹备处主任的刘象明就创作了著名的《宝塔诗》：

哼

农民

好伤心

苦把田耕

看世上的人们

谁比得我们辛劳

热天里晒得黑汗淋

冷天里冻得战战兢兢

反转来要受人家的欺凌

请想想这该是怎样的不平

农友们赶快起来把团结结紧

结紧了团体好打倒那土豪劣绅②

大革命前夕，大别山农民长期受到"三座大山"的剥削压迫，终年辛苦

---

① 林继富：《红色记忆中的悲壮历史——乘顺革命歌谣研究》，《民间文化论坛》2013年第6期。

② 李敏、陈建宪主编：《麻城革命歌谣》，华中师范大学出版社2015年版，第7页。

劳作，不仅要被迫承担各种不近人情的苛捐杂税，还有地租和高利贷的盘剥、贪官污吏的横征暴敛，他们在水深火热的日子里苦苦煎熬，一年到头辛苦劳作换来的收成，最后连果腹也不够。此诗前半部分用悲愤的语气控诉了现实中农民所承受的深重苦难，一句"好伤心"，令人深切地感受到当时民众艰难的生活现状，这样简洁的诗化语言艺术，代表农民表达了他们内心深处积压的无限苦闷。然而，诗歌又不仅仅为了苦闷而苦闷，其重点就在于引导农民反思："请想想这该是怎样的不平"？而回应这种深重苦难的"怜农"之问，其答案不言而喻，就在下面紧接着的革命呼吁里："农友们赶快起来把团结结紧，结紧了团体好打倒那土豪劣绅。"这样的声音无疑是革命的惊雷，将受苦的民众从苦难的深渊里、迷茫的自怨自艾中唤醒：要想改变苦难的命运，就必须"结紧了团体"，齐心协力，进行英勇无畏的革命斗争。吟颂这首广为流传的《宝塔诗》，既能够从共产党人聚结大别山农民进行革命斗争的宣传内容中感受到这种宝塔诗形式的诗化之美，又能够从这种宝塔诗形式的诗化之美中领略到共产党人面向现实世界振臂一呼、引导农民斗争的革命气质，领悟到中国共产党之所以能够植根于人民群众之中而永葆生机活力的原因所在。

再如，革命情歌《思郎》则以其脍炙人口、欢快甜美而为大别山民间传唱，可谓经久不衰：

正月思郎是新年，我郎革命进了山，那天上山打一仗，小哥哥捉个大汉奸。

二月思郎是花朝，我郎革命奔高潮，哪怕军阀强又强，小哥哥捉着定不饶。

三月思郎是清明，我郎写信转回程，红军里面团结好，小哥哥好比兄弟亲。

四月思郎四月八，我郎写信转回家，打了一个大胜仗，小哥哥喜得笑哈哈。

五月思郎大端阳，做双好鞋送我郎，听说红军要北上，小哥哥不知在何方。

六月思郎是炎天，丝鞋要等我郎穿，昨天五更得一梦，小哥哥同奴一头眠。

七月思郎七月半，我郎革命是好汉，肩背长枪和米袋，小哥哥子弹身上缠。

八月思郎是中秋，我郎作战打前头，听说我郎带了彩，小哥哥痛苦在心头。

九月思郎菊花黄，每天高山望我郎，只望红军转回乡，小哥哥免得奴家望。

十月思郎小阳春，红军路过我家门，我郎请假进家门，小哥哥高堂望双亲。

冬月思君大雪飞，我郎要把队伍归，手提丝鞋送我郎，小哥哥绝不拉后腿。

腊月思郎正一年，我郎打仗要勇敢，等到革命成功日，小哥哥夫妻在团圆。①

根据十二个月的时令变化，以特定曲调为固有模型，编入不同的革命生活和斗争内容，表现辛酸苦辣、爱恨情仇诸种思想情感的诗化艺术主题，是大别山革命时期一种比较普遍的歌谣形式，《十二月叹郎》《十二月穷人歌》《思郎》等都是此类歌谣。这些歌谣与中国西北广大地区的信天游等民歌形式有着异曲同工之妙，其中的情感或悲美、或壮烈、或振兴、或喜庆，均体现出跨越历史时空的诗化艺术的天籁之美。歌谣《思郎》以时令变化为线索，以"思郎"为题眼，以"我郎"为亲情凝固剂，以不同时期革命斗争的情形为触发点，其美的感染力步步升华，展现出独特的艺术

---

① 李敏、陈建宪主编：《麻城革命歌谣》，华中师范大学出版社 2015 年版，第 330 页。

魅力：第一，正情之美。《思郎》的诗化艺术，美在其所鲜明地展示出来的"大爱""大美"，与其他传统意义上爱情歌谣不同，与那些靡靡淫乐更有本质区别。和此类其他红色情歌一样，《思郎》所演绎的爱情，不仅仅是儿女情长、卿卿我我的小爱之情，而更多的是把忠贞的爱情、深切的情谊与革命事业、家国命运融为一体的"大爱"之情。支持"我郎"进山，除汉奸、捉军阀、打胜仗，鼓励"我郎"战斗要勇敢，喜怒哀乐皆随革命情势转，绝不因儿女私情而拖革命后腿。尽管望眼欲穿，甚至梦里同眠，也要等到革命斗争胜利再团圆，这些都引领了当时大别山区诗赋歌谣的价值思潮，传递出"大爱"而又"大美"的正情，深刻地反映出大别山儿女无私的家国情怀和对革命人生的价值追求。第二，曲思之美。《思郎》的诗化艺术，美在其所婉转表达出来的幽曲情思。《思郎》借以传达感情的符号是含蓄的，一双"丝鞋"、一纸"回信"、一个"米袋"，都能表达年轻男女的深情蜜意，纤细缠绵，一如涧谷明泉，幽幽流淌，漫入群林，滋土润物。第三，浪漫之美。《思郎》的诗化艺术，美在其所自然地流露出来的革命浪漫主义和乐观主义的情调。无论是花朝庆贺、伤痛抚慰、成功励志，还是高山望郎、丝鞋寄情、美梦相眠，都以女子第一视角，表达对心上人"好汉"的价值评价，以鲜明的风格、明快的曲调，彰显有深度的革命认知、有温度的情思蜜爱。这种革命浪漫主义和乐观主义情调释放出强大的精神感染力量，不仅在当时如火如荼的革命斗争形势下，对于扩大红军队伍，起到了积极的宣传鼓舞作用，而且在今天，仍然可以成为我们创造美好生活、表达美好情感的绝好艺术质料。

又如，大别山红色口述文化资源中，还有大量《工农暴动歌》《土地革命成功了》之类的红色歌谣，都是大别山革命人民创造的简明通俗、感染力极强、具有诗化艺术之美的作品。这些红色歌谣善于以最直接、最鲜活、最真切的通俗方式，将家国情怀和革命热情表达出来，成为革命斗争的助推剂。《工农暴动歌》就是以这样的通俗形式简明直接地表达的："暴动暴动！工农打先锋，拿起刀和枪，一起去进攻！暴动暴动！天下归工农，再不当牛马，要做主人翁！"①这首极具革命号召力的歌曲，短小精悍，字字铿锵，落地有声，淳朴且富有战斗力，今天吟唱起来，仍能将受众瞬间带入那个战火纷飞的年代，穿梭于枪林弹雨之中，感受到工农革命战士的豪情斗志和大无畏的革命英雄气概。由于当时红军刚成立不久，主要以农民为主，组织性和纪律性都不强，时任红 15 军团政治工作部秘书长程坦为了配合当时的红军政治纪律教育，按照在当地流行的民歌《土地革命成功了》曲调，将"三大纪律，八项注意"加以改编，最后形成了著名的《三大纪律，八项注意》之歌。由于这首歌曲内容重要，曲调简单，朗朗上口，且富有美感，因而很快便在军队流行开来，不仅唱出了大别山，唱遍了全军、全国，而且经久不息，直至现在，仍是军队内部必唱之歌。

（二）大别山精神的人格映射之美

"巍巍大别山，英雄千千万"，大别山地区是闻名中外的"将军故乡"，拥有五个将军县，可谓是将星云集。从黄麻起义到新中国成立，大别山地区先后有 200 万人参军参战，多达百万人为中国革命事业奉献出了自己的生命。其中，许许多多红色英雄人物传奇，都映射出崇高的人格之美。

例如，王幼安烈士是麻城乘马岗项家冲人，从小在家念私塾，后就读于麻城县高等小学。1919 年，考入湖北省立第一师范学校。在这里，王幼安深受董必武思想影响，积极投入学生运动，参加反帝反封建斗争。1921 年，中国共产党诞生以后，学校革命氛围更加浓厚。王幼安跟同学们一起上街参加示威游行、散发革命传单，反对列强侵略，抗议军阀压迫，声援工人罢工，在革命斗争中，他逐渐接受了新的思潮和革命思想。1922 年参加中国共产党，1925 年冬任中共麻城特别支部书记。1927 年春任中共麻城县委委员、麻城县教育局局长。同年 12 月 5 日，王幼安在准备夺取麻城县城、搬运武器时被捕入狱。王幼安在狱中受尽折磨，宁死不屈，1928 年 2 月 17 日

---

①　李敏、陈建宪主编：《麻城革命歌谣》，华中师范大学出版社 2015 年版，第 8 页。

在麻城县宋埠干沙河南畔英勇就义，年仅 32 岁。在狱中，他忍受着反动派的残酷迫害，写下了一首就义诗："马列思潮沁脑骸，军阀凶残攫我来。世界工农全秉政，甘心直上断头台。"① 又如，革命英烈李天和。今天，关于他的资料，能收集到的已经很少了，只知道他是河南新县人，在麻城县参加革命工作。李天和被捕后，面对敌人的严刑逼供，宁死不屈："老子革命本是真，老子革命一个人。你要问，普天下都有我们的人，你杀了老子一个，叫你终生不太平！"② 诸如此类反映英雄人物革命精神和气概的红色诗歌、顺口溜，在流传的大别山红色口述文化资源中相当丰富，从中可以感受到一种马克思主义信仰之下坚不可摧的精神特质。为了工农的自由解放，为了世界美好的未来，大别山革命时期用马克思主义理论武装起来的共产党人，面对生死，"甘心直上断头台"，真正做到了从容淡定，其浩然之英气，弥漫宇宙天地，其人格之唯美，映射历史时空。

在大别山这块红色的土地上，还留下了众多英勇无畏的女性革命者的身影，她们有着不输男子的勇气与谋略，不逊于男子的果断与担当。在中国共产党诞生以前，大别山妇女在封建社会的牢笼里，过着水深火热的生活。《妇女十叹》《叹妹调》《童养媳自叹》等民谣，都深刻揭示、述说了底层女性艰难的生活处境。随着大别山区马克思主义的传播和党的革命宣传动员，广大妇女开始觉醒并积极争取自身解放，《妇女赶快要觉醒》《婚姻自主歌》《妇女参军歌》等歌谣都能展现大别山妇女参加革命斗争的精神风貌。《妇女参军歌》就生动具体地反映了当时大别山妇女走上革命道路的心路历程：

> 一更里来哟月儿没有升，小奴家心里正在打算盘，真正的为了难。
> 我要去参军呀爹妈将我拦，参军的女子胜过男子汉，爹妈你心放宽。
> 二更里来哟月儿升在冬，千万个姐妹住在营盘中，各个逞英雄。

---

① 李敏、陈建宪主编：《麻城革命歌谣》，华中师范大学出版社 2015 年版，第 8 页。
② 李敏、陈建宪主编：《麻城革命歌谣》，华中师范大学出版社 2015 年版，第 9 页。

不怕大炮打不怕牺牲命，为国家为民族死在阵营中，一辈子有光荣。

三更里来哟月儿正当顶，越思来越想做个自由人，准备去把命拼。

可恨蒋匪军呀扰乱同胞们，到处的烧杀抢劫又奸淫，这口气真难忍。

四更里来哟月儿偏了西，爹妈二老睡得着西西，小奴家心欢喜。

穿着自己的鞋披着自己的衣，瞒着我爹妈轻轻走出去，一心去杀敌。

五更来哟月儿刚刚落，只走了十里路磨坏小奴脚，痛苦要忍着。

爬过几道山又过几道河，为了去参军哪怕受折磨，后来有结果。①

"每个了解一点历史的人也都知道，没有妇女的酵素就不可能有伟大的社会变革。社会的进步可以用女性（丑的也包括在内）的社会地位来精确地衡量。"②在中国封建社会制度下的妇女群体，长期受封建思想的禁锢和多重压迫，在婚姻、政治、经济等各方面的处境极为艰难，直到中国共产党诞生，先进的马克思主义冲散了笼罩在她们心中的阴云，使她们产生了对自由解放和光明未来的美好憧憬。随着鄂豫皖革命根据地建立和进一步发展，苏区妇女获得了从未有过的自由新生活，她们以其实际行动印证了马克思所说的："某一历史时代的发展总是可以由妇女走向自由的程度来确定……妇女解放的程度是衡量普遍解放的天然标准。"③许多妇女都冲破了各种阻碍，历尽艰辛，作为英勇无畏的革命战士登上中国革命历史的舞台。"大别山永恒的桂花"袁大桂（1893—1932）就是其中生动的一例。她是金寨县古碑七邻湾人，1910年嫁到燕子河金坪岭。西镇武装暴动后，她参加农民协会、妇女会工作，被选为霍山县六区苏维埃常委。袁大桂积极组织妇女做军鞋，慰问红军，带领妇女边唱边跳《八月桂花遍地开》，鼓舞红军打胜仗。编唱《草鞋歌》等革命歌谣："我编草鞋为哪个哟，送给红军好哥哥；红军穿上布草鞋

　　①　红安县革命史领导小组办公室编：《红安革命歌谣选》，武汉大学出版社1986年版，第180—181页。

　　②　《马克思、恩格斯选集》第四卷，人民出版社2012年版，第480页。

　　③　《马克思恩格斯全集》第二卷，人民出版社1957年版，第249—250页。

哟，打击敌人多利索。布草鞋，厚登登，编双草鞋送红军，草鞋虽轻情意重，它是姐妹一颗心！"[①] 红军战士们都亲切地称她为"草鞋队长"。由于成绩显著，多次被评为县、道区模范工作者。主力红军第四次反"围剿"失败战略转移后，她在掩护伤病员时被捕。为了保护红军伤病员，她受尽酷刑，誓死一字不吐："说什么？说红军在哪里吗?!""竹子有多少，山有多少，红军就有多少！""桂花花瓣有多少，红军就有多少！"最后被敌人用烧红了的火钳捅入腹部，昏死过去后，被敌人拖到沙滩杀害而壮烈牺牲。实际上，像袁大桂这样英勇无畏的革命女性，在大别山还有许多，已然形成了中国革命史上一个十分独特的红色群体。她们所展现出的大别山英雄女性形象，在浩大的历史时空熠熠生辉；所映射出的精神与人格之美，犹如金秋八月桂花，历经风雨，风骨清香永恒，沁人心脾，润人灵魂。

（三）大别山红色民间故事的生命叙写之美

在大别山红色口述文化资源中，有许多广泛流传的红色民间故事、传说。这些红色民间故事传说，其人其事或清晰，或模糊；或真实客观，或形塑创构，但无不展现出大别山革命前辈血染的革命风采，在中国革命史上，就如一串串珍珠，从不同的维度，透射出生命叙写之美。

例如，王宏坤（1909—1993）扮乞丐装少爷找党的故事[②]。他是王树声大将的堂弟，容貌俊朗，从容大度，足智多谋，人称"军中小诸葛"，一生战功赫赫。1927年秋，因积极参加中共领导的麻城"九月暴动"和著名的"黄麻起义"而遭到反动派的缉拿。他隐身到桂系杂牌军中，机智地躲过一次次危险，几经生死，一路寻找革命队伍。后听说王树声在木兰山一带活动，就扮作乞丐到处打听，但年纪轻轻不在家种田而讨米要饭，很快就被民团注

---

① 李业坤：《大别山的桂花——记金寨县袁大桂烈士》，2017年9月13日，见 http://www.crt.com.cn/news2007/News/jryw/17913141514E131H523318I63II8E52_2.html。

② 参见曾锋：《经典麻城：麻城开国将军故事100篇》，长江出版社2015年版，第93—95页。

意，几次去木兰山，都在路上让民团拦住打一顿被撵回来。为了寻找红军，他只好又把自己打扮成小财主少爷，这样才顺利到达木兰山。在观音沟撞到 1 大队战士枪口上，战士们见他一身绸子衣衫，又鬼头鬼脑，就把他当作"来搞侦察的小土豪"抓了起来，差点把一身新衣裳"剥了皮"，王树声知道后才得以认定。王宏坤两次"化装"找党，终于如愿以偿地成为 1 大队的第 32 名战士，在之后的撤退战斗中阻击敌人，额头中弹、血流满面的王宏坤背着膝盖负伤的战友，边打边撤，异常勇敢顽强，最后成长为一代名将。他追求革命理想信仰，积极参加革命斗争，扮乞丐装少爷找党，紧跟共产党的故事，也为人们津津乐道，在民间传为美谈。

又如，陈再道（1909—1993）临危背光洋的故事①。据他自述："我实际上姓'禾'程，不是这个'阝'旁陈，因未读什么书，写了这个'陈'，后来当了团长、师长，就不能改了。"②一次在木兰山撤离突围的战斗中，他受军部信任，由军长吴光浩安排，临危受命接受背 500 块银元军费的特殊任务。他表示人在光洋在，驮起那一布袋银元，就随队伍出发了。由于他挂着枪支子弹，又背着 500 块银元，经上山下坡地一折腾，愈背愈重，满头大汗，两腿不时打战，很快就落在了队伍后面。敌兵越来越近，朝他大喊："背上驮的是银元吧，交给国军，保你活命！"他誓死不从，使出浑身力气向前跑，后来机智地钻进打游击来过的熟悉山林，把银元藏到一个小湖里，等敌人再发现他时，轻装的他飞快地甩开了敌人，赶上了队伍。当天夜里，他又带领战士悄悄返回捞起布袋，这样，光洋一个不少地保住了。

还如，王必成（1912—1989）毛毯深情的故事③。在黄桥战役胜利纪念馆，陈列着王必成将军遗留下来的一条旧毛毯。这条有故事的旧毛毯，历经

---

① 参见曾锋：《经典麻城：麻城开国将军故事 100 篇》，长江出版社 2015 年版，第 69—71 页。

② 中共麻城市委党史办公室：《黄麻起义暨鄂豫皖苏区资料汇编》，鄂黄内图字 2017 年第 35 号，第 71 页。

③ 参见曾锋：《经典麻城：麻城开国将军故事 100 篇》，长江出版社 2015 年版，第 164—165 页。

漫长的历史时光，依然静静地散发出一种战友之间的深情之美。王必成与徐绪奎烈士是从红四方面军一起英勇奋战下来、历经千难万险的生死之交。后来徐绪奎在新四军苏北部队打击日伪军，率部消灭了敌保安第一旅部，在清除残敌时不幸被冷弹击中牺牲。徐绪奎的警卫员金山把他遗留下的毛毯交给了王必成，王必成十分珍惜与徐绪奎的战友情谊，对牺牲的战友的感情长久不能割舍，极为爱惜这条毛毯，盖着它度过了漫长的岁月，即使破旧，也坚持不换，时时瞧瞧，深情地抚摸。晚年，他还曾对金山说："40多年前你送的徐团长那条毛毯，我一直盖着它到今天。盖着它我就想起了徐绪奎同志和无数先烈们，想起了无数并肩战斗的战友和同志，自然也想起了后代，今天的幸福生活来得不易啊，是许许多多战友用生命和鲜血换来的，我们要珍惜啊！"① 其情之深，跨越世纪；其情之美，感人至极。

这些以口述故事为表现形式的大别山红色资源，在民间广泛流传，生动客观地还原了大别山革命的历史风貌，真实地再现了大别山艰苦卓绝的革命历程，传播了真、善、美，也反映了大别山民间群众对党、对祖国、对人民的深厚感情，对英雄的无限崇敬，对崇高理想和道德的不懈追求，能够以具体、独特、感人的生命叙写之美，令人在审美愉悦之中受到深刻的教育。

二、大别山红色口述文化资源的衍生态美育元素

大别山红色口述文化资源的衍生态美育元素就是指以大别山革命时期生成并流传下来的原生态的审美教育元素为核心质料，通过红色场馆陈列解说、红色影视艺术传播、红色论坛平台宣讲等多种方法路径，从不同维度予以演绎、重构、再构，从而衍生形成的一类美育元素。由于这些美育元素具有衍生态特点，因而往往更为贴近现实的人的生活世界，更富于现实性；又由于

---

① 曾锋：《经典麻城：麻城开国将军故事100篇》，长江出版社2015年版，第168—169页。

这些美育元素大多具有口述文化特点，因而又适合新时代的大众化要求，更具普适性。对这些大别山红色口述文化资源产生情境迁移之美从而衍生的美育元素，可以以场馆陈列解说和某些特殊的红色标识为例来加以说明。

（一）大别山红色场馆陈列解说的衍生态美育元素

2014 年，习近平总书记在联合国教科文组织总部演讲时强调："每一种文明都延续着一个国家和民族的精神血脉，既需要薪火相传、代代守护，更需要与时俱进、勇于创新。中国人民在实现中国梦的进程中，将按照时代的新进步，推动中华文明创造性转化和创新性发展，激活其生命力，把跨越时空、超越国度、富有永恒魅力、具有当代价值的文化精神弘扬起来。"[1]红色场馆由于其联结时空、见证历史的独特优势，在红色文化教育和增强文化自信中扮演着重要角色。[2]在大别山地区，鄂豫皖三省都创建有以红色资源为内容的各类红色主题纪念馆、博物馆、陈列室。随着我国对革命文化的重视程度增加，越来越多的人走进了大别山的各类红色场馆。尽管人们参观的形式、目的不尽相同，但这些场馆陈列的解说都能给他们带来深刻的审美感受。实际上，作为一种口述形式的中间媒介，这些场馆陈列的解说透过宏大的中国革命历史帷幕，诠释、传递着各种类型大别山红色资源所承载的丰富美育元素，从多个点面和层次，衍生出了基于大别山红色资源的追溯式诠释、整合式陈设、现代性重构等的情境迁移之美，使受众受到了良好的审美教育。

第一，追溯式诠释形成的衍生态美育元素。借助诸多内容丰富的场馆陈列解说词，对大别山红色遗物、红色遗址、红色标识等红色资源予以基于历史事实的深层追述，展开跨越时空的过程追忆，进行各类红色人物事件的现

---

① 《习近平在联合国教科文组织总部的演讲》，2014 年 3 月 28 日，见 http://www.xin-huanet.com/world/2014-03/28/c_119982831.htm。

② 陈麟辉：《红色文化场馆在社会教育中的角色与定位——陈云纪念馆的实践与探索》，《中国文物报》2019 年 5 月 28 日 003 版。

象追问，通过解说员口述表达的形式传输给受众，即能衍生、集结成沁人心脾的情境迁移之美，呈现出丰富的衍生态美育元素。例如，鄂豫皖革命纪念馆有一张三位红军女战士的合影，解说员刘曼曼对其追溯式的诠释，即可反映出红色场馆陈列解说的衍生态美育元素是如何生成的。

　　在鄂豫皖革命纪念馆的展厅里有一张三位红军女战士的照片，这张照片在网络上广为流传，但是关于这三位女战士的身份，直到 2013 年才真正揭开谜底，在它的背后有着一个动人的故事。

　　最初，照片中的三个人的姓名无从考证，只知道是鄂豫皖苏区的三位红四方面军女战士。直到 2004 年，刘伯承的长子刘太行到信阳新县参观，当他看到这张照片时对身边的人说道："这张照片我家里也有，后面的这位就是我的母亲。"

　　后来，听过刘太行的介绍人们知道了，照片中后排的这一位就是刘伯承的夫人——汪荣华；右边的这一位是罗荣桓的夫人——林月琴；左边的这一位则是萧克的夫人——蹇先佛。三位女战士的身份至此流传开来。

　　然而故事到这里并没有结束。

　　时隔九年之后，2013 年 6 月，贺龙的长女贺捷生来我馆参观，当时由我接待的她。贺捷生非常平易近人，我们都亲切地叫她"贺妈妈"。

　　当我引导着贺妈妈参观到这张照片前，听过介绍后她笑着对我说："小姑娘，这张照片中左边的这位不是蹇先佛，而是我的母亲——蹇先任。"

　　现场顿时一片哗然……

　　贺妈妈随后告诉大家，她母亲原名叫蹇先润，因为是闰二月出生，所以取了同音字"润"。她与贺龙在一起后，贺龙总是叫她先任，最后才改成了这个名字。

　　"你们所说的蹇先佛是我母亲的妹妹，也就是我的小姨。"

　　大家这才恍然大悟，原来蹇先任与蹇先佛是红四方面军中的一对姐妹花，而贺龙与萧克两人不仅是战场上出生入死的兄弟，还是生活中的一对连襟。那么这张照片真正的注解应该是——共和国三位开国元帅夫人的合影。

故事到这里才尘埃落定。

贺妈妈最后又对我们说："我的母亲和小姨年轻的时候长得很像。关于这张照片，如果不是刘太行记错的话，那就是我认错了。"

顿时，在场的每一个人都被贺妈妈高尚的人格和宽阔的胸怀深深折服。有谁会把自己的母亲认错呢？可是当面对别人的无心之失时，扪心自问，我们的反应又当如何？我想，在和平年代的今天，我们不仅要继承先辈们身先士卒、勇担重任的革命精神，更要像贺妈妈一样，用虚怀若谷的胸襟和海纳百川的气度，精诚团结、和谐共事，这样才能为实现伟大复兴的"中国梦"作出每一个人应有的贡献。（本文作者刘曼曼，系鄂豫皖革命纪念馆讲解员）①

正是通过解说员刘曼曼生动、具体、详细的追溯式诠释，一层层、一点点地追问珍贵照片主人公之谜，追述揭开照片谜底的过程，追忆照片背后原生、衍生的神奇故事，这张静静地放置在鄂豫皖革命纪念馆的三位红军女战士的合影，才透过尘封的岁月，散发出奇妙的情境迁移之美，由此，这张照片也就成为极具价值的美育元素。

第二，整合式陈设形成的衍生态美育元素。对各类杂乱无章、原生状态的大别山红色资源，按照一定的主题进行系统梳理、分类整合，并借助红色场馆、红色陈列室、红色标识等，形成主题更为鲜明、资源相对充实、信息更加丰富、影响更加深刻的整合式陈设，通过解说员以口述表达的形式加以系统讲解，即能够衍生、集结成基于大别山红色资源整合式陈设的情境迁移之美，传递出无数宝贵的美育元素。例如，经过整合式陈设，一组大别山革

---

① 吴世儒：《鄂豫皖革命纪念馆故事》，南京出版社 2016 年版，第 199—200 页。

命时期使用的破枪、土炮、大刀、长矛，即能再现出峥嵘岁月的传奇，衍生出基于大别山残酷、惨烈斗争的壮美；一组大别山革命时期英烈戴过的镣铐、充满血与泪的家书，即能还原出当年反动者的凶残，衍生出基于大别山革命英烈的悲美；一组鄂豫皖革命根据地时期战士穿过的草鞋、戴过的草帽和蓑衣，即能透现出苏区军民鱼水深情，尤其能衍生出大别山女性特有的柔美；一组军事分布、战略部署、革命形势、游击斗争等图表，即能展示出大别山革命的激烈场面和斗争格局，衍生出苏区军民的崇高智慧之美……诸如此类经过梳理归类的整合式陈设，配合条理清晰、逻辑严密、语言生动有趣的口头解说，使得讲解员与受教育者之间建立起更便捷、更有效、更亲和的"传""受"关系，也在审美主体与审美对象之间创造生成了一幅幅人在境中、境入人心的动静交互画面，由此产生无限的情境迁移之美，衍生出丰富的衍生态美育元素。

第三，现代性重构形成的衍生态美育元素。这里所谓现代性重构，是指在现代语境和理念下，应用大数据、新媒体以及 VR（虚拟现实）技术等现代技术，对原有的存在体予以重新设计、构造，使之形成新的存在体的过程。而一般地，通过此类现代性重构，新的存在体即可在新的语境下生成以原有存在体为原型的情境迁移之美。在现代化高科技快速发展的新时期，一些现代技术在各类大别山红色场馆中也得到了不同程度的开发和应用，由此推动这些场馆实现了基于大别山红色资源的现代性重构，并配合场馆的情境解说，给这些场馆融入了诸多鲜活的美育元素。例如，在鄂豫皖革命纪念馆，现代艺术理念下设计的场馆建筑相当精美，威严壮观、形态逼真的将军群像，英气浩然、庄严肃穆的烈士幕墙等，结合解说员的讲解，都令人不禁产生无限的景仰、崇敬之情；应用 VR 技术制造出来的作战场面、会议情景，其人物刻画，栩栩如生，通过解说员的讲解，都令人产生一种亲临其境的深刻体验；应用大数据和现代化的便捷视听装备，加以形式多样的信息数据使用和内容丰富的随境解说，也能帮助参观者达到与审美对象沉浸式交互，内化于心，外化于行的效果。……凡此种种表明，现代性重构改变了以往简单的场馆陈列格局，使大别山红色资源外在、内在的情境迁移之美得到了更为充分的呈现，衍生出更多生动、有趣、亲和、新奇而又深刻、有效的美育元素。

(二) 大别山红色标识解说的衍生态美育元素

人们往往会基于某些特定标识的多视域融合而形成丰富的思想观点、理念，产生特殊的感悟和体验。这里所谓多视域融合，是指从哲学、历史学、文献学、符号学、诠释学以及文化发生学等不同的视域，对特定的对象予以观照，由此所进行的多个视域交互复合的过程。这种融合，可以超越单向度产生关于对象的多层面、多维度、多学科的观点、理念以及感悟、体验等。在多视域融合的解说之下，诸多大别山红色标识都可以引发出人们深刻的审美感受，衍生出诸多美育元素。例如，一块大别山的"将军石"，借助多视域融合的解说，其背后《"将军石"的由来》的故事，就成为极为宝贵的美育题材。具体解说如下：

> 位于大别山南端的新县泗店乡著名红色游览胜地，矗立着一块天然的巨石，人们称"将军石"，它是一代虎将郑维山幼年放牛，少年站岗、放哨的地方，也是将军投鞭从戎、纵横天下的起点，最后，还是将军英灵归宿之地，即骨灰撒放处。那巍巍高耸的将军石，就是将军忠魂铁骨的象征。
>
> 如今，这里更是游人魂牵梦绕、心驰神往的拜谒之地、游览之处，巨石上镌刻的"将军石"三字由著名书法家李铎所书。
>
> 郑维山，河南省新县人，1915 年出生于新县泗店乡屋脊洼一个贫苦农民家庭，幼年读过一年私塾，以放牛为生。战争年代，他曾三爬雪山，三过草地，两次率部迎接红军主力会师，血战河西走廊，历经危难，屡建奇功，在共和国的建国史上写下了不朽的篇章。1955 年授军衔时，郑维山原被授予上将军衔，但他却找到周恩来总理，主动把上将军衔让给了一位年龄比自己大的老同志，自己宁愿接受中将军衔。将军

石为一巨大花岗石，周长 20 余米，高近 6 米。郑维山将军幼时常在这里放牛，在将军石下躲风避雨，与此石有着依依不舍的感情。新中国成立后，他多次回到家乡，每次他都要在将军石下独坐沉思。

2000 年 4 月 19 日，已是 85 岁高龄的老将军在医院里预感来日不多，经反复考虑，在病榻上给党组织写信："人总是要死的，这是自然规律。我郑重请求，在我不行的时候，适时停止对我的治疗，多节约些医疗经费，也是我对党的最后一次贡献。我一生积蓄无多，请将我最后一个月的工资作为我最后一次党费上交组织，平时积存下来的书籍送给大别山一个学校，供山区的孩子们使用。丧事从简，中央早有提倡，我是当年带头签字的老同志之一。我死后，不开追悼会，不搞遗体告别，不进八宝山，也不搞任何形式的送别仪式，尸体供医学单位解剖后火化，骨灰撒在大别山屋脊洼的山上。"同年的 5 月 9 日将军病逝于北京，根据郑维山将军的遗愿，遗体作医学解剖后火化，家人满足了他的意愿，将其骨灰撒放在屋脊洼后山松林中巨石周围，从此，这块无名的巨石成为将军永恒的墓碑。

毛泽东曾盛赞"南有许世友，北有郑维山"。郑维山将军在七十多年的革命生涯里，为民族的独立、劳苦大众的解放浴血奋战、九死一生，已成为广为传颂的一代传奇人物。①

这里借助多视域融合对"将军石"这一红色标识的解说，所衍生的美育元素是相当丰富的。比如，哲学视域下的诗化之美。解说以诗化哲学的触角，叙写生命，移情自然。借助点化自然的手法，赋予作为自然物的石头以人文意蕴，配之以石下独自沉思的形上意象，即以此石而展现将军美的心灵和灿烂人生，映现出将军的浩然英气和崇高人格。再者，历史学视域下的史实之美。这一解说对"将军石"来由的追溯，勾勒出一条生命运行的美的历

---

① 吴世儒：《鄂豫皖革命纪念馆故事》，南京出版社 2016 年版，第 31—32 页。

史轨迹。由幼年、少年直至化骨成灰，将军这条生命运行的历史轨迹都以其无私奋斗者的史实，给人以美的震撼。尤其是从将军离世前写给党组织的信中，对生死自然的深切悟解、对党对信仰的无限忠诚、对身后之事的无私安排等，一字一句，无不显示出他悟透人生真谛的崇高人格。又有，诠释学视域下的言说之美。石头只不过是自然之物，本来无意无义、无言无行而自在于自然，只是与将军传奇的一生联系起来，加以传奇的言说，即被诠释而构成了一种充满人间精神正能量的红色标识，因而得以为人们所"魂牵梦绕""心驰神往"，具有了其独特的审美旨趣。还有，符号学视域下的象征之美。康德强调审美与道德的宿缘，认为"美是道德的象征"，称真正的美的艺术是"没意图的、非做作的主观合目的性"①。"将军石"就是这样一个体现自然与人的生命交融的真正艺术品，一个美的道德象征符号。它既是人化自然的象征符号，正是通过这一融入了人情人性味道的自然符号，生动具体地映现出一个红色人物形象，使其美的生命特质得以充分流露；又是自然化人的象征符号，正是借助大别山荒野这一人文符号背后的将军故事，才使得人们能够获得美的道德直观，得到美的心灵润化和情操陶冶。

第三节　大别山红色口述文化资源融入
当代大学生美育的实践路径

美育可以被理解为一种饱含情感与感性的心与心之间亲密交流的教育，它是通过自然美、艺术美和心灵美等而通往精神美的必要途径，在潜移默化的教育过程中，它以润物细无声的方式使受教育群体获得美好情感的陶冶、健全人格的塑造以及审美鉴赏能力的培养。而如何利用大别山红色口述文化资源加强当代大学生美育？这当然有许多好的实践做法和方法路径。在此仅

---

① ［德］康德：《判断力批判》上卷，宗白华译，商务印书馆1964年版，第164页。

从如下几个方面予以探讨。

一、"以美正人"，消除相关资源融入当代大学生美育的观念误区

美育的重要作用就在于通过审美活动，引导受教育者分辨美丑，懂得什么是美，树立起正确、健康的审美观，掌握科学、客观的审美标准。因此，利用大别山红色口述文化资源加强当代大学生美育，一个前提就是必须"以美正人"，消除大别山红色口述文化资源融入当代大学生美育的观念误区，帮助美育主体和受众树立起正确的审美观念，消除不良的审美心理和行为病态，通过美育观念的解误，达到身正、心正、情正、行正，由此，不断提升当代大学生美育效果。

第一，消除当代大学生美育与思想政治教育相割裂的观念误区。要明确美育与思想政治教育的内在逻辑，确立"以美正人"的美育观念，把大别山红色口述文化资源融入当代大学生美育作为深化教育领域综合改革、加强思想政治教育的重要举措之一。党的十八届三中全会指出，要深化教育领域综合改革，全面贯彻党的教育方针，坚持立德树人，加强社会主义核心价值体系教育，改进美育教学，提高学生审美和人文素养。[①] 在美育与思想政治教育两者之间关系问题上，有学者认为两者"在教育目标上具有同一性，在教育功能上具有互补性"[②]。这是十分有见地的。思想政治教育和美育的根本目的都是要培养具有崇高信仰、道德高尚、诚实守法、技能精湛、博学多才、多专多能，德智体美劳全面发展的人才，因而两者是互为补充、共同发展的关系。一方面，美育离不开思想政治教育，是思想政治教育的有机组成部分。思想政治教育可以为美育提供正确方向的保证。当代大学生思想政治教育决定了其美育目标和宗旨，即坚持以马克思列宁主

---

① 袁贵仁：《深化教育领域综合改革》，《人民日报》2013 年 12 月 17 日。

② 张廷、杨永杰：《新时代高校美育与思想政治教育融合发展的路径探析》，《大众文艺》2019 年第 24 期。

义为指导，以习近平新时代中国特色社会主义思想为依据，继承革命文化，坚守社会主义意识形态阵地，高举起社会主义核心价值观的鲜明旗帜，以新时代思想政治教育的更新更高要求为前提，充分发挥美育在精神领域涵育化人的积极作用，以不断促使青年大学生树立"四个自信"、坚定"四个意识"、争做"四有青年"，成为担当民族大任的时代新人，为实现中华民族伟大复兴的中国梦奉献自己的力量。另一方面，思想政治教育也离不开美育，美育可使思想政治教育的内容更为丰富，功能更加有效。审美心理的健康与否、审美旨趣的高尚与否以及审美动机的强弱、审美鉴赏力的高低等，都从不同的维度影响思想政治教育整体的功效和境界。只有遵循当代大学生思想政治教育与美育的内在逻辑，才能真正使二者相得益彰，产生"以美正人"的叠加效应。而大别山红色口述文化资源作为中国革命文化资源的组成部分，既蕴藏强大的思想政治教育正能量，与社会主义核心价值观具有高度统一性，是当今社会引领社会风尚，不断加强爱国主义、集体主义、社会主义教育，增强文化自信，推进新时代公民道德建设的绝佳载体，又内含丰富的审美教育价值元素，拥有超越时空的感染力、说服力、影响力、震撼力，是可以利用来感召人、教育人、激励人、鼓舞人，帮助人们提升审美层次、增强人文素养的宝贵美育资源。因而在当代大学生美育中对之加以整合利用，正是消除美育与思想政治教育相割裂的观念误区，形成"以美正人"效应的有益举措之一。

第二，消除当代大学生美育与专业教育相冲突的观念误区。要打破学校、家庭、社会以至学生自身长期存在的唯专业论的思维定式，深刻认识到当代大学生美育与专业教育的内在逻辑关系，借鉴课程思政的方法模式，拓展当代大学生美育的覆盖范围，整体提升当代大学生美育和专业教育的质量和效果。一方面，当代大学生专业教育可以为美育拓展出更为宏大的时空境域，使当代大学生美育通过多学科的交融契合，深度渗入到学生的日常学习生活世界，获得更为强大的教育影响力；另一方面，当代大学生美育可以为专业教育增添审美旨趣，并不断拉动学生专业学习审美鉴赏的内在需求，使学生的专业学习在审美愉悦的多样化体验中获得更好的效果。只有把二者有机结合起来，既不以当代大学生的专业教育为借口拒斥美育，又不以当代大学生美育为由妨碍专业教育，才有利于学生在专业学习中获得更多审美旨趣，提升审美鉴赏能力，培养健全的人格品质，在审美体验中提升专业学习的效果，获得更强的专业能力。正是在这个意义上，有必要将大别山红色口述文化资源中的诸多美育元素尤其是基于大别山精神的美育元素，融入当代大学生专业教育中，这样不仅可以为学生专业兴趣提供审美体验的诱发和引导，为学生专业探索和追求增添内生精神动力，也可以使大别山红色口述文化资源的美育价值在当代大学生专业教育中得到不断的转换和衍生，两个方面相辅相成，就能达到"以美正人"的综合效益。

第三，消除当代大学生美育与人才培养标准相脱离的观念误区。要克服当代大学生美育对于高校人才培养无关紧要的错误观念，破解高校人才培养标准贯彻实施过程中美育短板甚至缺失的不良现状，深刻认识到德智体美劳"五育并举"，是发展社会主义教育的方针，德智体美劳全面发展，是培养社会主义接班人的标准，并且使当代大学生美育作为社会主义教育不可或缺的有机组成部分，体现在高等教育人才培养方案中，落实到高等教育人才培养的具体实施过程中，设置到高等教育人才评价标准的具体指标体系中。而将大别山红色口述文化资源中丰富的美育元素融入当代大学生美育中，正是改变忽视美育的错误观念和不良倾向，完善人才培养方案和人才评价标准指标体系，补齐高校美育短板，"以美正人"，培养德智体美劳全面发展合格人才的有效举措。

二、"以美近人"，营造相关资源融入当代大学生美育的良好环境

利用大别山红色口述文化资源加强当代大学生美育，必须努力营造良好的当代大学生美育环境，以达到环境美育的目的。黄克剑著述认为："有了人便有了人的视界中的'美'。但正像人的存在并不就是人的自觉，'美'在

人的审美或艺术创造活动中的发生远在美被有着审美意识的人回眸审视——所谓美的自觉——之前。"①据此表明，内在于环境中的审美元素在审美主体有意识地去审视、鉴赏它之前，就能直觉地作用于其审美主体，使之由模糊朦胧到深刻清晰、由不自觉到自觉地产生出某种审美感受和体验。从这个意义上来看，大别山红色口述文化资源融入当代大学生美育，其良好环境的潜移默化的影响对于美育实效具有至关重要的作用。

　　然而，事实上，利用大别山红色口述文化资源加强当代大学生美育，在营造良好的美育环境方面仍存在诸多需要克服的困难。第一，从学校美育环境来看，美育虽然在中国教育体系中的地位越来越重要，但是高校对美育的投入以及整体质量仍然存在许多突出问题。一方面，认识层面上不够重视，美育历来不是高校教育内容的主流，部分高校除了必要专业外，针对美育的教学教育板块甚至基本缺失，以致在教育体制改革中，美育板块的具体落实存在师资力量不足、教育能力不足、学生认知不足等弊端；另一方面，美育又有着极高的专业性要求，在教学过程中，对教学基地、教学内容、审美实践等方面要求比较高，目前无法形成一个美学美育的教学体系。这自然使得大别山红色口述文化资源融入当代大学生美育要达到"以美近人"的良好效果，在理论和实践层面上都具有很大的难度。第二，从课程美育环境来看，目前一些高校美育课程大多停留在枯燥的基础理论层面，不但没有达到理想的教育效果，反而容易引起学生的排斥和抵触。部分教师自身审美教育能力不足，美学美育教学也大多内容陈旧、空洞死板或偏于学术化，其教学教育效果仍然需要实质性的提升和突破。因此，尽管美育资源尤其是大别山红色口述文化资源之类的美育资源极为丰富，但如何更好地开发其中诸多优质资源，并将这些资源引入校园、引入教材、融入课堂，以优化课程美育环境，达到"以美近人"的良好效果，仍是一大难题。第三，从社会美育环境来

---

　　①　黄克剑：《美：眺望虚灵之真际——一种对德国古典美学的读解》，福建教育出版社2004年版，第1页。

看，市场经济下的大众传媒有极强的自发性和盲目性，商业互逐使得社会上充斥着浮躁的"快餐文化"。为追求高浏览、高下载、高播放量，以抗战为背景的"神剧"层出不穷，革命烈士被恶意诋毁，英雄事迹被篡改的事例屡禁不止。这些靠诋毁和卖弄丑态赚取关注的现象，实则是审美观念扭曲的表现，是对革命历史严肃性的亵渎和诋毁。尤其是伴随着大众传媒的某些负面传播，当代大学生很容易产生对革命历史的陌生感以及革命战争的久远感，甚至形成各种错误的认识，以为历史本来如此，战争如同儿戏，加之"饭圈"文化、奢靡之风、拜金主义等非主流价值的侵蚀，因而他们中的部分人对于大别山红色口述文化资源之类具有正能量的美育元素，已形成了一种逆反、拒斥的审美心理和行为病态，这也在很大程度上导致了大别山红色口述文化资源融入当代大学生美育的困局，严重影响其"以美近人"的成效。第四，从家庭美育环境来看，不同的家庭审美氛围往往造就不同个体的审美水平差异。一方面，家庭美育环境的营造要求家庭成员对美育有着较高的认知，但现实中，美育需要大量时间和精力付出，其成效在短时间内又不会有明显的显现，因而在许多家庭中或被本能拒斥、或被无奈搁置、或被直接忽略；另一方面，由于高校教育体系在不断发展完善的过程中，仍存在美育重视程度不高的问题，这也导致大部分家庭美育观念淡薄的惯性状态。实际上，中国家庭教育普遍更为关注学生的学业成绩，而忽视审美教育引导，因而大别山红色口述文化资源融入当代大学生美育，要做到"以美近人"，在家庭美育环境这个方面，也存在一些问题。

正因为此，针对各个方面美育环境的现状和不足，必须通过整体营造良好的美育环境，克服种种困难，促使大别山红色口述文化资源更为贴近作为审美主体的大学生，努力达到以美"近"人的实效。例如，将口述的大别山红色人物、红色故事、红色精神等丰富的美育内容，融入校园专栏、精神标识之中，形成蕴含有大别山红色口述资源美育元素的校园文化氛围，以其美而感染学生；融入课程思政和思政课程的校本教材中，形成大量吸纳大别山红色口述资源美育元素的教材文本，以其美而知会学生；融入美育专栏、学习通、今日校园、VR 实习实训室等各类大学生常用的线上线下平台上，形成常态化、虚实一体化的大别山红色口述资源美育元素传播状态，以其美而吸引学生；融入社区、社团和家庭环境之中，形成通俗化、生活化的基于大别山红色口述资源的美育风尚，以其美而亲近学生，诸如此类。由此真正做到"以美近人"，不断提高利用大别山红色口述资源加强当代大学生环境美育的实际效果。

三、"以美引人"，聚集相关资源融入当代大学生美育的参与主体

利用大别山红色口述文化资源加强当代大学生美育，是新的历史时期一个重要而又复杂的任务，必须注重整合、凝聚各方力量参与其中，使这一重任落到实处，产生实效，努力做到"以美引人"。这里的"以美引人"，有两层意思，一层意思就是以美育引人。具体即以当代大学生美育的目标任务引导参与美育之人。也就是要以当代大学生美育的现实问题为导向，针对这些现实问题确立目标任务，凝心聚力，建强美育师资队伍，加大美育协同合力，从而达到当代大学生美育的良好效果。另一层意思则是以美感引人。具体就是要通过梳理、整合丰富的美育资源，展示其中相关资源中富有美感的内容，发掘其蕴含的潜在审美价值，以美感吸引当代大学生美育的主体和对象。而无论从哪个层面上，都表明，大别山红色口述文化资源融入当代大学生美育，一定要牢牢抓住作为美育相关主体的"人"这个最活跃因素，才能更好地彰显其价值意义。

第一，以大别山红色口述文化资源融入当代大学生美育的目标任务为导向，以美育引人，凝聚美育队伍。利用大别山红色口述文化资源加强当代大学生美育，要针对一些高校美育观念淡薄、美育师资力量不足、美育环境氛围不浓、美育教学质量不高、美育管理机制和评价体系不健全以及优质美育资源利用不到位等现实问题，确立短期、中期以及长期的美育目标任务，并围绕这些目标任务，以美育引人，凝聚队伍力量。具体而言，就是要凝聚资

源开发队伍，以有利于依托大别山红色口述文化资源的分布区域，考证、发掘、整理、归类、传输各种杂乱资源中的美育元素，形成基于大别山红色口述文化资源的数据信息资源库，优化其专门化、现代化的美育资源应用平台；要凝聚美育师资队伍，以有利于科学、合理、有效地开展基于大别山红色口述文化资源的当代大学生审美理念建树、审美知识宣讲、审美心理培育、审美体验分享、审美情趣激发等具体的美育理论与实践工作；要凝聚美育管理队伍，以有利于加强基于大别山红色口述文化资源的美育教学教育管理、美育教研科研管理，形成健全、可持续的美育管理体系和管理机制，从而确保大别山红色口述文化资源在当代大学生美育中的价值得以充分实现；也要凝聚美育专家队伍，以有利于对大别山红色口述文化资源融入当代大学生美育的实际成效进行正确评估和及时反馈，从而形成科学的美育闭环认证，诸如此类。

第二，以大别山红色口述文化资源融入当代大学生美育的美感元素为素材，以美感引人，凝聚审美之人。利用大别山红色口述文化资源，加强当代大学生美育，又必须针对在一些美育主体和美育对象之中现实存在的审美理论基础薄弱、审美鉴赏能力不高、审美价值观扭曲、审美旨趣低俗等突出问题，确定利用大别山红色口述文化资源加强当代大学生美育的具体素材，以美感引人，凝聚审美之人。这就是要加强高校美育教师的培养，鼓励教师积极参与各类美学美育培训，帮助教师自身树立正确的审美价值观，夯实审美理论基础，提升审美鉴赏能力，提高审美旨趣，以促使他们能够做到从大别山红色口述文化资源中有效地选择、归类、集结和充分利用宝贵的美育素材，开展大别山红色口述文化资源融入当代大学生美育的教研科研，大量传输、转换其审美价值，为当代大学生美育作出应有的贡献；就是要加强作为审美主体的大学生的教育引导，通过各种参观、考察、学习、活动等多条途径，使大别山红色口述文化资源中的审美元素，切实进入学生的审美世界，以其美感而吸引他们置身其中，逐步建立起基于大别山红色口述文化资源的审美知识结构体系、价值观念体系、素质能力体系以及心理情感基础等，达到良好的美育效果。

四、"以美化人"，丰富相关资源融入当代大学生美育的内容和形式

这里所谓"以美化人"，是通过真正的美的滋养化育对真与善的境界提升，对健康人性的深沉呼唤，对独立人格的重塑再造，对道德情操的提炼纯化，对身心灵魂的生命浸润，总而言之，就是要在精神世界的维度里，对审美主体进行有组织、有目的、有效度的优化，使之蜕变为完整、积极、丰富而不断趋于完美的真正意义上的人。就此而言，要达到"以美化人"的效果，显而易见，"化"什么、如何"化"之类关于美育内容和形式的问题，正是"以美化人"的核心问题。而利用大别山红色口述文化资源加强当代大学生美育，归根结底，也就是要通过解决好"化"的内容和形式问题，从而达到"以美化人"的最终目的。

第一，摄取大别山红色口述文化资源融入当代大学生美育的丰富内容，以美的内容"化"人。习近平总书记提出："新时代中国青年要自觉树立和践行社会主义核心价值观，善于从中华民族传统美德中汲取道德滋养，从英雄人物和时代楷模身上感受道德风范，从自身内省中提升道德修为，明大德、守功德、严私德，自觉抵制拜金主义、享乐主义、极端个人主义、历史虚无主义等错误思想，追求更有高度、更有境界、更有品位的人生，让清风正气、蓬勃朝气遍布全社会！"[①]在大别山红色口述文化资源中，诸如追求理想信仰、追求革命真理、追求公平正义、具有崇高之美的史迹案例；将生死置之度外，把个体幸福建立在为民族独立、人民解放而英勇奋斗的基础上、具有情感之美的家国情怀；结合中华民族传统文化、近现代革命文化、马克思主义先进文化，形神皆备、充满着强烈感染力和巨大革命正能量、具有艺术之美的红色诗赋歌谣、话剧戏曲；各种体现革命战友深情、善恶美丑分明、具有人际交往之美的红色故事传说等，这些极具审美价值的美育内容，都要通过多种方法路径予以摄取，使之深度融入当代大学生美育之中，以其

---

① 《习近平谈治国理政》第三卷，外文出版社2020年版，第337页。

美的内容"化"人，充分发挥它们在当代大学生美育中的价值作用，以适应坚持不懈地用习近平新时代中国特色社会主义思想铸魂，用共产主义远大理想和中国特色社会主义共同理想培元，用"为人民谋幸福、为民族谋复兴、为世界谋大同"导航的新时代美育要求，帮助大学生群体树立正确的审美观，以健康向上的红色美育资源，陶冶情操、启迪心智、引领风尚，自觉肩负起"举精神之旗、立精神支柱、建精神家园"的历史使命和时代责任。

第二，采取大别山红色口述文化资源融入当代大学生美育的有效形式，以美的形式"化"人。美的形式需要美的内容予以充实，美的内容决定美的形式，如果不摄取美的内容，一切美的形式就只能是毫无作用的虚架子，如果美的内容贫乏，一切美的形式，也只能是空洞乏力的噱头；反之，美的内容也需要美的形式表现，如果不采取适当的美的形式，无论怎样美的内容，都可能会以扭曲的样态表现出来，其美的价值实现必定会在一定程度上打折扣；如果不采取正确的美的形式，无论怎样美的内容，都可能会被遮蔽、被误感，其美的价值也极可能无法真正实现。正因为此，利用大别山红色口述文化资源加强当代大学生美育，必须采取多种灵活、新颖、适当、正确的有效形式，以美的形式"化"人。例如，借助艺术美育形式，实现"以美化人"。"艺术教育能够培养学生感受美、表现美、鉴赏美、创造美的能力，引领学生树立正确的审美观念，陶冶高尚的道德情操，培养深厚的民族情感，激发想象力和创新意识，促进学生的全面发展和健康成长。"[①]美育的最大优势就是借助艺术作品的形式对人的情感进行艺术审美的感化。《亮剑》就是一种具有强烈美育感染力的典型影视艺术形式。该剧通过主人公李云龙与日本人的家仇国恨、对战友的不弃不舍、对妻儿的深情庇佑循序渐进地还原了那个英雄辈出的革命年代，将民族英雄真实且极具艺术美感地呈现在观众面前。面对强大的敌手，明知不敌也要毅然亮剑。"即使倒下，也要成为一座

---

① 《教育部关于推进学校艺术教育发展的若干意见》，2014 年 1 月 14 日，见 http://www.moe.gov.cn/srcsite/A17/moe_794/moe_795/201401/t20140114_163173.html。

山，一道岭，"便是出自李云龙之口令人热血沸腾的台词。《亮剑》一经播出，在全社会引起了巨大反响，获奖无数，激发了观众内心的家国情怀，让观众拥有了酣畅淋漓的情感体验。历史上的王近山将军如同李云龙一样有着赫赫战功，他来自有着"将军故乡"之称、大别山地南麓的黄安县，是一位军事天才，作战勇敢顽强，且个性特立独行，在民间传说中被称为"王疯子"。1955 年，王近山将军被授予中将军衔，荣获一级八一勋章、一级自由勋章、一级解放勋章。实际上，王近山将军这样的大别山人物，在革命历程中形成了一个红色群体，通过各种艺术美育形式，将他们身上所具有的原生态审美价值发掘出来，实现"以美化人"，在信息技术高度发达、影视艺术不断发展的今天，仍有非常大的创造空间。又如，借助 VR 美育形式，"以美化人"。运用 VR 技术，将各种大别山红色口述文化资源大量转化成 VR 资源，使其中的美育元素转换成全息影像，以虚实一体化的形式在具体的课程教学中呈现出来。这样，一方面，可以促使学生在体验鉴赏大别山红色口述文化资源的过程中，打破时空、地域、资源的限制，受到更多美育元素的熏陶，而且对习惯于虚拟与现实情境交互的当代大学生尤其是"00"后大学生，更容易产生沉浸式的美育教学效果；另一方面，又可以通过应用 VR 技术对大别山红色口述文化资源实现集中、梳理、再创、重构，借助 VR 实训室的方便快捷、VR 教学模式的有趣有效，全覆盖式开展当代大学生美育教学，从而增强"以美化人"的规模效应和综合效益。还如，借助开放式美育教学形式，"以美化人"。利用大别山红色口述文化资源开展当代大学生美育，如果采取空间逼仄、方式刻板的传统课堂美育教学形式，就不可能收获到良好的美育效果。只有突破刻板的美育授课，打破传统教室壁垒，采取开放式美育教学形式，让学生把美术馆、图书馆、纪念馆等作为更大的课堂，主动去欣赏去理解大别山红色口述文化资源所蕴含的美感，才能激发他们的学习乐趣，使他们能够产生更多的审美感悟，真正把"以美化人"落到实处。

第十章　利用大别山红色口述文化资源加强大学生思想政治教育的实践落地

大别山红色口述文化作为最鲜活、最朴实、最接地气的红色文化资源，具有贴近生活、易于传播、黏性强、穿透性大等诸多优势和特色。而新时代思想政治教育工作中，无论是坚定大学生社会主义共同理想信念、提升大学生的马克思主义理论修养、弘扬中国精神和时代精神，还是帮助大学生更好地培育和践履社会主义核心价值观，培养大学生正确的荣辱观、审美观，提高大学生的廉洁素质等，都需要大别山红色口述文化资源这样的优质文化资源的浸润滋养。为此，我们要加大对如何利用大别山红色口述文化资源加强大学生思想政治教育的实践落地研究，拟定合理的实施方案、构建有效的育人机制、总结实践的经验模式，通过开展红色口述文化资源的实践调查，精准发现问题短板，并提出针对性可鉴之策，从而推动新时代红色文化传承创造与立德树人的协同并进。

第一节　利用大别山红色口述文化资源加强大学生思想政治教育的实施方案

十年树木，百年树人。利用红色文化资源育人是一个庞大的系统工程，需要科学谋划、精心设计并制定实施方案。大别山地域宽广，涉及鄂豫皖三省，包括黄冈、六安、安庆、信阳、驻马店等地市全境，以及孝感、南阳、武汉等部分区域。依据 2015 年国务院制定的《大别山革命老区振兴发展规划》的数据，大别山区国土面积约 10.86 万平方千米。大别山红色口述文化资源主要流传散布于这一地域广袤、经济社会发展相对落后的山区，新时代要深度挖掘整合大别山红色口述文化资源，充分发挥其育人功能，还面临着一些现实难题和制约因素，这就需要坚持系统思维，统筹协调、整体推进，需要从宏观视角进行顶层设计，制定行之有效的大别山红色口述文化资源融入当代大学生思想政治教育的实施方案，进一步明晰指导思想、目标任务、方法举措，强化利用大别山红色口述文化资源加强大学生思想政治教育的组织实施。具体实施方案如下：

一、明确方案实施的指导思想

利用大别山红色口述文化资源加强大学生思想政治教育，必须始终坚持马克思主义立场和方法。尤其在中国特色社会主义进入新时代，"两个一百年"奋斗目标的历史交汇期，运用大别山红色口述文化资源资政育人，必须要以习近平新时代中国特色社会主义思想为指导，全面贯彻党的教育方针，既注重知识传授，又聚焦情感涵养培育，将红色基因植入青年大学生的血液、沁入心扉，将红色文化精髓与革命精神融入大学生德智体美劳的培育全过程，把红色文化的传承作为培根固魂、凝聚心智的强基工程，擦亮中国共产党人全心为民、无私奉献、奋斗不止的文化底色，通过大别山红色口述文化的熏陶洗礼，引导当代大学生树立正确的世界观、人生观、价值观，培育中国特色社会主义事业的可靠接班人。

二、确立方案实施的目标任务

利用大别山红色口述文化资源加强大学生思想政治教育，必须明确立德树人的根本目标任务。新时代我国高等教育要坚持为人民服务、为中国共产党治国理政服务、为巩固和发展中国特色社会主义制度服务、为改革开放和社会主义现代化建设服务，就必须解决好培养什么人、怎样培养人、为谁培养人这个根本问题。大别山红色口述文化资源是坚定大学生理想信念、提升大学生马克思主义理论修养、弘扬中国精神和时代精神，帮助大学生更好地培育和践履社会主义核心价值观，培养大学生正确的荣辱观、审美观，提高大学生的廉洁素质等的优质营养剂。因此，各高校、教育主管部门和社会相关主体要把为党育人、为国育才作为工作的重心，重视确立运用此类优质文化资源资政育人的目标任务。

为此，必须通过实施大别山红色口述文化资源育人专门计划，引导大学生坚定理想信念、勇于探索创新、乐于奋斗奉献；通过大别山红色口述文化的传播运用，努力营造优良的校园文化氛围，将大别山英雄儿女在革命、建设、改革历程中创造和积累的宝贵精神财富嵌入大学课堂、教材，融入大学校园生活，用红色文化滋养当代大学生的成长；形成中国共产党引领、政府主导、社会协同文化育人制度体系，构建以教师和学生为主体的大别山红色口述文化育人的体制机制，全面促进教、学、研融合发展。具体而言，利用大别山红色口述文化资源加强大学生思想政治教育，其实施方案的主要目标任务可分解为以下两个方面：

（一）发挥大别山红色口述文化资源资政育人的核心功能

这就是要开发和利用好大别山红色口述文化资源，使这一资源在大学生思想政治教育中资政育人的核心功能得到充分的发挥。当前大别山红色口述文化资源的开发利用存在观念陈旧、重形式轻内容、单纯追逐经济利益而忽视政治导向与文化育人功能价值等问题。为实现"两个一百年"奋斗目标、实现中华民族伟大复兴的中国梦，培养又红又专、德才兼备、培养中国特色社会主义事业的合格建设者和可靠接班人，优质文化资源的价值作用不可或缺。大别山红色口述文化资源富含政治、经济、伦理、教育、军事和艺术等多元价值，具有历史印证、话语传播、价值认同、人格润化、资政育人等多重价值功能。通过搜集整理大别山革命老区遗留传诵的红色诗歌标语口号、红色歌谣曲艺、红色口述故事等多种红色口述文化资源，再现中国共产党所领导的鄂豫皖革命根据地建设中，大别山英雄儿女对共产主义理想信念的执着追求和对党的无限忠诚的光辉原型，激活、增强大别山红色口述文化资源的政治导向与道德伦理教化等多种思想政治教育功能，正是利用大别山红色口述文化资源加强大学生思想政治教育的核心目标任务之一。这就要求围绕"立德树人"这一核心目标任务，珍视大别山红色口述文化的育人价值，将其分门别类并有针对性地渐进融入大学生思想政治教育中，优化和丰富教育素材、形式与内容；探索对大别山红色口述文化资政育人价值的整合与再造，提炼大别山红色口述文化的精华，并使之与大学生思政课教材、课堂、实践活动、校园文化、专业知识学习与探究等有机融合，让当代大学生对中国革命有更深层次的理解，感悟革命事业成功来之不易，以不断丰富和发展社会主义核心价值体系的意蕴内涵，充实优化爱国主义等教育内容，从而开拓社会主义发展史、中共党史、新中国史、改革开放史等教育资源的活性源流。

（二）发挥大学生保护、传承大别山红色口述文化资源的主体作用

增强大学生保护、传承大别山红色口述文化资源的责任意识，让大别山红色口述文化资源在传承中创造和发展后继有人，也是利用大别山红色口述文化资源加强大学生思想政治教育的一个核心目标任务。大别山区域的高校，可通过组织大学生开展红色文化实地调查、采访、考证，收集记录并整理一手大别山红色口述资料，进而对之予以深度解析研讨，与思想政治理论课和专业课等课程的情感道德培养相互支撑，深度契合，更多地解开大别山红色口述文化资源中留存的历史谜团，传播鲜为人知的感人革命故事，弘扬革命先烈无私奉献、敢为人先的革命精神。让大学生在参与大别山红色口述文化保护、传承的实践过程中发挥出主体作用，得到人生的历练，夯实大学生的理想信念根基，增强大学生的道路自信、理论自信、制度自信和文化自信，强化大学生的政党认同、国家认同、民族认同、政治认同、道路认同、

制度认同等，让红色血脉赓续相传，将当代大学生锻造成传承、创造、保护红色革命文化、续写社会主义先进文化新篇章的强大后备力量。

三、优化方案实施的方法举措

大别山红色口述文化资源丰富，开发利用的潜在价值高，但是受自然与人为因素的制约，这一宝贵资源的开发利用率并不高，效能提升空间还很大。总体观之，利用大别山红色口述文化资源加强大学生思想政治教育的阻碍因子包括思想观念陈旧、经济社会发展相对落后、红色资源分布零散、协同联动制度与机制不健全等。新时代要切实挖掘激活大别山红色口述文化资源的育人功能，提升红色口述文化资政育人的效果效能，就必须坚持问题导向，多渠道、全方位创新、优化其具体方案实施的方法举措。

（一）推动大别山红色口述文化与高校校园文化的有机融合

大学校园文化是以大学生为主体，以高校校园为空间场域，以精神文化、环境文化、行为文化和制度文化为内容载体，以校训精神和办学传统为核心的大学生群体文化，对塑造大学生积极向上的"三观"具有潜移默化的功效。近年来，在教育部的引导和大力支持下，许多地域红色文化资源丰富的高校注重红色文化与校园文化的融合，进行了大量有益探索。比如，井冈山大学、遵义师范学院、延安大学分别将井冈山精神、长征精神、延安精神融入校训校规，作为校园文化的核心元素。为此，大别山区域的高校要组织社科专家提炼大别山红色口述文化的核心要义，凝练大别山精神，将之融入该区域高校的校园文化之中。具体可利用校报学报、校园广播电台、宣传橱窗、校院系网站主页等传播媒体平台进行大别山红色口述文化的宣传、展播。也可将大别山红色口述文化融入党团活动与思政工作，通过党团组织生活、青马工程、红色口述文化宣讲团、红色口述历史研究会等党团和学生社团主题活动，让大别山红色口述文化在高校中广泛流传、生根发芽。还可将大别山红色文艺融入大学校园文艺活动。在高校广泛开展大别山红色经典诗文朗诵、红色故事讲演、红色歌曲演唱、红色戏剧编演、红色视频制作等活动，让大别山红色口述文化与大学高雅文学艺术融通。要将大别山红色文化融入校园建设。通过建设大别山红色文化场馆、校史馆，收集展出大别山红色口述文化精品，创作大别山英雄人物雕塑等，将大别山红色口述文化与校园环境融为一体，让大学生置身于红色氛围之中，在革命精神耳濡目染的熏陶中，提升大学生的审美情趣，培育高尚的道德情操与奉献精神。

（二）推进大别山红色口述文化资源与高校思政课程的融合

高校思想政治理论课是对大学生进行思想政治教育的主渠道和主阵地，要发挥大别山红色口述文化在大学生思想政治教育中的作用，必须重视其与思政课的融合贯通，将大别山红色口述文化资源作为高校思政课教学的宝贵资源和鲜活素材。在教学中广泛引用大别山经典红色故事作为案例，编撰《大别山红色口述案例资料》，形成具有特色、富有生趣的思政教学辅助资料和案例资源，拓展大学生思想政治理论课教学的广度与深度，增强思政课教学的趣味性。推动大别山红色口述文化进课堂、进教材、进头脑。在《近现代史纲要》《毛泽东思想和中国特色社会主义理论体系概论》等思政课程讲解中引入大别山红色口述案例，比如在讲述新民主主义革命动力与领导权时，可引入黄麻起义、商南起义和六霍起义等口述史资料，加深大学生对新民主主义革命历史的理解，明白为什么红军的创立是革命根据地建设重要保障，明白为什么农民是当时中国革命的主力军。在《思想道德修养和法律基础》课中关于中国精神尤其是革命精神的讲解，可以引用麻城传奇女英雄万永达、戴克敏烈士与他的一家等口述史资料，将抽象的知识具体化，让伟大的中国精神、革命精神、建党精神、时代精神还原活化。

（三）推进大别山红色口述文化资源与高校课程思政的融合

将大别山红色口述文化资源进行分类筛选，针对不同专业课程教学内容与学科特点，找准红色文化资源与专业课程的接入点。目前已有很多高校在音乐、美术、舞蹈等艺术类专业课程教学中，开设《红色艺术》《红色音乐》《红色舞蹈》等专业选修课，广泛使用红色口述文化素材，开展艺术作品创作。例如，井冈山大学创作的音乐舞蹈史诗《井冈山》，不仅作为本校音乐舞蹈专业学生的专业训练平台，而且将汇演成果推向校外，每年在省内高校和社区巡演十余场，累计观众十万余人次。河北师范大学音乐学院打造的音乐舞蹈史诗《西柏坡》，结合音乐专业学生的思想实际和专业特点，确定了"寓教于演，以演促教"的思想政治教育工作思路，将大学生思想政治教育与专业理论学习、艺术实践演出有机结合，通过红色文化的浸染滋养来提高大学生的思想道德修养和专业技能，实现了从单纯的红色口述文化灌输式学习传播向多元立体化育人体系的提档升级。大别山革命老区的高校，也应开发利用好大别山红色文化资源，尤其是运用好当地广为流传的红色口述文化资源，将红色口述军事、艺术、政治、哲学、文学、医学等资源与大学专业课程对接融合，打造特色课程思政育人平台，构建大思政课程体系。

（四）推进大别山红色口述文化资源与高校社会实践的融合

社会实践是高校思想政治理论课和专业课的重要环节，是培养新时代大学生坚持理论联系实际的抓手和载体，也是红色文化融入大学生思想政治教育的重要通道。[①] 为此，要坚持理论联系实际的育人理念，依据专业特点和学生实际，制订红色实践教学计划目标，设计大别山红色口述文化实践教学专题。例如，历史、思政、文学专业可深入大别山收集整理口述文化资源，开展红色文化资源开发利用专题调研；音乐、美术专业可开展红色歌曲、戏剧、革命宣传标语、图册等红色文化资源搜集整理；地理专业可开展沿刘邓大军挺进大别山路线的地形地貌考察，体验刘邓大军在大别山战斗的艰辛，

---

① 王炳林、张泰城主编：《高校红色文化资源育人发展报告2017》，人民出版社2018年版，第48页。

参观李四光故居，让学生讲述李四光归国故事，感悟伟大的爱国主义情怀；生物学专业可开展天堂寨生物种群样本调查；经济管理、旅游专业可以深入大别山区开展乡村振兴、红色旅游资源实践调研。让学生通过走进大别山，接受大别山红色口述文化资源的熏陶洗礼，鼓励高校教师带领学生深入革命老区，围绕红色文化、乡村振兴、红色旅游等主题开展调研、采风，让学生通过参与调研，切身感受革命精神之伟大、红色文化之震撼，并形成读书报告、调研报告、创新创业项目等成果。通过建立红色口述文化实践教学基地、探索实践教学模式、引导学生体验感悟、激发学生深层思考、引导学生身体力行，进而实现有效推进大别山红色口述文化资源与高校实践育人的深度融合。

（五）推进大别山红色口述文化资源与现代数字传媒的融合

互联网技术改变了现代传播方式乃至生活方式，互联网承载的信息量大、传播速度快，且具有交互共享功能，因此成为红色口述文化传播不可或缺的技术支撑与平台载体。新时代要做好大学生思想政治教育工作，必须树立互联网、大数据思维，推动高校思政工作的传统模式与互联网信息技术、大数据高度融合。为此，要用好现代信息技术，开展"互联网＋"大别山红色口述文化资源的育人模式创新，以大数据驱动大别山红色口述文化资源从口耳相传到联网互通，为大别山红色口述文化资源扩充容量、提升能级，提高其使用便捷度。要顺应信息技术发展和当代大学生社交传媒使用的特点与习惯，精选精编大别山红色歌曲、戏剧、影视作品、诗歌文学作品、红色口述故事，将之电子化、数字化，运用大数据平台进行共享传播推送。开发红色口述文化传播小程序，将之嵌入大学公共信息平台（如校园门户网、公共数据库、今日校园、学习通等），通过微信公众号推送、短视频平台进行展播。例如，地处大别山区的皖西学院，专门开设红色皖西网站，收集整理出大量红色口述文化资料，收集了大别山红色人物简介近600条、大别山红色故事100余个、大别山红色歌谣近200首、红色视频 200 多部，构成了一个形式多样、内容丰富的红色文化资源库，网络反响好，育人成效显著，值得大别山区域其他高校借鉴。随着互联网与信息技术的发展，新媒体成为思想文化传播的重地，也是社会舆论和意识形态斗争的主战场。因此，将大别山红色口述文化融入高校网络思想政治教育工作，是加强主流文化宣传、建设网络思想文化舆论阵地、掌握网络意识形态话语权、主导权的必然之举。

四、加强方案实施的组织落实

利用大别山红色口述文化资源加强大学生思想政治教育的方案实施，必须强化组织领导，建立长效机制，强化考评监督，实行持续改进。

从组织层面来看，首先需要在教育部牵头，联合湖北、安徽、河南三省党委政府力量，尽快成立鄂豫皖三省大别山红色文化育人领导小组（或工作协调办公室），成员由三省党史办、省教育厅负责人，大别山区域高校负责人等共同参与，搭建大别山口述红色文化资源开发利用的协同协作与共享机制，积极争取教育部高等学校社会科学发展研究中心的支持，在大别山区域高校设立中国共产党革命精神与文化资源研究中心，为本区域的红色文化资源育人进行指导，改变当前各高校在大别山红色文化研究与育人工作中各自为政、碎片化零散化问题严重的现状，激活大别山革命老区高校联盟在红色文化协同育人中的组织协调功能，建立沟通协作机制。

从实施层面看，要强化各高校党委对利用大别山红色口述文化资源加强大学生思想政治教育的领导，明确马克思主义学院及其他相关教学单位、研究中心的职责，通过组建大别红色文化科研与实践育人平台、召开专题会议、开展师资培训，明晰高校基层组织和教师的职责。形成顶层推动、中观协调、基层落实的组织实施体系，有序推进大别山红色口述文化资源与高校育人的互嵌融合。

第二节　利用大别山红色口述文化资源加强
大学生思想政治教育的实施机制

大别山红色口述文化资源融入大学生思想政治教育是一项复杂的系统工程，不仅需要高校教师与学生全程主动参与，而且要求高校、教育主管部门、社会力量共同发力，从组织、制度与过程层面构建长效机制。从现实来看，各相关主体应合力共建红色文化育人的优良环境，通过强化政治引领、设置专门机构、做好顶层设计、整合育人合力、打造创新团队、健全制度体系等措施，探索、构建、健全长效机制，以确保利用大别山红色口述文化资源加强大学生思想政治教育的质量效果稳步提升。

一、强化政治引领，设立专门机构

利用大别山红色口述文化资源加强大学生思想政治教育作为一项教育工程，回答和解决的是培养什么人、怎样培养人、为谁培养人的问题，因而也是一项艰巨而光荣的政治任务。在运用红色口述文化育人的实际工作中，必须坚持马克思主义理论和方法，高举中国特色社会主义伟大旗帜，以习近平新时代中国特色社会主义思想为指导，树牢"四个意识"，坚定"四个自信"，做到"两个维护"，勇于担当作为，把全面贯彻党的教育方针和文化育人的政策作为己任。在大别山红色口述文化的收集、整理、研究与运用过程中，要坚持马克思主义的立场与方法，擦亮社会主义、共产主义的底色。要确保马克思主义意识形态在大别山红色口述文化传承与创造中领导权不动摇，坚决防止以红色表层形式淡化红色文化的实际内容，以红色的变异认识曲解红色文化的崇高精神，以红色的盲目迷信降低红色文化的高尚旨意，以红色的低俗艺术庸俗化红色文化的审美情趣。①

---

① 江峰：《鄂东红色文化资源的应用开发研究》，湖北人民出版社 2010 年版，第 124 页。

为进一步明确利用大别山红色口述文化资源加强大学生思想政治教育的责任，可在整合大别山区域高校红色文化研究资源的基础上，成立专门机构，发挥其在挖掘红色文化资源、打造红色文化品牌、传播弘扬革命精神中的价值功能，强化大别山红色口述文化研究与育人工作。2013 年，教育部与中央党史研究室合作推动，在全国范围内选取 8 所高校设立了首批红色文化研究基地，共同组成中国共产党革命精神与文化资源研究联盟，这些专门机构分别对建党精神、红船精神、长征精神、延安精神、西柏坡精神进行研究，但是目前未将大别山精神纳入教育部高等学校社会科学发展研究中心管理序列，大别山区域的高校中，尚未成立中国共产党革命精神与文化资源研究中心。虽然黄冈师范学院、信阳师范学院、皖西学院等高校依托地方红色文化资源，成立了大别山红色文化研究中心、大别山精神研究院、大别山革命文化研究中心等科研与育人专门机构，但是受地域和层级限制，该区域的红色口述文化的研究与利用仍处于各自为政的状态。为此，要将分散在湖北、安徽、河南三省的大别山红色文化专门机构提级升档，建立、健全大别山精神研究协作机制、构建大别山精神研究大数据平台、开展大别山精神研究重大课题攻关，为利用大别山红色口述文化资源资政育人提供强有力的组织平台保障。

二、做好顶层设计，汇聚育人合力

利用大别山红色口述文化资源加强大学生思想政治教育关系到党和国家后备人才的培养，必须坚持系统思维、全局思维，做好顶层设计。中国共产党历来重视红色文化的保护、开发和利用，强调红色文化、革命精神的资政育人价值作用。虽然中共中央、国务院的很多文件制度也对如何开发利用、传承创造红色文化资源有所论述，为振兴革命老区，推动大别山区域经济社会发展，国务院也制定发布了《大别山革命老区振兴发展规划》，但是目前仍缺少专门针对大别山红色文化传承创造和资政育人的顶层设计与规划。习近平总书记在河南考察调研时指出，鄂豫皖苏区根据地是我们党的重要建党基地，焦裕禄精神、红旗渠精神、大别山精神等都是我们党的宝贵精神财富。今天，大别山精神所蕴含的精神特质和品格仍然有着穿越时空的伟大力量，具有重要的时代价值。[①] 要彰显其伟力、发挥其价值，务必做好红色口述文化资源育人的顶层设计，加强对运用红色文化育人的规划布局。要将运用红色资源育人要求融入大学章程，从高校治理体系和治理能力现代化的视角推进大别山红色口述文化进校园。

此外，大别山红色文化资源所涉及的历史跨度较长、内容领域多、空间跨度大，具有内容丰富、形式多样、区域分布宽广零散等特征，加之跨越三省的大别山区经济落后、交通不便，客观上给大别山红色文化开发利用带来了较大困难，亟须整体推动跨区域整合，形成合力。如果没有一个强大而富有实效的统一协调机构牵引，由于资源分散，就会很自然地形成资源条块分割、各自为政的状态。[②] 就连大别山精神的具体表述，至今也尚未达成一致认同，很多红色文化资源的开发利用也因需要跨省市的协同而搁置。为此，要加强全面领导统筹规划，做好引导倾斜，高校师生要主动参与，聚焦大别山红色口述文化资源的开发利用，通过整合资源汇聚育人合力。

为加强大别山区域高校协同发展，分属鄂豫皖三省的 17 所高校已于2015 年 7 月成立大别山革命老区高校联盟。联盟成员包括信阳师范学院、黄冈师范学院、湖北工程学院、皖西学院、黄淮学院、信阳农林学院、安庆师范大学等。该联盟由信阳师范学院发起成立，通过定期举办高峰论坛，共谋区域高校发展，同时在学科专业建设、人才队伍建设、协同创新等方面加强交流与合作。[③] 在大别山红色文化资源的开发利用中，大别山区域各高校应发挥该联盟的平台枢纽作用，强化校际合作与跨区域协同，整合零散的红色口述文化资源，形成红色文化育人的合力。同时要探索红色口述文化资源

---

①　孙伟：《让大别山精神在新时代焕发新光彩》，《红旗文稿》2020 年第 21 期。

②　江峰：《鄂东红色文化资源的应用开发研究》，湖北人民出版社 2010 年版，第 118 页。

③　崔志坚：《"大别山革命老区高校联盟"成立》，《光明日报》2015 年 9 月 1 日。

育人的校地合作，凝聚红色文化育人的社会共识与合力。比如，地方高校要主动加强与当地党史部门、档案馆、博物馆、革命纪念馆等合作，建立革命传统教育基地、专业实习见习研习基地，创新红色文化育人的大别山样本。

三、打造创新团队，健全制度体系

利用大别山红色口述文化资源加强大学生思想政治教育，不仅要有组织平台支撑，政府社会协同支持，还必须会聚一批人才，打造专业团队，建立健全制度体系。大别山区域各高校要紧紧围绕红色文化育人这一中心工作，打造红色文化研究高地、红色资政育人高端智库、红色文化宣教阵地、红色育人平台。这就需要各地各高校红色文化研究与育人研究机构，按照开放合作、协同共享的理念，广泛吸纳红色文化研究与应用人才，会聚和培养一批大别山红色文化研究专业人才，培育一支大别山红色口述文化研究创新团队。在创新团队建设中，用好红色文化平台资源，通过设立开放基金项目，吸引校内外专家关注大别山红色文化，以重点资助的形式鼓励大别山红色口述文化育人研究。在课题项目实施过程中，既要发挥专家个人的特长优势，也要强化团队集体攻关、协同创新。

制度是管根本、管长远的常态化机制，是红色文化传承创新和资政育人的必要保障。红色口述文化资源融入大学生思想政治教育工作中，依赖于相关制度体系的健全和完善。湖北、安徽和河南三省教育厅应尽早联合制定《关于加强利用大别山红色文化资源资政育人的管理办法》《大别山红色文化资政育人协同创新研究管理办法》《利用大别山红色文化资源加强大学生思想政治教育的指导性意见》等文件制度，从省级层面推动大别山红色文化资源育人工作的常态化、制度化、规范化，构建科学系统的长效机制。相关高校要结合实际，动员和整合校内资源与教学与科研力量，制定推动大别山红色文化资源尤其是红色口述文化资源育人的实施方案，落实教育部提出的"全员育人、全程育人、全方位育人"思想政治教育工作目标。高校红色文化研究与育人平台组织，要从组织建设与运行、人员管理与团队建设、人才培养与文化育人、绩效考核与评价等多层面全方位构建制度体系。诚然，制度的生命在于执行，要进一步强化监督高校专门机构或组织对利用大别山红色口述文化资源加强大学生思想政治教育制度的执行实施。建立大别山红色文化育人资政考核评估、反馈改进机制，形成红色口述文化研究、红色口述文化育人、红色口述文化传承创新有序循环的长效机制。

第三节　利用大别山红色口述文化资源加强大学生思想政治教育的特色模式

红色文化资源作为伟大的中国共产党人革命精神的外显，是一种鲜活的育人素材，红色口述文化资源是红色文化中最具体、最具活力的因子，必须开发和利用好。正如习近平总书记在主持中央政治局第七次集体学习会议时指出的，要积极发挥高等学校作为党史教育、研究、宣传的重要阵地的作用。课堂教育之外，要组织青少年学生瞻仰革命遗址，参观红色旅游景点、革命博物馆和纪念馆，学习革命英烈的事迹。大学生在加强专业知识学习之外，要置身于中国革命、建设与改革的历史情景之中，通过传诵红色经典、体验红色场景、倾听红色回忆、开展红色讲述、创作红色演艺，在红色文化的熏陶洗礼中铸就远大理想，坚定理想信念，树塑爱国主义情怀，做中华民族伟大复兴的担当者、贡献者。

近年来，很多高校以红色文化为载体手段，不断探索前行，创新育人形式、拓展育人空间，营造良好文化氛围，形成了师生认同度高、社会评价和声誉好的红色文化育人经验模式。比如，皖西学院利用大别山红色文化资源，建好一个红色皖西网站，在思想政治理论课中植入大别山红色文化元素，强化学生的政治信仰认同，在实践教学中采用"观、听、思、访、议、讲"六位一体方法，将大别山红色口述文化资源传承保护、开发利用、创造发展融为一体。黄冈师范学院通过做实做强一个红色资源展示馆、一台红色剧目、一个红薪网、一个红色讲坛、一批红色实践教育基地、一批红色视频、一批校园红色楷模、一批红色志愿服务团队、一个红色文化研究中心、一批红色教育读本等"十个一"载体，让师生直观感受革命历史，夯实理想信念根基，以信仰之光照亮奋斗前程，形成"红色薪传"育人品牌，并转化为学校发展的"内驱力"和文化"软实力"。海军工程大学三十多年来坚持带新生学员到红安开展拉练，接受红安精神和大别山红色文化的熏陶洗礼，空军军医大学开展红色军医口述史实践教学，形成了"技能训练—口述实践—文本书写—理论提炼—情感升华"的经验模式。这些实践探索形成的大别山红色文化资源利用模式，实际上也可以为构建利用大别山红色口述文化资源加强当代大学生思想政治教育的实践模式，提供有益借鉴。

一、"以红化人"的红色基因传承模式——以皖西学院为例 ①

六安是中国著名的革命老区，是安徽革命运动最重要的中心区域；是大别山革命斗争的重要策源地、人民军队的重要发源地；是鄂豫皖革命根据地的大半壁江山，苏区建设的模范地区；是安徽省及大别山区抗日的指挥和活动中心，华中抗日民主根据地各类建设人才的重要来源地；是刘邓大军挺进大别山的重要战场，解放大军战略决战、解放全国的前进基地和巩固后方；是红军的摇篮，将军的故乡；是烈士鲜血浸透的红色土地，建立新中国大厦的一方坚实基石。从五四运动到新中国诞生，六安三十年革命薪火续传，三十万先烈为国捐躯。② 六安市所辖各县区全为革命老区，其中金寨、六安（包括金安、裕安）、霍山、霍邱 4 县为苏区县。皖西学院就坐落在大别山东北麓的六安市，拥有得天独厚的红色文化资源。皖西学院始终坚持以创建特

---

① 此案例资料来源:《皖西学院以红化人　扎实推进红色基因传承》，https://xq100.wxc.edu.cn/2018/1008/c5058a102815/page.htm。

② 中共六安市委党史研究室:《红色六安》，安徽人民出版社 2007 年版，第 2 页。

色校园文化为抓手，积极将地方红色文化资源融入校园文化建设中，大力实施红色文化育人工程，通过文化融入、活动引领、课题研究等形式的地方红色文化为大学生思想政治教育提供优质资源，努力营造和谐浓厚的红色文化氛围。通过十多年的建设，植根于皖西红色文化肥沃土壤而精心打造起来的皖西学院红色文化育人模式的特色逐步彰显出来。具体经验包括：

第一，搞好顶层设计，将红色文化嵌入办学理念。作为一所地方应用型本科高校，皖西学院非常重视结合地方红色文化资源打造校园文化特色，着力营造具有革命传统特色的校园文化氛围。早在 2000 年升本之初，皖西学院就将"弘扬皖西红色文化"写入办学指导思想。2005 年，学校开展了"具有皖西特色的文化传统和革命传统教育"活动，并对皖西地区的人文历史资源和红色革命文化资源的历史和现状进行了摸底调查，先后与六安市的各县区共建了 18 个校外大学生思想政治教育基地和爱国主义教育基地。在2006 年接受国家教育部门本科教学水平评估的过程中，学院着力将"弘扬皖西红色文化，化地方优秀文化资源为教育资源"提炼为自己的办学特色。在 2014 年开启的安徽省地方应用型高水平大学建设中，学院将红色文化育人工程列为八项主要建设任务之一，把提炼地方红色文化、促进红色基因传承作为校园文化建设的目标，科学构建皖西红色文化进校园、进课程、进课堂、进课题、进平台、进媒体的"六进"格局。在 2016 年编制学院"十三五"规划中，"皖西红色文化育人工程"作为加强思想政治工作和校园文化建设的重要工作，正式写入规划之中。

第二，用好主渠道，将红色文化融入人才培养过程。近年来，皖西学院结合思想政治教育的新形势和大学生的学习特点与思想实际，以教学模式改革为突破口，大力推动思政课实践教学改革，充分发挥思想政治理论课主渠道作用，形成了"一·八·六"思政课实践教学模式，学生在思政课堂上的获得感明显增强。

所谓"一·八·六"思政课实践教学模式，就是："一个主题——皖西红色文化资源"；"八个实践教育基地——大别山革命历史纪念馆、金寨革命烈士陵园、天堂寨国家森林公园刘邓大军千里跃进大别山前方指挥部、许继慎烈士陵园、苏家埠战役旧址、立夏节起义旧址、独山革命旧址群、皖西博物馆"；"六种实践教学方式：观、听、思、访、议、讲"，"观"即组织学生带着问题认真参观、游览革命旧址、纪念地，"听"是指听有关专家报告、口述红色史料，"思"就是根据所看、所听思考所得，进行研究，"访"就是组织学生深入实地进行访谈，"议"就是从学生写出来的材料里选出相对优秀的作品，汇编成册，再发到每名学生的手中，组织学生讨论，"讲"即让学生上讲台讲课，让学生将实践中看到的、听到的、思考的东西讲出来。六种实践教学方式相互融合，有序推进，有效克服了"理论与现实脱节""形式化""表面化"的问题，从根本上改变课堂教学教条、刻板、沉闷的状况，使思政课活起来，有效提高了课堂的出勤率、抬头率。

第三，推进路径探索，将红色文化植入科学研究。近年来，为丰富和充实实践教学内容，该校广大教师不断挖掘红色资源的时代价值，承担了国家、省厅等各级别课题 100 多项，完成《皖西红色历史视域中廉政建设研究》《皖西红色旅游活史料的挖掘》等各类专著 10 余部，编写了《红色文化与大别山精神》《皖西红色文化概论》《鄂豫皖（皖西）革命根据地简史》等系列教材，进一步充实了地方红色资源。皖西学院较早建立了红色皖西专题网站，[①] 由学校党委宣传部主管，网站开设有红色精神、红色故事、红色人物、红色歌谣、红色诗词、红色视频、红色图库、红色景区、红色课堂共 9 个专栏，有效拓展了红色文化传播渠道、通过网络新媒体向大学生展示了多种红色文化口述文化资源，将红色因子全方位渗透到大学生的成长空间之中。

与此同时，学院还依托学科优势以及前期的研究基础，成立了"蒋光慈研究""未名四杰研究"等相关课题组，开展学术研究；依托精品课程建设，组织学生到寿县、舒城、金寨、裕安区等地开展"皖西民间文化"的田野调查，在田野调查中采集红色歌谣、民间故事、革命历史故事，为学生们搭建

---

① 　红色皖西专题网站网址：https://hswx.wxc.edu.cn/main.htm。

专业实习、传承地方文化和接受革命传统教育的平台。利用专业优势与皖西革命博物馆签订了科技创新协议，积极承办或参加六安市的红歌演唱比赛活动，开展皖西风格红色美术作品创作和皖西红色资源的旅游开发等活动，初步实现了专业建设、校园文化建设和繁荣地方文化的有机融合。

第四，牢记使命担当，将红色文化纳入社会服务范畴。积极拓展社会服务职能是地方高校发展的必由之路，探索构建有效的社会服务模式是高校履行社会服务职能的必然要求。皖西学院积极探索形成了以皖西红色文化育人工程为平台、科研与人事制度改革为保障的社会服务管理体制机制，形成"需求导向型"社会服务模式，在实践中取得较好效果，促进了学院的教学改革，提高了人才培养质量，提升了科研水平，扩大了社会影响。

为进一步弘扬大别山精神，繁荣校园文化，2013 年 7 月，组织成立了皖西学院"映山红"大学生艺术团，聘请相关专业老师指导艺术团进行文艺创作和演出。近年来，"映山红"大学生艺术团坚持以服务地方文化和作品创新为重点，积极调动校园各方面力量创作了一批优秀的原创节目。学院连续多年以原创项目的形式为艺术团征集了大量原创作品，指导艺术团举办了皖西学院首届原创作品展演、首届原创话剧专场演出，其中原创话剧《我背父亲上大学》获省大学生原创话剧展演二等奖；歌舞类作品《中国在赶路》《寻找大别山》《长相思》获得六安市精神文明建设"五个一工程"大奖，应邀参演了安徽省宣传部门主办的"重阳·我们的节日"大型文艺汇演。

第五，丰富实践内容，将红色文化渗入校园活动。以红色文化实践活动为载体，打造校园文化品牌，是皖西学院一直坚持的做法。多年来，皖西学院充分利用区域资源和特色，对红色文化育人工作进行了有益探索与实践，积极推进社会实践活动，搭建校园红色文化传播的平台。注重开展红色文化主题教育系列活动。邀请红色文化研究专家做专题讲座，开展红色文化教育研讨及知识竞赛等活动；组织学生参观大别山革命纪念馆、金寨革命纪念馆等，举办革命传统教育讲座，举行唱红歌比赛等；利用"三下乡"活动，开启"青年红色筑梦之旅"；组织党员和入党积极分子在清明节、七一党的生日、八一建军节等节日到纪念碑、纪念馆进行祭奠先烈、入党宣誓、党团主题教育等活动；利用党和国家重要时间节点、重要纪念日如每年"五四""一二·九"等时间节点，组织开展全院性"唱红歌·诵经典"主题文化活动，将红色文化与富有时代特点的、大学生喜闻乐见的校园文化相结合，从而把红色主题教育与弘扬民族精神、加强公民道德建设教育、构建社会主义核心价值体系教育有机结合起来。

校园红色文化实践活动精彩纷呈。校报开辟皖西红色文化专栏、校园广播开辟红色歌曲欣赏和红色故事等栏目，红色文化大讲堂、皖西红色文化资源库、皖西红色文化网站也在陆续推进之中。在主阵地活动的带动下，各二级学院也结合专业建设与实践活动，将红色文化引入本学院的学生日常文化活动中，如"红色经典故事演讲比赛""红色民间故事采集""皖西红色景区解说词大赛"、红色文化创作与采风活动、"与信仰对话，宣扬红色文化"专题讲座、"探访老红军搜集红色故事感受身边的红色精神"活动。在一系列红色文化实践活动中，大学生品味了皖西红色文化独特的精神魅力与感染力，从而在潜移默化中将红色基因植入大学生的头脑中，不断增进大学生对爱国主义、集体主义和中国特色社会主义的理想认同、情感认同。

二、以"红色"亮化师德底色模式——以黄冈师范学院为例 ①

黄冈师范学院始终秉承"扎根基层，服务桑梓"的优良传统，特别是自学校启动"卓越教师培养计划"以来，学校凸显地域特色，激发红色基因活力，用"红色"亮化师德底色，为黄冈基础教育源源不断地输送了大批敬业乐教、吃苦耐劳、基础扎实、能教善管的卓越教师，为黄冈基础教育品牌塑造作出了重要贡献。其经验主要有：

---

① 居继清、夏庆利：《黄冈师范学院：打好师德养成的底色》，《光明日报》2018 年 4 月 14 日。

第一，重视大别山红色文化的育人功能，顶层推动红色文化传承创造。"红色文化，是党和国家的宝贵财富，蕴含着丰富的价值内涵和厚重的精神力量。"黄冈师范学院党委书记王立兵表示，要通过红色育人，使学生红色初心不改，红色英雄不忘，红色基因不变，红色信仰不失，红色传统不丢。

在此理念引领下，学校积极拓展渠道，让大学生的青春绽放出"红"色光芒。

"小小红安，人人好汉……"一曲曲熟悉的旋律在剧场回响，先辈的感人事迹让现场无数师生动容。这是学校原创大型音乐舞蹈史诗《红色薪传》剧目演出中的一幕。演出展现了黄冈儿女在黄麻起义、中原突围等重大历史节点的革命史实，2016 年该剧一举摘得湖北省高校校园文化建设优秀成果特等奖。

近年来，依托黄冈丰富的红色文化资源，黄冈师范学院以做实做强一个红色资源展示馆、一台红色剧目、一个红薪网、一个红色讲坛、一批红色实践教育基地、一批红色视频、一批校园红色楷模、一批红色志愿服务团队、一个红色文化研究中心、一批红色教育读本等"十个一"为载体，顶层推动红色文化传承创造，让师生直观感受革命历史，夯实理想信念基石，以信仰之光照亮奋斗之路，形成"红色薪传"育人品牌，并转化为学校发展的"内驱力"和文化"软实力"。

第二，全程四主题：贯穿红色教育主旋律。学校长期致力于用红色传统构筑校园文化主基调，把红色品牌融入师范教育课堂，着力培养师范生热爱党的教育事业。学校坚持在一年级师范生中开展徒步陈潭秋故居等"百里毅行"活动，使学生亲近黄冈本土红色文化，形成情感认同。在二年级师范生中开展以"我懂这热土"为主题的系列红色认知活动，学习黄冈历史文化，研读黄冈名人传记，聆听黄冈红色故事，深化学生对黄冈革命传统文化的认知，提升思想道德境界。在三年级师范生中开展以"我是建设者"为主题的红色文化研究、公益服务等社会实践活动，组织"青年红色筑梦之旅"等系列活动。在四年级师范生中开展"黄师伴我行"系列活动，组织毕业季主题教育和学习成长经验交流会，使"红色基因"融入每个未来教师的血脉。四年四主题红色教育，一个主题接着一个主题的叠加发力，师范生红色底子越来越厚实，师德养成越来越牢固。

第三，全程五平台：构筑红色教育主阵地。学生在校期间，通过红色教育"五平台"受到全程熏陶。一是黄冈市内的博物馆、纪念馆、名人故居与烈士陵园等一批红色文化实践教育教学基地，已经成为全校师范生稳定的思政课教学第二课堂；二是一批党史党建理论研究专家、思政名师等红色文化教学团队实现红色基因教育面对面与零距离；三是红色讲坛为师范生生动讲解"朴诚勇毅，不胜不休"的红色精神，培养师范生的政治理想和爱国情怀；四是《黄冈红色文化概论》《红色薪传》等一批校本红色教材，全面展示黄冈红色文化形成的历史过程及精神要义，使之成为培养师范生的爱党爱国情感、爱岗敬业奉献精神的权威读本与精神食粮；五是校内红色资源展示馆用实物与图片形式直观展示黄冈红色资源，使黄冈红色文化资源中的精神文化、制度文化与行为文化永久地进驻校园。

红色文化实践育人的"五平台"，既解决了师范生师德养成教育所需的教学资源问题，又解决了师范生师德养成教育的路径保障问题，实现了校内教师与校外红色教学团队共同发力，红色文化研究专家学者与红色基地实际工作者并肩联手，校内红色资源与校外红色资源利用并举，形成了师范生师德养成教育的"组合拳"。

第四，全程"五举措"：抓住红色教育不放松。"五举措"确保师范生红色文化师德养成教育精准落地。一是观看红色剧目。学校坚持将师德教育作为师范教育的第一教育，将《红色薪传》剧目作为师范新生入学教育的第一堂思政课；每学期开展为期一周的红色影剧赏析实践教学；组织学生观看学校制作的《董必武的红色家训》等黄冈革命文化系列微视频。二是参观红色主题基地。学校定期组织学生到校内"红馆"及校外红色文化实践教育教学基地学习，把课堂搬进"红馆"、搬进基地；遴选师范生到红色旧址遗址考察学习，接受革命精神的教育。三是聆听红色主题讲座。通过主办红色文化学术会议、利用红色讲坛开展学术讲座，与健全师范生人格教育实现精准对接。四是讲述红色主题故事。发挥学生在课堂及活动中的主体作用，让学生主动讲述红色故事，强化红色记忆。五是提交红色主题作业。学生每学期在看完红色剧目后提交一份作业，在全校红色文化征文活动中提交一篇论文，在每一次参观红色基地、聆听红色讲座之后提交一份心得体会。正是这种"常抓"的韧劲，红色文化浸润学生心田，陶冶学生情操，红色基因的教育功能在润物无声中得以提升。

红色文化育人的"五举措"，实现了红色文化全过程、全方位、全要素的渗透，营造了校园红色文化育人氛围，铸就了师范生的师魂，使师范生一颗红心向着党、一片丹心系国运。该校在国内高校较早建立大别山红色文化研究中心，并于 2009 年获批湖北省人文社科重点研究基地，成为立足黄冈，辐射鄂豫皖区域十分有影响的大别山红色文化研究与育人基地。

三、虚实一体化的红色教育体验模式——以湖北师范大学为例

湖北师范大学实施踏寻红色足迹与 VR 思政实验室虚实一体化的红色教育体验模式，先后在新县、红安、麻城等红色革命圣地建立思政课实践教学基地，每年组织学生深入大别山踏寻红色足迹，进行红色之旅。大力开展红色文化实践活动和创新创业项目培育，红色文化资源保护、经典红色乡村调查、以红色文化为主题的创业实践等活动多次获得省级以上奖励和荣誉。2018 年，湖北师范大学马克思主义学院率先在国内建立 VR 思想政治课实验室，实现红色教育虚实一体化，该实验室的设备技术及红色教育资源储备，在国内处于领先地位。在思想政治理论课以及思想政治教育本科专业、马克思主义理论研究生专业教学中，开展"带你走进大别山"红色口述文化资源调研，将口述史资料转化为红色故事播报视频，并通过 VR 思政实验室实现共享。

第一，加强 VR 技术与大别山红色口述文化资源融合的思政课实践案例

教学及其资源库建设。一是有计划、有规模地组织拓展实践案例教学。指导学生带着在教室中获得的体会和问题，以虚拟实地走访考察、网上查询资料、多团组之间交流、多媒体展示成果制作等多种方式，有针对性地开展以大别山红色口述文化资源为内容的案例教学，增加实践案例教学深度，聚焦实践教学的主题，提升实践案例教学效果。二是聚拢大别山红色口述文化资源等红色资源，积累了一些交流、查询、调研活动的相关资料，制作 VR 实践教学活动视频，建设并逐渐丰富基于 VR 技术的思政课实践案例教学资源，加强了案例教学资源数据库建设。由此整合、积聚四门通识公修课和思想政治教育专业课的 VR 实践红色案例教学资源，包括图片资料、课件资料。初步建立"VR 技术与大别山红色口述文化资源融合的思政课实践案例教学资源库"的开放式主体架构。

第二，加强 VR 技术与大别山红色口述文化资源融合的思政课实践教学管理及其资源库建设。一是运用超星学习通辅助系统，强化学生的学习实践活动规范化管理，认真落实过程管控。在新实践教学模式应用过程中，特别重视和发挥超星 VR 实践实训中几个主要辅助系统功能，包括学生学习日志和笔记，基于红色案例文本的讨论发言，师生思想交流，学生学习反馈等管理。二是通过超星学习通，将学生的学习过程，特别是思考的过程和成果记录下来，以着手建设基于 VR 技术的思政课实践教学管理资源库，为实践教学成果产出打下基础，为学生的学习考核提供支持。利用"超星思政课教学辅助系统"和 VR 思政实验室，规范实践教学，管理学生的教学过程，监控学生实践完成质量，加强师生反馈、生生沟通，督促学生认真完成实践教学活动的目标任务。留存了学生体验过程和学习记录，整理出学生参与思政课 VR 红色主题实践活动的心得体会。三是积聚大量实验室管理的图片资料、操作记录、问题处理、专项活动、安全规程、学生实训体验心得体会等资源，初步建立"VR 技术与大别山红色口述文化资源融合的思政课实践教学管理资源库"的开放式主体框架。四是总结思政 VR 实践教学新模式的经验，提交学校及相关部门，以利于推广。

第三，加强 VR 技术与大别山红色口述文化资源融合的思政课实践教学检测评估及其资源库建设。一是按照新时代高校思政课程建设的基本要求，设置基于 VR 技术的思政课实践教学新形式检测评估指标体系。二是通过产教协同合作，将大别山红色口述文化资源等优质教学资源、课程管理、通知信息、学生管理如成绩、考勤、表现等指标进行规范、聚类，建设"基于 VR 技术的思政课实践教学评估检测资源库"。构建形成了 VR 技术与大别山红色口述文化资源融合的思政课实践教学新模式的检测评估指标体系。从教、学、研、管多个方面设置评估指标体系，客观评估 VR 技术与大别山红色口述文化资源融合的思政课实践教学新模式的应用效果，整理出师生对新模式应用的意见，提出改进方向，形成系统的应用方案。通过在线检测平台，及时检测、评估、反馈高校思想政治理论课实践教学存在的突出问题，并分析成因，提出解决问题的有效路径，为一线教师开展思政课教学提供参考依据和有益建议。初步建立起"VR 技术与大别山红色口述文化资源融合的思政课实践教学检测评估资源库"的开放式主体框架。

此外，湖北师范大学马克思主义学院，以大别山红色文化资源为依托，开展口述文化课题研究，先后获批省、国家项目多项，组建了"大别山红色文化研究创新团队"，有计划地培育相关课题项目，尤其是在课题研究中吸纳了在校本科生、研究生的参与，多名在校生发表了相关成果论文，探索出一条利用大别山红色口述文化资源加强大学生思想政治教育的可鉴之路。

四、"五位一体"的红色文化育人模式——以信阳师范学院为例

信阳师范学院充分利用大别山革命老区丰富的红色资源开展思想政治教育，协调推进红色课程、红色科研、红色实践、红色文化、红色网络建设，构建了"五位一体"红色育人模式。

第一，打造红色课堂。充分发挥课堂教学在红色育人中的主渠道作用，着力将红色基因有机融入思政课和其他课程，致力打造红色课堂。学校实施

了思政课程改革创新工程，引导思政课教师主动把红色文化融入教学；实施了课程思政建设工程，立项建设 22 门"课程思政"示范课程。

第二，开展"红色科研"。联合信阳市委市政府、大别山革命老区高校联盟成立大别山精神研究院，举办大别山红色文化研究学术研讨会，为红色教育提供学理支撑。学校深入挖掘大别山革命历史，出版了《血染大别山》《吴焕先传》，"大别山革命历史回忆资料丛编"获批 2019 年度中央党史和文献研究宣传专项引导资金重点项目。

第三，注重"红色实践"。通过开展直观生动、感染力强的红色教育实践活动，使大学生在耳闻目睹、亲身经历中受到感染和熏陶。学校构建了由"视""听""唱""演""读""走""研"为主要形式的立体化红色育人实践模式，将红色实践纳入大学生社会实践活动，将口述红色文化作为重要育人资源，并推动大学生创新创业实践与红色教育相结合。

第四，弘扬红色文化。注重以文化人、以文育人、以文培元，创作 24 个大别山革命英烈故事，举办"讲价值观故事、实现青春梦想"社会主义核心价值观英模系列故事汇，让大学生在潜移默化中传承红色基因。

第五，建设"红色网络"。创新红色教育传播手段，寓教于"网"，尤其是寓教于"微"，增强红色教育的时代感和吸引力。学校创建了"红土地"红色文化资讯网，开辟微信公众号、微博、抖音等新媒体阵地，把精彩的红色故事和师生自编自导自演的红色"微故事""微视频""微电影"，通过网络平台向师生推送，筑牢网络教育阵地，擦亮红色网络品牌。

信阳师范学院党委书记宋争辉在接受采访时表示："按照习近平总书记'加强革命传统教育、爱国主义教育、青少年思想道德教育，把红色基因传承好，确保红色江山永不变色'的新要求，我们将不断推动思想政治工作创新，推动立德树人工作迈上新台阶。"①

---

① 史晓琪：《传承红色基因　牢记初心使命——访信阳师范学院党委书记宋争辉》，《河南日报》2019 年 12 月 14 日。

五、军事训练与红色教育一体化模式 ①——以海军工程大学为例

1986 年以来，海军工程大学一直坚持红安革命传统教育活动。每年深秋，新学员背上行囊，进驻红安县七里坪镇进行拉练。以革命老区红安县七里坪镇为中心点，连续 10 天徒步行军 310 千米，是红安拉练的核心课目。军事地形学实操作业、通过"炮火封锁区""染毒地带"以及涉水过河、穿越丛林、野外宿营，都是新学员徒步行军中的实战化课目。在红安这片革命沃土，海军工程大学学员全面接受熏陶洗礼，奠定思想根基。长期以来，海军工程大学形成了"入伍宣誓—现场教学—实地参观—传统报告—行军拉练—体会交流"的红色育人模式和品牌。其具体做法包括：

第一，精心设计科学谋划甄选教学点，将革命传统教育与军事训练相结合。红安作为黄麻起义的策源地，在这里诞生了三支红军主力，从这里走出去 233 位人民军队将领，诞生了 2 位共和国主席，拥有非常丰富的红色文化资源。因此海军工程大学立足现地资源，突出红安精神，选取红安这片红色热土建立实地教学点。首先，运用红色文化物质资源和精神资源分别进行教学，把镌刻有 22552 名烈士姓名的烈士墙作为现地教学第一课，将红四军诞生地广场、李先念故居纪念园等作为必要教学点，在教学中以红色文化遗址、革命文物等物质资源为基础，进行口述回顾，强化现实物质与历史事件的融合统一，通过口述还原历史。其次，凸显海军元素，讲述大别山精神中的海军故事。挖掘大别山革命前辈的海军文化资源，比如讲述海军工程大学老首长、海军老司令员刘华清的事迹，将刘华清曾经战斗过的地方天台山作为教学点，将刘华清墓园、秦基伟故居、吴焕先故居纳入现场教学专线，将野外拉练、红色寻根与革命传统教育有机融合。

第二，把革命传统与强军目标相结合，充分利用大别山红色口述文化资

---

① 王炳林、张泰城主编：《高校红色文化资源育人发展报告》，人民出版社 2018 年版，第 264—266 页。

源。由于红色文化资源的多样化和教学点的分散性，教学内容的组织和设计成为开展现地教学的关键因素。海军工程大学牢牢把握传统内涵、紧扣时代脉搏，以强军目标为统领，以红安精神为主线，以培育"四有"革命军人为目标，结合新学员特点，充分利用大别山红色口述文化资源，确立"红土地上铸军魂""战斗精神培育""优良作风传承"三大教学主题。为突显"红土地上铸军魂"这一主题，在黄麻起义和鄂豫皖苏区革命历史纪念馆、红四方面军诞生地和指挥部等革命遗址前，讲述红安人民"铜锣一响、四十八万，男将打仗、女将做饭"的浴火历史，回顾三支主力红军创建和发展壮大的光辉历程，让学员在真实的史料、鲜活的事例中深刻理解"万众一心、紧跟党走"的内在原因，让新学员扎下永远听党指挥跟党走的思想根基。为培养学员战斗精神，带领学员参观将军故居，在现场讲述红色故事与革命历史，如在吴焕先烈士故居前讲述艰苦卓绝的长征故事、在李先念故居前讲述惊心动魄的中原突击、在秦基伟故居讲述感天动地的上甘岭战役，引导学员树立敢打仗打胜仗的战斗精神。为培养优良作风，在革命烈士墙前讲述"一图两不图"的红安精神，引导学员树立以党和人民的事业为重，人民的利益高于一切的奉献精神；在周八家讲述刘邓大军挺进大别山军纪严明、决战决胜的故事，引导学员养成纪律严明的优良传统。

第三，把现地授课与战地宣传相结合，构建立体教学法。将高强度的行军拉练与红色文化传承、革命精神培育融合为一体。海军工程大学把红安实地教学作为学员练思想、练意志、练作风的好时机，把红色文化资源作为传统教育的养分与土壤。在烈士陵园举行新生入伍授衔宣誓仪式，在刘华清墓园进行敬献花篮、默哀瞻仰仪式，可以使学员心灵受到强烈震撼、精神得到全面洗礼，使其军人的荣誉感和担当精神油然而生。同时开设"鄂豫皖苏区革命斗争概况""红安精神的本质及当代价值""弘扬光荣传统，传承红色基因"等专题讲座，使学员在出发前就对我军的光辉历史、优良传统和红安精神等有一个具体深刻的理解。把教学现场当作课堂，把素材当作教材，教员根据不同教学点提炼主题，以情感人、以境激情，让学员融进现场、走进历史，在情境交融中感悟革命精神，自觉传承红色基因。在教育和拉练途中，把革命歌曲、地方歌谣在革命现场教起来、唱起来，如由红 25 军率先唱起来的《三大纪律，八项注意》，最早在鄂豫皖流传的《八月桂花香》等，配合教员的讲解现场教唱，开设"战地广播"、编印《红土地快报》、组织小型战地文艺演出，营造浓厚的教育训练氛围。

第四，将红安精神嵌入拉练全过程，让学员在红色文化熏陶中成长。2018 年 10 月，海军工程大学拉练部队二大队的学员一到红安县，就住进了当地百姓家。军助民、民拥军，当地老百姓对军人早已当亲人般毫不见外，在迎来送往中目睹了一代代学员的成长。学员们一大清早就在老乡的目送中出发，迎着朝阳，背着装具，沿着弯弯曲曲的小道，一路拉练走向他们的露营地。下午，学员们陆续到达露营地，开始搭建帐篷。几个人分工合作，很快帐篷撑开、地钉打牢，树林中绽放出朵朵迷彩花。学员们以天为幕地为床，豪迈之情充盈于心。夜晚来临后，空旷的野外漫天繁星。在"将军故里"红安县一路拉练，学员们听着将军们的故事，感受着红色革命老区的精神，"将军县"中走出的李先念、陈锡联、秦基伟等将军，正像夜空中最亮的星，指引着学员们前进的道路。学员们表示，红安拉练感受到大别山精神的伟大，聆听到红安英雄儿女的红色故事，很多学员留下自己的感言。例如，学员杨意磊在拉练中曾写下了《江城子·颂红安》：

> 红安侧畔秋意凉，稼穑黄，丹桂香。巍峰狭路，傲首入穹苍。戎装千里赴此冈，铸忠骨，志满腔。
> 往昔先烈战长江，虽折枪，蠢脊梁。战火弥天，卧马宿河廊。何数英灵葬沙场？勿相忘，荆楚郎。

学员高海昌表示："当我在先烈面前举起右手，用尽全身之力握拳，将早已烂熟于心的誓词以平生最正式的语言一字一字地吼出来时，我感到自己的灵魂在升华。军人，我的第一个人生选择，也很可能是我一生唯一的事业！从这一刻起，我肩上有了担子，我要用我的肩膀把这担子扛起顶高！"

学员王陆感慨："在红安烈士陵园的革命纪念馆内，我看到太多与我们相似的面孔、太多与我们相似的年龄、太多的青春都被定格在那个年代。他们爬雪山、过草地，在缺衣少食的条件下依然可以'五岭逶迤腾细浪，乌蒙磅礴走泥丸'。比起红军长征，我们的拉练简直不值一提。红军的大无畏精神，正是我们最缺乏也是最需要的。"

六、红色军医口述史实践育人模式① ——以空军军医大学为例

口述历史于 20 世纪 40 年代在西方兴起，80 年代引起了中国史学界的极大关注。口述历史是借助音像手段，让历史的参与者直接对"历史"说话，既可以弥补文献资料的不足，又可使历史鲜活、生动，对于丰富历史内容、弄清历史真相、总结历史经验、做到资政育人等都具有十分重要的意义。为此，空军军医大学选择与现实贴近的红色资源切入口，通过"红色军医口述史"项目推进实践教学，发挥红色文化资源的育人价值和作用。该实践教学以"技能训练口述实践—文本书写—理论提炼情感升华"为路径，采用现代传媒手段采访红色军医名家名师，请他们口述宝贵经历，收集实物、文献和图片，以大量鲜活、生动的历史细节、情节教育人、感染人，培养新一代革命军医坚定的理想信念、顽强的意志品质。该实践教学项目以鲜活的历史素材为基础，有利于增强思想政治教育的针对性和实效性；以探究事实真相为目的，有利于培养学员科学精神批判思维，抵制历史虚无主义的侵蚀。开展"红色军医口述史"项目就是要注重培养学员运用历史唯物主义的观点和方法的能力，善于运用批判思维，紧扣主题主线，抽丝剥茧，层层递进，从纷

---

① 王炳林、张泰城主编：《高校红色文化资源育人发展报告》，人民出版社 2018 年版，第 276—277 页。

繁复杂的口述史材料中梳理出接近事情真相的史实，抵制历史虚无主义的侵蚀。以多元参与为手段，体现了"以人为本"的公共史学转向，以创新实践教学模式为主，保证"思政课程"与"课程思政"同向同行。"红色军医口述史"实践教育项目在医学高校思政教学中的应用，打通思政教育与专业教育之间的壁垒，大大增加了师生间非正式接触的机会，促进"教师和学生之间建立起更亲密的、很少有等级色彩的关系"，改变师生间传统的角色定位，使师生之间形成一种良好的互动关系，共同研究、共同提升，达到教学相长的目的。

"红色军医口述史"实践教学项目打造了三个平台，实现育人的目的。一是资料汇集平台。通过采访老一辈军医工作者，有计划、大规模地抢救珍贵的口述历史，讲好军医故事，传承红色基因。收集校史相关文字资料、照片、影像、实物等资源，为筹建校史馆提供部分史料来源。二是红色教育平台。探索以新生入学入伍教育为主的实践教学育人新模式，突出军事文化战斗属性，凝聚战斗意志，培育战斗精神。创建融思想性、教育性、知识性、服务性于一体的红色口述史网站，建设具有互动性与开放性的大型图、文、声、像红色文化遗产数字网络平台。三是数据分析平台。建立了"红色军医口述史"项目库，并进行实践转化，出版口述史研究书籍、拍摄《红色军医口述史》纪录片等。

2017年，空军军医大学组建了由专业老师与在校医学生为主的口述史研究团队，主要围绕生命史和重大事件两条线索开展研究。一是采访军医名家大师，回顾其人生经历，言传身教，启迪后人，如《鞠躬院士访谈录》《张华和他的战友们》等；二是采访重大事件亲历者，打捞鲜活历史，如《战地女神刘亚玲》《战地守护神雷伟》《抗击埃博拉的白衣天使》等。

口述史团队的调查已取得初步成果：《开展红色军医口述史研究项目的实践探索》一文入选中华口述历史研究会第七届学术年会论坛；空军军医大学基础医学院团委举办的"讲好故事传正能量"红色军医故事会获得好评。"空军军医大学军医口述史整理项目"（空军现代卫勤建设理论研究课题）已结题；"红色传承、卫勤特色、聚力保障的军队卫勤文化建设研究"（解放军后勤保障部 2016 年度课题）结题。《党的创新理论"三进入""3551"教学新模式构建研究与实践》获得 2018 年空军教学成果优秀奖。

通过一系列的育人措施，该实践教学项目预计达到以下效果：一是构筑研究平台，打造文化创新高地，培养一支高素质红色文化研究队伍，围绕"延安精神"、"白求恩精神"、"两华精神"、红色资源与文化强军建设等方向和主题进行研究；把红色资源优势转化为教育教学优势，探索一套行之有效的红色文化实践教育方案，提升思想政治教育"三进入"质量。二是激活"红色基因"，实现文化传承功能，提炼以"两华精神"为代表的独特的空军军医大学精神，构筑红色精神方阵；为空军军医大学校史馆、军医史馆建设提供历史资料整理、咨询等服务。三是打造"红色品牌"，提升红色文化软实力，把红色资源转化为学科专业优势，把研究中心建设成为全军知名的红色文化研究基地。打造红色育人品牌，协同推出红色文艺精品力作，把红色精神融入文艺作品创作生产全过程，推出更多更好的集思想性、艺术性和观赏性于一体的红色文艺精品。四是弘扬"红色精神"，树立红色文化自信，将红色资源融入校本课程，使以"两华精神"为代表的红色精神进教材、进课堂、进头脑，夯实新一代"四有"革命军人的红色基因。建设思想政治教育名师工作室，推出全军优秀思想政治教育工作者。

"红色军医口述史"实践教学项目是一项巨大的工程。随着这些活的红色文化资源日渐流逝，口述文化的抢救性特点日益突出，访谈与记录整理工作刻不容缓。需要以高度的政治责任感和使命感，下大力气做好这项工作，使其发挥更大的育人作用。这给新时代高校育人与文化传承创造提出了新要求，同时也赋予了当代大学生新的使命与责任，只有对红色文化充满自信，方能在传承创造中强化自觉性，让红色口述文化代代相传，让富含育人精华的红色基因永续不断。

第四节　利用大别山红色口述文化资源加强 大学生思想政治教育的调研反思

为全面摸清大别山红色口述文化资源的分布与传播现状，对高校利用大别山红色口述文化资源资政育人的实施成效进行深入了解与科学评估，进一步总结利用红色口述文化资源育人实践经验、发现红色文化育人过程中的短板与不足，透析问题根源并提出针对性对策建议，本课题组在鄂豫皖三省选点进行了时间跨度近半年的走访调研。调研选点主要集中于湖北黄冈、河南信阳、安徽六安等红色文化资源丰富的大别山革命老区，调研形式主要有线上线下访谈、在线问卷调查、实地观察等。调研后，课题组对原始数据资料进行了整理分析，并从现状、经验、问题与对策几个方面对调研进行了分析总结，具体调研结论包含以下三个方面：

一、关于大别山红色口述文化资源的存在状态及保护

经调研发现，大别山红色口述文化资源极为丰富，但分布零散、载体式微，急需整合保护。大别山红色文化资源分布主要以鄂豫皖革命根据地为中心，立足湖北、河南、安徽三省，辐射华中影响全国。从自然地理来看，其分布主要沿大别山脉呈东西绵延走势，从行政区划来看，主要覆盖安徽省六安市、安庆市全境；河南省信阳市、驻马店市全境，南阳市的桐柏县、唐河县；湖北省黄冈市、随州市全境，孝感市的孝南区、安陆市、应城市、大悟县、孝昌县、云梦县，襄阳市的枣阳市，武汉市的黄陂区、新洲区。该区域国土总面积10.86万平方千米、常住人口约4300万。在此区域内，红色口述文化资源十分丰富，据对大别山区域的普通居民调研的数据显示，90%以上的被调研对象知晓黄麻起义、刘邓大军千里跃进大别山等重要事件，能讲述广为流传的大别山红色革命故事，能说出3个以上

从大别山走出去的革命人物，对大别山精神有着较深刻的理解和认识，对大别山革命英雄充满敬意。在对麻城、红安居民群众的访谈中发现，年龄在 50 岁以上的群众全部都能吟唱两首以上当地的红色革命歌谣，比如《八月桂花遍地开》《送郎投红军》《黄安谣》可以说是脍炙人口，流传甚广。被访年龄 40 岁以下的群众，几乎都知道或观看过电视剧《铁血红安》等以大别山革命史为题材的红色影视剧。但是通过与当地史志办和红色文化研究会等部门人员的访谈得知，与 20 世纪七八十年代相比，大别山区民间流传的口述文化资源与素材越来越少，传播载体日渐式微。尤其是随着曾见证亲历过革命的老者逝去，红色遗址的破坏损毁，很多革命故事、标语口号等红色口述文化也随之失传。由于民间缺少口述文化专业人才和物质支持，搜集整理与抢救工作难度很大，虽有少数人士参与了当地红色口述文化抢救和保护，如麻城市民政局退休干部史瑞林、麻城市红色文化研究会会长李敏、麻城市史志办曾锋等，对麻城籍将军及家属做了大量抢救性访谈记录，收集到一大批珍贵的红色口述史资料，但是投入的人力是十分有限的，形势不容乐观。

另外，受自然地理条件限制和行政区划的分割，大别山红色口述文化的区域传播受限。目前主要以各地革命纪念馆、革命博物馆、革命伟人故居等场馆的讲解为主要流传形式，如鄂豫皖革命纪念馆专门整理出版的《鄂豫皖革命纪念馆故事》，麻城市史志办、乘马岗革命纪念馆主编的《经典麻城开国将军故事 100 篇》，六安市委党史研究室主编的《红色六安》，金寨县党史办编著的《金寨县革命史》等，安徽省作协组稿出版的红色文化采风作品集《有一种红叫"金寨红"》等，成为大别山红色口述文化传播的重要载体。在红色戏曲歌谣话剧等文艺传播方面，则主要以当地高校为主体，如黄冈师范学院创作的大型音乐舞蹈史诗《红色薪传》，在当地影响较大，但是大别山红色口述文化资源要实现零散点状分布到点面结合的立体传播，实现辐射华中、影响全国的目标，还需加大抢救、整合与传播力度。

二、关于大别山红色口述文化资源在育人实践中的整合利用

利用大别山红色口述文化资源在高校育人的实践模式多样，但形式相对传统单一急需改革创新。发挥红色文化资源的思想政治教育功能，必须把红色文化与大学生的学习、生活、实践活动结合起来，使其内化为大学生的思维方式、价值观念和行为习惯，外化为实际行动。从调研情况来看，当前高校将大别山红色口述文化融入大学生思想政治教育的实践模式多样，但实现路径与方式主要是思想政治理论课程、专业课程、实践活动以及校园文化建设等。根据对大别山区域的四所样本高校的思政课教师访谈资料显示，红色口述文化融入大学生思想政治理论课教学的现实途径包括：讲授红色革命历史故事、参观革命纪念场馆或遗址、研读品鉴红色家书和红色文艺作品、观看红色电影等。比如，海军工程大学选点黄麻起义策源地红安进行拉练，让学员在大别山腹地亲身体验革命的艰辛与不易，入住农家倾听当地居民讲述红色革命故事，参观李先念故居、黄麻起义和鄂豫皖苏区纪念园，重温伟人的革命之路与曾经的战火硝烟。学员在教练员、纪念馆讲解员的讲述中感受真实鲜活的史料，深化对革命精神的领悟、强化对执政党的认同。

同时，通过对华中师范大学、湖北师范大学、黄冈师范学院等高校大学生的在线问卷调查发现，超过60%的被调查对象认为当前学校的红色口述文化育人形式太单一，76%的被调查对象认为高校需要在红色口述文化资源融入大学生思想政治教育的形式和路径上创新，尤其是对基于互联网技术的红色口述文化传播期望很高。另有超过三分之一的大学生希望有参与红色文化资源调查实践的机会，希望在红色口述文化的体验中、在红色校园文化中感悟中陶冶品性，塑造"三观"。因此，探索开发大别山红色口述文化的在线传播育人渠道，利用VR等现代教育技术和大数据平台将红色口述文化资源具体化、数字化、信息化、共享化。针对这些问题，也有被访者给出一些针对性的对策建议，例如，邀请曾参加亲历过革命、建设与改革的前辈到校进行大别山红色精神代代传等专题讲述，邀请革命后代、地方红色文化研究

专家学者、革命纪念馆等红色场馆领导及讲解员到高校讲座，聘请他们为客座思政教师、兼职人生导师。

三、关于大别山红色口述文化资源育人实践的效果与机制

大别山红色口述文化资源资政育人的效果明显，但文化育人的协同机制尚不健全。红色文化资源的思想政治教育功能主要有坚定理想信念、培育社会主义核心价值观、增强文化自信和提高品德修养等，当前全国高校在发挥红色文化育人功能方面进行了大量积极有益的探索，大别山红色文化资源的育人效果也得以彰显。据本课题组调研问卷数据显示，四所大别山区域样本高校师生对当前红色文化资政育人的效果评价较高，其中95％以上的教师认为，当地高校利用大别山红色文化资源育人的成效显著，尤其是大别山红色口述文化在大学生思想政治教育中起到了丰富思政课教学内容的作用，使中国近现代史尤其是中国共产党革命史更加鲜活、翔实、有感染力；90％以上的受访学生也认为，通过对大别山红色文化资源的了解、学习和研究，尤其是对红色口述史资料的接触，让自己更加坚定政治立场与理想信念、增强了对中国共产党的认同，激励了对社会主义核心价值观的践行，也进一步明晰了人生奋斗目标。

在实践应对中，很多高校进行了有益探索。例如，湖北师范大学在《近现代史纲要》教学中，老师引导学生重拾口述史料和民间史料，开展口述史资料调研、收集、整理等实践教学活动，要求学生利用寒暑假时间，分组进入大别山区对亲身经历中国革命、建设和改革的前辈进行口述访谈，老师进行在线跟踪指导，撰写口述史访谈调研报告，收集红色革命图片等珍贵史料，并将实践成果作为该门课程成绩的重要组成部分，让当代大学生全面、深刻地认识到中国近现代历史的特殊性、复杂性及其发展的必然性。皖西学院马克思主义学院指导大一新生成立"蒲公英红色文化宣讲队"，深入中小学开展红色革命故事宣讲，为了讲好红色故事，每位队员认真准备，从《金

色的鱼钩》《半条被子的温暖》到《一袋干粮》，用心挑选每一个故事，精心刻画每部分内容。他们以青春的视角讲述革命故事，呈现了红军在革命历程中的艰辛和不易，让在场中小学生都深受感染。宣讲队成员王玉平表示，通过"四史"故事的学习和宣讲，深受红色文化、革命精神的熏陶，同时又把这种精神文化传递给了更多的人。指导老师王俊副教授则表示，通过红色文化宣讲活动，增强了大学生的责任意识和服务意识，扩大了红色文化的影响力和红色基因的传播力，育人效果明显。

但是在调研中也发现，当前利用大别山红色口述文化育人的协同机制尚不健全，主要体现在大别山红色文化资源与全国红色资源的协同联动机制缺乏，大别山红色文化在全国的影响力还有待提升，其育人功能的辐射影响范围还十分有限，红色口述文化育人与思政课程、课程思政育人的协同联动机制不健全，红色文化贯穿于学科教学、日常管理、校园文化等育人全过程的制度还有待加强，红色口述文化融入网上与网下、校内和校外思想政治教育协同育人的长效机制尚未建立，这就需要加强顶层设计，从制度体系、体制机制上加强完善，促成"三全育人"合力的汇聚。此外，大别山红色口述文化资源在高校的传播态势良好，但大学生对红色口述文化传承创造的自觉性有待加强。为此，要引导大学生深入学习大别山红色口述文化知识。培养大学生对大别山红色文化尤其是口述文化的浓厚兴趣。鼓励大学生收集整理大别山红色口述文化资源。申报大学生红色文化科研项目，以大别山红色文化资源为主题和载体进行创新创业实践训练。引导学生参与红色文化课题项目调研。抢救整理即将失传的口述史资料，开发和保护好大别山红色口述文化资源。同时引导大学生参与传承创新大别山红色口述文化。在大学校园创办红色文化研究与宣讲社团、大学生红色故事会、大别山精神宣讲队等学生社团。让社团带着任务和目标走进大别山，切实让大学生将大别山精神内化于心、外化于行。

诚然，纸上得来终觉浅，绝知此事要躬行。大别山红色口述文化资源的开发与保护不能仅仅停留在口头或流于形式，我们不仅要加大力度搜集整理口述文化资料、抢救即将逝去的红色口述史料素材，将这些宝贵的口述文化资源形成文本，载入教材书本中、镌刻于纪念碑英雄墙、珍藏于纪念园博物馆，而且要让这些无声口述文本资料转化为具体鲜活的声像，将之用于大学生思想政治教育实践之中，发挥其育人功能。同时，在运用大别山红色口述文化资源育人的过程中，需要加强顶层设计和长远规划，汇政府、高校、家庭和社会之合力，显大别山红色文化协同育人之优势，化大别山革命精神为新时代大学生实践行动，唯有如此，才能让大别山红色口述文化的传承创新后继有人，才能让大别山精神融汇于中国特色社会主义文化之中、辐射中华大地，让宝贵的大别山精神赓续不断、永葆生机活力。

后 记

从厦门大学哲学系博士毕业时，我怎么也难以想象得到，自己的学术生涯竟然会和"大别山"这座神奇的山联系起来。实际上，在撰写"大别山红色文化研究中心"申报书，参与湖北省高校重点人文研究基地"大别山红色文化研究中心"创建，并在《中共党史研究》杂志上率先发表简讯《弘扬大别山红色文化，拓展党史研究新视域》之后，很长时间里，大别山对于我来说，都还是那么朦胧，那么神秘，满满的都是问号。

近些年来，我带课题组和学生往来于大别山的崇山峻岭间，深深地感受到，要读懂红色大别山，唯有走进其最幽深之处，贴近其宽厚的胸怀，静感其一呼一吸，才能真正体察到她以生命叙写的人情人性，聆听到她跨越历史时空的心灵呼唤，领悟到她承载苦难与欢乐的无疆大爱，仰望到她英气浩然的悲壮与崇高之美。而这个最幽深之处，就在大别山民间社会的深层，在大别山老百姓的心里，在大别山人永志不忘、代代相传的红色口述故事和集体记忆中。

我喜欢秋天的大别山，因为大别山的秋，总有许多拨动人心弦的意象符号。记得 2017 年秋，我曾同课题组一起驱车去麻城乘马岗调研采访。一路上，只见山峦起伏，层林尽染。偶有田埂上稀松地生长的柿树，叶是退去了的，却挂着满树如小灯笼般诱人的果实，似乎在显摆如今大别山人幸福的生活。而刷黑的宽阔大道边，则高悬着一幅幅出自当地的共和国将军和其他许多革命先烈们的塑像，随着车的行进，或远或近地映红了天地。也许这正是那些纯朴的大别山人在时刻警醒自己，不能忘记这些英灵吧！

穿过乡间颠簸的窄路，便在群鸟的惊飞中，来到了同事邱海燕博士的老家、鄂豫皖三省交界处的一个村庄——乘马岗镇许家河村黄金石湾。门前就是流向举水河的许家河。河那边，就是许世友将军出生的乘马岗镇许家河村许家河湾，据说，在这个地方，如果在山里跑，就是在鄂豫皖三个省跑了。

邱海燕博士的父亲老邱是当地的政协委员，会写颇有哲理、诗味很浓的古体诗。他汇聚了大别山人的质朴、豪爽和热情。在他那里，似乎有讲不完的大别山故事，而且，他还忙着帮我们联系了一些比较熟悉大别山革命历史的当地人，其中有党史研究会的，也有乘马会馆的。

在大别山深处来回访谈，可谓收获多多：当年红军与白军激战杨四寨、得胜寨的过程和场景；日军制造"立煌惨案"的地方及前因后果；许世友将军的生前身后；当地学生们每年都要去祭拜的无名先烈墓……以至当年民间老百姓在三省之间跑荒跑反的艰辛生活、婚姻往来的风土人情等，聆听着来自不同角度的红色口述故事和鲜活的历史介绍，仿佛穿越到了那个风起云涌的岁月，听闻到了金戈铁马的悲壮号角。

夕阳西下时，站在许家河那河道弯弯的滩岸边，遥望对岸掩映在树林里的许家河湾，想许世友将军的童年，是何其艰苦辛酸！而挺拔的古树直指苍穹，仿佛将军的性格一般，又何其遒劲！河风轻拂，流水泛金，而巍峨的大别山，又以何等的魅力，让我梦绕魂牵！且让我以此书作为我真正透视红色大别山的开始吧！尽管有点迟，但总归是有了开始了。

本书的完成得到了湖北师范大学科研处、马克思主义学院的大力支持。本书主要内容由本人撰写，第六、七章部分内容和第十章由唐兴军博士撰写，第九章部分内容由我的研究生朱梦露撰写。此外，邱海燕博士，我的妻子陈荣芳，学生叶家敏、叶思、李可、周伦等，也为本书的完成作出了贡献，在此表示衷心的感谢。此外，本书在写作过程中，参照、引用了一些著作、论文和其他相关文献资料，在此向所有相关作者、编者一并表示衷心的感谢！

参考文献

资料类

中共黄冈市委党史办公室、黄冈市新四军历史研究会编:《从黄冈走出的人民军队》,鄂黄内图字2014年第34号;

中共麻城市纪律检查委员会、麻城市监察局编:《红廉大别山》,鄂黄内图字2017(21);

中共麻城市委党史办公室编:《黄麻起义暨鄂豫皖苏区资料汇编》,鄂黄内图字2017年第35号;

中共红安县委宣传部编:《经典红安》,鄂省图内字第011号,2005年版;

中国人民政治协商会议红安县委员会文史委员会编.《黄麻起义全记录》(内部读物),2007年版;

中国人民政治协商会议红安县委员会文史资料委员会编:《红安文史资料》,红安县图书准印证003号,1991年版;

《教育部关于切实加强新时代高等学校美育工作的意见》,2019年4月11日;

《教育部关于推进学校艺术教育发展的若干意见》,2014年1月24日。

图书类

《资本论》第1卷,人民出版社2004年版;

《马克思恩格斯选集》第1卷,人民出版社1995年版;

《马克思恩格斯选集》第4卷,人民出版社2012年版;

《马克思恩格斯文集》第10卷,人民出版社2009年版;

《马克思恩格斯全集》第2卷,人民出版社1957年版;

《马克思恩格斯全集》第26卷,人民出版社2014年版;

《习近平谈治国理政》第一卷,外文出版社2014年版;

《习近平谈治国理政》第二卷,外文出版社2017年版;

《习近平谈治国理政》第三卷,外文出版社2020年版;

习近平:《出席第三届核安全峰会并访问欧洲四国和联合国教科文组织总部、欧盟总部时的演讲》,人民出版社 2014 年版;

习近平:《青年要自觉践行社会主义核心价值观——在北京大学师生座谈会上的讲话》,人民出版社 2014 年版;

习近平:《做党和人民满意的好老师——同北京师范大学师生代表座谈时讲话》,人民出版社 2014 年版;

习近平:《在哲学社会科学工作座谈会上的讲话》,人民出版社 2016 年版;

习近平:《论中国共产党历史》,中央文献出版社 2021 年版;

习近平:《决胜全面建成小康社会　夺取新时代中国特色社会主义伟大胜利——在中国共产党第十九次全国代表大会上的讲话》,人民出版社 2017 年版;

《习近平总书记教育重要论述讲义》,高等教育出版社 2020 年版;

《习近平总书记系列重要讲话读本》,学习出版社、人民出版社 2016 年版;

中国工农红军第四方面军战史编辑委员会编:《中国工农红军第四方面军人物志》,解放军出版社 2006 年版;

中共红安县委党史办公室编著:《红安开国将军》,湖北人民出版社 2007 年版;

中共黄冈市委党史办公室:《白水田传》,中共党史出版社 2015 年版;

六安市委党史研究室编:《红色六安——六安市革命传统教育读本》,安徽人民出版社 2007 年版;

中华人民共和国全国妇女联合会编:《马克思恩格斯列宁斯大林论妇女》,人民出版社 1978 年版;

[英] 鲍桑葵:《美学史》,张今译,商务印书馆 1985 年版;

蔡元培:《蔡元培美学文选》,北京大学出版社 1983 年版;

曾锋主编:《经典麻城:麻城开国将军故事 100 篇》,长江出版社 2015 年版;

丁凤英等编:《传承红色文化　弘扬核心价值——"红色文化传承与弘扬"学术研讨会论文集》,武汉出版社 2013 年版;

董必武:《董必武选集》,人民出版社 1985 年版;

鄂豫边区革命史编辑部:《鄂豫边区抗日民主根据地史稿》,湖北人民出版社 1995 年版;

韩延明主编:《红色文化与社会主义核心价值体系建设研究》,人民出版社 2013 年版;

红安县革命史编写领导小组办公室编:《红安革命歌谣选》,武汉大学出版社 1986 年版;

《红安两百将领传》编委会编著:《红安两百将领传》,中央文献出版社 2001 年版;

红安县县志编纂委员会编:《红安县志》,上海人民出版社 1992 年版;

黄克剑:《美:眺望虚灵之真际——一种对德国古典美学的读解》,福建教育出版社 2004 年版;

翦伯赞：《史料与史学》，北京大学出版社 2004 年版；

江峰：《鄂东红色文化资源的应用开发研究》，湖北人民出版社 2010 年版；

江树生、汪杰：《鄂东地区岁月》，中国广播电视出版社 1992 年版；

[德] 康德：《判断力批判》上卷，宗白华译，商务印书馆 1964 年版；

蓝常周、谭克绳主编：《中国革命根据地大辞典》，广西人民出版社 2002 年版；

李敏、陈建宪主编：《麻城革命歌谣》，华中师范大学出版社 2015 年版；

刘建伟：《红色文化融入高校社会主义核心价值观教育研究》，人民出版社 2018 年版；

骆郁廷主编：《当代大学生思想政治教育》，中国人民大学出版社 2010 年版；

袁秀：《红色资源融入社会主义核心价值观教育研究》，河北人民出版社 2019 年版；

周振国、高海生等：《红色旅游基本理论研究》，社会科学文献出版社 2008 年版；

朱光潜：《谈美书简》，中国青年出版社 2015 年版；

邹惠卿：《李先念经济思想研究》，青海人民出版社 1993 年版。

学术期刊类

常建阁：《对口述史价值的思考》，《黑龙江史志》2012 年第 11 期；

陈华林：《从大别山精神中汲取改革强军动力》，《学习月刊》2019 年第 10 期；

陈荣芳：《试论大别山红色财务精神及其多元现实价值》，《黄冈职业技术学院学报》2011 年第 4 期；

陈始发、李立娥：《红色文化资源在高校思想政治理论课教学中运用的思考》，《思想理论教育导刊》2014 年第 11 期；

陈思、高瑞阔：《"大别山精神"融入新时代大学生成长成才教育研究》，《皖西学院学报》2019 年第 6 期；

程昌文：《大别山精神的形成要素研究》，《内蒙古财经大学学报》2017 年第 5 期；

窦鹏：《红色人物数据库建设实践与启示——以〈陕甘宁边区红色记忆·人物库〉为例》，《图书馆学刊》2015 年第 12 期；

方城：《大别山精神简论：朴诚勇毅　不胜不休》，《中国井冈山干部学院学报》2019 年第 2 期；

冯石岗、李政：《西柏坡红廉文化的继承探究》，《陕西青年职业学院学报》2016 年第 3 期；

郭群英：《湖北红色廉政文化资源的开发和利用》，《廉政文化研究》2011 年第 1 期；

胡遵远：《对大别山精神的再探讨》，《党史纵览》2017 年第 1 期；

黄三生：《发展红色文化：推进马克思主义大众化的重要路径》，《求实》2012 年第 3 期；

江峰、汪颖子：《中国红色文化生成的系统要素透析——以大别山红色文化为例》，《北京师范大学学报》（社会科学版）2010 年第 6 期；

姜廷玉：《论八一南昌起义精神的内涵和历史价值》，《军事历史研究》2012 年第 2 期；

柯新凡：《试论董必武的民主政治思想》，《毛泽东思想研究》2007 年第 4 期；

李德顺：《马克思主义价值论》，《江淮论坛》1992 年第 5 期；

李红珍、曹文宏：《认识论、价值论与存在论：马克思主义意识形态理论的三维度》，《东南学术》2012 年第 5 期；

李康平、张吉雄：《论红色航空文化在航空院校思想政治教育中的运用》，《思想理论教育导刊》2020 年第 4 期；

李康平：《论红色资源在国防生军人核心价值观教育的运用》，《教育研究》2010 年第 2 期；

李康平：《论红色资源在思想政治理论课运用的价值与路径》，《思想理论教育导刊》2010 年第 4 期；

李克龙：《红色文化创造性转化与大学生社会主义核心价值观培育研究》，《西南科技大学学报》（哲学社会科学版）2018 年第 6 期；

李丽：《论贵州红色文化资源在新时代高校思想政治教育中的功能定位及实现路径》，《黔南民族师范学院学报》2020 年第 1 期；

李良明：《论红安精神》，《中国井冈山干部学院学报》2010 年第 2 期；

李爽：《当下大别山红色文化资源的开发与应用》，《智库时代》2020 年第 8 期；

李新安：《大别山红色基因与传承》，《实事求是》2017 年第 3 期；

李学宏：《试论红色廉政文化》，《党建研究》2011 年第 10 期；

李一楠：《以红色社会实践活动推进大学生社会主义核心价值观教育的理性审视》，《思想理论教育导刊》2019 年第 2 期；

李忠杰：《董必武同志对党的建设的贡献》，《中共党史研究》2006 年第 3 期；

梁家贵：《略论大别山红色文化》，《理论建设》2014 年第 5 期；

刘红曼：《论抗日战争时期红色廉政文化的历史特征》，《党史文苑》2014 年第 20 期；

刘晖、侯远长：《大别山精神：内容特征及传承》，《中国延安干部学院学报》2016 年第 1 期；

刘晖：《大别山精神：内容特征及传承》，《中国延安干部学院学报》2016 年第 1 期；

刘建民：《红色文化资源与加强大学生思想政治教育——以"中国近现代史纲要教学为例"》，《红色文化资源研究》2018 年第 1 期；

刘利：《大别山精神的科学内涵及其时代价值》，《学习月刊》2014 年第 20 期；

刘润为：《红色文化：中国人的精神脊梁》，《红旗文稿》2013 年第 18 期；

刘雨思：《论讲好"红色故事"在高校思想政治理论课中的有效融合》，《红色文化资源研究》2019 年第 2 期；

刘云山：《着力培育和践行社会主义核心价值观》，《求是》2014 年第 2 期；

刘泽双：《大别山精神研究中存在的几个认识误区》，《老区建设》2015 年第 8 期；

吕杰、张磊：《大别山红色文化与当代革命军人核心价值观培育》，《红色文化资源研究》2015年第1期；

毛立红：《东方军入闽作战与中央苏区第五次反"围剿"》，《军事历史研究》2014年第2期；

毛帅：《大别山精神与"青马工程"》，《信阳农林学院学报》2017年第4期；

潘克森：《红色廉政文化的基本内涵、特点及当代意义》，《上海党史与党建》2014年第8期；

乔新江：《"红旗不倒"的大别山精神》，《百年潮》2016年第8期；

邱小云、周艳红：《弘扬红色文化，涵养社会主义核心价值观》，《思想教育研究》2017年第6期；

饶道良、吴娟娟：《论朱毛井冈山会师的历史贡献》，《党史文苑》2013年第20期；

沈壮海：《社会主义核心价值观培育和践行的着力点》，《思想政治工作研究》2012年第12期；

石仲泉：《"大别山精神"刍议》，《苏区研究》2017年第4期；

孙伟：《让大别山精神在新时代焕发新光彩》，《红旗文稿》2020年第21期；

谭备战、陈改革：《大别山"红色品牌"效应建设探析》，《教育现代化》2019年第82期；

檀江林、项银霞：《大别山精神的凝练、表述及时代传承》，《红色文化资源研究》2016年第1期；

唐高峰：《基于问题导向的当代大学生廉洁教育现状研究》，《高教学刊》2020年第34期；

唐湘雨、姚顺东：《董必武新民主主义宪政思想研究》，《学术论坛》2007年第9期；

佟德元：《大别山红色文化研究综述》，《赣南师范学院学报》2013年第5期；

王春霞：《论红色文化资源在大学生思想政治教育中的功能定位及实现路径》，《思想理论教育导刊》2018年第5期；

王二尧、郭志普、王辉：《推动红色文化建设创新发展的对策思考》，《西安政治学院学报》2011年第6期；

王华彪、韩晶：《以红色文化资源的开发利用与社会主义核心价值观的培育耦合提升思政教育实效性》，《思想政治课研究》2020年第5期；

王军、谭献民：《毛泽东"三位一体"红色文化理论体系浅析——红色文化发展的奠基》，《湖湘论坛》2016年第2期；

王玲、陈昱霖：《红色文化资源在高校思想政治教育中的价值和实现》，《学校党建与思想教育》2018年第11期；

王玉德：《试论鄂东文化层》，《鄂州大学学报》2008年第6期；

魏本权：《从革命文化到红色文化：一项概念史的研究与分析》，《井冈山大学学报》（社会科学版）2012年第1期；

吴殿尧:《朱德在红军长征中的重大贡献》,《党的文献》2005 年第 1 期;

吴昊:《大别山精神融入大学生理想信念教育研究》,《法制博览》2017 年第 2 期(上);

吴宏政:《生存论路向对知识论路向的超越——马克思历史生存论在本体论层面实现的变革》,《理论探讨》2003 年第 5 期;

吴世儒、余溟:《爱国主义教育示范基地在实现中华民族伟大复兴中的作用》,《中国纪念馆研究》2018 年第 1 辑;

夏云强:《儒家诚信伦理与当代大学生廉洁教育》,《船山学刊》2009 年第 1 期;

向治屹:《红色廉政文化对加强党风廉政建设的作用》,《改革与开放》2014 年第 15 期;

肖灵:《红色文化与大学生核心价值观教育》,《江苏高教》2013 年第 1 期;

谢凯:《促进红色文化在网络文化中的传承与发展》,《文化学刊》2015 年第 6 期;

徐晓宗:《川东地区红色人物概述》,《经济师》2011 年第 5 期;

徐永健、李盼:《试论红色文化资源与大学生思想政治教育的内在关联》,《思想教育研究》2016 年第 12 期;

许艳红:《地方红色文化融入"中国近现代史纲要"教学的思考》,《长春理工大学学报》(社会科学版)2014 年第 5 期;

薛晓阳:《人格现代化与教育的三种选择》,《首都师范大学学报》(社会科学版)2003 年第 5 期;

杨建辉:《试论红色文化在建设社会主义核心价值体系中的价值及其实现途径》,《思想理论教育导刊》2010 年第 11 期;

杨文超:《从大别山抗战歌谣看大别山精神的内涵》,《赤峰学院学报》2016 年第 1 期;

杨雁斌:《口述史学百年透视》(上),《国外社会科学》1998 年第 2 期;

岳本勇、彭泽航:《陕西红色文化资源融入大学生思想政治教育研究》,《陕西教育(高教)》2019 年第 4 期;

张吉雄:《论红色文化资源在社会主义核心价值体系教育中的运用》,《南昌航空大学学报》(社会科学版)2010 年第 12 期;

张廷、杨永杰:《新时代高校美育与思想政治教育融合发展的路径探析》,《大众文艺》2019 年第 24 期;

张宇燕:《理解百年未有之大变局》,《国际经济评论》2019 年第 5 期;

张注洪:《当代中国史研究中的文献史料问题》,《当代中国史研究》2006 年第 5 期;

郑兴刚、曾祥明:《大别山精神研究现状与思考》,《苏区研究》2019 年第 4 期;

朱蒙玲、邱正祥:《优秀传统文化融入大学生廉洁教育的路径分析》,《理论观察》2017 年第 7 期;

朱玉:《李先念与 1978 年的国务院务虚会议》,《中共党史研究》2005 年第 1 期;

朱玉:《李先念与一九七九年的经济调整工作》,《中共党史研究》2006 年第 1 期;

祝辉、赵赞:《用红色文化营造当代共产党人的精神家园》,《中国纪念馆研究》2018

年第 2 辑。

论文集、学位论文类

胡晓菁:《做口述史工作的几点体会》,《经济发展方式转变与自主创新——第十二届中国科学技术协会年会第四卷》(论文集),2010 年 11 月;

李霞:《论红色资源在思想政治教育中的应用》,博士学位论文,中南大学,2013 年;

刘红梅:《红色旅游与红色文化传承研究》,博士学位论文,湘潭大学哲学与历史文化学院,2012 年;

饶勇:《红色资源应用于社会主义核心价值体系大众化研究》,博士学位论文,南昌大学马克思主义学院,2012 年;

吴娜:《社会主义核心价值观引领红色文化创新发展研究》,博士学位论文,南昌大学马克思主义学院,2020 年;

肖灵:《当代大学生红色文化教育研究》,博士学位论文,南京师范大学公共管理学院,2014 年;

周宿峰:《红色文化基本问题研究》,博士学位论文,吉林大学马克思主义学院,2014 年;

朱伟:《红色文化传播现状、问题与对策研究——基于济青枣三地的调查与思考》,博士学位论文,山东大学历史文化学院,2014 年。

新闻类

习近平:《习近平在联合国教科文组织总部的演讲》,2014 年 3 月 28 日,见 http://www/xinhuanet.com/world/2014-03/28/c119982831.htm;

习近平:《贯彻全军政治工作会议精神　扎实推进依法治军从严治军》,《人民日报》2014 年 12 月 16 日;

《习近平给中央美术学院老教授的回信》,《光明日报》2018 年 8 月 31 日 01 版;

《习近平在全国教育大会上强调:坚持中国特色社会主义教育发展道路　培养德智体美劳全面发展的社会主义建设者和接班人》,《人民日报》2018 年 9 月 11 日;

《习近平出席全国高校思想政治工作会议并发表重要讲话》,2016 年 12 月 8 日,见 http://www.81.cn/sydbt/2016-12/08/content_7398877.htm;

《习近平:用新时代中国特色社会主义思想铸魂育人　贯彻党的教育方针　落实立德树人根本任务》,2019 年 3 月 18 日,见 http://cpc.people.com.cn/n1/2019/0319/c64094-30982234.html;

《习近平回信勉励第三界"互联网 +"大学生创新创业大赛"青年红色筑梦之旅"的大学生》,《人民日报》2017 年 8 月 16 日 01 版;

李平:《大别山精神的内涵与当代价值》,《人民政协报》2018 年 5 月 17 日 009 版;

曹新博：《传承红色基因　弘扬大别山精神》，《河南日报》2019 年 12 月 20 日 008 版；

李庚香：《用大别山精神铸牢党性之魂》，《河南日报》2019 年 10 月 25 日第 11 版；

陈麟辉：《红色文化场馆在社会教育中的角色与定位——陈云纪念馆的实践与探索》，《中国文物报》2019 年 5 月 28 日 003 版；

史晓琪：《传承红色基因　牢记初心使命——访信阳师范学院党委书记宋争辉》，《河南日报》2019 年 12 月 14 日；

崔志坚：《"大别山革命老区高校联盟"成立》，《光明日报》2015 年 9 月 1 日；

居继清、夏庆利：《黄冈师范学院：打好师德养成的底色》，《光明日报》2018 年 4 月 14 日；

鲁敏：《大别山红色文化的弘扬与传承》，《安徽日报》2019 年 5 月 14 日；

《弘扬大别山精神　助力新时代中原更加出彩》，《河南日报》2020 年 9 月 15 日；

袁贵仁：《深化教育领域综合改革》，《人民日报》2013 年 12 月 17 日；

赵乃林：《让口述史料留下鲜活的历史记忆》，《辽宁日报》2008 年 6 月 27 日；

彭希林：《光辉的革命业绩，宝贵的精神财富》，2011 年 5 月 5 日，见 http://www.cnhubei.com/xwzt/2011/jd90/ds/dszs/201105/t1691393.shtml；

中共湖北省委党史研究室课题组：《红安精神研究报告》，2005 年 12 月 16 日，见 http://hbds.cnhubei.com/dsyj/201410/t2014102850420.shtml；

李业坤：《大别山的桂花——记金寨县袁大桂烈士》，2017 年 9 月 13 日，见 http://www.crt.com.cn/news2007/News/jryw/17913141514E131H523318I63II8E522.html；

《六安市确定"大别山精神"表述语》，2016 年 12 月 5 日，见 http://ah.anhuinews.com/system/2016/12/05/007519925.shtml；

王二路：《漫谈红色文化》，2012 年 1 月 11 日，见 http://www.crt.com.cn/news2007/News/tgjx/1211119143GEDG28D2IH4H7F2DFA5_2.html。

本课题组学生红色之旅感思录

附1：大别山深处——麻城红色文化调研有感

到麻城的早上，也许是为了和中国百年前的阴霾形成映照，天气异常晴朗。与老师们三五一行，期待着未知的一切。抱着对未知红色记忆的惴惴向往，以及当地人情由来已久的崇慕，终于踏上了当年英雄们的征程。

随着一路颠簸前行，我们来到了大别山的深处。这里的山不同于别处——我曾在恩施、张家界看到过巨峰突兀、高耸入云的重峦，也曾在黄山看到过怪石奇云、壮丽山河的景象。麻城的大别山不是这样的，它一座又一座连绵的山丘，看着默然却坚毅，一如此处的人们。河流竟也是不语的，流动的时候听不见响声，葱郁的树林里承载不下湍急的河流，只有静下来，才能听见百年前撕心裂肺的呐喊。

至此我便知，此处没有长江一般的波澜，没有秦岭一般的高大。却需要俯身向前，去与地上的一草一木清谈。

大别山，原来真正需要的是这样的交流方式。

麻城隶属湖北黄冈，居湖北省北部，处鄂豫皖地区交界处。当地人非常重视红色教育，麻城乘马岗的博物馆甚至与当地中学建在一处。来自乘马岗的邱老师说，这里的父母会把孩子"赶出去"，让他们去外面见识更大的世界，读更多的书。我想这大概可以解释，为什么在革命年代，这里会出现数万英豪。

麻城红色文化研究会李敏老师对我们说，大别山的红军是真正的人民子弟兵。因为这里从军的红军都是老百姓的亲属子女，而不是从外地迁移来的驻扎兵。什么样的父母会把子女送到旋生旋灭的战场之上？又是什么样的妻子会把丈夫送到枪炮无眼的人间炼狱？大概所有战争中的中国人都明白，于世事流离，国家衰微之时，唯与国家共存亡，方有一线生机。失去挚爱的痛苦永远只能自己承受，至亲的丧失也永远只能在暗夜中独自吞咽。在他们送所爱之人上战场的那一瞬间，又是作何想何思呢？

随后我们走访了史瑞林老人。他在革命时期做秘书文员，后退伍，在战后整理了两万多位已故老战士、老将军资料，走访了两百多位幸存将军及其家属，并收集了诸多革命歌谣。他告诉我们，他曾经拜访过七位送自己丈夫上战场的大别山女人。她们将自己对丈夫的思念编成歌谣，唱出来。今时今日我们很难体会她们当时的心情，以及经年等待中的风霜雨雪。但我们仍然有她们那时唱的歌：

"苦等二十年，一纸来相见；君魂回故里，生死两相依！"

"别哭别伤心，挥泪送亲人；继承夫君志，为国献终身！"

二十年后，一纸烈士证，宣告了她们丈夫的离去。乱世面前，她们只能选择大局，以及承受夜夜难寐的苦楚。

可无论辉煌或黯淡，终于等待或终于辽阔，谁的一生，不是一生呢？

这片土地上发生的事远远不止于此。乘马岗博物馆讲解员梅老师告诉我们，领导黄麻起义的王树声将军曾被敌人追捕，逃进一处农户家，家主周家姆大娘让他换上自己儿子的衣服，带他去后山与红军部队会合。谁知他们前脚刚走，后脚周家姆的大儿子就回来了。因为年龄、身形与王树声相仿，被日寇误认为是王树声，将其残忍杀害，并悬其首级于城门口。后周家姆剩下的几个儿子也都在革命斗争中牺牲。周家姆幸存至新中国成立后，从未离开过麻城。

也许同为女性，对女性的伤痛更为敏感。尤为明白，在生命的种种选择中，女性需要怎样的勇气和智慧，才能抛弃眼前触手可及的温暖，而选择漫长苦候。等待通常都是没有结局的。而这百年间的分分秒秒，却一定皆如荆棘一般难以迈过。既然已经为家国做了选择，谁又有资格替她们恍惚伤感呢？

走的时候总是匆忙。泪水尚未拭尽，思绪仍然飘荡之时就不得不离开了。仅仅几日的时间，便觉得与大别山血脉相连，难以割舍了。如若下次再来，必定带上更深入的思考，更细致的研究，让更多的人记住麻城大别山。如此才不负先烈们曾经的热切与期望。（叶家敏　文）

附2：缅怀历史，开创未来

2018年10月24日，一个似乎和往常没有什么不同的日子，但在那天，我踏上了去参观红色革命景区的道路。身为"00后"，虽从小便接受爱国主义教育的洗礼，但因为种种原因，这还是我第一次能够如此近距离地瞻仰革命烈士，一路上难免有些激动和期待。

经过将近3个小时的颠簸，车缓缓地停在了黄麻起义和鄂豫皖苏区革命烈士陵园的大门外，望着庄严恢宏的建筑，一种敬畏感油然而生。再多走几步，映入眼帘的是高耸入云的纪念碑，碑身上镌刻着华国锋、叶剑英、徐向前、李先念等革命伟人的题词。而纪念碑的两侧坐落着两座大型石雕，一座象征着黄麻起义，另一座象征着根据地军民坚持武装斗争。

和带队老师拍完集体纪念照后，便是自由参观的时间。于是，我独自一人踏上了"寻宝"的道路。踱步来到总纪念馆，馆内外往来的人络绎不绝。走进馆内，迎面而来的是一块石碑，平整地躺在正中间，大理石石碑上刻着关于大别山的中英文介绍。再继续参观，便能看到许许多多的主题展，每一层每一个房间的陈列内容都不尽相同。藏品数量之多、价值之高，令人赞叹不已，有多份与革命相关的会议报告；有多次战争、革命所用的刀枪；有关于革命先辈的介绍；还有记录战争真实情况的壁画、雕塑。看着这些藏品，历史的场景仿佛历历在目。

其中给我留下深刻印象的是坐落在最后一层的革命先辈陈列展，密密麻麻的人头像和相关事迹介绍，给我心灵极大的冲击。我在这驻足了很长的时间，认真看完了每一个人物像及所对应的名字，因为我想尽可能地让他们刻在我心里。他们为了民族的解放和人民的幸福浴血奋斗，每一个人都值得我们铭记。

除此之外，我还相继参观了李先念革命纪念馆、董必武纪念馆、红军干部骨灰堂等，每踏进一个纪念馆，我的认知都被刷新一次，了解到这段历史是多么艰辛又是多么伟大。

现今，战争已离我们远去，但我们每一个人都应以史为鉴，珍爱和平。正所谓"前事不忘，后事之师"，我们应了解历史、缅怀历史，珍惜当下来之不易的一切，为中国特色社会主义建设而不断奋斗。

回学校路上，太阳已经渐渐下山了。回忆起纪念馆的一幕幕，我的心情越发地沉重，然而对爱国主义，心中却有了更明确的定义。（李可　文）

附3：红星照耀，英气浩然——红安感思

红安县，这个坐落在大别山山麓的小县城，在未深入了解时，可能你很难想到这个似乎并不起眼的小县城里出现过董必武、李先念两个国家主席和223个革命将领。红安，一个名副其实的"将军县"。

天空微亮，我们一行人便乘车前往红安县，在一番长途"行军"后，来到了黄麻起义和鄂豫皖苏区革命烈士陵园。从进门那一刻，就可以看到威严耸立的黄麻起义和鄂豫皖苏区革命陵园纪念碑。继续前进，我们来到了纪念碑广场。广场上巧妙设计了巨大红星覆盖下的红安县地图简图，完美地诠释了红安是一块被红星照耀的大地，而红安也孕育了如今照耀大地的红星。随即映入眼帘的是两个雄伟高大的革命烈士铜像以及居于铜像中间的黄麻起义

和鄂豫皖苏区烈士纪念碑。参天耸立的纪念碑，似乎在向我们讲述着无数革命先烈的故事，歌唱着那些关于流血与牺牲的悲歌壮曲。

要说最令我感到震撼的便是那个写满名字的红安烈士纪念墙，是纪念墙上厚重的数字 140000 和一个个同姓同村的名字。革命先烈们在党的领导下浴血杀敌，用一腔热血为革命事业奉献出自己的生命，而陈列室展示的那些简陋的兵器、遗留下来的那些破烂的棉袄，更是令我感到革命的艰难，激发了我对革命先烈的崇敬之情。游览这些革命圣地的纪念馆，让我的灵魂得到洗礼，更明白了生命的意义——为更加美好的祖国奋斗终生；更坚定了奋斗的目标——为中国的发展奉献出自己的绵薄之力。

黄麻起义高扬起武装反对反动统治的革命旗帜，无疑是中国革命历史上浓墨重彩的一笔。戴克敏、张南一等一批先烈为革命献出了自己宝贵的生命，他们值得我们敬仰和悼念。他们的牺牲让红安成为鄂豫皖革命运动开展的摇篮，鄂豫皖苏区更是中国革命的重要一页，为而后的抗日战争和解放战争的胜利奠定了坚实的革命基础。

新中国成立以来，中国人民的生活每天都在向着更好的方向发展，进入新时代，我们正在不断地为更美好的明天奋斗着，为祖国的繁荣进步努力着。每每在游览这些革命圣地的时候，我总是由衷地感到如今幸福生活的来之不易。

"生于忧患，死于安乐"，虽然现在国内发展形势一片大好，我们的生活得到了极大的改观，但我们也应该居安思危。在革命先烈精神的指引下，为祖国贡献出自己的一份力量，像革命先烈那样，团结起来，携手应对外来威胁，为更加美好、更加强大的祖国去奋斗。（周伦　文）

责任编辑：许运娜

装帧设计：汪　阳

图书在版编目（CIP）数据

利用大别山红色口述文化资源加强大学生思想政治教育研究／江峰 著．—
　北京：人民出版社，2021.11
ISBN 978－7－01－023706－0

I.①利…　II.①江…　III.①大别山－革命传统教育－研究－中国
　②高等学校－思想政治教育－研究－中国　IV.① G641

中国版本图书馆 CIP 数据核字（2021）第 179525 号

利用大别山红色口述文化资源加强大学生思想政治教育研究

LIYONG DABIESHAN HONGSE KOUSHU WENHUA ZIYUAN JIAQIANG

DAXUESHENG SIXIANG ZHENGZHI JIAOYU YANJIU

江峰 著

人民出版社 出版发行

（100706 北京市东城区隆福寺街 99 号）

环球东方（北京）印务有限公司印刷　新华书店经销

2021 年 11 月第 1 版　2021 年 11 月北京第 1 次印刷

开本：710 毫米 ×1000 毫米 1/16　印张：22.25

字数：315 千字

ISBN 978－7－01－023706－0　定价：88.00 元

邮购地址 100706　北京市东城区隆福寺街 99 号

人民东方图书销售中心　电话（010）65250042　65289539